MASA

O PIENIĄDZACH
POLSKIEJ MAFII

JAROSŁAW SOKOŁOWSKI „MASA"

W ROZMOWIE Z ARTUREM GÓRSKIM

MASA

O PIENIĄDZACH POLSKIEJ MAFII

Prószyński i S-ka

Projekt okładki
Prószyński Media

Zdjęcia na okładce
Katarzyna Paskuda (paskudaphotography.com)
Michał Baranowski (michalbaranowski.pl)

Zdjęcia pochodzą z archiwum Jarosława Sokołowskiego. Nie traktujemy ich jako ilustracji do konkretnych rozdziałów, ale jedynie jako uzupełniający materiał reporterski. Dlatego też nie zostały podpisane.

Redaktor prowadzący
Michał Nalewski

Redakcja
Ewa Charitonow

Korekta
Grażyna Nawrocka

Łamanie
Alicja Rudnik

ISBN 978-83-7961-058-7

Warszawa 2014

Wydawca
Prószyński Media Sp. z o.o.
02-697 Warszawa, ul. Rzymowskiego 28
www.proszynski.pl

Druk i oprawa
DRUKARNIA TINTA
13-200 Działdowo, ul. Żwirki i Wigury 22
www.drukarniatinta.pl

OD NARRATORA

Jarosław Sokołowski „Masa"

Piękny jest świat ludzi niezłomnych, charakternych, wiernych, dotrzymujących obietnic i nigdy niezdradzających przyjaciół, nawet jeśli czasem przychodzi im zapłacić za to wysoką cenę.

Paskudny jest świat tych, którzy porzucają kompanów, wystawiają do wiatru, wydają w ręce wymiaru sprawiedliwości. Ci pierwsi są dobrzy i szlachetni, i kiedyś doczekają się nagrody za niezłomność. Ci drudzy zaś nie zasługują na szacunek; na końcu nie ominie ich zasłużona kara. Nieważne z czyjej ręki.

Piękny jest taki świat, przyznaję. Czarno-biały. Niestety, nie ma on nic wspólnego z rzeczywistością.

W każdym chyba człowieku drzemie potrzeba wyraźnego oddzielenia dobra od zła (zapewniam, że takie myślenie nieobce jest także gangsterom), jednak nie żyjemy w realiach hollywoodzkiego westernu. Nie ma ani dobrych, ani złych. Bywają natomiast dobre i złe sytuacje, dobre i złe wybory, które podejmujemy nierzadko w bardzo dramatycznych okolicznościach.

Mówiąc krótko: prawdziwy świat jest szary.

Po ukazaniu się książki *Masa o kobietach polskiej mafii* na moją głowę posypały się gromy. „Jakim prawem kapuś, który sprzedał kolegów, publikuje wspomnienia, oczernia niewinnych ludzi i pewnie jeszcze zarabia na tym górę pieniędzy?".

Na internetowych forach takich krytycznych głosów były tysiące. Epitety, jakimi mnie obdarzono, pochodziły z najgłębszych otchłani szamba, ale jako że ja również znam te rejony i dobrze posługuję się gangsterską polszczyzną, nie zrobiły na mnie wrażenia. Powiedziałbym nawet, że ten typ narracji jest mi szczególnie bliski, więc nie ma sprawy.

Problem w tym, że moi krytycy – oczywiście żaden nie ujawnił swojej prawdziwej tożsamości, bo może jednak Masa wciąż może zrobić krzywdę? – bez jakiejkolwiek wiedzy o temacie rozdzielili mój dawny świat, świat polskiej mafii, na dwa bieguny: dobrych i złych. Dobrzy są ci, którzy dzięki moim zeznaniom poszli siedzieć za ciężkie przestępstwa. Zły jestem wyłącznie ja. Bo zdradziłem.

Nie mam pojęcia, czym byli pruszkowscy bandyci zasłużyli na tak dobrą opinię wśród internautów, którzy w znakomitej większości nie widzieli ich przecież na oczy. Nie wiem również, dlaczego mnie, który brał udział w rozbijaniu jednej z najgroźniejszych grup przestępczych w naszej części Europy, przyprawiono gębę człowieka podłego. Naprawdę, bardzo żałuję, że nie mogę moim krytykom zafundować małej podróży w czasie... Gdyby tak stanęli w mazowieckim lesie oko w oko z tymi „dobrymi", mając w perspektywie kopanie własnego grobu i pozostanie w nim na zawsze, być może zmieniliby zdanie.

Być może, gdyby w ich mieszkaniu eksplodowała bomba podłożona przez „dobrych i szlachetnych", trochę inaczej spojrzeliby na swoich idoli.

Albo gdyby pewnego dnia dostali wiadomość, że „prawi i niezłomni" uprowadzili dziecko. Czyje? Twoje, nieznany internauto, oceniający sytuacje, o których nie masz bladego pojęcia. Siedzisz sobie przed ekranem komputera, popijasz mleko i czerpiesz dziką satysfakcję z faktu, że „przypierdoliłeś Masie". Bo nic ci za to nie grozi.

Bardzo jesteś odważny, a jeszcze bardziej – mądry. Bo przecież wiesz, jaka była Polska lat 90. Posmakowałeś tamtego strachu, tamtej podłości i tamtej nienawiści. I dziś możesz bezkompromisowo oceniać ludzi uwikłanych w tamto bagno.

Powiem ci coś – do mnie strzelano wielokrotnie, to mnie wysadzano samochód, nieustannie grożono mojej rodzinie. Śmierć zaglądała mi w oczy tak często, że po prostu przyzwyczaiłem się do jej towarzystwa. Twoje inwektywy, typu „kapusta", „parówa", „cwel", co najwyżej śmieszą mnie, utwierdzając tylko w przekonaniu, że zrobiłem coś dobrego – i jako świadek koronny, i jako bohater książek o polskiej mafii. Bo nie ma dymu bez ognia. A mam wrażenie, że udało mi się wzniecić niezły pożar.

Pokazałem prawdę, a ta nie musi się podobać wszystkim.

Zwracam się zatem do moich krytyków: rozsiądźcie się wygodnie w fotelach, poczytajcie o starych – oczywiście dobrych – Polakach, a potem włączcie komputery i napiszcie, jak bardzo mną pogardzacie.

Nie musicie się bać, że w tym czasie ktoś podłoży bombę pod wasz samochód. Bo o to, aby nasz świat stał się bardziej bezpieczny niż jeszcze kilkanaście lat temu, zadbałem ja.

Tym zaś, którzy podzielili się ze mną życzliwymi uwagami, dziękuję za wsparcie i polecam również niniejszą książkę. Mam nadzieję, że nie ostatnią z serii.

OD AUTORA

Artur Górski

Poprzedni tom, czyli *Masa o kobietach polskiej mafii*, zapowiadał się na bestseller jeszcze przed premierą. Po wydrukowaniu przez długi czas królował na niemal wszystkich listach hitów wydawniczych, zmuszając autorów do długotrwałego i męczącego tournée po rodzimych mediach (które tak naprawdę trwa po dziś dzień).

Przyznam, że sukces mnie zaskoczył; ostatecznie na rynku funkcjonuje ogromnie dużo pozycji poświęconych przestępczości zorganizowanej... Nie, wróć! Sukces nie zaskoczył mnie wcale! Jeszcze podczas pracy nad książką o kobietach polskiej mafii uświadomiłem sobie, że rewelacje Masy to coś więcej niż świadectwo pewnych czasów. Że tak naprawdę mam w ręce dynamit, który eksploduje z wielkim hukiem. I tak właśnie się stało, przekładając się nie tyle na zainteresowanie książką jako taką, ile surrealistyczną rzeczywistością lat 90., której Masa był bohaterem i jednym z głównych rozgrywających.

Okazało się, że o polskiej mafii można powiedzieć znacznie więcej od tego, co do tej chwili było obecne w gazetach i filmach. Dzięki wyznaniom Jarosława Sokołowskiego czytelnik mógł wkroczyć w sam środek grupy przestępczej, dowiedzieć się, jak funkcjonują struktury i jakimi rządzą się prawami. Takich rzeczy nie da się opisać, bazując wyłącznie na dokumentach procesowych i krążących po Internecie rewelacjach. Trzeba spędzić naprawdę bardzo dużo czasu z ludźmi, którzy tkwili w tym bagnie po uszy. A na dodatek mają chęć, by podzielić się wspomnieniami...

Przyznam, że nawet dla mnie, osoby, która o przestępczości zorganizowanej pisze od lat, rozmowa z nimi była jak szokująca wyprawa w nieznane.

Sukces, oczywiście, miał nie tylko jasną stronę. Jeszcze przed ukazaniem się książki na forach internetowych zagotowało się od głosów tych wszystkich, którzy byli przeciwni publikacji. Potępiły ją tysiące internautów, nie mając zielonego pojęcia o treści. Dostało się Masie, dostało się mnie. Dowiedziałem się, że jestem kryptogangsterem na usługach bandyty, który nie może przeboleć, że ominęła go zbójecka chwała. Dziennikarzyną, który z braku laku plącze się wśród swoich idoli, chla z nimi wódę i pisze książki gloryfikujące polską mafię. Początkowo oskarżenia te bolały bardzo (nigdy wcześniej nie byłem obiektem tak zmasowanego ataku), ale z czasem stały się jak chleb powszedni, a nawet zaczęły mnie nudzić. Trzeba mieć wyjątkowo dużo złej woli, aby książkę *Masa o kobietach polskiej mafii* potraktować jak pochwałę grupy pruszkowskiej. Bo jest to, moim zdaniem, tak jaskrawe oskarżenie, jakiego jeszcze na polskim rynku wydawniczym nie było. Nawiasem mówiąc, nie tylko środowiska przestępczego, ale i stosunków panujących w Polsce w czasach transformacji ustrojowej – w kraju, któremu było bliżej do republiki bananowej niż do demokracji.

Jeśli ktoś tego nie rozumie, nie będę go przekonywał, bo podejrzewam, że moje zapewnienia nie odniosłyby żadnego skutku. Zwłaszcza że bezimienni krytycy (Internet wykreował nowy typ kozaka – bezkompromisowego, bezwzględnego i anonimowego) i tak są niedostępni.

Ale jeśli ktoś, choćby krytycznie nastawiony, zechce podzielić się swoimi uwagami, jestem do dyspozycji.

Dotyczy to również ewentualnych krytyków tomu *Masa o pieniądzach polskiej mafii*, bo jestem przekonany, że i ta książka wywoła emocje i dyskusje. Tym bardziej że dotyczy bardzo gorącego tematu; wielka kasa zawsze powoduje szybsze krążenie krwi. A trzeba przyznać, że pod względem bogactwa nasi gangsterzy niczym nie ustępowali przestępcom z innych wielkich organizacji mafijnych. (No i znowu gloryfikacja! Najwyraźniej nie potrafię się opanować).

Kiedy Masa opowiedział mi historię milionów dolarów (pochodzących z przekrętu na automatach do gier) przynoszonych mu co miesiąc w workach na kartofle, trudno mi było uwierzyć. Tymczasem miliony papieru rzeczywiście dosłownie przelewały się przez gangsterskie ręce. Dziś nawet trudno oszacować, jaki był rzeczywisty majątek pruszkowskich bossów.

Jakiś czas temu odwiedził Polskę Lou Ferrante, znany gangster (a właściwie były gangster) z nowojorskiego klanu przestępczego Gambino, przyboczny legendarnego w latach 80. ojca chrzestnego Johna Gottiego. Ferrante spędził kilka lat w więzieniu, gdzie przeszedł metamorfozę, odkrywając w sobie literacki talent, i postanowił realizować się wyłącznie w tej dziedzinie. Sukcesy pisarskie (jego książka *Mob Rules*, opisująca mafię jako rodzaj korporacji biznesowej, wskoczyła na amerykańskie listy bestsellerów) pozwoliły mu zaistnieć w telewizji. Został gospodarzem programu, w którym relacjonuje swoje spotkania z przestępcami na całym świecie – i tymi osadzonymi, i tymi, którzy rozliczyli się z wymiarem sprawiedliwości. Głównym punktem jego wizyty w naszym kraju było spotkanie z Masą. Opowieści o dochodach rodzimej mafii i metodach prowadzenia gangsterskiego biznesu Amerykanin słuchał z szeroko otwartymi oczami; nie miał pojęcia, że mafiosi znad Wisły tak twórczo potrafią doskonalić metody wynalezione w czasach tworzenia się mafijnych struktur w jego kraju…

Z Lou spotkałem się wówczas i ja – przeprowadziłem z nim wywiad dla magazynu „Śledczy". Odsłaniał mi kulisy swego barwnego życia, raz po raz odwołując się do spotkania z Masą i zapewniając, że gangsterzy ze Wschodu w niczym nie ustępują amerykańskim.

To oczywiście nie znaczy, że mamy się czym szczycić. Wręcz przeciwnie. Istnienie grupy pruszkowskiej to wstydliwa karta w najnowszej historii Polski. Ale prawdą jest, że ówczesne fortuny przechodzące przez ręce naszych mafiosów trzeba liczyć nie w milionach, ale w dziesiątkach, a może i setkach milionów dolarów.

Inna sprawa, że pieniądze się ich nie trzymały – nieustające balety, coraz to bardziej luksusowe fury i wojaże po świecie kosztowały majątek, więc wciąż poszukiwali nowych źródeł zarobku. Przeskakiwali z branży na branżę z dużą łatwością, tym bardziej że i politycy, i biznesmeni nierzadko wyciągali ku nim pomocną dłoń. Brakowało bardzo niewiele, by szefowie Pruszkowa umościli się na intratnych synekurach w najzupełniej legalnych interesach i przeobrazili w „porządnych", szanowanych obywateli. Na szczęście stało się inaczej.

Gdzie podziały się fortuny? Na to pytanie czytelnik nie znajdzie w książce odpowiedzi. Wiadomo jedno – państwo nie przejęło wszystkich gangsterskich majątków, więc krążą one w przyrodzie i komuś służą. Ale poszukiwanie ich to raczej nie temat literacki. Bardziej prokuratorski.

Zapraszam zatem do podróży po świecie wielkich, choć brudnych pieniędzy.

Gangsterskie słowo wstępne

Na spotkanie z Z. namówił mnie Masa: „To jest chłopak, który latał w mojej grupie. Pogrążyły go moje zeznania, więc ma powody, żeby mi nie kadzić. Może to kogoś zdziwi, ale do dziś utrzymujemy bliskie kontakty".

Pojechałem.

Z. mieszka w okolicach Pruszkowa i na co dzień spotyka się z ludźmi, z którymi należał do grupy przestępczej. Także tych, którzy z biegiem lat stali się jego nieprzyjaciółmi. Odsiedział swoje, a teraz, jak zapewnia, żyje zgodnie z dekalogiem. Choć był czas, gdy kilka przykazań naruszył...

Nie dał się namówić na dłuższe wspomnienia. „To jest jeszcze zbyt świeże, nie mam dystansu. Poza tym, na cholerę mi to? Jeszcze się ktoś przyczepi. Powiem ci tylko, jak...".

Zacząłem notować.

– Powiem ci, jak to wyglądało naprawdę. To nie była żadna mafia, tylko pieprzony burdel. Faceci, którzy rzygali kasą i nie wiedzieli, co z nią robić. Przeskakiwali z jednej dupy na drugą i zaliczali je tak, jakby świat zaraz miał się skończyć. Nie jesteś w stanie sobie wyobrazić, jak oni używali życia – podkręceni kokainą i nieustannie lejącą się wódą wymyślali coraz to bardziej beznadziejne rozrywki, których nie byłby w stanie wyobrazić sobie żaden reżyser filmowy. Ja też tak żyłem.

Ale każdy starał się zagarnąć jak najwięcej pod siebie, choćby nawet kosztem przyjaciela. Zresztą, bądźmy szczerzy, w grupie pruszkowskiej nie było prawdziwych przyjaźni, jedynie doraźne sojusze, chwilowe interesy. Tak naprawdę każdy kopał pod każdym. Śmiać mi się chce, jak czytam te bajki o charakternych facetach, którzy brali na siebie winę kompanów i stawali ramię w ramię ze swoimi ludźmi, gdy zagrażało niebezpieczeństwo. Tam każdy był gotów przehandlować każdego – historia grupy zna bardzo wiele takich przypadków. A najbardziej mnie rozczula to pieprzenie o wysyłaniu pieniędzy do więzień przez zarząd pruszkowski, o zapewnianiu bytu rodzinom osadzonych, o jakichś rzekomych funduszach na rzecz skazanych. O tej całej solidarności chłopaków z miasta. Kurwa! Jak ktoś szedł do puchy, to natychmiast tracił, co miał, i nikomu nie przychodziło do głowy, żeby go wesprzeć. Jeśli ktoś odwiedzał żonę skazanego, to tylko po to, żeby ją bzyknąć. I tyle.

Ja przesiedziałem w puszce coś około dwóch lat. Żeby było jasne – trafiłem za kratki przez zeznania Masy. Oczywiście nie ja jeden. Dobrowolnie poddałem się karze i odpękałem co swoje. A jednak nadal utrzymuję z Jarkiem dobre kontakty, kolegujemy się, co jakiś czas zdarza się nam wspólnie wypić flaszkę. Było, minęło. Dlatego jego wrogowie mają mi za złe, że się z nim wafluję. Co jakiś czas słyszę, że ktoś mi w końcu zrobi krzywdę. Jemu oczywiście też. Czy ja się boję? A kogo niby miałbym się bać? Gdybym nie znał tych ludzi, to pewnie robiłbym w gacie, a przede wszystkim wyniósłbym się gdzie pieprze rośnie. A ja sobie spokojnie mieszkam w Pruszkowie i gwiżdżę na to, co mówią. Ja wiem, że w mediach ci faceci wciąż uchodzą za skrajnie niebezpieczne bestie, wiem też, ile złego zrobili ludziom, ale oni mi nie podskoczą. Wcale nie są tacy ostrzy, jak ich malują. Zresztą każda bestia, jak dostanie w ryja, to mięknie. A ja wciąż jestem w stanie się obronić.

Jak przyjdą z żalami, to zapytam: a gdzie, kurwa, byliście, jak siedziałem w pierdlu? Gdzie pieniądze, które dla was zarabiałem? Dlaczego moja rodzina nie dostała od was nawet dobrego słowa? Bo o sianie to nawet nie ma co wspominać. Bawiliście się, używaliście życia i zapomnieliście, że cały ten wasz pieprzony bal zawdzięczaliście takim żołnierzom jak ja.

Dlatego jakoś mi nie żal, że bal się skończył i trafiliście za kratki. Bądźmy szczerzy, kary nie były przesadnie dotkliwe.

A dzisiaj koleguję się, z kim chcę, i nic wam do tego. I nawet jeśli mam o to czy tamto żal do Masy, to jest to mój żal i umiem go wyrazić tam gdzie trzeba.

Spadać, nie chcę was więcej widzieć.

PROLOG

Marszandzi z bronią palną

– Panowie, to jest taka okazja, jaka się zdarza raz na całe życie! I to nie każdemu, rzecz jasna. Nie możecie jej przegapić. Mowa o wielkich pieniądzach, gigantycznych, niewyobrażalnych!

Dzień był upalny. Wentylator, ustawiony w rogu gabinetu, bezskutecznie stawiał opór masom gorącego powietrza, które nacierały przez otwarte okna w biurze Wojciecha P. na warszawskiej Saskiej Kępie.

Masa i Kiełbacha siedzieli rozparci w fotelach i z niedowierzaniem przyglądali się dwóm antykwariuszom, którzy przybyli z zaskakującą ofertą. To, co tamci wykrzykiwali jeden przez drugiego, brzmiało jak bajka. I to dla dość naiwnych dzieci.

Jedynie gospodarz, czyli Wojciech P., krążący dostojnie po pokoju, wydawał się przekonany, że okazja naprawdę warta jest poważnego potraktowania.

– Panowie, podsumujmy – poprosił tonem prezesa dużej firmy. – Są jakieś obrazy do kupienia za relatywnie niską sumę…

– Nie „jakieś obrazy", ale prawdziwe arcydzieła: francuscy impresjoniści, malarze włoskiego baroku, niderlandzkie miniatu[illegible] z XVII wieku, a nawet, uwaga!, szkic Leonarda da Vinci. W su[illegible]

380 dzieł sztuki, których nie powstydziłoby się nasze Muzeum Narodowe, gdyby oczywiście było je stać na tę kolekcję. Luwr, Ermitaż, Prado... Wszystkie by się o nią zabijały!

– To czemu się nie zabijają? – Rezolutnie zapytał Masa.

– Bo nie dotarła do nich ta oferta. Ale jeśli panowie ją odrzucą, dysponenci kolekcji z pewnością zwrócą się do największych galerii i marszandów na całym świecie. Na panów miejscu w ogóle byśmy się nie zastanawiali – to zaledwie 350 tysięcy dolarów. Dla większości naszych rodaków suma niewyobrażalna, ale dla panów po prostu pestka. Zapewniamy, że na odsprzedaży zarobią panowie kilka razy tyle. A może i kilkanaście.

Masa i Kiełbasa popatrzyli po sobie. Antykwariusze mieli rację. Ostatecznie 350 koła papieru to zysk z jednego tira, niepełny zresztą. W sumie ryzyko niewielkie, a szansa na finansowy sukces chyba całkiem spora?

Antykwariusze z Chmielnej zadzwonili dzień wcześniej i umówili się z pruszkowskimi gangsterami w siedzibie firmy Wojciecha P. Nie chcieli przez telefon wyłuszczać całej sprawy, zapewnili jedynie, że oferta jest naprawdę ciekawa. Goście nie mieli z kolekcją nic wspólnego; informacja o niej dotarła do nich pocztą pantoflową. Otóż biskup krakowski wystawiał na sprzedaż zbiór obrazów, należący niegdyś do rodu Potockich. Znajdowały się w nim prawdziwe perły: Claude Monet, Edouard Manet, Henri Matisse, Auguste Renoir,
ri de Tolouse-Lautrec, Paul Gauguin, Vincent van Gogh, Mar-
cciarelli, Rembrandt van Rijn, a nawet Leonardo da Vinci.
viele dzieł malarstwa polskiego, z Kossakami na czele.
można powiedzieć, promocyjnej.
był właścicielem kolekcji, jedynie dysponen-
nie było wiadomo. Zresztą Masy, Kiełbasy

i Wojciecha P. ten szczegół nie interesował. Skoro tak zacna persona rzuca coś na rynek, znaczy, że interes jest w porządku.

Antykwariusze za swą usługę chcieli zaledwie drobnego wynagrodzenia; ostatecznie działali dla dobra kraju. Chodziło im o to, aby bezcenne dzieła sztuki pozostały w polskich rękach. A jeśli nawet ręce te sprzedadzą kolekcję za granicę, to przynajmniej na rodzime konta bankowe trafi zysk. A jeśli będą to zagraniczne konta... Nieważne. Pieniądz musi krążyć, inaczej zardzewieje. Intencja była prosta – z jednego Moneta zrobić wiele monet.

Po wyjściu pośredników, którzy mieli czekać na odpowiedź, zapadła natychmiastowa decyzja: wchodzimy w to. Ale ostrożnie. Nie ryzykujemy własnych pieniędzy, tylko tworzymy coś w rodzaju spółdzielni. Szukamy nadzianych gości, którzy złożą się na te 350 tysięcy.

Wkrótce antykwariusze skontaktowali się z hierarchą i poinformowali go, że pewna grupa warszawskich biznesmenów jest bardzo zainteresowana jego ofertą. W tym czasie Wojciech P. – właściciel znakomicie prosperującej firmy deweloperskiej (po latach niesłusznie okrzyknięty bankierem polskiej mafii) – zadzwonił do kilku swoich znajomych i zaproponował im wejście w interes, podając sumę do wyłożenia, która już na starcie przewyższała wartość kolekcji. Sześciu zdeklarowało się od razu: Dariusz D., jego brat Krzysztof, Dariusz W. (który – o czym w dalszej części książki – odegrał sporą rolę przy nawiązywaniu kontaktów z kolumbijskimi kartelami kokainowymi), Stanisław M. (potentat branży hotelarskiej na Pomorzu Zachodnim), Andrzej Z. (chodziło o biznesmena, nie o gangstera o pseudonimie Słowik) oraz Stefan P. Na konto „spółdzielni" wpłynęło ponad 400 tysięcy dolarów.

Jarosław Sokołowski: Z miejsca przycięliśmy czterdzieści koła papieru, choć jeszcze nawet nie powąchaliśmy tych obrazów. Ale już mieliśmy z czym jechać do szanownego arcybiskupa. Najpierw jednak udali się do niego antykwariusze, żeby ocenić, co tak naprawdę warta jest kolekcja. Wrócili roztrzęsieni, jakby ich ktoś podłączył do prądu. Drżącym głosem wymawiali nazwiska słynnych malarzy (bądźmy szczerzy, większość usłyszałem po raz pierwszy) i zapewniali, że mowa o prawdziwym skarbie. Bałem się nawet, że zaraz obaj padną na serce z tego entuzjazmu. Ale było jasne, że faktycznie zapowiada się gruby deal. Nie chcieliśmy zwlekać ani chwili. Umówiliśmy się z arcybiskupem i ruszyliśmy do Krakowa.

Rezydencja hierarchy znajdowała się na obrzeżach miasta...

Artur Górski: A kto wchodził w skład delegacji? No bo jednak do rozmów z arcybiskupem nie można wysłać byle kogo. „Ą" i „ę" musi mieć w małym palcu.

J.S.: Też tak uważałem, dlatego pojechaliśmy ja, Kiełbasa, Wojtek P. i gangster Sz. Ten ostatni busem, który był wykorzystywany na budowach (przypominam, że Wojtek P. to deweloper), a my zapakowaliśmy się do mercedesa S-klasy, jak przystało na poważnych biznesmenów. Antykwariusze też pojechali, ale osobnym samochodem. Biskup i jego świta powitali nas bardzo przyjaźnie i zaprosili do przestronnego pokoju z dużym stołem. Usiedliśmy.

A.G.: Rozumiem, że do hierarchy zwracaliście się per Wasza Ekscelencjo?

J.S.: Powiem tak – próbowaliśmy różnych form grzecznościowych, ale arcybiskup mówi: „Dajcie spokój, chłopaki, my też jesteśmy grypsujący".

A.G.: W to akurat nie wierzę.

J.S.: Niech będzie, żartowałem. Ale uwierz mi, że szybko znaleźliśmy wspólny język. Dostojni duchowni nawijali taką kminą, że momentami traciłem poczucie, gdzie ja tak naprawdę jestem – w rezydencji arcybiskupa czy pod celą. Okazało się, że w krakowskiej kurii pracują naprawdę równi goście, gadający po ludzku, i robienie z nimi interesu to czysta przyjemność. Coś tam próbowali opowiadać o kolekcji, o jej korzeniach, ale kto by tam słuchał takich głupot?

Transakcja przebiegła sprawnie – położyliśmy kasę na stół, a obrazy wylądowały w naszym busie.

A.G.: Ile czasu trwało zabezpieczanie obrazów do transportu? Owijanie folią i pakowanie do tekturowych pudeł przecież trwa. A to było 380 sztuk!

J.S.: Chyba żartujesz? Wrzuciliśmy wszystko luzem do busa i nawet nie przyszło nam do głowy, żeby jakoś te obrazy unieruchomić. Antykwariusze, widząc, jak je traktujemy, omal nie dostali zawału.

W czasie jazdy walały się po podłodze, a jako że bus był wzięty z budowy, za chwilę na dziełach sztuki pojawiły się cement i piasek. No ale przecież od czego woda, mydło i szmata? Wiedzieliśmy, że w Warszawie doprowadzimy je do porządku. Najważniejsze, żeby nikt ich nam po drodze nie zawinął. Ostatecznie trochę były warte, a skąd mieliśmy wiedzieć, czy ktoś nie dostał cynku o transporcie? Dlatego w drodze powrotnej busem jechał nie tylko Sz., ale także ja i Kiełbasa, i to pod bronią. Ja miałem w kieszeni berettę, podobnie jak Sz., a Wojtek P. skorpiona za pazuchą. Jaja zaczęły się już w trakcie jazdy. Kiełbacha, który siedział za kierownicą, zachowywał się jak prawdziwy świr. Zabawiał się w ostry slalom między samochodami tylko po to, żeby obrazy trochę sobie „pokrążyły" po busie. Co usłyszał stukot ramy, uderzającej w karoserię, wykrzykiwał, niby to przerażonym głosem: „O Matko Przenajświętsza, przecież to Monet, o Boże, coś się stanie z Renoirem, pewnie już się stało, szlag by to trafił!".

Szczęśliwie dotarliśmy do stolicy, gdzie zanieśliśmy nasz skarb do biura Wojtka P. Zrzuciliśmy całość w jednym pokoju i urządziliśmy libację – chlaliśmy na umór, delektując się wielkimi dziełami mistrzów pędzla. Oczywiście, najwięcej zachwytów płynęło z ust antykwariuszy; panowie dali ostro w palnik i zaczęli się przekrzykiwać: „Nie wierzę, to niemożliwe, to niewiarygodne, to chyba jakaś bajka!". W pewnym momencie jeden z nich – dobrze już ululany – nachylił się nad Renoirem, wylewając na niego całą zawartość swojej szklanki. Dobrze, że była to whisky z colą, a nie na przykład syrop malinowy. Inna sprawa, że syropu malinowego P. w barku nie miał.

Po imprezie poszliśmy w pizdu, nie zawracając sobie głowy organizowaniem jakiejś ochrony. Kto by tu się włamywał?, pomyśleliśmy i udaliśmy się każdy w swoją stronę. Dopiero po jakimś czasie zdeponowaliśmy kolekcję w pewnym magazynie na warszawskich Bielanach.

W życiu Masy zaczął się okres wyjątkowy – z gangstera, napadającego na tiry i odzyskującego długi z bejsbolem w ręku, przeobraził się w marszanda. Wraz z kompanami zaczął przemierzać Europę w poszukiwaniu rynków zbytu dla obrazów. Aby choć trochę zorientować się w tematyce, którą się zajął, przewertował dziesiątki podręczników poświęconych historii sztuki. Pobieżna lektura utwierdziła Masę w przekonaniu, że dysponuje naprawdę cenną kolekcją.

Już następnego dnia po przywozie obrazów do Warszawy udało się sprzedać obraz Juliusza Kossaka za 70 tysięcy dolarów. „Skoro jeden, na dodatek krajowy, idzie za tak poważną sumę, to ile zarobimy, sprzedając całość?", zadawał sobie pytanie Masa i zacierał ręce. Pieniądze trafiły do kieszeni Wojciecha P., który jednak nie podzielił się nimi ze wspomnianymi wcześniej członkami nieformalnej spółdzielni: braćmi D., Dariuszem W., Stanisławem M., Andrzejem Z. i Stefanem P. Nie musiał – oni mieli jedynie odzyskać swoje pieniądze, naturalnie z jakimś procentem. Z jakim? Tego nikt przecież nie określał.

Mimo początkowego sukcesu, jakim była sprzedaż Kossaka (z ręki do ręki), pruszkowscy szybko uświadomili sobie, że Polska to nie eldorado dla marszandów. Znalezienie nadzianego kupca wcale nie było takie łatwe, a ilość formalności, niezbędnych przy handlu dziełami sztuki – nieskończona. Oczywiście, zakładając proceder legalny. Obraz należało bowiem skatalogować, zapewnić mu historię, ustalić jego pochodzenie, legalność, zawieźć na kilka wystaw i dopiero po spełnieniu tych wymogów wystawić na sprzedaż.

Na Zachodzie, gdzie krążyło o wiele więcej dzieł sztuki niż nad Wisłą, wszystko wydawało się łatwiejsze. Dlatego Masa i Kiełbasa pojechali na aukcję do Hamburga. Wzięli na próbę dwa płótna francuskich impresjonistów i bez większego problemu sprzedali je – pierwsze za 140 tysięcy marek, drugie za 90 tysięcy.

Na drugi ogień poszły miniatury niderlandzkie, malowane na miedzianej blasze. Nie były to wprawdzie dzieła Jana Brueghla, który często tworzył na metalowych powierzchniach, ale prace jego naśladowców, także niezwykle cenne. Prawdziwy rarytas dla kolekcjonerów. Dzieła przejechały, niezauważone przez celników, na tylnym siedzeniu mercedesa Masy.

Sz. – jeden z członków spółdzielni, który dołączył nieco później – zaproponował, aby sprzedać je w Düsseldorfie, gdzie mieszkał i miał dobre rozeznanie w świecie handlarzy sztuką. Jednak tamtejszym amatorom niderlandzkich miniatur nie pasowała cena – pruszkowscy gangsterzy zaśpiewali odrobinę za dużo – ale żadna promocja nie wchodziła w grę. Sprzedający ruszyli więc na południe Niemiec, do Monachium, miasta zamożnych i rozkapryszonych Bawarczyków. I rzeczywiście, w kolebce BMW znaleźli się ludzie gotowi zapłacić żądaną sumę, tyle że nie od razu, tylko po tygodniu. A Masa i Kiełbasa nie mogli czekać. To znaczy mogli, ale im się nie chciało. „Albo kupujecie od razu, albo do widzenia", zakończyli monachijską przygodę. Ale w międzyczasie wpadli na dobry pomysł – skoro te blaszki powstały w Niderlandach, to może chciałyby wrócić do domu? I faktycznie, w Rotterdamie znalazły nabywców na pniu. Pierwsza miniatura poszła za 30 tysięcy marek niemieckich, a druga za 45 tysięcy. Wycieczka okazała się bardzo udana.

A.G.: Zostało wam jeszcze ponad 370 obrazów. Jak szybko udało się je wam „zmonetyzować"?

J.S.: Rzecz w tym, że wkrótce zaczęły się problemy. Owszem, puściliśmy na Zachodzie jeszcze kilka dzieł, przy czym ja i Kiełbacha pozwoliliśmy i innym trochę się przewietrzyć. Sami już nie jeździliśmy na Zachód, ale nadal działaliśmy na rynku krajowym.

Naszą uwagę przykuł pewien obraz, nieistotne, spod czyjego pędzla wyszedł. Robił duże wrażenie, ale był zniszczony, zwróciliśmy się więc do kustosza warszawskiego Muzeum Narodowego, aby oddał go do renowacji. Było to dzieło charakterystyczne, pomalowane z obu stron. Twórca uwieczniał pewien obiekt, ale, mówiąc nieładnie, pierdolnęła mu się koncepcja i postanowił namalować coś zupełnie innego na odwrocie. To była słuszna decyzja, bo ta druga strona okazała się arcydziełem. Kiedy kustosz wziął obraz w swoje ręce, zbladł i zapytał: „Czy wiecie, co wy macie?".

Pokiwaliśmy głowami, choć prawdę powiedziawszy, nie mieliśmy pojęcia, że ten obraz czymś się różni od pozostałych. „Sztuka jest sztuka", jak powiedział bohater jednego z filmów. Kustosz, jak już odzyskał zdolność chłodnej kalkulacji, mówi: „Przecież wy, kurwa, nie macie prawa tego mieć. To musi trafić do muzeum", ale my przekonaliśmy go, że nikt nie dowie się o niczym, a on z pewnością nie pożałuje, jeśli nam pomoże. Koniec końców wziął dzieło i obiecał załatwić konserwatora.

A.G.: Podejrzewam, że kłopoty, o których przed chwilą wspomniałeś, wiązały się z tym właśnie obrazem.

J.S.: Dokładnie. Ustalonego dnia przyjechaliśmy po niego, a kustosz mówi nam, że to tylko falsyfikat i nie ma co konserwować. Oddał nam obraz i na tym koniec.

Ale od tego czasu cała Polska huczała, że Pruszków handluje falsyfikatami. Rozumiesz? Nagle nasz wielki deal posypał się jak domek z kart. Próbowaliśmy sprzedawać te obrazy w każdy możliwy sposób, ale zmowa antykwariuszy okazała się murem nie do przeskoczenia. Wciskali ludziom kit, że to wszystko chałwa!

A.G.: A to naprawdę były falsyfikaty?

J.S.: No coś ty?! Przecież w Hamburgu czy w Rotterdamie nikt nie zakwestionował ich oryginalności. A nikt mi nie powie, że jedyne oryginały, jakie mieliśmy, to te sprzedane na Zachodzie. Kiedy wybuchła afera, odkup obrazów zaproponowała nam Barbara Piasecka-Johnson, ta amerykańska miliarderka, która w tamtym czasie próbowała robić różne interesy z Polską. Rzecz w tym, że chciała kupić całość po cenie... falsyfikatów.

A.G.: Przypominam ci, że pani Piasecka-Johnson to nie tylko bizneswoman, ale także historyk sztuki. Pewnie potrafiła ocenić rzeczywistą wartość tych dzieł.

J.S.: Oczywiście, że umiała. Jestem pewien, że nie miała wątpliwości, iż są oryginalne. Chciała jedynie za psi pazur kupić sobie kolekcję wartą miliony. Owszem, dawała dużo jak na fałszywki, ale dla nas to był żaden interes.

A.G.: Jak się skończyła twoja przygoda z marszandowaniem?

J.S.: Postanowiliśmy wysłać cały majdan za ocean. Do Stanów Zjednoczonych.

A.G.: Jak to, do Stanów Zjednoczonych? Tak po prostu załadować do samolotów i wysłać? A celnicy, policja, służby?

J.S.: To były zupełnie inne czasy. Ten, kto nie przeżył lat 90., będzie miał problemy ze zrozumieniem, jak to wówczas działało. Nie tylko u nas, ale także u Amerykanów. Nawet tuż przed 11 września 2001 roku wszystko było prostsze.

Nadaliśmy te obrazy jako zwykłe paczki; nikt w ogóle się nimi nie interesował. W Stanach przejął je Darek D. (członek grupy zrzucającej się na te 350 tysięcy dolarów - przyp. A.G.).

A.G.: I co z nimi zrobił?

J.S.: Nie bardzo się tym interesowałem, ale wiem jedno - niedługo później przeniósł się do Lake Forest, luksusowej dzielnicy Chicago. Takiej, przy której może się schować nawet Beverly Hills. Same pałace i rezydencje. Ja natomiast zerwałem z handlowaniem dziełami sztuki ostatecznie.

A.G.: Powiedz mi szczerze, podobały ci się te obrazy? Nie kusiło cię, żeby coś z tej kolekcji zachować dla siebie?

J.S.: Wiesz, kiedy zorientowaliśmy się, że zabawa w marszandów dobiega końca, Wojtek P., powiedział mi: „Jarek, weź sobie kilka obrazów. Budujesz willę, to będziesz miał gdzie powiesić". A ja mu na to: „Te Monety to ponure jakieś takie, a inne - bohomazy. Wystraszą mi gości. Jakby było coś wesołego, kolorowego, to czemu nie? Ale akurat takich nie mamy".

A.G.: Bacciarelli też ci nie pasował?

J.S.: Daj spokój. Takie starocie miałbym wieszać w salonie?

A.G.: Ja bym powiesił…

J.S.: To może i dobrze, że cię wtedy z nami nie było.

ROZDZIAŁ 1

Pruszków, miasto pod Hamburgiem

W połowie lat 80. władze PRL uznały, że nadszedł czas, żeby nieco poluzować rygor, w jakim żyli Polacy od stanu wojennego. Oczywiście, w granicach rozsądku, tak aby nie zwariowali od nadmiaru szczęścia.

Niby-twarzą tej nieco bardziej liberalnej polityki był generał Jaruzelski, ale wszyscy i tak wiedzieli, że bez zgody (a raczej: polecenia) nowego włodarza Kremla Michaiła Gorbaczowa do żadnych zmian by nie doszło. „Gorbi" domagał się od władz wszystkich państw bloku wschodniego, aby trzymając społeczeństwo pod butem, nieco lżej wciskały je w ziemię.

Jak? Na przykład umożliwiając ludziom wyjazdy zagraniczne. Naturalnie, w granicach rozsądku, po dokładnym sprawdzeniu, jaki miałby być cel takiej podróży, i z zastrzeżeniem, że dysponentem paszportu pozostaje państwo. Czyli w polskich realiach – przed wyjazdem należało się pofatygować po ów cenny dokument do ekspozytury Wojewódzkiego Urzędu Spraw Wewnętrznych, po powrocie zaś natychmiast go oddać.

Dla wszystkich było jasne, że nie każdemu paszport zostanie wydany. Jeśli pojawią się jakieś zastrzeżenia, władza nawet nie będzie musiała się z nich tłumaczyć.

Nie zmienia to faktu, że w połowie lat 80. rodacy ruszyli na Zachód, nierzadko z biletem w jedną stronę. Najpopularniejsze były dwa kierunki: Berlin Zachodni oraz Wiedeń, gdzie docierali ludzie, często zdecydowani na dożywotnią (a przynajmniej wieloletnią) emigrację w Europie Zachodniej albo za oceanem. Najpierw trafiali do obozów przejściowych, gdzie czekali na określenie miejsca docelowego, a następnie wsiadali do samolotu lecącego w nieznane...

Imigrantów uważano – czasami nieco na wyrost – za męczenników, którym udało się zbiec z komunistycznej katorgi, więc udzielano im daleko idącej pomocy, czy to przy znalezieniu mieszkania, czy finansowej. Rzeczywiście, wyjechało wówczas z kraju wielu, zarówno opozycjonistów, jak i obrotnych, acz bezideowych obywateli, zainteresowanych szybkim wzbogaceniem się. Wśród tej drugiej kategorii nie mogło zabraknąć zwykłych przestępców, którzy wierzyli, że dopiero na Zachodzie rozwiną skrzydła. Również i oni traktowani byli na niemieckich czy austriackich dworcach kolejowych jak emisariusze zdelegalizowanej „Solidarności". Witano ich palcami rozłożonymi w V i otaczano wielką życzliwością.

Wyjazdy przyszłych mafiosów na Zachód w latach 80., głównie do RFN, obrosły legendą; po dziś dzień pojawiają się teorie (nierzadko uzasadnione), jakoby emigrowali za przyzwoleniem, a czasem nawet na polecenie, oficerów bezpieki, tworzących za Odrą sieć tajnych współpracowników. I to dwojakiego rodzaju – do działalności wywiadowczej oraz do rozkręcania lewych interesów.

W tamtym czasie również Masa, pracujący jako bramkarz w pruszkowskiej restauracji Pod Sosnami, zastanawiał się nad wyjazdem do Reichu. W kraju coraz dotkliwiej deptała mu po piętach milicja, a możliwość znalezienia naprawdę dobrze płatnej pracy wydawała się mrzonką. A legenda głosiła, że jak już trafisz do Niemiec, to kasa sama pcha się do kieszeni. Co zresztą było do pewnego stopnia prawdą – to właśnie na niemieckiej ziemi narodziło się wiele fortun, w większości o nie bardzo legalnych korzeniach.

Masa pozamykał zatem interesy w kraju (do zamykania nie było wiele) i wsiadł w pociąg do Hamburga.

Tam z miejsca skierował się do okazałego budynku noszącego nazwę Bieber Haus, znajdującego się obok dworca kolejowego, po zaświadczenie, że imigrant wystąpił o azyl polityczny. Kwit, wydawany niemal od ręki, nie tylko legalizował pobyt w Niemczech, ale uprawniał także do przyzwoitej zapomogi finansowej i dachu nad głową. I wcale nie chodziło o przytułek, ale mieszkanie w dobrym standardzie.

J.S.: Byłem w szoku – przyjeżdżam i od razu dostaję wszystko, co mi jest potrzebne do życia. Kasa, chata, obietnice dalszej pomocy. Żyć nie umierać!

A.G.: To, że Zachód hołubił imigrantów z Polski, miało podłoże polityczne; wspierano tych, którzy porzucali komunizm, opozycjonistów albo osoby niechętne reżimowi Jaruzelskiego. Czy musiałeś złożyć jakąś deklarację o charakterze politycznym? Mówić krótko: czy traktowano cię jak członka „Solidarności"?

J.S.: Tego już nie pamiętam, ale przecież mając w perspektywie wyrwanie się z PRL-owskiego gówna, każdy by ją złożył. Zresztą ja nigdy nie kochałem komunizmu, powiedziałbym wręcz, że byłem prześladowany – ostatecznie milicja co chwila ciągała mnie na dołek za brak pieczątki w dowodzie osobistym, potwierdzającej zatrudnienie. Faktycznie, do Reichu trafiali i opozycjoniści, ale w przewadze byli kombinatorzy, którzy chcieli się tam urządzić.

A.G.: Rozumiem, że nie szukałeś kontaktu z Radiem Wolna Europa?

J.S.: Wolna Europa była w Monachium, 800 kilometrów od Hamburga. A nawet gdybym kopnął się do stolicy Bawarii, to o czym niby miałbym mówić na falach tego radia? Zająłem się tym, w czym czułem się dobry.

A.G.: Kradzieżami?

J.S.: Naturalnie. Od razu zwąchałem się z naszą diasporą przestępczą na miejscu i zaczęliśmy wspólne działania. W Hamburgu było wówczas kilka miejscówek, w których spotykało się środowisko przestępcze: Sankt Pauli, Mümmelmannsberg (w dużej części zamieszkany przez Polaków) i inne. Tam nawiązywało się znajomości. Gwiazdą tego środowiska był były polski pięściarz, P. To on zaprowadził nas do René Wellera, słynnego niemieckiego boksera, który po zakończeniu kariery założył knajpę. Organizował w niej, nawiasem mówiąc, walki zawodowe, szalenie popularne w RFN. Zresztą P. występował na jego galach.

A.G.: Widziałem kiedyś zdjęcie Wellera na basenie. On leży na materacu, w otoczeniu skąpo odzianych piękności.

J.S.: Wellera zawsze otaczały laski z najwyższej półki. Nie ma co się dziwić. Przystojny, sławny, nadziany; kobiety takich lubią, nawet jeśli deklarują coś wręcz przeciwnego. W jego świetle lubili też się grzać goście z szemranych środowisk, dlatego Weller doskonale wiedział, kto i czym się zajmuje. To także dzięki niemu wkręciliśmy się do półświatka. U niego poznaliśmy Górala...

A.G.: Ksywka gangstera?

J.S.: Powiedzmy, że świetnego złodzieja samochodów. Zupełnie innego niż większość chłopaków z branży. Zawsze nienagannie ubrany, oczywiście w ciuchy z najwyższej półki, z okularami od Cartiera na nosie. Poruszał się najnowszym modelem porsche, więc ci, którzy go nie znali, brali go za wytwornego biznesmena. Oczywiście oprócz fur zawijał też wszystko, co mu wpadło w ręce. Rzecz w tym, że sprzedawcy – a zwłaszcza sprzedawczynie – sami mu w tym pomagali. Zdarzało się, że podjeżdżał tym swoim porszakiem pod sklep, wybierał co cenniejsze produkty. Panie zza lady prześcigały się w uprzejmościach wobec takiego klienta, pakowały mu pudła do bagażnika, a on... odjeżdżał w siną dal bez płacenia. Podejrzewam, że niejedna z tych sprzedawczyń machała mu chusteczką na pożegnanie. Taki to był gość z klasą!

A.G.: Dotarłeś do Nikodema S. „Nikosia"? Podobno w latach 80. był liczącą się figurą w kryminalnym półświatku RFN?

J.S.: To jest jeden z tych mitów, które krążą po polskich mediach jak bakterie i żaden antybiotyk nie jest w stanie ich wykurzyć. Owszem, Nikoś kręcił swoje lody w Niemczech, wielu chłopaków go znało, ale on nie był żadnym bossem. Był jednym z wielu drobnych złodziejaszków, którzy latali na każdą robotę, jaka się trafiała. Dopiero po powrocie do Gdańska, na przełomie lat 80. i 90., stał się naprawdę kimś. W Hamburgu terminował – zdobywał szlify przemytnika samochodów i poszerzał bazę znajomości. To mu się po latach przydało.

A.G.: W Instytucie Pamięci Narodowej znajdują się kwity świadczące o tym, że Nikoś był wówczas na uchu bezpieki i to właśnie funkcjonariusze pomagali mu w przemycie kradzionych aut do Polski. Zresztą Niemcy wsadzili go do więzienia, które opuścił w bardzo filmowych okolicznościach – podczas widzenia podstawił swego brata, a sam uciekł z Reichu. Jeśli to, oczywiście, prawda. W książce Sylwestra Latkowskiego *Polska mafia*[*] znalazłem interesujące fragmenty notatek służbowych Wojewódzkiego Urzędu Spraw Wewnętrznych, z których wynika, że bezpieka była bardzo zainteresowana Nikosiem, i to już we wczesnych latach 80. Wiadomo z nich na przykład, jak Nikodem S. dostał paszport. Oto cytat z notatki kapitana Protasiewicza: „S. poprzez majora Kazimierza D. z GKS Wybrzeże załatwił sobie paszport i wyjechał do RFN (jako działacz sportowy – przyp. A.G.). Za załatwienie tego paszportu mjr D. miał otrzymać kolorowy telewizor i pewną sumę pieniędzy. Poza tym S. sprowadził jego szwagrowi samochód marki Volkswagen Passat". Notatki bezpieki rzucają również światło na rozwój przemytniczej kariery Nikosia. Oto donos, jaki w lipcu 1985 roku złożyło tak zwane Osobowe Źródło Informacji OZI o pseudonimie Leszek: „W ubiegłym roku sprowadzono do kraju z zachodu 6 skradzionych we Francji samochodów audi Turbo Diesel (pisownia zgodna z oryginałem – przyp. A.G.). Przywiózł je Łapa ps. Szczęka z Nikosiem (właściciel lokalu Carawela i działacz Lechii) dla K. (były sportowiec) i K. (były dziesięcioboista), obecnie dyrektora Klubu Sportowego Lechia. (...) Za granicą samochody te zorganizował międzynarodowy gangster mieszkający w Szwecji o imieniu Ryszard, który jest bratem żony Nikosia. Obecnie Rysiek siedzi w więzieniu w Szwecji. (...) Nikoś siedział 3 miesiące w ubiegłym roku w więzieniu

---

* Świat Książki, Warszawa 2011.

w RFN za aferę samochodową i właśnie wspomniany Rysiek miał go wyratować z opresji".

Tyle o Nikosiu, na razie. A czym ty się zajmowałeś w Niemczech?

J.S.: Na pewno nie donosiłem bezpieczniakom!

Jeszcze przez chwilę pociągnijmy wątek tej niby-współpracy gangsterów z bezpieką czy milicją. Wciąż czytam, że w zamian za paszporty i święty spokój po powrocie z saksów byliśmy na uchu mundurowych, co potem miało skutkować sztamą już po 1989 roku. To oczywiste, że w kraju – po pobycie dłuższym niż deklarowany – wzywały nas służby, przede wszystkim kontrwywiad. Pytano nas, co robiliśmy w Niemczech, z kim się kontaktowaliśmy, czy byliśmy przesłuchiwani przez tamtejszych. A my często opowiadaliśmy jakieś banialuki, przez które nikt, rzecz jasna, nie cierpiał. Co więcej, musieliśmy coś tam podpisać, z czego wynikało, że od teraz będziemy lojalnymi obywatelami socjalistycznej ojczyzny, ale to przecież nie oznaczało bycia rzeczywistymi konfidentami. Powiem ci – jakby ktoś w Pruszkowie zorientował się, że donoszę na kolegów, byłbym skończony. Jasne, że kręcili się przy nas bezpieczniacy i chcieli to i owo ugrać, ale twierdzenie, że byliśmy tajnymi współpracownikami, ma się nijak do prawdy. Zapewniam, że Nikoś też na nikogo nie kapował. Bo niby i po co?

A.G.: Często pojawia się argument, że ludzie bezpieki wam pomagali, choćby przy organizowaniu szlaków przemytu kradzionych samochodów.

J.S.: A niby po co? Przecież samochody wjeżdżające do kraju były legalne i bezpieczniacy nie byli nam do niczego potrzebni. Oni naprawdę nie dysponowali takimi możliwościami, o jakie się ich podejrzewa.

A.G.: Wobec tego wróćmy do pytania: czym się zajmowałeś w Hamburgu?

J.S.: Jak to czym? Mydłem i powidłem! Jak większość naszych chłopaków zawijałem fury, skórzaną odzież, elektronikę, a nawet spożywkę. Nie mówiąc już o alkoholu, który zawijaliśmy na potęgę! Cały nasz urobek schodził na pniu, zainteresowanie naszymi usługami było ogromne. Zarówno wśród emigrantów, nie tylko zresztą polskich, jak i autentycznych Niemców, którzy woleli kupić taniej rzecz jeszcze ciepłą niż drożej w legalnym sklepie.

A.G.: To, że grabiliście sklepy, i nie tylko sklepy, w Polsce, łatwo zrozumieć. Za socjalizmu wszystko było wspólne, czyli niczyje, więc lżej było przytulić to i owo. Ale w Niemczech? Tam chyba kradzież stanowiła poważne wyzwanie.

J.S.: Gdybym chciał wyprowadzić mercedesa z salonu, pewnie miałbym problemy, choć i to dałoby się zrobić. Ale sklepy naprawdę nie były jakoś szczególnie chronione. Dziś, w dobie pikających elektronicznych bramek i kamer przemysłowych, kradzieże są ryzykowne, ale wtedy wjeżdżało się jak w masło. Mieliśmy kilka patentów, wobec których ochroniarze i policja byli absolutnie bezradni. Na przykład metoda

„na motocyklistę” – wchodzisz do sklepu w kurtce i z kaskiem w ręku. Po co kask? Żeby zasłaniał kurtkę, bo pod nią znajdują się kradzione towary. Dla picu przy kasie kupowało się jakieś fajki czy gumę do żucia, a w rzeczywistości wynosiło się o wiele, wiele więcej!

Popularny był też patent „na płaszcz”. Miałem taki szynel... Jakby go postawić na podłodze, nie przewróciłby się. Wchodziłem z nim do sklepu, pakowałem do wewnętrznych kieszeni po kilka flaszek wódki i wychodziłem.

Z kolei elektronikę kradło się „na woźnicę” – wkładało się do wózka sklepowego pudełka z, powiedzmy, magnetofonami, i przekazywało chłopakom, którzy stali przy drzwiach. A oni natychmiast znikali. Niemcy w ogóle nie mieli pojęcia, co jest grane. Oni byli jak dzieci we mgle, spasione na zachodnim dobrobycie.

A.G.: Sami sprzedawaliście urobek?

J.S.: Mieliśmy swoich paserów. A oni bez problemu znajdowali nabywców. Jednym był niejaki Lothar S., bardzo elegancki facet, a przy okazji niebywały farmazoniarz, gość, który bez mrugnięcia okiem potrafił wcisnąć każdy kit. To były lata 80., a on opowiadał wszystkim wokół (no, może nie nam), że jest przewidziany na członka załogi, która w 1995 roku poleci w kosmos. Na jego bajer leciały głównie piękne laski, dlatego Lothar krążył po mieście w asyście wystrzałowych modelek.

A.G.: Dzielił się z wami swoim stadkiem?

J.S.: Nie, do tych pań nawet się nie zbliżaliśmy. Ale to nie znaczy, że żyliśmy w ascezie. Myśmy mieli branie wśród dziewczyn, które mieszkały obok nas, wiesz takie lokalne piękności przesiadujące w pubach. My, młodzi, ekstra ubrani, byliśmy dla nich jak John Travolta, a która młoda dupa nie chciałaby się bzyknąć z bohaterem *Gorączki sobotniej nocy*? Dlatego często fundowaliśmy im ten film w wersji pruszkowskiej...

A.G.: Nigdy nie mieliście kłopotów z niemiecką policją?

J.S.: Nikt się jej nie bał. Jak kogoś zawinęli, to pouczyli i wypuszczali na wolność. A jak już ktoś bardzo dał się im we znaki, to trafiał przed sąd, ale wyrok zawsze był w zawiasach. Raz zdarzyła mi się sytuacja, która zapowiadała się dość poważnie, ale skończyła się jak zawsze, czyli happy endem. Otóż na Mümmelmannsbergu, popularnie zwanym Mymlem, była modna restauracja. Lubiliśmy tam zaglądać i przy piwku dzielić się spostrzeżeniami natury ogólnej. Po zakończonej alkoholowej sesji poszliśmy – ja, Hemla, Cruyff, Małpa – do domu. Już mieliśmy iść w kimę, gdy do drzwi zapukał Johann (to oczywiście też ksywa; po tylu latach wielu nazwisk po prostu nie pamiętam, tym bardziej że wtedy używaliśmy głównie pseudonimów). Johann był znany z tego, że zawsze nosił przy sobie pokaźną luśnię. Tym razem też, i to wcale nie na gaz; wychylił się przez okno i zobaczył kilku Turków. A my z nimi mieliśmy kosę i staraliśmy się nie wchodzić sobie w drogę. Ale Johann, po kilku głębszych, sięgnął po broń i... wyjebał w stronę jednego Turka. Trafił w nogę. Dobrze, że nie celował w głowę, bo wtedy skończyłby z ciężkim wyrokiem. Zaczęła się zadyma; Turcy przylecieli do nas w sile kilkuset chłopa. Nasi też się szybko zorientowali, że będzie rozróba, i stawili się na miejscu. Ale nas było najwyżej pięćdziesięciu. Zaczęliśmy się ganiać po osiedlu, a przerażeni strzałami Niemcy zamykali okna, jak na rasowym westernie. Po jakimś czasie na niebie pojawiły się helikoptery antyterrorystów; maszyny, jedna po drugiej, siadały pomiędzy blokami osiedla. Policjanci pozawijali sporo osób, w tym również mnie, ale wkrótce zostałem wypuszczony do domu. Ostatecznie byłem jedynie uczestnikiem awantury. Choć muszę przyznać, trochę szczęściu dopomogłem. Otóż połknąłem aluminiowy łańcuch, na którym nosiłem klucze. Lekarz w szpitalu zbadał mnie, powiedział, że nic mi nie będzie, ale facet ze skłonnościami do samookaleczania się nie jest mile widzianym gościem w areszcie. Byli wtedy zawodnicy znacznie lepsi ode mnie. Małpa – uważaj! – zarzucił sobie do gardła cały pałąk od wiadra. Połknął go w całości! Z trudem mu go wyjęto. Z kolei Cruyff wybrał inny patent – pociął się, jak przystało na pruszkowskiego recydywistę. Niemcy opatrzyli go i zabrali mu żyletkę. Ale on, gdy znalazł się w celi, znowu się pochlastał. Wtedy, po opatrzeniu ran, policjanci rozebrali Cruyffa i wrzucili go na dołek nagiego jak święty turecki. Ale co to dla chłopaka z miasta? Odgryzł kawałek ramy koi (była drewniana) i tym prowizorycznym narzędziem znów się pociął. Dla chcącego nic trudnego. A Niemcy panicznie się bali samookaleczeń... Cruyff nie zrobił wielkiej kariery jako gangster, bo po powrocie do Polski zginął w wypadku samochodowym. Z kolei Małpa został wielką gwiazdą polskiej mafii, jak już wszystkich pozawijano, a o nim jakoś policja zapomniała. Przez jakiś czas rozpowiadał po kasynach, jaki to był z niego koleś, ale mało kto mu wierzył.

A.G.: Opłaciła ci się ta niemiecka eskapada?

J.S.: Naturalnie. Zdarzały się dni, że wyciągałem do 500 marek. Miesięcznie zarabiałem po kilka tysięcy, co może w Niemczech łba nie urywało, ale w Polsce taka kapusta to było złote runo. Przecież ówczesna pensja, w przeliczeniu na zielone, nie przekraczała kilkudziesięciu dolarów. Kiedy po kilku miesiącach wróciłem nad Wisłę, od razu pobiegłem na bazar w Rembertowie, który był ówczesnym salonem modnej stolicy. Wcześniej wymieniłem marki zachodnioniemieckie na dolary; mając sto papierów w kieszeni, mogłem naprawdę zaszaleć. Ubrałem się od stóp do głów!

Zresztą myśmy skradziony towar puszczali nie tylko w Reichu. Zdarzało się, że wysyłaliśmy większe transporty dóbr deficytowych do kraju.

A.G.: Drogą lądową?

J.S.: Niekoniecznie, także morską. W tym miejscu warto wspomnieć o zaopatrzeniowcu na statku „Ziemia Suwalska" Kaziu P., skądinąd bracie znanego polityka lewicy. Facet bardzo nam pomógł. Dzięki niemu wysłaliśmy do kraju trzy gigantyczne torby z rozmaitymi dobrami: spożywką, elektroniką, odzieżą. Takich toreb nie dałoby się upchać do samochodu.

A.G.: Czy, podobnie jak w wypadku Nikosia, epizod niemiecki podniósł twoje przestępcze kwalifikacje?

J.S.: Bez wątpienia. W Hamburgu szybko stałem się kimś; latałem z chłopakami, którzy naprawdę byli dobrzy w tym fachu: z Pałką, Cruyffem czy Arturem B., który zresztą tam ze mną mieszkał. Nawet nie chodzi o to, że nauczyłem się pewnych trików, ale zacząłem się orientować, jak działa grupa, jak się ją buduje i motywuje. Po powrocie wiedziałem już, że chcę iść w życiu tą właśnie drogą.

ROZDZIAŁ 2

Dyskotekowy chrzest bojowy

W pierwszej połowie lat 90. pruszkowscy mafiosi dysponowali już naprawdę wielkimi pieniędzmi. Gdyby wspomniany w PROLOGU interes z kolekcją Potockich nie był jedynie epizodem, ale wstępem do większego zaangażowania się grupy w handel dziełami sztuki, zapewne Polska stałaby się kopalnią arcydzieł. Wprawdzie trudno byłoby je znaleźć na ścianach rodzimych muzeów, ale świadomość, że pozostają nad Wisłą, zdobiąc rezydencje mafijnych bossów, też miałaby swoją wartość. Gangsterzy jednak nie czuli się komfortowo na artystycznym poletku i budowali swe majątki, wykorzystując inne rodzaje aktywności.

Cofnijmy się w czasie o kilka lat.

Zanim grupa pruszkowska stała się maszynką do pomnażania kapitału, przyszli mafiosi musieli zadowalać się stosunkowo skromnymi przychodami. Skromnymi w porównaniu z fortuną, jaka na nich spłynęła po przemianach 1989 roku.

W latach 80. możliwości zarabiania były dość ograniczone – starsi stali na benklu (organizowali bazarowy hazard, z grą w trzy karty na czele), natomiast młodsi zdobywali przestępcze szlify, dokonując drobnych kradzieży. Drogą, jaką przebył Masa

– od dyskotekowej bramki w Pruszkowie do zorganizowanej grupy przestępczej – poszło w tamtym czasie wielu młodych ludzi z późniejszego „miasta". Wprawdzie zdobyty wówczas kapitał trudno było traktować jako zalążek mafijnego bogactwa, ale przecież od czegoś muszą zacząć również przyszli gangsterzy...

Metody przeważnie nie były imponujące; jak wspomina Masa, kradło się wszystko, co wpadało w ręce. To, co można było zawinąć bez większego problemu.

Jako że w kraju szalał kryzys i zdobycie w sklepie towaru bardziej luksusowego niż ogórki konserwowe graniczyło z niemożliwością, młodzi przestępcy postanowili wyręczyć handel uspołeczniony. Skoro podstawową bolączką społeczną jest brak żywności, trzeba jej zaradzić. W pierwszych miesiącach po stanie wojennym zmorą mazowieckich rolników stały się bandy wykradające z pól ziemniaki, buraki, cebulę czy jabłka. Kiedy jednak złodzieje zorientowali się, że kradzież owoców i warzyw nie nastręcza jakichkolwiek problemów, ale również nie przynosi przesadnych zysków, zwrócili uwagę na... bydło. Niekoniecznie pod osłoną nocy starzy i młodzi pruszkowscy bandyci uprowadzali z pastwisk krowy, a następnie strzelali do nich z pistoletów, „tetetek", które być może miały w przyszłości służyć do napadów na banki, ale na razie stanowiły narzędzie w nieco innym, okrutnym procederze. Zabite zwierzęta trafiały do garaży, gdzie przestępcy dzieli je na tusze i natychmiast sprzedawali. Zainteresowanie mięsem z nielegalnego uboju było tak duże, że „zaopatrzeniowcy" nie byli w stanie wyrobić się z realizacją zamówień.

Zdobyte pieniądze szły z reguły na alkohol i zabawę – już wtedy rodzące się „miasto" uświadamiało sobie, że rozrywka jest solą życia.

Podczas gdy najprymitywniejszymi czynami przestępczymi parali się młodzi, starzy recydywiści, tacy jak Janusz P. „Parasol", Jacek D. „Dreszcz", Ireneusz P. „Barabas" czy Czesław B. „Dzikus", grali w wyższej lidze, czyli dokonywali rozbojów z bronią w ręku. Do pruszkowskiej legendy przeszedł włam do domu właścicieli pruszkowskiego spożywczaka (a raczej sklepu typu „mydło i powidło"); akcję przeprowadzono niezwykle brutalnie, w jej wyniku straciło oko dziecko gospodarzy (wyłupił je lufą pistoletu jeden z bandytów). Uczestnicy tego czynu zostali szybko ujęci i z wysokimi wyrokami trafili za kraty. Wśród osadzonych znalazł się jeden z późniejszych liderów grupy pruszkowskiej Janusz P. „Parasol".

Podczas jednak gdy starzy toczyli boje z polskim wymiarem sprawiedliwości, młodzi – a wśród nich Masa – postanowili poszukać szczęścia za granicą, głównie w Niemczech.

Ci, którym nie udało się na dłużej zaczepić na Zachodzie, wracali do kraju; choć PRL wydawał się wieczny, z każdym dniem coraz silniej wiał wiatr zbliżających się przemian. Najbardziej obrotni doskonale zdawali sobie sprawę, że do nadchodzących czasów trzeba się dobrze przygotować – wygra ten, kto będzie umiał podnieść pieniądze z ulicy.

Wiedzieli o tym również pruszkowscy gangsterzy, tym bardziej, że od co najmniej kilkunastu lat funkcjonowali w świecie alternatywnej – nielegalnej – gospodarki i potrafili przewidzieć, w jakiej dziedzinie władza popuści, a co pozostanie na państwowym indeksie.

Ale do wyborów 4 czerwca 1989 roku było jeszcze trochę czasu. Na razie Masa zatrudnił się w miejscowym klubie sportowym Znicz, gdzie wykonywał proste prace administracyjne, przeplatane ostrym piciem z przełożonymi. Kiedy trzeźwiał, szedł na siłownię albo na salę bokserską. Potem wracał do pracy i tak w koło Macieju. Pewnego dnia jego żona Ela nie wytrzymała takiego życia (byli małżeństwem od 1982 roku) i wypędziła ślubnego z domu. A ten, niewiele myśląc, udał się do swego przyjaciela Zachara, podobnego sobie wyznawcy kultu siły i alkoholu. Zachar przyjął Masę pod dach, zaznaczając jednak, że to tylko stan przejściowy i Jarek będzie musiał przemyśleć swoje życie.

No to Masa dumał, dumał, dumał...

J.S.: Gdy sięgam pamięcią do początków grupy pruszkowskiej, to dochodzę do wniosku, że dołączyłem do niej trochę z braku jakiegoś lepszego pomysłu na życie. Oczywiście nie ja jeden. Wielu przestępców poszło w złą stronę tylko dlatego, że nie umieli sobie ułożyć życia inaczej. Była połowa lat 80. Podczas kolejnej przerwy w alkoholowym ciągu zrobiłem, nie pierwszy raz, rachunek sumienia. Akurat byłem na czymś w rodzaju gigantu – żona wystawiła mnie za drzwi, bo miała już dość wiecznie pijanego i agresywnego faceta w domu. Pomieszkiwałem kątem u Zachara. Wiedziałem, że wcześniej czy później Ela przyjmie mnie z powrotem (mieszkaliśmy w Pruszkowie na ulicy Kopernika), ale chwilowo nad naszym związkiem wisiał topór wojenny.

A.G.: A zatem siedzisz u Zachara, łeb ci pęka i myślisz sobie, że gdzieś popełniłeś w życiu błąd, tylko nie bardzo wiesz, co z tym fantem zrobić?

J.S.: Dokładnie. I właśnie wtedy przyszedł do Zachara mój przyjaciel Wojciech K., Kiełbacha. Zadzwonił do drzwi, a może

zresztą jebnął z buta, nie pamiętam, wszedł i przedstawił mi pewien projekt. „Jedziemy na dyskotekę do Warszawy!".

A.G.: Piękny plan. Faktycznie kompleksowy pomysł na życie...

J.S.: Ty sobie nie rób żartów, tylko posłuchaj, co z tego wynikło. Przejechaliśmy się parę razy do Warszawy i od razu powiało innym światem. Z dzisiejszej perspektywy może to wydawać się śmieszne, bo stolica po stanie wojennym była miastem ponurym i nieprzyjaznym, ale w porównaniu z Pruszkowem wyglądała prawie jak Nowy Jork, tyle że trochę taki zapleśniały. Ale świątynie rozrywki, dyskoteki czy nocne kluby, łapały drugi oddech. Działo się coraz więcej, imprezy były na coraz wyższym poziomie, więc dawało się zapomnieć o świecie na zewnątrz. Podczas gdy po ciemnych warszawskich ulicach snuły się milicyjne patrole, szukające okazji, żeby komuś dopierdolić, na dyskotekach był blichtr: ekstralaski, najnowsze przeboje, drinki jak z serialu *Miami Vice*. Dyskotek było wiele, oczywiście jak na socjalistyczną prześność, ale my jakoś szczególnie upodobaliśmy sobie Park.

A.G.: Ta dyskoteka z przeboju Lady Pank? „Za chwilę się zaczyna balanga w klubie Park, a zaraz potem finał, niestety znów ten sam…".

J.S.: Nie wiem, co miał na myśli tekściarz, ale w naszym przypadku finał był faktycznie niemal zawsze ten sam – łomot! I to taki, o którym mówiło się na mieście przez cały tydzień. Aż do następnego weekendu i kolejnej rozpierduchy z nami w roli głównej. Zaraz rozwinę ten wątek. Teraz chcę tylko zaznaczyć, że nasze wypady z Kiełbachą znów nas do siebie zbliżyły, bo wcześniej przez jakiś czas nie odzywaliśmy się do sobie.

A.G.: O co poszło?

J.S.: Cofnijmy się o kilka miesięcy. Nasz konflikt, po latach wielkiej przyjaźni, wybuchł na gruncie złodziejskich rozliczeń. Dobrze brzmi, prawda? Tylko nie wyobrażaj sobie jakichś wielkich przekrętów, skutkujących hollywoodzkimi egzekucjami w stylu *Ojca chrzestnego*! Poszło o coś w sumie drobnego, ale warto o tym wspomnieć, bo to pokazuje, jak pruszkowscy przestępcy zarabiali pieniądze jeszcze w czasach PRL, czyli przed powstaniem potężnej mafii. Otóż w pierwszej połowie lat 80. eldorado nielegalnego handlu był bazar na ulicy Wolumen na warszawskich Bielanach (wówczas Bielany stanowiły część Żoliborza). Tam się handlowało wszystkim, a w każdym razie towarami deficytowymi, niedostępnymi w sklepach. A jako że wszystkiego brakowało, na Wolumen przyjeżdżało się jak do hipermarketu - od spożywki po płyty. Razem z Kiełbachą sprzedawaliśmy tam różne rzeczy, początkowo kartki na benzynę (a także na inne towary), które były więcej warte niż bilety płatnicze Narodowego Banku Polskiego. Jeździliśmy po całym województwie i czyściliśmy szafy pancerne w urzędach gminnych, gdzie trzymano te kartki. Woziliśmy z sobą fachowców, którzy otwierali sejfy z dziecinną łatwością; pruły się jak stare gacie. Wiesz, jak na nas mówili? Szejkowie! Bo dysponowaliśmy nieograniczonymi ilościami kartek na paliwo.

Potem handlowaliśmy podzespołami elektronicznymi, głównie kośćmi układów scalonych, które kradliśmy w zakładach mechaniczno-precyzyjnych Mera-Błonie. W tamtym czasie produkty tej firmy to był high-tech, bardzo poszukiwany w wielu kręgach.

A.G.: Doskonale wiem, czym była Mera. Oczkiem w głowie włodarzy socjalistycznej gospodarki. Ale trudno sobie wyobrazić, że do tak strategicznych zakładów wchodziliście sobie z Kiełbachą, kiedy chcieliście, i wynosiliście te układy scalone jak swoje.

J.S.: A kto powiedział, że wchodziliśmy, kiedy chcieliśmy? To się zawsze odbywało nocą.

A.G.: Domyślam się. A jednocześnie jestem pewien, że była to firma strzeżona wyjątkowo pilnie. I we dnie, i w nocy.

J.S.: Tak to sobie wyobrażasz? No to posłuchaj. Wchodziliśmy tam jak do domu, nie niepokojeni przez nikogo. Najpierw przeskakiwaliśmy ogrodzenie, które w niczym nie przypominało muru więzienia Alcatraz. Potem wspinaliśmy się po piorunochronie na dach magazynu centralnego, a stamtąd – przez właz – docieraliśmy do środka. Jako że było dość wysoko, zaczepiliśmy sobie linę, po której się spuszczaliśmy w dół.

A.G.: Potem ją zabieraliście?

J.S.: Nie uwierzysz... Szybko doszliśmy do wniosku, że nikt nie liczy tych układów scalonych i pewnie jeszcze się nie zorientował, że magazyn ubożeje z każdą naszą wizytą. Postanowiliśmy więc zostawić tę linę, aby nie tracić czasu na każdorazowe jej rozwijanie i mocowanie. I kiedy wracaliśmy do Mery, ona wciąż tam wisiała.

A.G.: Ale przecież ktoś, do cholery, musiał ochraniać ten magazyn!

J.S.: No był tam jeden cieć, który ciągle siedział w swojej stróżówce i albo oglądał telewizję, albo – co bardziej prawdopodobne – chlał wódę i cierpiał na chroniczne zaniki świadomości. W każdym razie nie stanowił dla nas żadnej przeszkody.

A.G.: Czyli dla ciebie i Kiełbachy?

J.S.: Początkowo kradliśmy tam we dwóch, a potem doklepał do nas Flis, którego znaliśmy jeszcze z początków naszej przestępczej działalności, kiedy to zawijaliśmy z pól krowy i przerabialiśmy je na tusze. Interes szedł dobrze, ale po jakimś czasie dowiedzieliśmy się, że te układy scalone to większa żyła złota, niż nam się wydaje. W sensie dosłownym. Ktoś nam powiedział, że można z nich odzyskiwać złoto (były pozłacane). Owszem, trzeba do tego było odpowiednich technologii, ale jeśli się w nie zainwestowało, wyciągało się hajs z nawiązką. No i trzeba się nakraść naprawdę dużo, bo na każdym takim układzie ilość złota jest śladowa.

A.G.: No ale gdzie szukać ekspertów od odzyskiwania złota? Podejrzewam, że w środowisku pruszkowskich recydywistów liczba inżynierów była równie śladowa?

J.S.: Dlatego ograniczyliśmy się do roli dostawcy układów. Kto i jak odzyskiwał z nich cenny kruszec, nie mam pojęcia. Interesowało nas jedno – pieniądze, a tych zarabialiśmy naprawdę dużo. To, co wpadało do mojej kieszeni, natychmiast wydawałem na tym samym Wolumenie. Lubiłem fajne ciuchy, więc nie żałowałem sobie. Moja żona, Elka, też nosiła się coraz bardziej szykownie.

A.G.: Cały czas czekam na ten konflikt z Kiełbachą...

J.S.: Mówisz i masz. Pewnego razu coś mi wypadło i nie mogłem pójść na robotę, więc Kiełbacha musiał się zadowolić towarzystwem Flisa. Prawdę mówiąc, mogli na mnie poczekać, ale paliło im się do tych pozłacanych układów, więc machnęli ręką. A zgarnęli wtedy naprawdę grubo, po pięć milionów ówczesnych złotych. Dla porównania polonez kosztował wówczas coś około 180 tysięcy, co dla większości ludzi stanowiło sumę nieosiągalną.

A.G.: Coś czuję, że poszło o te pieniądze...

J.S.: Dokładnie. Ja z tego skoku nie powąchałem nawet działki. A chłopcy, jak się zorientowali, jakie skarby pokradli, wzięli sobie do pomocy Zbigniewa K., czyli Alego, który z kolei był w dobrych kontaktach z Klajniakiem (Piotrem J., gangsterem, który w 2003 roku został zastrzelony pod Warszawą przez ludzi Andrzeja H., pseudonim Korek – przyp. A.G.), i razem zaczęli upłynniać towar. W dużej mierze transakcje były zawierane na gangsterskim bazarze Różyckiego na Pradze, gdzie kręciły się takie tuzy półświatka, jak Jacek D. „Dreszcz" czy Rysiek Sz., szerzej znany jako Kajtek. Ci ostatni zaangażowani byli w podobny proceder – odzyskiwania srebra z klisz rentgenowskich. Kradli te klisze po całej Polsce, a następnie oddawali swojemu chemikowi. Kiełbacha bardzo się do nich zbliżył i zaczął z nimi latać. Oni z kolei bardzo szybko uznali go za charakternego chłopaka, na którym można polegać. I faktycznie, nie zawiedli się. Szczególnie zaimponował im podczas pewnego włamu, w którym brali udział między innymi Kajtek i Malizna. Otóż Kiełbacha, który był kierowcą ekipy, zobaczył nadjeżdżający radiowóz i zamiast dać po gazie i uciekać, zaczekał, aż jego kompani wskoczą do samochodu. Mundurowi byli już o krok, inne chłopaki naciskały na Wojtka, żeby ruszał, ale on z zimną krwią czekał na Kajtka i Maliznę. Udało się! Ekipa wyjechała o sekundę, może dwie, przed przyjazdem milicji. Gdyby nie jego charakter, złodzieje dostaliby po piętnaście lat paki.

A.G.: No, ale ty – mając w pamięci to, że wtedy nie podzielił się z tobą zyskami – miałeś o nim nieco inne zdanie?

J.S.: Zdaniem miałem dobre, bo to jednak był facet z jajami, a jedynie, mówiąc z poetyckim patosem, nosiłem w sercu pewien żal. Ale bez przesady – widywaliśmy się, spotykaliśmy na dyskotekach, gadaliśmy, chlaliśmy, choć brakowało dawnej wylewności. Jednak kiedy przyszedł do mnie z propozycją poszukania szczęścia w Warszawie, wyczułem, że mówi do mnie mój stary przyjaciel. Tamto wydarzenie szybko puściłem w niepamięć i – używając skrótu myślowego – włożyłem spodnie, buty i wyruszyłem razem z nim. Tak zaczął się nowy etap w moim życiu. Nie tylko zresztą moim. Stąd był już tylko krok do mafii pruszkowskiej.

A.G.: Powiedz mi szczerze: czy od samego początku mieliście zamiar podbijać dyskotekowe bramki pięściami, czy po prostu myśleliście o zabawie w czystej formie, a wydarzenia wymknęły się spod kontroli?

J.S.: Niby chodziło o zabawę, ale wiadomo było, że jak chłopcy z Pruszkowa jadą na imprezę, to muszą lecieć wióry. Byliśmy jak beczka prochu; do eksplozji wystarczała maleńka iskra. Opowiem ci o pewnym zdarzeniu, które odbiło się w Warszawie szerokim echem. Pojechaliśmy ekipą do modnej dyskoteki Stodoła. Ja jako jedyny zabrałem z sobą swoją dziewczynę. Niby na takie wypady woleliśmy wyłącznie męskie towarzystwo, ale Elka kumplowała się ze wszystkimi, więc nikomu nie przeszkadzała. Byłem w niej wówczas zakochany na zabój... Kiedy dotarliśmy na miejsce, zorientowaliśmy się, że pachnie ostrym dymem – przed wejściem panoszyła się, szponciła gromada napakowanych, agresywnych gości. Było ich ponad pięćdziesięciu i wszyscy się ich bali, a oni robili, co chcieli. Kiedy zobaczyli nas, od razu zaczęli podskakiwać.

Stało się jasne, że bez wpierdolu się nie obejdzie. Pytanie brzmiało: kto komu spuści łomot? Oni nam czy my im? Oczywiście nie pękaliśmy i nie mieliśmy zamiaru dawać nogi. Zaczęła się pyskówka. Elka, jak to kobieta, próbowała załagodzić sytuację, stając między stronami. I wtedy jeden z agresorów, zdaje się ich herszt, powiedział do niej: „A ty, kurwo, zamknij mordę". Jak ja to usłyszałem, to się we mnie zagotowało! Jak wyjebałem mu w pysk, to się nogami nakrył i pokazał numer butów. Jego kompani ruszyli na nas, ale ja już wtedy byłem tak nakręcony, że nie potrzebowałem specjalnej zachęty do bójki. Podobnie jak pozostałe charty z Pruszkowa, w tym, oczywiście, Kiełbacha. Mówiąc szczerze, może niezbyt elegancko, kogo pierdolnąłem, ten leżał. Po chwili prawie cała banda walała się po chodniku, a niedobitki uciekały gdzie pieprz rośnie.

Kiedy wróciliśmy po stoczonej bitwie pod drzwi wejściowe dyskoteki, dostaliśmy gromkie brawa. I od gości, i od ochroniarzy. Ba, klaskali nawet ludzie stojący na pobliskim przystanku autobusowym. Wieść o naszej sile i odwadze rozniosła się po mieście.

A.G.: Rozumiem, że na tym jednym razie się nie skończyło?

J.S.: Oczywiście. Podczas dyskotek dochodziło do różnych spięć i najczęściej kończyły się łomotem. Ale wtedy już mieliśmy zaprzyjaźnionych bramkarzy – warto wspomnieć Czaję czy Owcę – którzy stawali po naszej stronie. Jak się ktoś awanturował i dostał od któregoś z nas w japę, natychmiast był wyprowadzany na świeże powietrze i z reguły nie wracał na salę. Z czasem nasza ekipa zaczęła się rozrastać – pojawialiśmy się już nie w kilku, ale w kilkunastu, a nawet w kilkudziesięciu chłopa. Młode wilczki z Pruszkowa też chciały się zabawić i myśmy im tę zabawę gwarantowali. Nasza brygada wzbudzała respekt, bo każdy z nas doskonale znał się na bokserskim rzemiośle.

A.G.: Wasze wizyty w stolicy ograniczaliście wyłącznie do dyskotek?

J.S.: Ależ skąd! Lubiliśmy czerpać z życia garściami, więc warszawska rozrywka i gastronomia nie mogły mieć przed nami tajemnic. Szczególnie upodobaliśmy sobie restaurację Na Trakcie, mieszczącą się na Krakowskim Przedmieściu, niedaleko pomnika Mickiewicza.

A.G.: Akurat dobrze znam to miejsce, bo jako student spędziłem w nim wiele upojnych wieczorów... Kto wie, może nawet bawiliśmy się obok siebie, nie wiedząc, kto jest kim. Ale wydaje mi się, że lubili tę restaurację również panowie kochający inaczej?

J.S.: Chyba nie podejrzewasz nas o takie skłonności? Faktycznie, przychodzili tam również homoseksualiści, ale oni biesiadowali w innej części Traktu. Przede wszystkim jednak trafiał tam kwiat stołecznej przestępczości. To tam poznaliśmy Piotrka Bandziorka, Edka Suchego, Sławka S. „Krakowiaka", Nastka...

A.G.: Krzysztofa K., pseudonim Nastek? Tego bliskiego znajomego ministra sportu Jacka Dębskiego (zastrzelonego 11 kwietnia 2001 roku pod stołeczną restauracją Casa Nostra)? Mnie ten facet kojarzy się przede wszystkim z egzekucją, do której doszło na początku września 2002 roku. Nastek wychodził z jednego ze stołecznych salonów gier, gdy podbiegł do niego jakiś facet i strzelił kilka razy. Normalnie gość nie powinien żyć, ale okazało się, że niektórzy pruszkowscy gangsterzy mają wyjątkowo grubą skórę. Trafił do szpitala.

J.S.: Takich mieliśmy wtedy kilerów w Polsce. Zabójca przechowywał amunicję w wilgoci i straciła siłę rażenia. Można powiedzieć, że pistolet nie strzelał, jedynie wypluwał pestki. Inna sprawa, że już następnym razem zamach się powiódł – kilka lat później Nastek rozstał się gwałtownie ze światem. Został zabity na klatce schodowej bloku na warszawskim Bemowie. Można zatem powiedzieć, że do Na Trakcie przychodzili ludzie, którzy w przyszłości mieli stać się gwiazdami polskiej mafii. Szybko zawiązywały się tam przyjaźnie, a tym samym rozrastała się ekipa młodego Pruszkowa. Chłopcy z Na Trakcie zaczęli nam towarzyszyć w dyskotekowych eskapadach. Niestety, nie każdy wieczór bywał udany. Pewnego razu zawitaliśmy do dyskoteki Park, gdzie pracował jako ochroniarz wspomniany wcześniej Czaja, skądinąd niezły kulturysta. Nie wiedzieć czemu, nie spodobał mu się Piotrek Bandziorek. I od słowa do słowa, Czaja postanowił wyjebać mu w ryja. No, ale przecież Bandziorek był naszym kolegą, więc nie mogliśmy pozwolić, żeby stała mu się krzywda. Wziąłem Czaję pod pachę i poszliśmy na krótki spacer w stronę bramki. Prawdę mówiąc, był to spacer nieco wymuszony, bo Czaja rzucał się na lewo i prawo, ale ja byłem silniejszy. Zacząłem mu tłumaczyć, że Piotrek to nasz człowiek i nawet jeśli czasami za bardzo fika, trzeba przymknąć na to oko. Czaja, choć odrobinę go upokorzyłem, nabrał do mnie wielkiego szacunku i w mojej obecności już nie kozaczył. Przynajmniej nie w stosunku do moich kumpli. Zresztą atmosfera natychmiast się poprawiła, jedna lufka, druga, trzecia, i w końcu Czaja zapomniał o całym zajściu z Bandziorkiem.

A.G.: A sława rosła z dnia na dzień?

J.S.: W Warszawie wówczas były trzy grupy, wokół których roztaczała się aura siły: młody Pruszków, czyli my, dyskotekowi bramkarze oraz bazarowi benklarze. Ci ostatni też mieli mir w mieście, choć obowiązujący w trochę innych, może nieco bardziej szemranych środowiskach.

A.G.: Zabieraliście benklarzy na dyskoteki?

J.S.: Nie, bo to jednak była inna bajka. Ale raz doszło do wspólnego spotkania na parkiecie. Otóż dowiedzieliśmy się, że Czaja pobił niejakiego Zbynka, benklarza z bazaru Różyckiego. Tego też nie mogliśmy puścić płazem, więc pojawiliśmy się w Parku jako jedna ekipa: Pruszków i chłopcy z benkla, wśród których brylował Jacek D., czyli Dreszcz. No i zrobiliśmy wjazd, ale skończyło się w sumie dość polubownie. Na marginesie powiem ci, że niezbyt lubiliśmy bramkarzy. To były w gruncie rzeczy jedynie tępe osiłki. Jeśli kogoś w tym środowisku naprawdę szanowaliśmy, to braci Skrzeczów: Pawła i Grzegorza, słynnych bokserów, którzy trzymali bramkę w hotelu Polonia. To były charakterne chłopaki, z klasą.

A.G.: To, że lubiliście rozrywkowe życie, nie ulega wątpliwości. Ale ono przecież kosztuje. Skąd braliście pieniądze? Czy tylko z włamów do Mery i do laboratoriów produkujących klisze rentgenowskie?

J.S.: Niezupełnie. Te interesy pokończyły się w połowie lat 80. I tu dochodzimy do ich końcówki, a tym samym do wielkich przemian ustrojowych. Ale zanim do nich doszło i zanim zachodnie waluty stały się powszechnie dostępne w kantorach, wielu chłopaków z Pruszkowa przeszło przez szkołę życia, jaką była praca cinkciarza.

A.G.: Ktoś was pod te Pewexy wprowadzał?

J.S.: Przeważnie starzy, którym pokończyły się wyroki i szukali jakiegoś zyskownego zajęcia. A praca cinkciarza dawała naprawdę duży dochód, bo zarówno dolary, jak i bony towarowe, za które można było kupować w Pewexach, schodziły jak ciepłe bułeczki. Miesięcznie zarabialiśmy kilkadziesiąt pensji górnika. Wystarczy?

Ja na przykład stałem pod pruszkowskim Pewexem razem z Ryszardem P., pseudonim Krzyś, tym samym, który zaproponował mi pracę bramkarza w dyskotece Pod Sosnami. Czyli z przedstawicielem starej gwardii. I tak się mieszaliśmy – starzy z młodymi. Początkowo w wyjazdach do Warszawy nie towarzyszyli nam ci pierwsi, bo uważali, że ich miejsce jest w Pruszkowie. Ale z czasem zaczęli do nas dołączać, zwłaszcza jeśli wybieraliśmy się do dyskoteki na Olszynce Grochowskiej, gdzie na bramce stali trzej starzy: Jacek S. „Lulek", Andrzej N. „Słoń" i Ireneusz P. „Barabas". Właścicielem Olszynki był wyjątkowo przyzwoity facet, zresztą były rugbysta, którego znaliśmy od wielu lat. Miał także

klub go-go w Polonii. W późniejszych latach zdarzało się, że robiliśmy tam chlew i ludzie nie chcieli przychodzić, co oczywiście nasz przyjaciel rugbysta miał nam za złe.

A.G.: Skoro robota cinkciarza, i słynne hasło: „czencz many", dawała takie profity, nie zdarzało się, że ktoś próbował was pogonić spod Pewexu i samemu zająć wasze miejsce?

J.S.: W Pruszkowie nie, bo przecież byłem tam w domu, ale z warszawskimi cinkciarzami dochodziło do różnych spięć. I niekoniecznie były to wojny o terytorium. Warto wspomnieć o pewnej rozróbie, jaka rozegrała się w 1989 roku tuż przed wejściem do Telimeny. Otóż pewnego razu podjeżdżam wieczorem z chłopakami na Krakowskie Przedmieście i co widzę? Trwa regularna wojna! Z jednej strony kilku pruszkowskich chłopaków, między innymi Edek Suchy, Roman G. (wcześniej właściciel modnej restauracji na Ochocie) i Piotrek Bandziorek, a z drugiej strony cinkciarze spod Pewexu w Alejach Jerozolimskich. Ówcześni cinkciarze, w sensie wyglądu, nie mieli nic wspólnego z dzisiejszymi rekinami finansjery; to były dwumetrowe kafary o mordach zbójów, napakowane w siłowniach i wykarmione sterydami. Strach było do takiego podejść, a co dopiero wdać się z nim w sprzeczkę. No ale nasze chłopaki jakoś tam z nimi zadarły, choć w tej chwili nie pamiętam, o co poszło. W każdym razie cinkciarze przyjechali we dwa mercedesy i zaczęli oprawiać Edka, Romana i Piotrka. Kiedy pojawiłem się na Krakowskim Przedmieściu, szala zwycięstwa zdecydowanie przechylała się na stronę agresorów spod Pewexu.

Wyskoczyliśmy z Kiełbachą z samochodu i ruszyliśmy na przeważające siły wroga. Po chwili cinkciarze zaczęli krwawić i zdecydowanie słabnąć. Wówczas jeden z nich doskoczył do mnie, przystawił mi luśnię do głowy i cedzi mi do ucha: „Wypierdalaj!". A ja mu na to, żeby sam spadał, bo się go nie boję. Wtedy strzelił, osmalając mi kark, plecy i pół głowy. Na szczęście była to broń gazowa, a nie na ostrą amunicję. Wkurzyłem się. Wyrwałem mu pistolet z ręki i spuściłem gościowi niezły łomot. Po chwili bitwa była skończona, ale do końca wojny brakowało ostatecznego rozstrzygnięcia.

A.G.: Umówiliście się na ustawkę?

J.S.: Nie musieliśmy się umawiać, wiadomo było, że w końcu się znajdziemy.

Następnego dnia skrzyknęliśmy dużą ekipę, ponad pięćdziesięciu chłopa. Wiedzieliśmy, gdzie ich szukać, więc pojechaliśmy prosto w Aleje Jerozolimskie. Ja kierowałem swoim fiatem 125p – na mercedesy musiałem jeszcze trochę poczekać. Oczywiście, od razu ich zobaczyliśmy. Co robili? A co może robić cinkciarz? Liczyli pieniądze. Jeden z nich rozsiadł się wygodnie w swoim mercedesie, wystawił nogę na zewnątrz i z lubością wpatrywał się w banknoty. „Och ty, w mordę kopany!", pomyślałem i podbiegłem do mercedesa. Byłem uzbrojony w amortyzator od koparki, więc nie namyślając się wiele, pierdolnąłem w wystawione kolano grubaska. Zawył z bólu. Wprawdzie nie robił obdukcji lekarskiej, ale nie mam wątpliwości, że mu to kolano zmiażdżyłem... Plik banknotów, który trzymał w ręku, wyleciał w powietrze i spadł na jezdnię. Kierowcy zatrzymywali się, nie wierząc w to, co widzą. Nas jednak ta kapusta nie obchodziła w ogóle. Przyjechaliśmy, żeby nauczyć ich rozumu, a nie żeby się wzbogacić. Zaczęła się kotłowanina, ale w tym starciu cinkciarze nie mieli najmniejszych szans. Oprawialiśmy ich ponad dziesięć minut. Zapewniam cię, że to wystarczająco dużo czasu, żeby upodlić przeciwnika – i fizycznie, i moralnie. Później dowiedzieliśmy się, że milicjanci z Wilczej, którzy dostali zgłoszenie o tym zajściu, losowali, który ma jechać na interwencję. Nikt nie chciał wchodzić nam w drogę. To wydarzenie odbiło się w Warszawie naprawdę głośnym echem.

A.G.: A jak długo ty stałeś pod Pewexem? Ostatecznie otwierały się przed wami nowe możliwości robienia dużych pieniędzy, a Pewexy już wkrótce miały przejść do historii jako relikt PRL.

J.S.: Dokładnie. Mieliśmy świadomość, że nie jest to biznes na dłuższą metę, bo wiatr zmian dawało się wyczuć nosem. No ale nie chcieliśmy tak z dnia na dzień odcinać się od całkiem fajnego źródełka z forsą. Zdecydował, jak to często bywa w życiu, przypadek.

Pewnego dnia pojechaliśmy z Kiełbachą do Zakopanego, do hotelu Kasprowy. W ogóle w tamtym czasie – mowa o 1989 roku – odkrywanie uroków kraju było naszą pasją. Głównie, oczywiście, Warszawy. Nie było wtedy takiego żarcia na mieście jak dziś, ale znaliśmy kilka miejscówek, gdzie podawali choćby dobrą golonkę. Kuchni w Kasprowym też nie dało się niczego zarzucić, poza tym hotel ten oferował wiele atrakcji, od basenu i siłowni, po night-club z fajnymi laskami. Pojechaliśmy się rozerwać, a tu przykra niespodzianka – Kiełbacha zadarł wcześniej z Andrzejem T. „Tycholem", który akurat też tam pojechał na wywczasy. Znaliśmy go, bo pochodził z Milanówka, miejscowości leżącej niedaleko Pruszkowa, i czasem robiliśmy z nim różne drobne interesy. Tym razem Andrzej zachował się niezbyt fair wobec Kiełbachy. Wojtek przyjechał z laską, na którą miał wielką ochotę, a tymczasem to Tychol ją wyruchał, czym oczywiście wkurwił mojego przyjaciela. Doszło do bójki i Tychol obskoczył potworny łomot. Wtedy zaczął nas straszyć, że go popamiętamy. No więc uznaliśmy, że to on nas popamięta.

A.G.: Kiełbacha chciał się mścić, a ty miałeś to postanowienie zrealizować?

J.S.: To nie tak. Kiełbacha się mną nie wyręczał. Przeważnie stawaliśmy do boju ramię w ramię. A poza tym nie zapominaj, że byłem kimś w rodzaju jego ochroniarza, a to pociągało za sobą pewne obowiązki. Tak czy inaczej wyrok wpierdolu zapadł i Tychol musiał mieć się na baczności. Pierwsza okazja do egzekucji pojawiła się bardzo szybko; wszyscy, także Tychol, lubiliśmy kuchnię w Europejskim i często tam przyjeżdżaliśmy. I oczywiście tam go spotkaliśmy. Ale wtedy przyjechał również Wojtek P. – dobrze ci już znana persona – którego Tychol był przydupasem. Okej, prawą ręką, to bardziej eleganckie sformułowanie. Więc P. ewidentnie przybył z misją załagodzenia sporu, a jednocześnie miał wobec nas jakieś inne dalekosiężne plany. Powiedział, że od lat siedzi w biznesie budowlanym, dobrze mu się wiedzie i chciałby, abyśmy przyszli do niego do pracy. Potrzebował ochrony. Zapewnił, że da nam więcej kasy niż zyski z pracy pod Pewexem.

Nie rzuciliśmy się na jego propozycję jak głodne charty, bo to by było nie w naszym stylu – trzeba się szanować, no nie? – ale potraktowaliśmy ją poważnie. Postanowiliśmy popytać na mieście kto zacz, i okazało się, że wielu naszych znajomych ma o nim jak najlepsze zdanie. Faktycznie, śmierdział groszem na sto kilometrów i wszystko wskazywało na to, że dla jego branży – mowa o deweloperce – nadchodzą właśnie złote czasy. Przyjęliśmy ofertę.

A.G.: Bez żalu rozstaliście się z Pewexami?

J.S.: To był zmierzch profesji cinkciarza, ale głupotą byłoby ostateczne wyskakiwanie z tych butów. Pamiętaj, że miejsce pod Pewexem cały czas miało swoją wartość i nie oddawało się go za frajer. Dlatego ustanowiliśmy kogoś w rodzaju naszych reprezentantów, którzy skupowali i sprzedawali zachodnią walutę i oddawali nam 50 procent zysków. Za mnie stanął niejaki Kwiatek, a za Kiełbachę Filipek. I dobrze sobie radzili, nie narzekałem na zyski. Potem doszusował do nich chłopak o pseudonimie Kuraś, który – z racji zamiłowania do kulturystyki – miał szczególne predyspozycje do tej roboty. Z Kurasiem nasze drogi skrzyżowały się jeszcze nie raz, bo potem zatrudnił się na bramce w kasynie hotelu Victoria. Był kimś w rodzaju naszego człowieka w tej jaskini hazardu.

ROZDZIAŁ 3

Krwawy chrzest w Siestrzeni

Z rozliczeniami finansowymi pomiędzy gangsterami wiąże się pewne zdarzenie, które stało się jednym z najważniejszych momentów w historii grupy pruszkowskiej. A zapowiadało się niewinnie...

Dramat w Siestrzeni – bo o nim mowa – który miał miejsce 29 maja 1990 roku, szeroko opisywały ówczesne media. Mało kto zdawał sobie wówczas sprawę, że wkrótce krwawe porachunki staną się nad Wisłą codziennością.

Jednym z głównych bohaterów sekwencji ponurych zdarzeń był Masa, naoczny świadek zabójstwa dwóch ważnych członków formującej się właśnie grupy pruszkowskiej. Po latach, jako felietonista magazynu „Śledczy", dość dokładnie przedstawił tło wydarzeń.

Poszło o drobnostkę – Wojciech K. „Kiełbasa", który lubił otaczać się dobrymi kosztownymi zabawkami, wymarzył sobie nową furę. Ale nie poloneza po tuningu czy ładę samarę, tylko mercedesa. Ze wszelkimi znanymi wówczas światowej motoryzacji bajerami.

Człowiekiem, który potrafił załatwić auto z najwyższej półki, a jednocześnie po atrakcyjnej cenie (rzecz jasna pochodzące z nielegalnego obrotu), był Bogdan G., pseudonimy Młody i Małolat (nie mylić z Pawłem M., korzystającym z tej drugiej ksywki).

Obiecał dostarczyć zamówiony towar i ze swego zadania prawie się wywiązał. Prawie, bo choć marka się zgadzała, wszystko inne nie spełniało warunków umowy. Mówiąc krótko, Bogdan G. chciał opędzlować Wojciechowi K. badziewie, licząc sobie jak za samochód klasy lux.

Kiełbacha i Masa, nie zdając sobie jeszcze sprawy z jakości pojazdu, wzięli mercedesa, obejrzeli, pojeździli nim i zgodnie uznali, że nie o to im chodziło. Poinformowali Małolata, że ten może się bujać z takim dziadostwem. I że wóz jest do odbioru na parkingu przed dyskoteką na Olszynce Grochowskiej.

Problem w tym, że zanim Bogdan G. odebrał pojazd, ktoś go z tego parkingu zawinął. Bez względu na to, kto to zrobił, niedoszły sprzedawca był w plecy, i to na poważną sumę. Kiełbacha – jak łatwo sobie wyobrazić – ani myślał płacić za coś, co jest do niczego. A poza tym, tego czegoś fizycznie nie było.

Małolat postanowił więc ukarać nierzetelnego – jego zdaniem – niedoszłego kupca, który najwyraźniej robił go w balona. Zaczął grozić i wcale nie żartował.

Jak pisał Masa na łamach „Śledczego": „Małolatowi wydawało się, że jest mocny. Miał przecież ekipę – był w niej m.in. Komandos i ruscy złodzieje – z którą chodził »na wajchę«. Co to znaczy? Na przykład chodzili w miasto z dwoma identycznymi woreczkami brylantów, przy czym tylko w jednym znajdowały się prawdziwe kamienie szlachetne. W drugim było zwykłe szkło, ale wyglądające jak brylanty. Gdy znaleźli frajera, gotowego na zakup brylantów, szli z nim do jubilera, który potwierdzał ich autentyczność. Ostatecznie dostawał do oceny kamienie szlachetne. Ale gdy już Małolat i jego ekipa znaleźli się w jakiejś ciemnej bramie z frajerem, obiektem transakcji stawał się sprawnie podmieniony woreczek ze szkłem. Tak to działało.

Wracając do sprawy z samochodem – Małolat się rzucał, a my o problemie poinformowaliśmy m.in. Alego, Parasola, Lulka, Słonia i Szaraka. Skrzyknęliśmy chłopaków i zaraz było nas około sześćdziesięciu. Zapadła decyzja, że Małolata trzeba ukarać".

Ustalono, że teraz to nie jemu należy się spłata długu, ale że on sam stał się dłużnikiem. I jeśli chce nadal spokojnie chodzić po ziemi i bawić się w swoje przekręty, musi zapłacić odszkodowanie. Ale nie w pieniądzach, tylko w brylantach i samochodach.

Strony sporu umówiły się na rozkminkę pod hotelem Mak w Nadarzynie.

Ludzie Małolata stawili się w sile dwóch samochodów. W jednym z nich przybyli ludzie Pruszkowa, którzy mieli pomóc przy załagodzeniu konfliktu – Krakowiak i Golas. Siła więc była niewielka, bo tak naprawdę Bogdan G. mógł liczyć wyłącznie na garstkę kompanów, w tym na gangstera zza Buga.

Tymczasem przeciwnik wystawił reprezentację złożoną z sześćdziesięciu ludzi; takiej armii Małolat po prostu się nie spodziewał. Gdy samochody Bogdana G. dojeżdżały do Maka, na ogonie siedziała im kawalkada aut z pobliskiego Pruszkowa.

Gdy przerażony Bogdan G. wysiadł ze swojego mercedesa, do jego uszu dobiegły złowrogie pokrzykiwania: „Do lasu z kutasem, do lasu!".

Wskoczył z powrotem do auta i jakimś cudem przemknął pomiędzy samochodami Pruszkowa. Pędząc grubo ponad sto kilometrów na godzinę, ze zdumieniem skonstatował, że na tylnym siedzeniu ma pasażerów – Jacka S. „Lulka", i Andrzeja N. „Słonia" z grupy pruszkowskiej.

Lulek na akcję udał się uzbrojony w łańcuch i maczetę. Wiedział, że w ekipie Małolata są Rosjanie, a on wyjątkowo nie znosił tej nacji. Przed wyjazdem do Siestrzeni miał powiedzieć: „Utnę Ruskiemu łapę i powieszę sobie nad łóżkiem".

Był zresztą znany ze swego zamiłowania do broni białej; często pojawiał się na ulicach Pruszkowa z maczetą w ręku. Przechodnie na jego widok czmychali w popłochu. Pewnego razu Lulek mijał spacerowicza z psem. Na widok zwierzęcia Janusz S., niewiele się namyślając, machnął bronią, i obciął nieszczęsnemu psu łeb. Jego właściciel nie od razu zorientował się, co się wydarzyło...

Lulek był pewien, że w Siestrzeni również zrobi użytek z maczety. A przynajmniej z łańcucha.

Oto ciąg dalszy relacji Masy:

„Lulek i Słoń byli mocno wstawieni i wsiedli do mercedesa Małolata, gdy on wyszedł z niego na krótką chwilę".

Dlaczego to zrobili? Tego nie dowiemy się już nigdy. Wydarzenia bowiem przybrały dramatyczny obrót.

„Za kierownicą siedział jeden z Rosjan, obok niego znajdował się Małolat, a na tylnym siedzeniu, między Lulkiem a Słoniem, był drugi Rosjanin. W pewnej chwili Słoń zarzucił kierowcy kij bejsbolowy na szyję i zaczął go dusić, a Lulek wyciągnął łańcuch i zacisnął go na szyi Małolata. Ten drugi zdołał wyciągnąć z kieszeni pistolet i strzelić Lulkowi w głowę. Natomiast Słoń »dostał kosę« w bok od Rosjanina.

Kiełbacha opowiadał mi potem, że na wysokości hotelu Kot w Siestrzeni, przy szybkości 170 kilometrów na godzinę, ciała Lulka i Słonia wypadły z samochodu Małolata. Gdy przyjechałem

na miejsce, zobaczyłem Parasola, jak tuli do piersi martwego Lulka i szlocha: »Lulek, mój przyjacielu, nie umieraj«. To właśnie wtedy Parasol znienawidził mnie i Kiełbachę, bo uznał, że to wszystko było naszą winą. To absurdalne, ale jak ktoś sobie »dospawa« ideologię do jakiejś sprawy, to często porusza lawinę niedobrych zdarzeń. Potem byliśmy już śmiertelnymi wrogami".

Zaraz po tym wydarzeniu mafia pruszkowska wydała wyrok śmierci na Bogdana G., ale nigdy nie został on wykonany. Na epilog wydarzeń w Siestrzeni opinia publiczna musiała poczekać wiele lat, bowiem Małolat uciekł z kraju i zapadł się pod ziemię. Po żmudnym międzynarodowym śledztwie udało się ustalić, że G. ukrywa się w Hiszpanii (nie on pierwszy – w tym kraju przez pewien czas ukrywał się także Andrzej Z. „Słowik" oraz wielu mafiosów z Europy Wschodniej). W 2012 roku, dzięki wydanemu 11 września 2001 roku międzynarodowemu listowi gończemu, Hiszpanom udało się aresztować poszukiwanego. Rzecznik stołecznej prokuratury okręgowej, prokurator Dariusz Ślepokura oświadczył wówczas dziennikarzom: „Prokuratura podejrzewa Bogdana G. o pięć przestępstw. Dwa dotyczą zabójstwa, dwa pozbawiania wolności i jeden nielegalnego posiadania broni. Nie ma obaw, że uniknie sprawiedliwości, ponieważ zbrodnia zabójstwa przedawnia się po 30 latach, a postawienie zarzutów wydłuża ten okres o kolejne 10 lat".

Bogdanowi G. grozi dożywocie. Gdy piszemy tę książkę, proces jeszcze się nie rozpoczął.

ROZDZIAŁ 4

Tiry

J.S.: Od wydarzeń w Siestrzeni nasze działania bardzo się zradykalizowały, a społeczeństwo dowiedziało się, że wyrasta siła, z którą nawet władza będzie musiała się liczyć. Nasza grupa się szybko konsolidowała, do starych pruszkowskich dołączył Andrzej K. „Pershing" wraz ze swoimi ludźmi, i tak naprawdę wtedy już nikt nie mógł nam podskoczyć.

Po Siestrzeni przestaliśmy się bawić w drobne złodziejstwa i przekręty na małą skalę. Poszliśmy grubo. Zaczęliśmy kroić tiry, czyli to, z czym kojarzono nas przez wiele lat. I choć z czasem zarzuciliśmy ten proceder, wchodząc w jeszcze bardziej zyskowne biznesy, ludzie powtarzali jak mantrę: Pruszków napada na tiry.

Zorganizowanych grup przestępczych było wtedy w pytę, ale gazety pisały wyłącznie o nas, przy okazji czyniąc nas sławnymi i, w wielu kręgach, podziwianymi.

A.G.: Wprawdzie to nie Pruszków wymyślił napadanie na tiry – mafijne rodziny w Stanach Zjednoczonych, w tym klan Gambino, zawijały wielkie ciężarówki z cennym towarem, żeby nie wspomnieć o grupach w krajach byłego ZSRR – ale wy ten proceder doprowadziliście do perfekcji. Skąd pomysł, żeby wyspecjalizować się właśnie w tym rodzaju przestępczej działalności?

J.S.: Trzeba pamiętać, jakie to były czasy. Używając przenośni, dzień wcześniej skończył się komunizm, a kapitalistyczny dobrobyt jeszcze się nie pojawiał. W sklepach było cały czas pusto, a teoretycznie dostępne towary luksusowe stanowiły wyłącznie obiekt westchnień rodaków. Przez Polskę ciągnęły całymi kolumnami tiry, przewożąc z Zachodu na Wschód takie dobra, jak papierosy, alkohol czy elektronika. Często transport tych dóbr był nielegalny.

Pewnego dnia przyszedł do nas gość, który rzucił projekt: trzeba zawinąć tira z kontrabandą. Sprawa jest o tyle bezpieczna, że towar nie został zgłoszony na granicy, więc jeśli się go przejmie, nikt nie poleci z tym na policję.

Okraść złodzieja to naprawdę prosty strzał! Zmontowaliśmy ekipę, w której oprócz mnie znaleźli się jeszcze: Kiełbacha, Jacek D. „Dreszcz", jego syn Czarek, Janusz G. „Graf" oraz gangster o pseudonimie Lucyfer (choć większość chłopaków mówiła na niego Lucyper). Ten ostatni miał prawo jazdy na ciężarówki, a poza tym dysponował parkingiem na Woli, więc wyznaczyliśmy go na kierowcę tira. Oczywiście, najpierw trzeba było zrobić mu miejsce za kierownicą. W naszej ekipie znalazł się też Kapeć – nawrócony antyterrorysta, czyli były milicjant z jednostki specjalnej, który przeszedł na naszą stronę.

Na marginesie – on nie był wcale wyjątkiem. Wielu gliniarzy współdziałało z nami, przy czym jedni oficjalnie porzucali służbę, inni zaś pozostawali w niej, ale zawsze mogliśmy na nich liczyć.

A.G.: Ale niektórzy policjanci, którzy przeszli na stronę bandytów, źle skończyli. Przykładem może być choćby antyterrorysta Krzysztof M. o pseudonimie Fragles, który przystał do gangu tak zwanych Mutantów i zginął w strzelaninie ze swoimi dawnymi kolegami ze służby. Inny przykład to kolejny policyjny komandos Artur R., pseudonim Pinokio, który zasilił szeregi gangu Rympałka. Ten z kolei trafił za kraty. Ale wróćmy do napadów na tiry...

J.S.: To był prosty strzał – zatrzymaliśmy tira jadącego z Hamburga za Bug, załadowanego papierosami HB. Wywlekliśmy z kabiny kierowcę, dla zasady obskoczył mały wpierdol, ale bez przesady, i było po sprawie. Lucyfer pojechał na swój parking, który zresztą służył nam przez długi czas. Nie pamiętam, ile kartonów fajek znajdowało się w tirze, ale na pewno były to tysiące. A trzeba pamiętać, że paczka kosztowała wówczas dolara. Oczywiście wszystko poszło na pniu, w mgnieniu oka. Wtedy na mieście było całe mnóstwo hurtowników-paserów, którzy upłynniali towar. Jednym z nich był Henryk N., pseudonim Dziad. Transakcja z nim była prosta jak drut. Jechało się tirem do niego do Ząbek, a on nam bez gadania wypłacał cash.

A.G.: Wyjmował z kieszeni?

J.S.: Prawie. Szedł do piwnicy, gdzie miał zbunkrowaną kasę, i po chwili wracał z odliczoną sumą. Pół bańki za tira.

A.G.: Następne tiry też były z takim samym ładunkiem?

J.S.: Zaraz po tym pierwszym zawinęliśmy w ośmiu dwa tiry z papierosami Prince. To był rewelacyjny strzał; w jednym tirze mieściło się 480 tysięcy paczek. Czyli 480 tysięcy dolarów. Przemnóż to przez dwa, a wyjdzie ci prawie milion! Moja działka wyniosła 125 tysięcy dolarów. A zaraz potem okazało się, że to były tiry jakiegoś Baraniny. I że ten cały Baranina jest na nas wkurwiony. Hak mu w smak, pomyślałem sobie, bo nie miałem pojęcia, kto to taki ten Baranina. A nawet jeśli coś tam o nim słyszałem, to nie na tyle, abym miał mieć przed nim cykora. To był taki frajerzyna z Krakowa, któremu zamarzyło się zostać wielkim mafijnym bossem. Dziś media trąbią, jakim to ważnym facetem był Jeremiasz Barański, ale wtedy naprawdę się nie liczył. I on śmiał wyznaczyć za głowę Kiełbachy i moją sto tysięcy papieru? Czujesz to? Jakiś palant, o którym nikt nie słyszał, zleca egzekucję na ważnych gości z Pruszkowa. Wkurzył się, że zawinęliśmy mu jego własność!

A.G.: A skąd wiedział, że to właśnie wy?

J.S.: Bo wszyscy o tym wiedzieli. Nie ukrywaliśmy tego; zależało nam, żeby w środowisku było o nas głośno. Można powiedzieć, że zostawialiśmy wizytówki na miejscu zdarzenia. Jak się dowiedzieliśmy o tych stu tysiącach dolarów za nasze głowy, to się w nas zagotowało. Wraz z Kiełbachą postanowiliśmy odwiedzić Baraninę i wytłumaczyć mu, że popełnia duży błąd. Bo przecież świat byłby piękniejszy, gdyby ludzie nie popełniali błędów i postępowali zgodnie z normami.

A.G.: W tym wypadku: bandyckimi?

J.S.: Każde środowisko ma swoje normy. My też ich przestrzegaliśmy. A mówiły one jasno, że palant nie ma prawa zlecać egzekucji na o wiele silniejszych od siebie. Nie ma nawet, kurwa, prawa o tym pomyśleć. Odwiedziliśmy go więc w jego domu, ale okazało się, że był szybszy – spierdolił na Zachód. Bał się nas jak ognia. Potem prowadził swoje interesy już stamtąd. W Polsce reprezentował go głównie Andrzej G., szerzej znany jako Junior, kompan z dawnych lat Piotrka Bandziorka. Ale ich drogi się rozeszły. Junior poszedł na służbę do Baraniny, a Bandziorek związał się z hersztem grupy wołomińskiej Marianem Klepackim.

Ten Junior to była wyjątkowa menda. Wiem, że o zmarłych nie powinno się mówić źle…

A.G.: Przypomnijmy. Junior został zastrzelony w styczniu 1998 roku w przejściu podziemnym w pobliżu hotelu Marriott. Jak doniosły media, godzinę wcześniej, w zakładzie fryzjerskim po drugiej stronie Wisły, egzekutor zastrzelił jakiegoś 18-letniego chłopaka, bo przypominał mu ochroniarza Juniora. Pozwól, że przeczytam ci fragment twoich zeznań sprzed lat: „Znam także informacje dotyczące zabójstwa G., ps. Junior, zleceniodawcami tego zabójstwa byli Ludwik Adamski, ps. Lutek, Klepacki oraz trzon grupy pruszkowskiej. Przyczyną tego zabójstwa było zagrożenie, jakie stwarzał Junior, jego plany porwań biznesmenów związanych z grupą pruszkowską i wołomińską; plany te potraktowano jako realne, ponieważ miał on kontakty z mafią rosyjską. Przed zabójstwem Juniora krążyły wiadomości, że Junior zrobił listę osób które miał porwać, i na tej liście byli między innymi Wańka i Klepacki".

J.S.: Wszystko to potwierdzam. Podły człowiek, podła śmierć. To samo można zresztą powiedzieć o wielu gangsterach, którzy gwałtownie rozstali się z tym światem. Zresztą Baranina, który się powiesił w austriackiej puszcze, też nie miał zbyt pięknej śmierci.

A.G.: Podejrzewam, że Jeremiasz B. nie był jedynym, któremu zawinęliście tira?

J.S.: Takie akcje były częste. Czasem podpierdalało się tira, a czasem niezbyt rzetelnie rozliczało się za towar, który wiózł... Tak stało się w przypadku Roberta P., człowieka dość luźno związanego z Pruszkowem.

A.G.: Dość luźno? Z artykułów dziennikarza śledczego Wojciecha Sumlińskiego wynika, że był on jednym z najważniejszych graczy w polskiej przestępczości zorganizowanej. Człowiekiem o tyle niebezpiecznym, że związanym z wojskowymi służbami specjalnymi. Podobno do dziś lepiej nie wchodzić mu w drogę.

J.S.: Jak czytam te wszystkie rewelacje na temat Roberta P., to śmiać mi się chce. To był taki sam frajer jak Baranina, tyle że mniejszego formatu. Fakt, lubił roztaczać wokół siebie aurę mocy, na zasadzie: co to nie ja, ale tak naprawdę nic nie znaczył. I mało kogo znał w mieście. Udowodnił to przy okazji właśnie tej sprawy z tirem. Otóż jego grupa zawinęła ciężarówkę ze szlugami i on się zgłosił do nas, abyśmy mu gdzieś opchnęli jeszcze ciepły towar.

Zgodziliśmy się i za jakiś czas daliśmy cynk, że jest spora kapusta do wzięcia. Umówiliśmy się w hotelu Vera na warszawskiej Ochocie. To był kolejny ważny punkt na gangsterskiej mapie stolicy, gdzie spotykali się ludzie z miasta, żeby robić różne interesy. Przynieśliśmy neseser z pieniędzmi.

A.G.: Dużo tego było?

J.S.: Trudno powiedzieć... Parę kilo „Życia Warszawy" i „Expressu Wieczornego". „Trybuny Ludu" już wtedy nie było, więc jej zabrakło.

A.G.: Kpisz sobie ze mnie?

J.S.: Z ciebie? W żadnym wypadku. Ale z Roberta P. zakpiliśmy jak najbardziej. To był najnormalniejszy wywał. Dostał walizkę wypełnioną pociętymi gazetami. Jedynie na wierzchu były prawdziwe dolary.

A.G.: Zorientował się od razu?

J.S.: Dość szybko. Pewnie od razu chciał się wykąpać w tej kasie, a tu taka nieprzyjemna niespodzianka... Mnie przy przekazaniu walizki nie było, zrobili to Słowik z Bolem. Wręczyli mu neseser, po czym się zmyli. A on, jak tylko zobaczył, że został wydymany, wskoczył do samochodu i ruszył za nimi. Dojechał gdzieś pod Nadarzyn i wpierdolił się w las. Dopadł do Bola i powiedział mu: „Jutro Pruszków znajdzie mojego tira!". Śmiechu było co niemiara.

Innym razem przekręcił go na tirze Zbyszek W., czyli Zbynek. My z Kiełbachą mieliśmy z tego wywału dostać jakiś procent. Naszym zadaniem było przekonanie Roberta P., żeby ten nie próbował dochodzić sprawiedliwości. Stracił, to stracił, takie jest życie, może kiedyś się odkuje. Pojechaliśmy do niego i tłumaczymy, co jest grane, a on wstał i mówi gniewnym głosem: „Tak? To zaraz zobaczymy, kto będzie cienko śpiewał! Zaraz tu przyjadą Masa z Kiełbasą i poobijają wam ryje!". Popatrzyliśmy po sobie z Kiełbachą, śmiać się nam chciało, ale nie mogliśmy dać do zrozumienia, że facet robi z siebie wała. „W porządku, poczekamy na nich", mówimy. Tymczasem Robert P. zadzwonił do gangstera o pseudonimie Dzik (został zastrzelony w okolicach Otwocka w gangsterskich porachunkach) i poprosił, żeby ten przyjechał. Zjawia się za jakiś czas, patrzy zdumiony na nas i mówi do P.: „Idioto, przecież to właśnie Masa i Kiełbasa".

I na tym skończyła się sprawa. Robert P. musiał przełknąć nie tylko utratę pieniędzy, ale i twarzy.

A.G.: Czy towar z tirów sprzedawaliście sami?

J.S.: Mieliśmy w grupie paserów, którzy się specjalizowali w opychaniu towaru, co zresztą nie było trudnym zadaniem, bo chętni po kradzione stali do nas w kolejce. Do paserki garnęli się młodzi, między innymi Piotr J. oraz Struś, żołnierze w grupie Dariusza B., pseudonim Bysio. To postacie warte zapamiętania, bo Piotr J., wówczas student prawa, jest obecnie bardzo cenionym uniwersyteckim wykładowcą, kierownikiem katedry. Trudno się dziwić – pochodzi ze znanej adwokackiej rodziny, a wiedzę zdobywał nie tylko w uczelnianych aulach, ale także w warunkach bardziej, jak by to powiedzieć, doświadczalnych. Mówiąc krótko: jest doskonałym praktykiem. Z kolei Struś, o którym wspominaliśmy w książce *Masa o kobietach polskiej mafii*, to syn znanego, choć nie zawsze w pełni rzetelnego, dziennikarza śledczego. Struś wywinął nam kiedyś niezły numer – sprzedał nasz towar, który mieliśmy zdołowany na melinie. A było tego naprawdę dużo: takie ilości kawioru, że trudno sobie wyobrazić, perskie dywany i inne symbole luksusu w tamtych czasach. Struś tym handlował, trochę nam z tego kapał, ale większość brał dla siebie. Mieliśmy się rozliczyć, jak już puści wszystko. Tymczasem on nagle rozpłynął się jak kamfora, oczywiście z kapustą. Szukaliśmy go wszędzie, ale on, pierdolony, był dobrze poustawiany i generalnie wystrugał nas bez pudła. Byliśmy na niego maksymalnie wkurwieni, ale po jakimś czasie nam przeszło. Nie bez znaczenia były tu mediacje jego ojca, który prosił, żebyśmy zostawili chłopaka w spokoju.

A.G.: Odpuściliście mu ten przekręt?

J.S.: Człowiek to istota, która zapomina urazy, także te na tle finansowym. Szczególnie jeśli znajdzie sobie inne źródło zysków. A z tym akurat grupa pruszkowska nie miała żadnych problemów.

ROZDZIAŁ 5

Jak doklepał do nas Pershing

A.G.: Wspomniałeś, że na początku lat 90. do grupy dołączył Pershing, bardzo wzmacniając waszą strukturę. Skąd go wzięliście? Przecież w latach 80. nie było go przy was?

J.S.: Zanim doklepał do nas Andrzej K., my, młodzi pruszkowscy, poznaliśmy Leszka D., czyli osławionego Wańkę, brata Malizny. To były jeszcze lata 80. On wtedy handlował amfetaminą na dość dużą skalę. Po jakimś czasie zwrócił się do nas jakiś przemytnik, który chciał przewieźć do Szwecji większą partię amfy i wiedział, że możemy mu załatwić u Wańki towar. Tak też się stało – kilkukrotnie kupiliśmy amfę u Leszka, przy czym były to porcje raczej niewielkie, kilo, dwa kilo. Bardziej detal niż hurt. I on to woził za morze, i tam sobie po cichu rozrzucał. W ten sposób zdobyliśmy zaufanie Wańki i przetarliśmy szlaki przed dalszą współpracą. Kiedyś Wańka poszedł na bazar Różyckiego, na którym spotykały się i robiły interesy najgorsze urki ze stolicy. Poszedł tam bez żadnego większego celu, po prostu towarzysko. W pewnych kręgach należało to do dobrego tonu.

I Wańka dostał tam wówczas w papę. Doszło do jakiejś ścinki, od słowa do słowa, i trzask w ryja. Wiesz, od kogo? Od Pershinga właśnie. Taka zniewaga nie mogła pozostać bez rewanżu. Wańka, który już był z nami za pan brat, zadzwonił po nas i przedstawił problem. Nie musiał długo prosić – gdzie szykowała się rozróba, tam nie mogło nas zabraknąć. Tym bardziej że poszkodowanym był nasz kompan. Zrobiliśmy imponujący wjazd, zwłaszcza że do nas, młodych, dołączyła stara recydywa. Znaleźliśmy Pershinga w kasynie...

A.G.: W kasynie na bazarze?

J.S.: Po pierwsze, nie na bazarze, bo kasyno znajdowało się gdzie indziej, w kamienicy przy Rutkowskiego, w centrum Warszawy. A po drugie, to nie było żadne Casino Royal, nie żadne Monte Carlo, tylko nielegalny dom gry. Takich przybytków było wówczas w stolicy wiele. Oczywiście psiarnia doskonale o tym wiedziała, ale jako że kasyna sowicie się opłacały mundurowym, nikt nie robił problemu. Wszyscy byli zadowoleni.

Pershing, nie spodziewając się odwetu, spokojnie poszedł sobie przegrywać pieniądze w tym kasynie, bo hazard był jego wielką pasją. Widocznie szybko stracił wszystko, z czym przyszedł, bo zdążył się ulotnić przed naszym wjazdem. Kiedy przyjechaliśmy na miejsce, narobiliśmy dużo szumu, nastraszyliśmy wszystkich wokół, wykrzykując: „Gdzie jest ta rura Pershing? Niech wyłazi z dziury!". Zebrani – a pamiętaj, że były to najtwardsze ury w mieście – siedzieli jak trusie. Udawali, że nas nie widzą, że nas tam nie ma. Nikt nie śmiał nam podskoczyć.

I choć do rękoczynów nie doszło, Andrzej K. boleśnie odczuł tę zniewagę. Bo choć na tym nie ucierpiał, to jednak uzmysłowił sobie, że nie jest z niego taki kozak, jak sądził. I że nie wszystko mu wolno.

A.G.: No ale do przyszłego sojuszu to jeszcze daleka droga... Na razie pozostawaliście w otwartym konflikcie.

J.S.: Ale ten konflikt nie trwał długo. Szybko doszło do rozkminki, czyli, używając języka dyplomatycznego, do negocjacji pokojowych, zorganizowanych między innymi przez Czesława B. „Dzikusa" (nawiasem mówiąc, wyjątkowego psychopatę). Ale choć topór wojenny został zakopany, Pershing i Wańka dąsali się na siebie jeszcze przez kilka lat, tyle że nie przybierało to już drastycznej postaci.

Natomiast między mną i Pershingiem nić sympatii nawiązała się dość szybko. Była konsekwencją pewnego zdarzenia, które miało miejsce bodaj w 1987 roku. Na warszawskiej Ochocie pewien facet handlował włoskimi butami. Szybko zwrócił się do nas po ochronę, deklarując, że będzie nam za nią odpalał przyzwoitą dolę. Tak wtedy wyglądał handel i usługi, że bez odpowiedniej ochrony nie mogłeś liczyć na spokój w interesach. Albo sam szukałeś sobie ochroniarzy, albo oni zwracali się do ciebie z propozycją nie do odrzucenia. Oczywiście, nie mówimy tutaj o koncesjonowanych agencjach ochrony, tylko o chłopcach z miasta. No więc ten handlarz był rozsądny i sam do nas przyszedł z ofertą współpracy, ale pewnego dnia pojawiła się u niego konkurencyjna „firma ochroniarska" i zażądała haraczu. Powiedzieli mu, że tego a tego dnia przyjadą po kasę i że on ma na nich czekać z kopertą w zębach. Zadzwonił do nas. Oczywiście, stawiliśmy się zgodnie z umową, i to silną, dobrze uzbrojoną ekipą. A tamci przyszli

bez jednego nawet komina (dla niewtajemniczonych: pistoletu – przyp. A.G.). I wiesz, kto stał na ich czele? Pershing, a któż by inny? Jak nas zobaczył, wściekł się. Ale nie na nas, tylko na tego sprzedawcę. „Czemu, pierdolony, nie powiedział, że go ochraniacie? Przecież dałbym mu spokój. A tak o mały włos nie zginęli ludzie". Na marginesie, Pershingowi towarzyszył Długi Wojtek, bardzo rozsądny gość, który przez wiele lat doradzał Andrzejowi i robił to naprawdę dobrze. Był kimś w rodzaju jego *consigliere*, człowiekiem, który z drugiego rzędu kierował grupą Pershinga. Zmarł na raka.

A.G.: I stąd późniejsza przyjaźń twoja i Pershinga? Przecież spotkaliście się w sytuacji, która mogła się zamienić w krwawą jatkę.

J.S.: No bo w sumie wszystko dobrze się skończyło i całe zajście obróciliśmy w żart. Pogadaliśmy, pośmialiśmy się, wymieniliśmy się uprzejmościami i numerami telefonów. Od tego czasu zaczęliśmy wspólnie kręcić lody. Coraz częściej spotykaliśmy się na gruncie towarzyskim, między innymi we wspomnianej wcześniej restauracji Na Trakcie.

A.G.: A starzy w ogóle uważali Pershinga za osobę, z którą warto współpracować? Był na tyle silny, że stanowił dobrą gangsterską partię?

J.S.: Starzy zdawali sobie sprawę z tego, że wokół Andrzeja kręci się sporo młodzieży. Wprawdzie on sam był z Ożarowa, ale jego chłopaki wywodziły się z różnych podwarszawskich miejscowości. Także z samej Warszawy. Latali z nim ludzie z Woli, z Żoliborza i z innych dzielnic.

Tak więc ci, którzy piszą o gangu ożarowskim, nie mają racji; z tej miejscowości był boss, ale cała reszta z różnych stron. Pershing miał szczęście, że jego przyboczni byli ostrymi gośćmi, na których mógł bezwarunkowo polegać. To między innymi dzięki nim udało się zrobić coś, co można traktować jako chrzest bojowy Pruszkowa, już z Pershingiem jako częścią mafii. To było późną wiosną 1990 roku…

A.G.: Czyli już po głośnych wydarzeniach w Siestrzeni, gdzie zginęło dwóch pruszkowskich gangsterów: Lulek i Słoń?

J.S.: Tak. Do tego czasu Andrzej K. trzymał się z boku i zajmował się interesami wyłącznie na swój rachunek. Otóż w tamtym czasie pojawiła się zaraza. Ruscy. Mówiąc „Ruscy", mam na myśli wszystkich obywateli byłego Związku Radzieckiego, którzy masowo przyjeżdżali do Polski, nie tylko samych Rosjan. Bądźmy szczerzy, myśmy ich przeważnie nie odróżniali – Rosjanin, Ukrainiec, Białorusin, Litwin, jedno licho. Wszyscy mówili w tym samym języku, a przynajmniej tak się nam wydawało. Dopóki grzecznie handlowali na bazarach, jakoś specjalnie nam nie wadzili. Musieli nam płacić podatki. A jak który odmawiał, dostawał w ryja i nagle nabierał rozumu.

Ale jak w Polsce pojawiła się tamtejsza gangsterka, to nam się to już przestało podobać.

A.G.: Naprawdę? Przecież przez lata krążyła wersja, że Pruszków to jedynie ekspozytura rosyjskiej mafii z Sołncewa. Mieliście być ich „poddanymi".

J.S.: To wielka bzdura. Mam nadzieję, że w tej książce rozwiejemy wszelkie wątpliwości. Na początku lat 90. zawijaliśmy ich tiry, nic sobie nie robiąc z tego, że oni mogą próbować się odegrać. W tamtym czasie zajmowały się tym trzy ekipy: starych pruszkowiaków, młodych oraz Pershinga. W pewnym momencie uznaliśmy, że trzeba połączyć siły trochę na zasadzie amerykańskiej mafii – każda grupa ma pewną niezależność, każda może kręcić lody, jakie chce, ale w pewnych sprawach działamy wspólnie i informujemy się nawzajem. Tak żeby nikt nikomu nie właził w drogę.

Zorganizowaliśmy spotkanie w kawiarni Telimena na Krakowskim Przedmieściu i tam ratyfikowaliśmy stosowne dokumenty. Żartuję, po prostu dogadaliśmy się w sprawie współpracy. To dzięki niej Ruskim nie udało się wejść do Warszawy, choć w innych miastach osiągnęli naprawdę wysoką pozycję. Oczywiście do czasu, kiedy my przejęliśmy te miasta i zaczęliśmy je czyścić z intruzów zza Buga. Ci, którzy chcieli robić interesy, musieli albo nam płacić, albo wypierdalać.

To było wyjątkowo upalne, leniwe popołudnie. Dwudziestego pierwszego lipca 1997 roku w centrum Poznania dwóch mężczyzn podążało wolnym krokiem w stronę zaparkowanego bmw. Nie wiadomo, o czym rozmawiali, ale z pewnością nie przeczuwali nadciągającego zagrożenia. Gdy znaleźli się o kilka kroków od swojej limuzyny, z białego mercedesa na niemieckich numerach wysiadło dwóch mężczyzn i podeszło do nich. Rozmowa była krótka i gwałtowna. Trudno powiedzieć, czy ci z mercedesa wyrazili jakiś konkretny żal do swych rozmówców, czy też jedynie poinformowali ich o swoich intencjach.

Ulicą wstrząsnęła seria wystrzałów; egzekucja trwała zaledwie kilkanaście sekund. Po chwili mercedes z piskiem opon odjechał w nieznanym kierunku. Na bruku leżały dwa ciała. Każda z ofiar dostała pięć kul.

Tak oto rozstał się ze światem sławny rosyjski gangster Andriej Isajew, pseudonim Malowany, oraz jego polski wspólnik Robert S.

Egzekucja nie wzbudziła wielkiego zdumienia opinii publicznej; był to czas, gdy krwawe mafijne porachunki stały się na polskich ulicach codziennością. Choć fakt, że zastrzelono rosyjskiego bandytę, prowokował do licznych spekulacji. Dotychczasowa wersja, chętnie powielana i przez media, i przez kulturę masową (vide film *Psy*), głosiła, że rodzima mafia to zaledwie nadwiślańska filia rosyjskiej przestępczości zorganizowanej. Rosjanie, reprezentujący mafię wywodzącą się z podmoskiewskiego Sołncewa, mieli być w Polsce nietykalni i decydować, kto awansuje w gangsterskiej hierarchii, a kto zniknie na wieki dwa metry pod ziemią.

Malowany, w Rosji znany jako „Rospisanyj" (pseudonim wziął się od licznych tatuaży, stanowiących pamiątkę po kolejnych odsiadkach Isajewa), uważany był w wielu kręgach za rezydenta Sołncewa w Polsce. Ale jak się miało okazać pod koniec lipca 1997 roku, nie był w naszym kraju ani tak bezpieczny, ani tak mile widziany, jak utrzymywali eksperci.

Malowany jednak nic sobie nie robił z zagrożeń; wyjątkowo burzliwe życie przyzwyczaiło go do mierzenia się z najtrudniejszymi sytuacjami. Urodzony w 1961 roku (o rok starszy od Masy), na drogę przestępstwa wszedł już w latach 80. Podczas jednej z odsiadek dostąpił największego zaszczytu w bandyckim środowisku Związku Radzieckiego, stając się tak zwanym *worem w zakonie* (złodziejem w prawie), czyli członkiem mafijnej elity, wywodzącej się z recydywy. Starym gangsterom spodobał się młody gniewny, który niczego się nie boi i nie ma pobłażania dla wrogów. Jego chrztem bojowym było starcie (na czele tak zwanej grupy z Taganki) z kaukaskimi gangsterami w moskiewskiej dzielnicy Ostankino; w wyniku akcji zbrojnej śmierć poniosło aż czterech z nich. Do legendy przeszło powiedzenie Isajewa, który swoją walkę z Gruzinami, Azerami i Czeczenami kwitował krótko: „Niczego złego nie robię. Ja tylko odstrzeliwuję papuasów".

Szefowie Sołncewa, kierowanego przez Siergieja Michajłowa, szybko się zorientowali, że Malowany doskonale sprawdzi się w misjach zagranicznych, dlatego wysyłali go z rozmaitymi zleceniami po całym świecie: od Szwajcarii do Ameryki Południowej. Trafił także do Polski.

U szczytu kariery miał tyluż przyjaciół, co wrogów. Może nawet tych drugich nieco więcej. Dlatego coraz częściej dybano na jego głowę. Zanim jednak wyzionął ducha na poznańskiej ulicy, najpierw umierał medialnie – prasa po raz pierwszy doniosła o jego śmierci w kwietniu 1995 roku, po egzekucji przeprowadzonej w moskiewskim mieszkaniu bandyty przy ulicy Bratskiej.

Takich doniesień, które następnie Malowany prostował osobiście, nawiedzając dziennikarzy w redakcjach, było więcej.

W Poznaniu nie miał szans pofatygować się do żadnej z tamtejszych gazet. Tym razem kilerzy wykazali się zabójczą skutecznością.

Na temat śmierci Isajewa powstało wiele artykułów prasowych; najczęściej powielaną wersją były porachunki Malowanego z poznańskim środowiskiem przestępczym. W kwietniu 2012 roku w magazynie „Śledczy" opublikowałem reportaż, w którym przytaczam jedną z wersji: „Przed sądem stanął boss poznańskiego półświatka Zbigniew B. pseudo Orzech. Po poszlakowym procesie zapadł wyrok uniewinniający. Wprawdzie znalazł się świadek incognito, który słyszał słowa Orzecha: »Dwaj Rosjanie wpierdalają mi się w interesy, trzeba ich zajebać«, ale dla sądu była to rewelacja mało wiarygodna".

W tym samym artykule wspominałem też fragment książki *Świat według Dziada*, autorstwa Henryka N., szefa grupy ząbkowskiej, który na temat śmierci Malowanego dysponował wiedzą z bardzo wiarygodnego źródła. Otóż, jak miał mu się zwierzyć jeden z liderów grupy wołomińskiej, Ludwik A., pseudonim Lutek, Rosjanin wtrącał się w jego interesy (sam Lutek zginął w mafijnej egzekucji, która miała miejsce 31 marca 1999 roku w warszawskiej restauracji Gama. Wraz z nim poniósł śmierć jego bliski współpracownik Marian K. „Maniek", znany także jako „Klepak", oraz trzech innych bandytów). Dziad nie rozwinął tego wątku, być może dlatego, że nie do końca wiedział, na czym polega konflikt między obydwoma gangsterami.

Pisząc wspomniany tekst, zwróciłem się do Masy, który podał mi więcej szczegółów. Oto jego wersja.

Faktycznie, zlecenie na Rosjanina wydał Lutek, jednak twierdzenie, że działalność Malowanego w Polsce zagrażała interesom Ludwika A., jest nieścisłe. Tu chodziło o coś innego. W tamtym czasie zmorą rodzimych biznesmenów były uprowadzenia dla okupu. Ofiarą gangsterskich porwań padło wielu przemysłowców, i tych drobnych, i tych z pierwszych stron gazet. Całe miasto o tym trąbiło. Pojawiła się lista biznesmenów do porwania – przygotowywał ją Andrzej G., pseudonim Junior, będący prawą ręką Jeremiasza B. „Baraniny". Baranina zabiegał wówczas o dobre stosunki z Sołncewem; chciał uchodzić za ich zaufanego człowieka. Przekazał listę Malowanemu i zapadła decyzja, że Rosjanin wraz z Juniorem zajmą się realizacją porwań. Problem w tym, że na liście znaleźli się Lutek i Marian Klepacki, czyli Klepak, liderzy Wołomina, a także Wańka, czyli Leszek D., z pruszkowskiego zarządu. Wiadomo, że gdyby uprowadzony został któryś z nich, trzeba by wyłożyć na jego uwolnienie co najmniej milion dolarów. Dlatego Lutek zdecydował się na rozwiązanie radykalne. Najpierw zginął Malowany, a kilka miesięcy później w podziemiach warszawskiego Marriotta kule śmiertelnie raniły Juniora.

ROZDZIAŁ 6

Moskiewski teatr baletu

A.G.: Skądś się jednak musiały brać te pogłoski o waszej zażyłości z Rosjanami, także z mafią sołncewską. Naprawdę wymyślili to sobie dziennikarze i rozpowszechniali mity wyłącznie dla podbicia nakładów gazet i oglądalności programów?

J.S.: Już ci tłumaczę. To, że pogoniliśmy Ruskich jako potencjalnych konkurentów do dzielenia się zyskami z gangsterki w naszym kraju, nie znaczy, że nie utrzymywaliśmy z nimi kontaktów. Z wieloma były to relacje naprawdę przyjacielskie. Poza tym robiliśmy wspólnie pieniądze, tyle że na zasadzie partnerskiej.

A.G.: A jednak!

J.S.: No ale nigdy nie zgodzę się ze stwierdzeniem, że Pruszków był ekspozyturą rosyjskiej mafii! To my rządziliśmy w kraju, a goście z zagranicy mogli co najwyżej wchodzić z nami w różne biznesy. Najbardziej znanym przykładem takiego joint venture była firma Komaton.

A.G.: Oczywiście, pamiętam sprawę Komatonu, ale przypominam sobie również artykuł z tygodnika „Wprost" sprzed wielu lat. Opisano w nim wówczas działalność firmy, lecz tekst zaczynał się niedwuznaczną sugestią, że Pruszków był pod rządami Sołncewa. Przykładem miało być powitanie Leszka D., pseudonim Wańka, opuszczającego mury więzienne wiosną 1996 roku. Cytuję: „Na Wańkę czekał komitet powitalny złożony z bossów lokalnych gangów, którzy po kolei całowali D. w rękę. Tylko jedna osoba uścisnęła mu dłoń i przyglądała się ceremonii z rozbawieniem. Był to rezydent najgroźniejszej rosyjskiej mafii – Sołncewa (nazwa pochodzi od podmoskiewskiej miejscowości będącej centralą gangu). Mógł sobie na to pozwolić, bo dla niego Leszek D., członek zarządu Pruszkowa, a właściwie przywódca tego gangu, był tylko szefem jednego z ogniw europejskiej siatki Sołncewa. Tę rolę Pruszków odgrywa od początku lat 90. W siatce Sołncewa Pruszków miał wolną rękę w prowadzeniu drobnych i średnich interesów – międzynarodowy handel bronią, narkotykami i kobietami koordynowali ludzie Sołncewa w Warszawie".

J.S.: Biedny Wańka, jakże on musiał przeżyć tę zniewagę... Najpierw Rosjanin nie pocałował go w rękę, a potem dziennikarze zrobili z niego przydupasa Sołncewa. Ale ja rozumiem; w czasie gdy powstawał ten artykuł, dziennikarzom wydawały się różne rzeczy. Fakt, Wańka miał dobre kontakty z Ruskimi, ale to jeszcze nie znaczy, że był ich podwładnym. Wspomniany przeze mnie Komaton powstał z inspiracji Rosjan i stanowił coś w rodzaju filii większej organizacji, która miała siedzibę w Rosji, ale to był po prostu układ biznesowy. Ktoś organizuje towar, a ktoś inny ten towar dostarcza do miejsca przeznaczenia. A fakt, że ten biznes był w całości podporządkowany Sołncewowi, to już inna sprawa.

A.G.: Czym dokładnie zajmował się Komaton?

J.S.: Jak to czym? Przekrętami.

A.G.: Spodziewam się, że nie organizował pielgrzymek na Jasną Górę. Na czym te przekręty polegały i jaka była działalność, że tak to określę, statutowa firmy?

J.S.: Krótka odpowiedź: import–eksport. Na przykład organizowaliśmy transport koleją jakiegoś większego ładunku. Były to choćby wagony wyładowane syberyjskim porożem; jechały z Rosji do Belgii lub Holandii. Odbiorca płacił na pniu twardą walutą. Wtedy jeszcze nie było tych różnych unijnych ograniczeń, więc handlowało się praktycznie wszystkim. A Ruscy zawsze mieli coś, czego w Europie nie było. Do Szwajcarii wysyłaliśmy egzotyczne drewno. Pewnego razu Szwajcarzy zamówili trzy pociągi. Dwa dotarły z zamówionym szlachetnym towarem, ale trzeci – mówiąc w przenośni – z rózgami i drzazgami. Ale kłóć się z Ruskimi... Odbiorca, jeśli chciał liczyć na dalszą współpracę, musiał zapłacić. Nikt ze skargą do Komisji Europejskiej nie latał, tym bardziej że dopiero raczkowała.

Przerzucaliśmy też dobra cenniejsze od egzotycznego drewna. Na przykład australijskie topazy, bardzo poszukiwane kamienie półszlachetne. Rosjanie przywozili nam je w woreczkach do Polski, a my jechaliśmy z nimi do Szwajcarii, do Genewy i Lozanny. Tam są najsłynniejsze szlifiernie brylantów i najwięcej jubilerów na metr kwadratowy. Za nieoszlifowane topazy dostawaliśmy brylanty,

które następnie zamienialiśmy na żywą gotówkę. Podczas transakcji można się było przekimać; tamtejsi jubilerzy są cholernie pedantyczni i ważenie kamieni zajmowało im całą wieczność. Ale prowizja od Ruskich wynagradzała nam stratę czasu.

A.G.: Kto w Polsce reprezentował Komaton?

J.S.: Oficjalnie Jerzy W. „Żaba" oraz Ryszard Sz. „Kajtek", ale ja też w tym siedziałem. Podobnie jak Kiełbacha i Ireneusz P. „Barabas".

A.G.: Rosjanie nie potrafili sami zorganizować eksportu swoich dóbr na Zachód?

J.S.: To były trochę inne czasy. Oni nie mieli takich możliwości poruszania się po świecie jak choćby my. A my działaliśmy niejako w ich imieniu. Również kiedy przejmowali w Polsce jakieś mienie czy grunty. Musieli to robić poprzez krajowe „słupy". Pamiętasz aferę rublową?

A.G.: Jak przez mgłę. To było w końcu prawie ćwierć wieku temu... Polskie firmy zamawiały w Rosji towary rozliczane w tak zwanych rublach transferowych. Oczywiście ta waluta istniała tylko wirtualnie.

J.S.: A w 1991 roku przestała istnieć w ogóle i finansowe zobowiązania przejęło państwo polskie. A mowa była o niebagatelnej sumie 400 milionów dolarów. Jakoś się w końcu strony dogadały, ale zapowiadało się na aferę stulecia. Domyślasz się, kto stał za tym całym zamieszaniem?

A.G.: Komaton?

J.S.: Dokładnie. To był początek kariery firmy, która funkcjonowała jeszcze przez kilka lat. Oczywiście, cały plan powstał w głowach szefów rosyjskiej mafii. Muszę przyznać, że potrafili się odwdzięczyć za dobrą współpracę.

A.G.: Masz na myśli zyski?

J.S.: Raczej korporacyjne imprezy integracyjne. Otóż rosyjscy bossowie chętnie zapraszali nas do siebie, żebyśmy zaznali tamtejszej legendarnej gościnności. Urządzali nam wspaniałe balety w Moskwie, Sankt Petersburgu. A nawet na Lazurowym Wybrzeżu, w Cannes.

A.G.: Rozumiem, że jeździliście tam z żonami i dziećmi?

J.S.: Jasne! A dodatkowo z teściowymi, ciotkami i koleżankami z kółka różańcowego. Człowieku, na takie wyjazdy zabierało się ekstralaski, które nie tylko były dobre w łóżku, ale też wyglądały reprezentacyjnie. No, żeby nie było obciachu...

A.G.: Opisz choć jedną taką imprezę, to będę miał pogląd na całość zagadnienia.

J.S.: Pamiętam, że w Moskwie Rosjanie wynajmowali dla nas najbardziej luksusowy, zabytkowy hotel Metropol, kilka kroków od placu Czerwonego. Najlepsze apartamenty, pełna ochrona, limuzyny do dyspozycji.

A.G.: Rozmawialiście o interesach?

J.S.: Przy okazji może i tak, ale wiele z tych rozmów nie pamiętam. Byłem od rana do nocy pijany. Chlanie, dymanie, żarcie kawioru łyżkami do zupy, i dawaj abarotno. Pamiętam, że kiedyś, na początek, pochłonąłem dwa kilogramy kawioru i potem już nie mogłem na niego patrzeć. Ale po jakimś czasie odzyskałem apetyt.

A.G.: Oczywiście wszystko z udziałem waszych partnerek?

J.S.: Partnerki były od określonych zadań, więc nie musiały nam towarzyszyć non stop. Jako że Ruski ma gest, wszystkie panie dostały książeczki czekowe in blanco i mogły robić z nimi, co chciały. Dzięki temu spędzały większość czasu w luksusowych sklepach – już wtedy było ich w Moskwie pod dostatkiem – a my mogliśmy biesiadować w męskim gronie. Powiem ci... Jeśli jakiś naród nadaje się na idealnych kompanów do ostrej popijawy, bez żadnych ograniczeń, takiej, jaką ja lubię, to są nim Rosjanie.

A.G.: Panie dostały czeki, a wy?

J.S.: Zdziwisz się. Każdy dostał po długopisie.

A.G.: Firmowym? Takim z napisem: „Mafia sołncewska, spółka z ograniczoną odpowiedzialnością"?

J.S.: Szkoda, że nie zachowałem go na pamiątkę. Długopis miał służyć do podpisywania hotelowych rachunków. A zapewniam cię, nie były małe. Oczywiście Ruscy pokrywali wszystko.

A.G.: Zastanawiam się, dlaczego braliście panienki z Polski, skoro pewnie Wielki Brat nie poskąpiłby wam tamtejszych krasawic?

J.S.: I nie skąpił. Przez moje łóżko przewinęło się wiele pań z tego potężnego kraju. Były naprawdę dobre w swoim fachu.

Ale powiem ci, ruskie dziewczyny znały się na rzeczy! Można z nimi było pójść naprawdę na całość. Jeden z chłopaków – nie

będę tu ujawniać jego ksywki – wylądował w pokoju z jakąś Wierą czy Swietłaną i powiedział jej, że ma jedno życzenie. W jakimś filmie widział, jak mężczyzna oblewa kobietę szampanem, a potem spija go z jej ciała. No i oczywiście chciał spróbować tego samego. Szampana było pod dostatkiem, dziewczyna nie widziała przeszkód, więc gość wykąpał ją w jakimś sowietskoje igristoje i przystąpił do zlizywania bąbelków. Najwyraźniej próba go nie zadowoliła, bo zaczął kombinować, jaką by tu wymyślić perwersję. Był strasznie najarany na coś ekstra.

A.G.: Nie oglądał filmu *Ostatnie tango w Paryżu*? Mógł przecież powtórzyć scenę, w której Marlon Brando penetruje od tyłu Marię Schneider ręką wysmarowaną masłem…

J.S.: Nie sądzę, żeby on oglądał jakiś inny film poza może *Kickbokserem* albo *Krwawym sportem*. A poza tym – w pokoju nie było masła. Ale był kawior. Niewiele myśląc, mój kumpel rozchylił uda partnerki i napchał jej tam rybiej ikry. I zaczął ją zlizywać... Ale chyba znowu nie trafił we własne upodobania, bo za chwilę wybiegł z numeru i rzucił pawia na korytarzu. Kiedy go zapytałem, dlaczego tak zareagował, powiedział krótko: „Jechała, kurwa, rybą. Nie wytrzymałem".

A.G.: A moskiewskie kluby go-go?

J.S.: Akurat ta sfera rozwijała się szybciej w Polsce niż tam. Tego typu jaskinie rozrywki wciąż znajdowały się w podziemiu, choć prostytucja kwitła niczym wiosenny sad. Powiem tak: wprawdzie myśmy do ichniejszych go-go nie chodzili, za to go-go przychodziły do nas. Przecież Rosjanki bardzo chętnie tańczyły w hotelowych pokojach! Trzeba pamiętać, że wtedy panienki nie miały łatwego dostępu do hotelowych numerów. Na każdym piętrze siedziała etażowa na podwójnym etacie – ten drugi w ruskiej bezpiece – i pilnowała moralnej czystości obiektu. No ale dla Sołncewa te przemiłe pani przymykały oczy. Zresztą zarówno służby, jak i świat polityki od zawsze przenikały się z przestępczym podziemiem. Na naszych bankietach pojawiali się politycy z pierwszych stron gazet; wśród nich mer Moskwy był naprawdę poślednią figurą... Zresztą Dima, nasz znajomy, który podrzucił nam pomysł Komatonu, był doskonale poukładany nie tylko z mafijną wierchuszką, ale i z politykami. Latali z nim dwaj ostrzy goście: Rusłan i Atarik. Ten drugi był kandydatem na ministra sportu Federacji Rosyjskiej, miał doskonałe wejścia na Kremlu. Wsławił się przehandlowywaniem rosyjskich hokeistów do NHL, zarobił na tym górę kapusty. Kiedy Atarik trafił do silnie strzeżonego więzienia, Rusłan, zahartowany w wojnach na Kaukazie, jakimś cudem przeniknął do środka, przekazał jakąś wiadomość kumplowi i znikł. Taki był z niego kozak. W 2003 roku Atarik zginął od snajperskiej kuli niedaleko placu Czerwonego. Rusłana też odpalili jakiś czas później. Śledztwo i w jednej, i w drugiej sprawie niewiele dało.

Latał z nimi jeszcze jeden kozak, chyba wołali go Wowa, ale nie jestem pewien. Miał jedną wielką słabość – nielegalne walki psów. Jego ulubieńcem był olbrzymi owczarek kaukaski, agresywne bydlę, które wzbudzało strach samym swoim wyglądem. I faktycznie, rzucał się na wszystko, co się ruszało, ale dla Wowy był jak mops. No ale mopsom też potrafi odpierdolić, zwłaszcza gdy mają posturę i siłę owczarków kaukaskich. Wowa się upił, padł na łóżko, a jego milusiński rozerwał mu klatkę piersiową i wyrwał serce. Podejrzewam, że Wowa, tam, w zaświatach, jest dumny ze swego pieska.

Powiem ci, Rosja to dziwny kraj. A świat rosyjskiej mafii jeszcze dziwniejszy...

ROZDZIAŁ 7

Pod Marriottem stręczył Wiesiek

Warszawski hotel Marriott, pod którym zginął Junior, w latach 90. był prawdziwą oazą luksusu. Przy nim nawet niezwykle popularny w latach 80. hotel Victoria wydawał się ubogim krewnym. Przynajmniej do czasu przejęcia tego drugiego przez nowego właściciela i generalnego remontu.

Pięciogwiazdkowy Marriott był jak powiew Ameryki w Polsce, wychodzącej właśnie ze strefy komunistycznego cienia; przyciągał tych wszystkich, którzy chcieli się pokazać. Pruszkowscy mafiosi upodobali sobie to miejsce natychmiast, bo nobilitowało ich jako biznesmenów III RP, a nie pospolitych przestępców. Fakt, tanio w tamtejszych zakładach gastronomicznych nie było, ale dla chłopców z miasta nie stanowiło to żadnego problemu; zarabiali tyle pieniędzy, że mogliby wynająć sobie na tydzień paryskiego Ritza. Jednak stolica Francji jakoś nigdy nie leżała w orbicie zainteresowań polskiej mafii.

Mimo całego blichtru, najlepsze atrakcje Marriott oferował nie w swoim wnętrzu, ale poza nim – tuż przy hotelowym parkingu.

J.S.: Jak sobie przypomnę Wiesia, to od razu poprawia mi się humor.

A.G.: Chyba nie miałem przyjemności poznać...

J.S.: Myślę, że nie. Wiesio miał najlepsze dziwki w mieście. Co do tego nie ma wątpliwości. A ciebie to chyba wówczas nie interesowało.

A.G.: Tyle mojego, co sobie posłucham teraz.

J.S.: No więc słuchaj. Wiesio to był najlepszy alfons w Warszawie. Wcześniej pracował jako taksówkarz, ale uznał, że panienki dadzą mu większą taryfę, więc się przerzucił. Nie dysponował wprawdzie własnym burdelem, ale wszyscy wiedzieli, że jego rewirem jest parking przy Marriotcie. Jak ktoś chciał sobie podymać – oczywiście mowa o przysłowiowych znajomych królika – jechał na ulicę Emilii Plater i krzyczał: „Wiesiu, kurwa, wyłaź z nory!". I Wiesio wyskakiwał jak spod ziemi. Chociaż muszę przyznać, że czasem na nasz widok próbował dać nogę, bo my, oczywiście, za usługi jego pań nie płaciliśmy. A wymagania mieliśmy spore. Ale nigdy daleko nie uciekł – jak go dopadaliśmy, dostawał w ryja, a następnie musiał przekazać nam swoje najlepsze laski.

A.G.: I co, obsługiwały was na ulicy? Na oczach wszystkich?

J.S.: E tam, jak chcesz sobie zapewnić minimum prywatności, zrobisz to nawet w centrum wielkiego miasta. Zresztą, myśmy do Wiesia zawsze zajeżdżali nocą, więc świadków naszych harców nie było zbyt wielu. Szło się z panienką na bok. Miałem swój ulubiony murek przy parkingu, siadałem na nim, a laska obrabiała mi loda. Owszem, co jakiś czas przejechał samochód, z ciemności wynurzył się jakiś przechodzień, ale kto by się tym przejmował? Dla panienki to nie była pierwszyzna, a myśmy się nie przejmowali obecnością postronnych.

A.G.: O ile wiem, wieczorami już byliście po całej serii baletów. Było wam mało i musieliście korzystać z usług firmy Wiesia?

J.S.: My zawsze byliśmy niezaspokojeni, nawet jeśli chwilę wcześniej szaleliśmy na dyskotekach czy w klubach go-go.

A.G.: Mówimy o okolicach ulicy Poznańskiej, czyli warszawskiego placu Pigalle. Wiem, jakie panie tam pracowały, i trudno mi uwierzyć, że był to sam kwiat warszawskiej prostytucji...

J.S.: Nie myl Pigalaka z Marriottem. To dwa różne światy, choć sąsiadujące z sobą. Na Poznańskiej pracowały panie z reguły dość odstraszające, ale u Wiesia latały naprawdę najlepsze towary. Dziewczyny tak piękne, że na sam ich widok człowiekowi podnosił się poziom testosteronu.

Kiedyś przyjechał samochodem jeden z bossów gangu mokotowskiego. Zawołał panienkę, ona podeszła, nachyliła się, a wtedy gangster przyciął jej głowę szybą. Podczas gdy bidula próbowała – nieskutecznie – wydostać się z tej pułapki, jej oprawca wysiadł z samochodu i przeleciał panienkę od tyłu.

A.G.: Uszło mu to na sucho?

J.S.: Zaskoczę cię. Dostał wyrok i poszedł do więzienia. Tyle że nie za ten konkretny incydent, ale za grożenie bronią Wieśkowi, który starał się chronić dziewczyny przed gangsterską samowolą.

A.G.: Rozumiem, że Wiesiowi ten interes się opłacał, nawet jeśli wy nie stanowiliście jego najbardziej hojnej klienteli?

J.S.: Zarobił w pytę kapusty! Po jakimś czasie postawił sobie zajazd przy trasie katowickiej, tyle że ktoś mu go spalił tuż po otwarciu. Nigdy nie udało się ustalić, komuż to Wiesio tak bardzo się naraził. Zresztą trudno powiedzieć, żeby był on jakoś szczególnie szanowany przez miastowych. Kiedyś dwóch moich chłopaków zawinęło mu radio z samochodu. Oczywiście, nie potrzebowali tego radia i natychmiast wyrzucili je w krzaki, ale biedny Wiesio lamentował, jakby dotknęły go plagi egipskie.

A.G.: Chodziło tylko o to, żeby go upokorzyć?

J.S.: Nie. Chodziło o czystą rozrywkę, nic więcej. Upokorzenie, jeśli ktoś nam nadepnął na odcisk, było o wiele gorszym przeżyciem. Podam ci przykład: był sobie pewien złodziej samochodowy o ksywce Maja (taki pseudonim miało wielu, więc nie zorientujesz się, o kogo chodzi). To była zawsze wredna szuja – kradł samochody, nie rozliczał się z nami, próbował chachmęcić. A takie postępowanie ma krótkie nogi. W końcu zorientowaliśmy się, że facet chce nas wychujać. Wiesz, jaka była kara? Został wydymany (dosłownie) przez chłopaków, pozbawiony pieniędzy i, niech mi czytelnicy wybaczą, oszczany i…

A.G.: Dajmy spokój szczegółom. Czytelnik domyśli się, co nastąpiło po „i". Faktycznie, kara dość dotkliwa.

J.S.: Powiem tylko tyle, że chłopaki musiały się bardzo zmuszać, żeby sprawiedliwości stało się zadość. Już nie mieli czym… W takich egzekucjach specjalizowały się Mięśniaki. Trochę niedorozwoje, ale chłopy jak konie, z wielkim entuzjazmem do rozstrzygnięć fizycznych. Byli jak Kiemlicze z *Potopu*. Pytali tylko: „Ociec, prać?", a my im odpowiadaliśmy: „Prać!". I prali. O Matko Święta, jak oni prali! Czasami brali na robotę ekipę Romana O., która również potrafiła oprawić delikwenta do nieprzytomności. W sumie jak jechały do kogoś Mięśniaki, to wiadomo było, że będzie źle. Bardzo źle.

Czasami ja też jeździłem z nimi, ale z zastrzeżeniem, że z chamami nie wsiadam do jednego samochodu. Zawsze jechałem przodem w swoim mercedesie SL, a oni za mną, w swoim bmw ze szmacianym dachem (potem kupiłem im bmw serii 7). To był piękny widok – malutki kabriolet, a w środku stłoczone giganty. W sumie pół tony żywego mięsa!

Ale jeśli już jesteśmy przy podróżach samochodem, to nie mogę się powstrzymać przed opowiedzeniem pewnej historii, która zresztą wiąże się z moją słabością do płci pięknej.

A.G.: Pewnie kolejna prosta opowiastka z przewidywalnym epilogiem? Pytanie brzmi tylko: u Wieśka, w klubie go-go czy w agencji towarzyskiej?

J.S.: Mylisz się. Może i nie będzie bardzo romantycznie, ale epilog cię zaskoczy.

Pojechaliśmy z Kiełbachą na dyskotekę. Było fajnie, dziewczyny robiły nam to i owo pod stolikami, ale prawdziwe dymanie miało nastąpić w Pruszkowie. Zabraliśmy do naszych samochodów kilka panienek, między innymi dziwkę o pseudonimie Malaja, i wystartowaliśmy. Jechałem bardzo szybko, mój mercedes 190 mknął jak strzała. Na marginesie – do dziś lubię ostrą jazdę. No więc jedziemy, ja już tylko myślę o czekających mnie przyjemnościach, alkohol buzuje mi w żyłach, jest dobrze. Niestety, tuż przed wiaduktem we Włochach nie opanowałem kierownicy (co zrozumiałe, bo w jednym ręku trzymałem flaszkę, a drugą penetrowałem Malaję) i przypieprzyłem w ogrodzenie jakiejś posesji. Na pełnej szybkości wjechałem do ogródka i zatrzymałem się na jakiejś przeszkodzie. Otrzeźwiałem w mgnieniu oka. Szukam Malai, a jej nie ma w samochodzie. Co jest, kurwa?, myślę i wychodzę z mercedesa. Patrzę, a tu nieprzytomna dziewczyna leży

w krzakach. Uprzedzę twoje pytanie. Żyje po dziś dzień, tyle że się mocno roztyła.

Ale po tym wypadku miałem trochę nieprzyjemności. Od razu przyjechała psiarnia i wkrótce dostałem wezwanie na kolegium. Ale sprawa była, przynajmniej teoretycznie, wygrana, bo zeznania jedynego świadka można było wyrzucić do kosza. A ja miałem oświadczenie faceta, który zapewniał, że to on siedział wówczas za kierownicą.

Ten świadek, jakaś staruszka, zeznała, że po usłyszeniu huku włożyła kapcie, ubrała się i podeszła do okna. I oczywiście zobaczyła, że to ja spowodowałem wypadek. Jak mogła cokolwiek widzieć, skoro zainteresowała się zdarzeniem po tym, jak usłyszała huk, a podejście do okna zajęło jej kilka minut? Podczas rozprawy byłem zupełnie spokojny, ale wtedy na salę wkroczył Kiełbacha. Arogancki i bezczelny, jak to on. Podszedł do mnie i na oczach osłupiałej sędzi wręczył mi rajcer z kapustą. I mówi:

„To twoja działka za wczoraj". Zachował się jak kretyn, ale to był cały Wojtek. No i sędzia się wściekła. Wydała wyrok: dwa lata zakazu prowadzenia pojazdów mechanicznych. Na szczęście miałem swoje wejścia do policyjnych kartotek. Kiedy zatrzymali mnie niebiescy, którzy wiedzieli, że nie mam prawa jazdy, nagle się okazało, że wszystko zostało wyczyszczone. Sąd sądem, a sprawiedliwość musi być po naszej stronie. Prawda?

A.G.: Komu to zawdzięczasz?

J.S.: Pewnemu znanemu sędziemu. Kosztowało mnie to 700 dolarów, czyli tyle co nic.

ROZDZIAŁ 8

„Zielone Bingo" na Śląsku

Jedni grają w black jacka, inni wolą ruletkę, a jeszcze inni pokera. Rzecz gustu. W kasynie każdy hazardzista znajdzie coś dla siebie. Ostatecznie smak utraty pieniędzy jest taki sam przy każdym ze stolików. Wielką atrakcją przedwojennego Sopotu było kasyno znajdujące się w reprezentacyjnym Grand Hotelu. Prowadziła od niego aleja, zwana potocznie Aleją Samobójców. Jej nazwa wzięła się od hazardzistów, którzy utracili wszystko (łącznie z godnością i nadzieją) przy stoliku do gry i właśnie udawali się na swój ostatni w życiu spacer. Spacer, na końcu którego czekała samobójcza śmierć. Desperatom było wszystko jedno, czy ich los potoczył się w złą stronę wraz z kulką ruletki, czy spadł na stół jak kiepska karta. Do tej pory zmieniło się niewiele.

Dziś w salonach gier silną grupę stanowią entuzjaści bingo. Dokładne wyjaśnianie reguł nie ma sensu; ci, którzy bywają w kasynach, doskonale wiedzą, o co chodzi. A ci, którzy nie mają smykałki do hazardu, z pewnością opuszczą akapit (albo i kilka) poświęcony regułom tej starej i bardzo popularnej gry. Wystarczy wspomnieć, że w bingo najważniejsze są liczby. Prowadzący grę losuje kulki, ponumerowane od 1 do 75 (albo 90 – to zależy od kasyna), gracze zaś mają odnaleźć numery na swoich planszach. Ten, kto pierwszy „zgarnie linię" (czyli pięć pól poziomo), krzyczy: „Bingo", oznajmiając tym samym swoje zwycięstwo.

Jeśli wpisać w wyszukiwarce Google hasło „zielone bingo", najpierw pojawiają się informacje dotyczące pewnej operacji Urzędu Ochrony Państwa. Ta nielegalna gra służb specjalnych, kierowanych przez generała Gromosława Czempińskiego, miała przynieść UOP-owi spektakularny sukces, a zakończyła się wielkim medialnym skandalem. Otóż oficerowie tej służby za pieniądze operacyjne Urzędu skupowali akcje między innymi towarzystwa ubezpieczeniowego Warta oraz Banku Śląskiego, a następnie spekulowali nimi na giełdzie. Dzięki temu stale powiększali kontrolę nad rodzimym sektorem finansowym, a jednocześnie pomnażali fundusz operacyjny firmy. Konsultantem UOP-u w tej sprawie okazał się późniejszy skazany w aferze FOZZ-u, jego szef Grzegorz Żemek. Jak donosiły media, czołowi politycy, na czele z ministrem finansów Markiem Borowskim, doskonale zdawali sobie sprawę z procederu, ale nie próbowali mu przeciwdziałać.

Było jednak w historii III RP jeszcze jedno „zielone bingo", które – gdyby wypaliło – zapewne przebiłoby sławą to wyżej wspomniane. Ono również stanowiło operację specjalną, tyle że nie służb, lecz... pruszkowskiej mafii (oczywiście, zachowując wszelkie proporcje). Gdyby inicjatywa zakończyła się sukcesem, być może losy polskiej przestępczości zorganizowanej potoczyłyby się zupełnie inaczej. Tak się jednak nie stało, a to za sprawą... Urzędu Ochrony Państwa.

Dlaczego określamy ją mianem operacji specjalnej? Ponieważ dzięki niej gangsterzy zamierzali wyprać miliony brudnych dolarów i stać się szanowanymi biznesmenami. Niewiele brakowało, aby ich plan, o którym za chwilę, powiódł się w stu procentach.

Był początek lat 90. i pruszkowski zarząd usilnie głowił się nad zasadniczym problemem: co zrobić z „kapustą", która lgnęła do nich jak pszczoły do miodu i choć korzystano z niej na wszelkie możliwe sposoby, nie znikała. Wręcz przeciwnie, z każdym dniem było jej coraz więcej. Co zrobić z taką niesforną forsą?

J.S.: Dopiero rozkręcaliśmy się jako grupa przestępcza, a już dysponowaliśmy naprawdę dużymi pieniędzmi. I nie bardzo wiedzieliśmy, co z nimi zrobić. Pomijając oczywiście niekończące się balety, biesiady i kupowanie najdroższych samochodów. W szastaniu kapustą na lewo i prawo byliśmy dobrzy, ale zdawaliśmy sobie sprawę, że część środków należy zainwestować. Akurat przyjechał do nas pewien gość ze Szwecji i zaczął nas przekonywać, że po drugiej stronie Bałtyku jest niezły interes do zrobienia. Otóż w tamtejszej telewizji wielkim powodzeniem cieszył się teleturniej, w którym telewidzowie mogli grać w bingo. Wygrane były naprawdę duże, ale prawdziwym zwycięzcą była telewizja – show przynosił organizatorom krociowe zyski. Działało to na podobnej zasadzie co Lotto. Prowadzący siedział nie w kasynie, tylko w telewizyjnym studiu, natomiast liczby grających nie ograniczało nic. W Szwecji telewizyjne bingo cieszyło się może nawet większą popularnością niż ichnie tradycyjne lotto; w najlepszym okresie przyciągało ponad 5 milionów graczy. Ten facet, który nas tym zainteresował, dodał, że Szwedzi chętnie sprzedadzą licencję do korzystania z tego patentu.

Bardzo nas ten projekt podjarał, więc postanowiliśmy wysłać delegację do Sztokholmu. Pogadaliśmy z organizatorami i faktycznie, okazali się chętni do rozmów o sprzedaży licencji. Umówiliśmy się na kolejną wizytę, tym razem na ostateczne negocjacje i podpisanie kwitów. Do tej misji wytypowaliśmy Jerzego W. „Żabę", Stefana P...

A.G.: Poczekaj, coś mi tu nie gra. Na początku lat 90. gang pruszkowski nie składał się z byłych dyplomatów i eleganckich biznesmenów, ale prostych, by nie rzec prostackich, recydywistów, którzy z języków obcych opanowali jedynie grypserę, a podejrzewam, że i to tylko niektóre z wielu jej dialektów. Jak tacy ludzie mogli jechać na Zachód na negocjacje w sprawie telewizyjnej licencji? Przecież Żaba, podobnie jak Stefan P., wywodził się z patologii. Byli przemytnikami i zwykłymi łobuzami, a nie biznesmenami.

J.S.: Tam, gdzie rozmawia się o wielkich pieniądzach, nie jest konieczny ani dyplom Oksfordu, ani znajomość języków obcych. Zwłaszcza jeśli masz tłumacza, a przecież towarzyszył nam facet, o którym wspomniałem na początku. Szwedzi nie mieli pojęcia, jaką polszczyzną posługuje się Żaba; z pewnością zakładali, że jest to mowa bardzo elegancka i pełna fachowych sformułowań. Pojawiające się co i raz słowo „kurwa" brali, jak sądzę, za „ależ proszę" albo „z wielką przyjemnością". Poza tym, jak się ubrało Żabę w garniaka, jak włożył drogie okulary, to naprawdę wyglądał na faceta z wyższych sfer. Trzeba też wspomnieć, że pojechał z nimi autentyczny biznesmen, czyli Stanisław M.

A.G.: Ładny mi biznesmen! Policja uważała go za takiego samego gangstera, jak pruszkowscy starzy. Ostatecznie był bardzo bliskim współpracownikiem Nikosia. W swoich hotelach na Pomorzu Zachodnim organizował dla was balety, o których mówiło się przez lata.

J.S.: Powiedzmy, że należał do tych, którzy zarobione nielegalnie pieniądze potrafili zamienić w doskonale prosperujące, legalne firmy. Stasio to była elita. Karierę zaczynał w latach 80. w Hamburgu, gdzie zajmował się eksportem kradzionych samochodów z Zachodu na Wschód. Potem zainwestował w hotele, między innymi w Międzyzdrojach. Tak czy inaczej, nie był to żaden prowincjonalny ćwok, tylko facet z klasą. No i z kasą. To on miał w głównej mierze inwestować w „Zielone Bingo". Chłopcy dobrze się spisali – do Polski wrócili z licencją, którą nabyli za niewygórowaną sumę 150 tysięcy dolarów. Czyli mniej niż zysk z przeciętnego tira z fajkami.

A.G.: No, to tylko koszt samej licencji. Papier, nic więcej. Prawdziwe wydatki były dopiero przed wami.

J.S.: Dokładnie tak. Od razu po podpisaniu umowy ze Szwedami stworzyliśmy zarząd, który miał być odpowiedzialny za funkcjonowanie „Zielonego Bingo". W jego skład wszedłem między innymi ja, Kiełbacha, Stefan P., Stasio M. No i ludzie z samej góry…

A.G.: Jak w ogóle do nich dotarliście?

J.S.: Jedna elita nie ma problemów, żeby dotrzeć do drugiej elity. Stasio M., cokolwiek się o nim mówi, był bardzo wpływową i szanowaną personą na Wybrzeżu. Znał wielu ważnych ludzi i często z tych znajomości korzystał. Zresztą M. unikał bandziorów, obracał się głównie w sferach biznesowych i politycznych. To był wyjątkowo roztropny gość.

Do jego kasyna w Gdańsku czy hotelu w Świnoujściu przychodzili wszyscy, którzy, jak to się mówi, coś mogli. W połowie lat 90. w Świnoujściu piłem wódkę z byłym wicepremierem Leszkiem Balcerowiczem. Takie to były czasy, że mafiosi bez problemu spotykali się z najważniejszymi politykami. Nie wyciągałbym z tego jakichś głębszych wniosków. Po prostu wszyscy byliśmy na świeczniku.

A.G.: Ale do czego wam byli potrzebni politycy i przedstawiciele elit? Przy całym szacunku dla nich, nie sądzę, aby byli specjalistami od telewizyjnych teleturniejów.

J.S.: Widać, że nigdy nie robiłeś przekrętów na większą skalę. Posłuchaj, jak rozpoczynasz jakiś biznes, zwłaszcza obarczony pewnym ryzykiem, starasz się mieć za sobą jak najwięcej wpływowych ludzi. A wśród nich prawdziwa perła w koronie… Taka gwarancja – fakt, czasem złudna – że ewentualni przeciwnicy będą się trzymali od ciebie z daleka. A wracając do zarządu „Zielonego Bingo”… W jego skład wchodził jeszcze biznesmen Wojciech P. (dokładnie opisany w książce *Masa o kobietach polskiej mafii** – przyp. A.G.), jego brat oraz ojciec, skądinąd podsekretarz stanu w jednym z ministerstw. Najwięcej udziałów w przedsięwzięciu miał Wojtek P. – 30 procent. Ja i Kiełbacha mieliśmy po 10 procent. Wkrótce zaczęły się przygotowania do realizacji całej imprezy.

A.G.: Czy „Zielone Bingo” miało mieć zasięg ogólnopolski?

J.S.: Oczywiście, ale postanowiliśmy zacząć od jednego regionu, który byłby dla nas czymś w rodzaju poligonu doświadczalnego. Padło na Górny Śląsk, województwo z wielkim potencjałem społecznym i finansowym. Poza tym Ślązacy bardziej niż mieszkańcy innych części Polski ukochali sobie Totalizator Sportowy.

A.G.: Co masz na myśli, mówiąc o potencjale społecznym i finansowym?

J.S.: To, że górnicy sporo wówczas zarabiali, ale za żadną cenę nie mogli kupić godziwej rozrywki. A ich kobiety, czekające na mężów

---

* Prószyński i S-ka, Warszawa 2014.

pracujących z kilofem pod ziemią, spędzały czas samotnie, na myśleniu o lepszym życiu.

A.G.: Co ma piernik do wiatraka? Jaki związek ma samotność żony górnika z sukcesem telewizyjnego show?

J.S.: Duży, bardzo duży. Szczególnie dla organizatorów tej rozrywki. Za chwilę się przekonasz.

Na pierwszy ogień zatrudniliśmy reżyserów, którzy współpracowali z nami przy organizacji wyborów Miss Polski (zainteresowanych odsyłam do książki *Masa o kobietach polskiej mafii*). To oni mieli odpowiadać za telewizyjną realizację projektu „Zielone Bingo". Do całej sprawy podchodziliśmy bardzo profesjonalnie; wiedzieliśmy, że oferujemy Polakom coś, czego jeszcze nie było. Ludziom miały po prostu poopadać szczęki. Naszym partnerem została lokalna TVP, bo stacje komercyjne jeszcze nie istniały. Do nagrań wynajęliśmy studio S11 w Katowicach. Pieniądze popłynęły szerokim strumieniem – za samą charakteryzację (a mowa jedynie o próbach) zapłaciliśmy 150 tysięcy dolarów. Trzynaście miliardów starych złotych, czyli 1 milion 300 tysięcy obecnych, kosztował nas sam koncert!

A.G.: Jaki koncert?

J.S.: No przecież nie mogło się obyć bez koncertu! Każde tego typu przedsięwzięcie musi się rozpoczynać mocnym akcentem. Koncert odbył się – a jakże! – w katowickim Spodku. Gwiazdą wieczoru był szalenie wówczas popularny DJ Bobo. Ale to już pod sam koniec przygotowań do teleturnieju. Wcześniej organizowaliśmy setki castingów – potrzebowaliśmy jak najwięcej rąk do pracy, i na wizji, i poza nią. Od hostess po sekretarki.

A.G.: Już rozumiem, o co chodzi z tą refleksją na temat samotności żon górników…

J.S.: Zaczynasz łapać klimat. To dobrze. W Chorzowie wynajęliśmy dużą willę, w której odbywała się rekrutacja. Bądźmy szczerzy – przyzwyczajeni do pewnych standardów obyczajowych, wiedzieliśmy, od czego zacząć taki nabór. I muszę ci powiedzieć, że się nie zawiedliśmy. Dziewczyny pragnące zatrudnić się w „Zielonym Bingo" były tak samo chętne do współpracy, jak kandydatki na miss. Nie odmawiały seksu, a nawet inicjowały go same. Łojenie nie kończyło się nigdy. Inna sprawa, że szukaliśmy naprawdę łebskich dziewczyn, które będą w stanie i zaparzyć kawę, i porozmawiać w urzędzie miejskim na temat reklam na tramwajach. I muszę ci powiedzieć, że dziewczyny sprawdzające się w łóżku były tak samo doskonałe za biurkiem. Nie. Nie myślę o seksie na biurku, tylko o ich pracy. Może jest w tym jakaś zależność?

Zdarzało się, że odpowiednich kadr do pracy u nas szukaliśmy po dyskotekach. „Zielone Bingo" otwierało nam drzwi do kobiecych serc.

A.G.: Naprawdę do serc?

J.S.: To jest literatura, więc nie chcę być zbyt dosłowny. Na tyle już orientujesz się w mafijnych realiach, że wiesz, co mam na myśli.

Gdziekolwiek się pojawialiśmy, od razu przylatywały dupy. Może to zabrzmi mało elegancko, ale bywało tak, że nie zdążyłeś podać ręki, a już miałeś rozpięty rozporek. Nie uwierzysz – jak wkraczaliśmy do dyskotek, to dziewczyny z własnej inicjatywy wskakiwały na stoły i robiły przed nami striptiz. Wszyscy byli zadowoleni, bo sypaliśmy kapustą na lewo i prawo, więc barmani i kelnerzy, nie mówiąc już o dziewczynach, witali nas z otwartymi ramionami.

Nasze hasło brzmiało: „Graj w zielone", i miało budzić jak najlepsze skojarzenia.

A.G.: Kasa, kasa i jeszcze raz kasa?

J.S.: Otóż nie tylko kasa! Wspomniałem ci, że „Zielone Bingo" miało odegrać pozytywną rolę społeczno-gospodarczą, zadeklarowaliśmy zatem włodarzom Śląska, że będziemy finansować wdrażanie ekologicznych technologii w tamtejszych zakładach pracy. W latach 90. Śląsk był jedną wielką chmurą przemysłowego dymu. My, pruszkowscy mafiosi, występujący w roli macherów od show-biznesu, mieliśmy zmienić ten stan rzeczy, dlatego drzwi do wszelkich gabinetów w urzędzie miasta czy województwa stały przed nami otworem. Oczywiście, nie zamierzaliśmy robić tego charytatywnie. Mieliśmy być zwolnieni od podatków.

Na ulicach Katowic zaroiło się od zielonego koloru – młodzi ludzie nosili koszulki z hasłem „Graj w zielone", a po mieście jeździły tramwaje i autobusy wzywające do tego samego. Wszystko wyglądało bardzo pięknie.

A.G.: A kto was wprowadził na Śląsk? To przecież nie było wasze terytorium. Ten region miał swoich watażków.

J.S.: Dobrą robotę w zakresie publicity robił nam Wojtek P., który był rozgrywającym „Zielonego Bingo". To on rozpowiadał na lewo i prawo, jacy to fajni z nas faceci z szerokim gestem. Dobrze też robiła nam zażyłość z Simonem, lokalnym mafijnym bossem, który był kimś w rodzaju naszego przedstawiciela w regionie. Nawiasem mówiąc, Simon wywodził się z Pruszkowa, więc darzyliśmy się sympatią, typową dla krajanów.

A.G.: Z Simonem, czyli Zbigniewem Sz.? Przeczytałem kiedyś w tygodniku „Wprost", że na mafijnego bossa wykreowały go media, podczas gdy prawdziwym ojcem chrzestnym mafii na Śląsku był Janusz T. „Krakowiak".

J.S.: To wierutna bzdura. Janusz T. nie był nawet najbardziej znanym Krakowiakiem wśród rodzimych gangsterów. Taką ksywkę nosił również Sławomir S., i dla większości chłopaków z miasta to on był prawdziwym Krakowiakiem. To Janusza T. wykreowały media, o czym opowiem później. A wracając do Simona... Został zastrzelony w nocy z 4 na 5 marca 1999 roku przed swoją własną knajpą. Nazywała się Zielone Oczko i była ulubionym miejscem spotkań tamtejszych gangsterów. Nie mam wątpliwości, że to Janusz T. zlecił egzekucję.

A.G.: Za daleko odeszliśmy od „Zielonego Bingo". Udało się wam wystartować z projektem?

J.S.: Liczyliśmy, że po sukcesie na Śląsku zdobędziemy kolejne regiony – najpierw Gdańsk, a potem Warszawę. Niestety, nic z tego nie wyszło.

A.G.: Dlaczego?

J.S.: Bo Urząd Ochrony Państwa podstawił nam nogę. Mniej więcej na miesiąc przed startem naszego show zaczęli się kręcić koło nas funkcjonariusze UOP-u.

A.G.: Ale przecież mieliście w zarządzie żonę jednego z najpotężniejszych polityków w Polsce. Jej obecność nie odstraszała służb?

J.S.: Tak się składa, że nic sobie z tego nie robili. Zaczęli nas sprawdzać, prześwietlać, interesować się jakimiś duperelami, które wydawały się nam zupełnie bez znaczenia. I w końcu dokopali się do jakiegoś zezwolenia, a raczej jego braku, i wykazali nam, że nie ma podstaw, abyśmy wystartowali. To bez znaczenia, o co poszło. Było jasne, że szukali dziury w całym.

A.G.: Komuś się naraziliście?

J.S.: Po jakimś czasie udało mi się ustalić, że zawiązała się pewna grupa ludzi, którzy zamierzali przejąć nasz pomysł. Grupa z Poznania, związana ze światem polityki, i to na najwyższym, rządowym szczeblu. Dysponowała argumentem trudnym do zbicia: jak to, telewizyjny show mają organizować pruszkowscy bandyci?

A.G.: Ile czasu w sumie trwała ta przygoda z „Zielonym Bingo"?

J.S.: Nieco ponad pół roku. Ale mimo że całość zakończyła się klapą, nie żałuję tamtego czasu. W sumie jeśli nie zarabiasz pieniędzy, a nawet je tracisz, to ważne, abyś sobie przynajmniej fajnie pobzykał.

ROZDZIAŁ 9

Oddaj dług!

Pod olbrzymią halą, w szczerym polu na przedmieściach Białegostoku, zatrzymały się z piskiem kół dwa samochody. Z pierwszego auta wysiedli Masa, Kiełbasa i Pershing, z drugiego zaś Jarosław N. i Paweł M., znany „na mieście" jako Małolat. Mężczyźni ruszyli w stronę budynku i po chwili kroczyli już pomiędzy biurkami pracowników. Pochód prowadził Kiełbasa, zawsze pierwszy w takich sytuacjach, bo lubił rozpoczynać negocjacje z dłużnikami. Pracownicy firmy doskonale zdawali sobie sprawę z celu wizyty, więc udawali, że nie widzą gangsterów. Tępo wbijali wzrok w blaty biurek i po cichu modlili się, aby przybysze z Pruszkowa całą sprawę załatwili wyłącznie z winowajcą, czyli z ich szefem.

Nikomu nawet nie przyszło do głowy, żeby niepokoić prezesa informacją, że właśnie nad jego głowę nadciągnęły wyjątkowo ciemne i ciężkie chmury, i najlepiej byłoby, gdyby uciekł co sił w nogach. Co, oczywiście, było planem totalnie nierealnym – dla szefa firmy, który zaciągnął dług i zwlekał z jego oddaniem, nie było ratunku.

Pruszkowscy wkroczyli do gabinetu nieszczęśnika; Kiełbasa bez słowa rozpoczął „negocjacje". Pojedynczy silny cios wystarczył, aby z nosa dłużnika popłynęła krew. Na jednym uderzeniu się nie skończyło i po chwili prezes zwijał się z bólu w kałuży własnej krwi. Ale natychmiast został unieruchomiony, a gangsterzy zaciągnęli go za włosy na środek pokoju, gdzie został zawinięty w dywan. Zupełnie jak na amerykańskich filmach kryminalnych. Napastnicy ułożyli sobie „towar" na barkach i wkroczyli z uwięzionym prezesem do hali głównej. Pracownicy wciąż milczeli, udając, że rozumieją wszystko doskonale – prezes najwyraźniej zamówił firmę piorącą dywany... (nawiasem mówiąc, w Ameryce w latach 40. i 50. funkcjonowało określenie „malować domy", oznaczające wykonywanie egzekucji).

I wtedy stało się coś nieoczekiwanego – dłużnik zaczął jęczeć, a potem krzyczeć. Co z tego, jeśli jego personel trwał w stanie hipnozy?

Po chwili do napastników dotarł dramatyczny apel:

– Puśćcie mnie, dam wam wszystko!

Mężczyźni popatrzyli po sobie, bardzo zainteresowani ofertą. Co znaczy „wszystko" w ustach człowieka, który w danej chwili jest nikim? Rozwinęli dywan i zadali prezesowi krótkie pytanie:

– A co ty nam możesz, kurwa, dać?

Pytanie było, rzecz jasna, retoryczne, bo ekipa zjawiła się w określonym celu – miała odebrać dług oraz wynagrodzenie za własną pracę.

Na zewnątrz widok otwartego bagażnika dodatkowo zmotywował prezesa do zrealizowania warunków umowy. Mężczyzna zadeklarował, że odda dług co do grosza, oczywiście powiększony o koszty własne przedstawicieli grupy pruszkowskiej. Procent, jaki pobierała grupa, nie był mały i wynosił co najmniej jedną trzecią, ale czasem wchodziła w grę nawet połowa wartości zobowiązań, plus, naturalnie, zwrot wynagrodzenia zapłaconego przez zleceniodawcę.

W sumie naprawdę dobry interes.

J.S.: Tak naprawdę długi odzyskiwaliśmy przez cały okres istnienia grupy pruszkowskiej. Nie będzie wielkiej przesady w stwierdzeniu, że był to wyjątkowo lukratywny sektor mafijnego przemysłu.

A.G.: Mówisz, jakbyś wygłaszał referat z zakresu makroekonomii...

J.S.: Mafia to biznes jak każdy inny, tyle że oparty na specyficznych metodach działania. Ale zapewniam cię, że jeśli chodzi o reguły moralne, niewiele się różni od tego, jak funkcjonują legalne korporacje. I tu, i tam liczy się kasa i dominacja na rynku. Za wszelką cenę. Jeśli uznaliśmy, że coś dobrze działa i przynosi godziwe zyski, trzymaliśmy się tego, udoskonalając, że się tak wyrażę, metody osiągania najwyższej skuteczności. Odzyskiwanie długów z czasem stało się naszym znakiem firmowym. Jednym z wielu, rzecz jasna. Zajmowaliśmy się tym od końca lat 80.

A.G.: Jestem bardzo ciekaw, jak wygląda pozyskiwanie klientów w tej branży. Na początku nie byliście przecież znani, a jednak zgłaszali się do was ludzie, którym inni byli winni pieniądze, licząc, że Pruszków coś na to poradzi. Skąd wiedzieli, że świadczycie takie usługi?

J.S.: Ruch w interesie zaczął się, kiedy pokazaliśmy swoją siłę, choćby, o czym wspominałem wielokrotnie, na dyskotekach.

Błyskawicznie zrobiło się o nas głośno i pociągnęło to za sobą określone konsekwencje. Zaczęły się kręcić przy nas różne ciemne typy, oferujące błyskawiczny zarobek.

A.G.: Ale gdzie was szukali? Nie mieliście przecież biura w centrum miasta z szyldem: „Mafia Pruszkowska, skuteczny odzysk długów"...

J.S.: A ty ciągle przykładasz do nas miarkę legalnej firmy! Nie potrzebowaliśmy biura. Ci, którzy mieli do nas interes, doskonale wiedzieli, gdzie nas szukać. Funkcjonowaliśmy jak w grafiku: z samego rana jechaliśmy do restauracji Al Capone przy placu Bankowym, potem przemieszczaliśmy się na Saską Kępę do biura Wojtka P., gdzie również czekały na nas zlecenia. Wracaliśmy do Pruszkowa, pokręciliśmy się przez chwilę i znów jechaliśmy do stolicy. Tym razem do kawiarni Telimena. Kawka, piwko, coś mocniejszego i dalej w trasę, do baru w hotelu Marriott, gdzie urzędowaliśmy do wieczora. A potem tradycyjnie – nocny klub go-go. Nasze szlaki były przewidywalne i doskonale znane warszawiakom. Chodziliśmy jak w zegarku, więc odszukanie nas nie stanowiło jakiegokolwiek problemu.

A.G.: Skąd takie zainteresowanie waszymi usługami? Czy nie można było odzyskiwać długów w sposób zgodny z prawem? No wiesz, milicja, prokuratura, sąd...

J.S.: Trochę to naiwne, co mówisz, ale rozumiem, że to prowokacja. Przecież doskonale zdajesz sobie sprawę z faktu, że znaczna część pożyczanych pieniędzy była trefnego pochodzenia, więc nikt nie chwalił się organom ścigania, że stracił lewą kasę i teraz chce ją odzyskać. To był czas, kiedy ludzie pożyczali sobie pieniądze na wielką skalę i mało kto brał od tego mniej niż pięćdziesiąt procent. Ba, z tego, co mi wiadomo, standardem była pożyczka na sto procent. Inflacja galopowała jak oszalała i jedynie takie oprocentowanie opłacało się pożyczkodawcom.

A.G.: Jak wyglądała standardowa procedura przy odzyskiwaniu długu?

J.S.: To było szalenie proste. Kiedy pojawialiśmy się u takiego klienta, nie musieliśmy nic mówić. Wszystko było jasne, kwestią otwartą pozostawało tylko, jak prędko gość skruszeje. Albo inaczej – kiedy odda kapustę. Bo skruszony to on był już od pierwszej sekundy naszej wizyty. Kiedy wchodziliśmy, ludzie srali w gacie. Możesz mi wierzyć, że czasami nie był to wcale stan ducha, ale rzeczywisty stan wypełnienia majtek.

A.G.: Czy do skutecznej akcji potrzebna była duża ekipa?

J.S.: To wyglądało bardzo różnie. Czasami wystarczały dwa samochody, a czasami kilkanaście. Wszystko zależało od tego, z jakim formatem się mierzyliśmy. Czasami dojeżdżaliśmy cienkiego leszcza, a czasami grubą rybę.

A.G.: Czy o zwrocie długu zawsze rozmawialiście na terytorium wroga, czyli u dłużnika? Przecież mogła was tam zastać jakaś niemiła niespodzianka!

J.S.: Tak się składa, że nikt nam takich niespodzianek nie fundował. To my mieliśmy przywilej dostarczania niespodzianek i robiliśmy to naprawdę dobrze. Wchodziliśmy na pewniaka, często, jak to określają antyterroryści, z drzwiami, nie pytając o pozwolenie. Jeśli odzyskujesz dług, przeciwnik musi się ciebie bać. Musi wiedzieć, że kara jest nieuchronna. A wracając do twojego pytania... Raz robiliśmy dym u dłużnika, a raz wieźliśmy go w jakieś neutralne miejsce. Na przykład do lasu w Wawrze, na obrzeżach stolicy. Dziś stoją tam osiedla apartamentowców, ale za naszych czasów to była naprawdę dzika i niebezpieczna okolica. Lubiliśmy też Suchy Las w okolicach Pruszkowa. Ta nazwa budziła grozę wśród uprowadzanych. Kiełbacha, kiedy dojeżdżaliśmy na miejsce, lubił szeptać niby to przerażonym głosem: „O Jezu, Suchy Las! Będzie bardzo niedobrze".

Tam woziliśmy klientów do obicia. Ale nie takiego „na dzień dobry", jak to w Białymstoku, tylko takiego poważniejszego, żeby gość dobrze je sobie zapamiętał. Tam już nie bawiliśmy się w pieszczoty pięściami, tylko napierdalaliśmy po łbach bejsbolami. Zdarzało się, że na kijach zostawały, jak by to powiedzieć...? Ślady biologiczne, i to bardzo, hm, nieprzyjemne. Krew, skóra, czasem nawet drobiny mózgu.

A.G.: Robota dla sadystów. Kto wśród was należał do tych „złych policjantów" (przepraszam policję! – przyp. A.G.)?

J.S.: Było kilku okrutników, ale mało kto dorastał do Dreszcza, czyli Jacka D. To był stary recydywista, bez jakichkolwiek skrupułów i sumienia, który robił swoje tak, że nawet nam zbierało się na mdłości. Zdarzyło się kiedyś, że jeden z pruszkowskich, a konkretnie Zbynek, puścił pawia na widok spustoszeń, jakie na ciele dłużnika wyrządził Dreszcz swoim kijem bejsbolowym.

O tym, jakim okrutnikiem był Dreszcz, świadczy choćby pewne zdarzenie z lat 80. Nie wiem, czy pamiętasz, jak trudno było wtedy o taksówkę? Na postojach stały kolejki i godzinami czekały, aż wreszcie zabierze ich upragniona taryfa. Pewnego wieczoru Dreszcz wracał z jakiejś alkoholowej imprezy. Dowlókł się do postoju, ale – co było wówczas normą – zobaczył przed sobą co najmniej dwadzieścia osób. No cóż... Dreszcz kierował się biblijną zasadą, że ostatni mają być pierwszymi, więc odepchnął faceta, który właśnie szykował się do odjazdu, mówiąc mu, że trzeba poczekać. Facet wybałuszył oczy i postawił się hardo: „Nie wpierdalaj się poza kolejką, grubasku". Jak Dreszcz to usłyszał, to się zagotował – wbił palec w oko nieszczęśnika i wydłubał mu gałkę oczną. Jakaś kobieta, która stała tuż obok, zemdlała. A tymczasem nadjechała taryfa i Jacek D., jak gdyby nigdy nic, wsiadł do środka i odjechał w siną dal. A ten, który miał pecha spotkać na swojej drodze gangstera-troglodytę, został z okiem na kołnierzu.

Jacek był doświadczonym gangsterem; wyznawał zasadę: najpierw lejemy, potem ewentualnie rozmawiamy. Ale klient musi zostać na wstępie upodlony, bo wtedy będzie się z nim łatwiej gawędziło.

A.G.: Nie rzucali się, kiedy po nich przychodziliście?

J.S.: To wyglądało tak... Wchodziliśmy do gościa, fanga w ryja i krótka komenda: „Ubieraj się, jedziesz z nami". Myślisz, że ktoś próbował stawiać opór? Trzęśli się jak galareta i można było z nimi zrobić wszystko.

A.G.: Pewnie niejeden podejrzewał, że jedzie na ostatni spacer w życiu. I jeszcze, że będzie musiał wykopać sobie własnoręcznie grób między sosnami.

J.S.: Nawet jeśli nie wierzyli w swoją śmierć, to i tak bali się kompleksowego oprawienia, bez którego nie mogło się obejść. A nasze metody zmiękczania były legendarne. Pierwsza zasada brzmiała: wpierdol jest nieuchronny. Nawet jeśli facet wyciągnie z kieszeni kilka koła papieru i od razu będzie w stanie zaspokoić nasze roszczenia finansowe. Jeśli już zostaliśmy wysłani na akcję, nie było mowy, aby zakończyła się słowną reprymendą.

A.G.: Nie próbowali uciekać?

J.S.: To był naprawdę łatwy interes, bo winowajcy zachowywali się jak potulne owieczki. Nie robili nam problemów, a przede wszystkim szybko wyskakiwali z forsy. Choć zdarzały się wyjątki. Pamiętam taką sytuację z 1989 roku, gdy pojechaliśmy kiedyś na robotę do pewnego gościa, który mieszkał w lasach w okolicach Józefowa pod Warszawą. Sprawa wydawała się banalna, więc wystarczył nam jeden samochód, mój opel record. W sumie było nas pięciu: ja, Kiełbacha, Ryszard P. „Krzyś", Dreszcz i facet, który robił za naszego przewodnika.

Wjechaliśmy między drzewa i znaleźliśmy interesujący nas adres. To było coś pomiędzy kamienicą a czworakami. Z przodu mały ogródek, z boku kurnik. I ani żywej ludzkiej duszy. Wyjęliśmy z bagażnika kije bejsbolowe i inne ciężkie przedmioty, skuteczne przy odzyskiwaniu długów, i ruszyliśmy w stronę domu. Wkroczyliśmy do środka – nic, pustka, wiatr hulający po korytarzach. Pewnie gospodarz zorientował się, że nadciągnęło niebezpieczeństwo, i uciekł do lasu. Wyszliśmy na podwórko, sądząc, że pewnie trzeba będzie odłożyć całą akcję. Ale stary rutyniarz Dreszcz rozejrzał się dokoła, przymknął oczy jak Apacz-tropiciel i mówi:

– Kurki gdaczą, znaczy się klient spierdolił do kurnika.

I faktycznie. Jacek poszedł i od razu znalazł nieszczęśnika. Po chwili słychać było już łomot kija bejsbolowego o ludzkie ciało. Ale na tym nie koniec. Dłużnik jakoś się uwolnił, wybiegł z kurnika i wskoczył na ogrodzenie, żeby je sforsować i dać w długą. Dreszcz był szybszy; dopadł go bez problemu i zaczął tłuc, jakby miał do czynienia z kukłą, a nie z żywym człowiekiem. I wtedy Krzyś, bądź co bądź stary bezwzględny gangster, wyzuty z jakichkolwiek wyższych uczuć, złapał Dreszcza za rękę i poprosił, żeby dać bitemu spokój. Tamten już swoje wycierpiał, teraz można spokojnie porozmawiać o pieniądzach. Ale Dreszcz, który był gotów zabić klienta, jebnął... swojego kompana kijem.

– Po tośmy się tu fatygowali, żebyś ty bronił tego frajera?! – wrzasnął.

Widząc, że Ryszard P. nic nie wskóra z Dreszczem, wkroczyłem do akcji i unieruchomiłem tego drugiego. Oczywiście tylko na chwilę.

A.G.: Nie wiem, jak bym zareagował na miejscu tego dłużnika... Z jednej strony przed chwilą omal nie zabił mnie bezwzględny sadysta, a z drugiej jego kompani najwyraźniej nie chcą mu pozwolić na dalszą jatkę. Może warto udać głupiego i grać swoje?

J.S.: Rzeczywiście, kiedy zaczęliśmy rozmawiać, zapewnił nas, że bardzo chce oddać te pieniądze, wie, że zachował się nieelegancko, poza tym zdaje sobie sprawę, jakie to głupie uciekać przed karzącą ręką sprawiedliwości, ale… on naprawdę nie ma tej kapusty. A z pustego to i Salomon nie naleje. I tu trochę przesadził. Bo właśnie wyczerpał się limit gangsterskiej litości wobec jego marnej osoby i Dreszcz wyznaczył mnie do wykonania pewnej tortury, która uświadomiła mi, jak trudno zabić człowieka.

A.G.: Miałeś go zabić?!

J.S.: Byłem pewien, że on z tej próby żywy nie wyjdzie. Moje zadanie było następujące: jeździć oplem po frajerze tak długo, aż przypomni sobie, gdzie ma kasę. Dla mnie było jasne, że po pierwszej przejażdżce gość wyzionie ducha. Rad nierad, przejechałem. Potem drugi raz, trzeci, czwarty. W końcu jeździłem jak po łysej kobyle: po brzuchu, po plecach, po wszystkim. Słyszałem tylko, jak wali łbem o podwozie. A on, pierdolony, ciągle żył! Jak przestałem jeździć, wstał, otrzepał się i wyglądał jak nowo narodzony. No i przede wszystkim powziął jedynie słuszną decyzję – o zwrocie długu w całości i bez szemrania.

A.G.: Po takim przeczołganiu mógł powiedzieć, że w sumie wygrał…

J.S.: W jakimś sensie. Jeszcze jeden przypadek, z nieco późniejszych czasów, tym razem ze wspomnianego Suchego Lasu. Dostaliśmy zlecenie na pewnego znanego cinkciarza. Takiego twardego urę, który przed nikim nie pękał. A jak wiesz, warszawskich cinkciarzy nie lubiliśmy. Facet stał pod kantorem na Marszałkowskiej i tam go zawinęliśmy. Dojechaliśmy na miejsce kaźni i wtedy będący z nami Andrzej Z. „Słowik" przytomnie go obszukał. Okazało się, że gość miał w kieszeni spodni pistolet. Zmroziło mnie. Przecież facet w czasie jazdy mógł ten komin wyciągnąć i przynajmniej jednego z nas nieźle uszkodzić. Wszystkich by nie zastrzelił, ale ktoś by ucierpiał. Wywlekliśmy go z samochodu i wtedy facet mówi: „Po co mnie tu wieźliście? Wystarczyło powiedzieć, że chodzi o pieniądze, a wszystko bym uregulował, jak się należy". Skończyło się w miarę spokojnie, choć oczywiście bez łomotu nie mogło się obejść. Czemu przytaczam tę historię? Żeby ci uświadomić, jak paraliżujący był strach przed nami. Przecież gość miał spluwę, a pewnie mu nawet nie przyszło do głowy, żeby z niej zrobić użytek.

A.G.: Doskonale wiedział, że wiele by nie ugrał. Zastrzeliłby jednego, albo i nie, a za chwilę sam pędziłby do świętego Piotra. Podejrzewam, że zawijani przeważnie nie bywali uzbrojeni?

J.S.: Fakt, z reguły jedynym ich orężem był strach w oczach. Ewentualnie farmazon, który przeważnie się nie sprawdzał. Chociaż... Zdarzały się argumenty nieco innej natury. Posłuchaj tego. W latach 80. bardzo poważaną personą w stolicy był niejaki Marek Cz., facet niezwykle bogaty i lubiący roztaczać wokół siebie aurę blichtru. Jeździł audi 80, które w tamtym czasie było jak porsche 911 dzisiaj. Albo i lepiej. Mało kto miał taką furę. W swojej willi z basenem urządzał balety, na których bywanie stanowiło powód do dumy. I podczas jednej z takich imprez ktoś mu zawinął zegarek. Nie byle jaki, wart kilkanaście tysięcy marek. Cz. zgłosił się do mnie i Kiełbachy z prośbą o odzyskanie go. Obiecał, że dostaniemy pięć tysięcy marek za tę usługę. Świetny zarobek za dość prostą i szybką robotę, tym bardziej że zleceniodawca miał wytypowanych sprawców. Pokazał nam ich; rzecz się działa podczas dyskoteki w Parku. To było dwóch łebków i jedna dziewczyna. Zabraliśmy ich na przejażdżkę. Cały czas utrzymywali, że nie mają nic wspólnego z kradzieżą zegarka, ale my wiedzieliśmy, że przyznanie się do winy jest tylko kwestią czasu. Zawieźliśmy ich do podwarszawskiego Walendowa; dziś to jest bardzo cywilizowana okolica, ale wtedy wiatr hulał po polach i lasach. Przywiązałem jednego leszcza do haka mojego opla recorda i przewiozłem kilkadziesiąt metrów. Potem taką samą wycieczkę przeżył drugi podejrzany. I kiedy wydawało się, że będziemy musieli sięgnąć po środki bardziej drastyczne, odezwała się dziewczyna: „Dajcie im spokój. Ja zrobię wszystko, co chcecie". Niewiele myśląc, Kiełbacha rozpiął rozporek i zmusił dziewczynę do...

A.G.: Rozumiem, na pewno nie kazał jej śpiewać.

J.S.: Jako że zrobiła to dobrze, odpuściliśmy frajerom. Nagle okazało się, że to oni zawinęli zegarek, i obiecali natychmiast go zwrócić. Obeszło się bez dalszego dręczenia. Mądra dziewczyna.

Mądra, a bez wątpienia zdesperowana. I pewna wartości tego, co zaoferowała prześladowcom. Dziewczyna nie ratowała pieniędzy, czy raczej zegarka, ale przyjaciół, którym groził nieuniknioy, jej zdaniem, łomot. Ta historia jako żywo przypomina scenę z książki *Prawdziwy gangster*, autorstwa pisarza Evana Wrighta i słynnego nowojorskiego przestępcy Jona Robertsa (dzieło to w jakimś sensie stało się dla Masy i dla mnie inspiracją do podjęcia literackiej współpracy).

Roberts, zajmujący się dość podobną działalnością co mój rozmówca, opowiedział Wrightowi o pewnej przygodzie, która przydarzyła mu się w hipisowskiej komunie. Otóż amerykańscy hipisi początku lat 70. bardzo głośno kontestowali system polityczny i gospodarczy panujący w USA i zamierzali wspierać lewackie ruchy rewolucyjne, także terrorystyczne (szczególnie te spod znaku Che Guevary) na całym świecie. Takie wsparcie wymagało, oczywiście, środków finansowych, a zbuntowane dzieci z zamożnych domów nie miały zbyt wielu pomysłów na zarabianie pieniędzy. Trzeba było sięgnąć do środków zgromadzonych przez konserwatywną prawicową burżuazję, czyli przez rodziców. Hipisi szykujący się do wielkiej rewolucji zdobyli 10 tysięcy dolarów, postanawiając kupić za nie większą partię haszyszu, aby sprzedać go z dużym przebiciem. Jako że znali Robertsa i wiedzieli, że ma on dojście do wszelkich dragów, zaproponowali mu współpracę. Gangster zgodził się bez wahania i ustalił termin przekazania narkotyku; miało to nastąpić w mieszkaniu jednego z kontestatorów. Umówionego dnia pojawił się wraz z dwoma kompanami, cała trójka uzbrojona po zęby. Plan przestępców był prosty – my zgarniamy hajs, a hipisi nie dostają nic w zamian. Chyba że kopa w tyłek. Albo kulkę w łeb, jeśli będą się rzucać.

Wszystko przebiegało bez większych przeszkód, gdy nagle pewna dziewczyna, studentka prawa, z pochodzenia Żydówka, poprosiła Robertsa do drugiego pokoju. Chciała mu coś zaproponować.

Jak wspominał gangster, podczas roboty nigdy nie zdarzało mu się zwracać uwagi na kobiece wdzięki, ale tym razem „cycki tej dziewczyny wprost wyskakują w moim kierunku, a ja nie mogę uwierzyć, jak jest odważna. Trzymam w ręce broń, a ona podchodzi do mnie i ociera się cyckami o wierzch palców, które trzymam na spuście"*. Zrobiło się gorąco. Dziewczyna, nawiasem mówiąc ukochana jednego z hipisów, wyczuła, że Roberts poczuł bluesa, więc mu zaproponowała prosto z mostu – on daje jej dwa tysiące z obiecanych dziesięciu, a ona obciągnie mu jak nikt wcześniej. Nikt o niczym nie musi się dowiedzieć.

To, co się stało chwilę później, Roberts zrelacjonował następująco: „Klęka i zaczyna robić swoje. Ta rewolucjonistka z koledżu wkłada w to całą siebie. Zaczyna się pocić. Ale ja jestem przyzwyczajony do dobrych kobiet. Może to, co robi ta laska, robi wrażenie na jej profesorach prawa, ale nie jest wyjątkowo sprawna technicznie".

W efekcie studentka zarabia za usługę 100 dolarów, co kwituje krótkim: „Pierdol się, wieprzu!".

Ale na tym kończy się wizyta, która przecież mogła przyjąć o wiele bardziej drastyczny obrót…

W propozycji młodej kobiety z Walendowa nie było wyrachowania amerykańskiej hipiski. Ona zwyczajnie wiedziała, że w ten sposób ochroni kumpli przed wyjątkowo bolesnym rozwiązaniem.

A czy jej przyjaźń ze złodziejami zegarka przetrwała tę ponurą próbę? Tego nie wiadomo.

Długi przeważnie odzyskiwano od drobnych, czy raczej stosunkowo drobnych, ciułaczy, za którymi nie stała żadna siła. Wtedy robota trwała nie dłużej niż kilka godzin, licząc z dojazdem i powrotem do Pruszkowa. Zdarzały się jednak akcje ciągnące się

---

* Ten i kolejne cytaty w tym rozdziale: Jon Roberts, Evan Wright, *Prawdziwy gangster. Moje życie. Od żołnierza mafii do kokainowego kowboja i tajnego współpracownika władz*, przeł. Alicja Gałandzij, Społeczny Instytut Wydawniczy Znak, Kraków 2012.

tygodniami i grożące gangsterskim konfliktem na skalę ogólnopolską.

Do takiej sytuacji doszło w drugiej połowie lat 90. na Pomorzu Zachodnim, gdzie jak najbardziej legalnie działało dwóch wspólników: biznesmen S. i biznesmen C. (obecnie bardzo poważany właściciel wielkich firm handlowych w północnej Polsce), pierwszy ze Świnoujścia, drugi z Koszalina. Choć obaj dorobili się niekoniecznie zgodnie z prawem. Mówiąc wprost – na przemycie w latach 80.

Obaj prowadzili interesy, a w potrzebie wspierali się finansowo. Wszystko wyglądało bardzo pięknie, aż do chwili gdy jeden z nich nie oddał pożyczki. Kiedy kolejna prośba o zwrot pieniędzy nie odniosła skutku, wierzyciel postanowił odwołać się do mafijnego arbitrażu. Problem w tym, że obaj panowie mieli układy z różnymi grupami przestępczymi i obaj przedstawiali różne wersje:

S. twierdził, że to C. jest mu winny pieniądze, a C., że dłużnikiem jest S.

Po jednej stronie gangsterskiej barykady stała grupa pruszkowska, po drugiej zaś podziemie przestępcze Szczecina. W owym czasie boss tej drugiej, czyli Marek M., pseudonim Oczko, siedział w więzieniu, a strukturami rządziła jego prawa ręka, czyli Zbigniew T. „Pastor". Wiadomo było, że szczecińscy bandyci będą się starali wykroić dla siebie maksymalnie duży kawałek (jeśli nie całość) z tortu konfliktu biznesmenów. Poza tym Pastor nie znosił pruszkowskiego zarządu, a jedyną osobą, z którą potrafił się dogadać, był Masa. Doszło do spotkania obu panów, ale nie pojawiły się żadne konstruktywne wnioski, które satysfakcjonowałyby rywalizujące gangi.

Gangsterzy spod Warszawy postanowili działać szybko – zadzwonili do biznesmena S. i oznajmili mu, że jest winien C. 300 tysięcy dolarów. Wcześniej jednak poinformowali szczecińskich mafiosów, że działają w interesie swojego klienta.

– My już zajmujemy się tą sprawą. To C. jest winien pieniądze S., a S. jest z nami – odparli ludzie Pastora.

– Chuja zajmujecie – brzmiała riposta pruszkowskich. – To nasza sprawa i my ją doprowadzimy do końca. S. musi zapłacić.

Żeby przekonać S. do rozliczenia długu, Pruszków zjechał do Świnoujścia w kilkadziesiąt samochodów. W delegacji nie mogło zabraknąć największych tuzów kryminalnego podziemia, łącznie z Januszem P. „Parasolem" czy Mirosławem D. „Malizną". Najazd miał zrobić piorunujące wrażenie i takie też uczynił.

Kawalkada limuzyn pojawiła się na promenadzie. W trzcinach stało kilka samochodów należących do grupy szczecińskiej, ale miejscowi gangsterzy, wobec przeważającej siły wroga, nie zdecydowali się na jakiekolwiek działania zaczepne. Do pruszkowiaków podszedł lokalny watażka o pseudonimie Niewier, a oni pokazali mu wnętrze kilku bagażników. Zawierały potężny arsenał, w którym dominowały karabinki Kałasznikowa, granaty i broń krótka.

Niewier natychmiast skontaktował się ze sztabem szczecińskiego gangu, ostrzegając przed starciem, które musiałoby się zakończyć jednostronną jatką, ale w Świnoujściu pojawił się jedynie Pastor, aby załagodzić sytuację. W jednym z barów na promenadzie zawarto coś w rodzaju porozumienia – najpierw Pruszków bierze kasę od biznesmena S., a potem Szczecin inkasuje środki od biznesmena C. I, oczywiście, od S.

Kto tak naprawdę zawinił, kto ma u kogo dług – to już było bez znaczenia. Na konflikcie mieli się wzbogacić przestępcy. Z kolei bogaci biznesmeni oprzytomnieli i całkiem chętnie wyskoczyliby z kilku tysięcy dolarów, byleby już mieć za sobą całą tę niepotrzebnie wywołaną awanturę.

S. oczywiście zapłacił pruszkowskim, ale kiedy pojawili się u niego szczecińscy, uznał, że trzeba coś z tym fantem zrobić. Zadzwonił do Masy.

– Jarek, jest niedobrze, musisz mi pomóc. Jak ci się uda, zapłacę ci sto pięćdziesiąt tysięcy papieru.

S. uznał bowiem, że w starciu Pruszków–Szczecin górą zawsze będą ci pierwsi. I lepiej grać z nimi niż z ludźmi Pastora.

– Nie ma sprawy, zaraz się tym zajmę – odparł Masa, ale pomyślał nieco inaczej: „A niech cię, kutasie, dojeżdżają, sam jesteś sobie winien. Co mi do tego?”.

Mimo wszystko do końca postanowił grać dobrego wujka, więc zaproponował zdesperowanemu biznesmenowi następujący plan: S. przyleci do Warszawy samolotem, gdzie na lotnisku będzie już czekał na niego Krzysztof K. „Nastek", który zawiezie go do Masy na spotkanie. I rzeczywiście, S. umówionego dnia pojawił się w stolicy. Tyle że na Okęciu przed Nastkiem pojawił się Janusz K., pseudonim Malarz.

– Masa kazał mi przejąć tę forsę – powiedział. – Przecież nie będziecie jej przeliczać we dwóch. Ja to zrobię i oddam Jarkowi.

Biznesmen karnie przekazał neseser Malarzowi. A ten, jak już dostał do ręki pieniądze, nie wypuścił ich nigdy. Później tak to referował Masie:

– Pomyślałem, że skoro facet sra kapustą, to co mu za różnica, czy zapłaci raz, czy dwa razy?

Wobec kalibru argumentu Masa Malarzowi wybaczył... Ale zanim to nastąpiło, wpadł we wściekłość. Spotkanie z S. odbyło się w warszawskim pubie John Bull i stało się areną burzliwej rozmowy Jarosława S. z Nastkiem.

– Coś ty mi, kurwa, przywiózł? – krzyczał ten pierwszy.

– Jak to, co? S., tak jak chciałeś – odparł stropiony Krzysztof K.

– Golasa mi przywiozłeś! A gdzie kapusta?

– A bo ja wiem?

Kiedy okazało się, że te 150 tysięcy przytulił Malarz, Masa uznał, że stratę musi pokryć S.

Wkrótce do Świnoujścia udała się ekipa egzekutorów, z Nastkiem na czele, ale że S. nie dysponował taką sumą od ręki, zwrócił się o pożyczkę do... C. (z którym zdążył już się pogodzić). Biznesmen z Koszalina nie widział problemu i zaprosił S. do siebie, a ten wyruszył w podróż z towarzyszącą mu grupą pruszkowskich.

Na miejsce delegacja przybyła na tyle późno, że S. i jego obstawa udali się na spoczynek do hotelu. Jako że nikt nie ufał świnoujskiemu przedsiębiorcy, jeden z gangsterów przespał się z nim (w sensie dosłownym, bez podtekstów erotycznych) w łóżku, przykuty doń kajdankami.

Sto pięćdziesiąt tysięcy dolarów trafiło do Masy.

Prawdy o aferze z długiem bandyci nie dociekali. Wiedzieli jedno – od tej pory przestępczy półświatek zyskał dwie dojne krowy. I rzeczywiście, jeszcze nie raz obaj biznesmeni musieli płacić sowite haracze swoim mafijnym prześladowcom...

Krążyło nawet takie powiedzenie: „Potrzebujesz siana? Jedź w ciemno do S. albo do C. Są tak zastraszeni, że zapłacą każdą sumę, byleby tylko mieć spokój". Oczywiście, do następnego razu.

Ale eldorado nie trwało w nieskończoność. Gdy na przełomie wieków dojeni nieszczęśnicy zorientowali się, że pruszkowscy zaczynają się poważnie bać coraz silniejszej policji, z każdym zagrożeniem natychmiast biegli na komendę.

Działało!

ROZDZIAŁ 10

Wrzutki, czyli legalizacja kradzionych fur

J.S.: Powiem ci szczerze, czasami miałem dość! Budzę się rano, wstaję, wrzucam coś na ząb i już chcę wyjść z domu, żeby pojechać z Kiełbachą do Warszawy, gdy nagle ktoś puka do drzwi. Otwieram, a tu stoi jakiś wystraszony leszcz i mówi: „Jaruś, nie wychodź, przelicz kapustę. To za tego passata".

No to ja biorę do ręki gruby plik zielonych i zaczynam przeliczać. Dużo tego, małe nominały, robota na kilka minut. Ale szybko kończę, bo nie chcę, żeby Kiełbacha długo czekał. Pędzę kuriera i już chcę wychodzić, a tu kolejny namolny facet: „Jaruś, poczekaj, przyniosłem ci siano za tę alfę, co to ją niedawno zawinęliśmy".

Klnę pod nosem, ale co robić? Pieniądze przede wszystkim. Pędzę „listonosza" i znów zaczynam liczyć. Znów kilka stówek. A Kiełbacha pewnie nogami przebiera.

Zbliżam się do końca, a tu znowu słyszę dzwonek do drzwi. „Kurwa!", rzucam głośno, otwieram i słyszę tę samą zdartą płytę: „Jaruś, to za tę beemkę, no tę czerwoną trójkę, przelicz, czy jest tyle, ile miało być...".

Chcąc nie chcąc, wracam do roboty. Paluchy robią mi się czarne jak u górnika, na stole rośnie kupka banknotów. Zanim w końcu wyjdę z domu, minie prawie godzina. I tak dzień w dzień, dzień w dzień...

Na rozmowę o handlu kradzionymi samochodami spotykamy się we trzech: ja, Masa oraz Sławomir K., pseudonim Chińczyk, który w czasach największej świetności grupy pruszkowskiej był prawą ręką Dariusza B., pseudonim Bysio. A ten z kolei – przybocznym Masy. Rozmowa w jednej z poznańskich restauracji przeciąga się do późnego wieczoru. Każdy kolejny drink odświeża pamięć i wywołuje lawinę wspomnień. Jest o czym mówić. Ostatecznie wszyscy trzej kochamy dobre auta. A że nie każdemu dane były te najlepsze...?

J.S.: Wprawdzie sposobów zarabiania przez nas pieniędzy było całe multum, ale samochody stanowiły numer jeden. Może nie w tym sensie, że przynosiły największe zyski, ale najbardziej regularne. O ile tiry zawijaliśmy raz na jakiś czas, powiedzmy raz w tygodniu albo i rzadziej, wokół samochodów kręciliśmy się codziennie. To było coś w rodzaju naszego etatu, codziennego obowiązku pracy. Chińczyk i Bysio siedzieli w tym interesie od samego początku.

S.K.: Przygodę z samochodami rozpoczęliśmy na samym początku lat 90., od przemytu do Polski skód Favorit. W tamtym czasie był to najnowszy, bardzo poszukiwany model. W Polsce kosztował sporo kasy. Pamiętam, że kontakty załatwił nam Roman G., w latach 80. właściciel jednej z modnych restauracji w Warszawie. On miał koleżkę, który przywoził kradzione skody z Czechosłowacji, ale nie bardzo wiedział, co z nimi dalej robić. No bo ukraść to rzadka sztuka, ale zalegalizować – to jest dopiero coś.

Nie pamiętam, jak ten gość miał na imię, pamiętam tylko, że miał bardzo fajną dupę, którą poznał w Szwecji. Nieważne. Braliśmy od niego te favoritki i robiliśmy tak zwane wrzutki, czyli zapewnialiśmy im legalność. Początkowo nie mieliśmy żadnych znajomości w wydziałach komunikacji, więc zwróciliśmy się do Wojciecha B., pseudonim Budzik, który akurat znał tam kilku urzędasów, na czele z kierownikiem wydziału. A urzędasy, jak wiadomo, lubią sobie dorobić na boku.

A.G.: No, ale przecież policja dostawała zgłoszenie o kradzieży samochodu...

S.K.: Czeska policja, a właściwie wtedy jeszcze czechosłowacka milicja, tak. Ale nie było jeszcze wspólnego komputera, czyli w Polsce nikt tych aut nie szukał. Grunt to było dotrzeć na granicę, powiedzmy do Cieszyna czy do Świecka. A dalej to już hulaj dusza! Nie było żadnych przygranicznych kontroli. Jak już auto wjechało do kraju, czuliśmy się bezkarni. Potem to się, oczywiście, zmieniło. Policja najczęściej zatrzymywała fury na ksenonach (czyli z reflektorami ksenonowymi – przyp. A.G.), bo to znaczyło, że mają swoją wartość i pewnie zostały zawinięte.

J.S.: Wrzutki, czyli rejestrowanie lewych pojazdów, to był przemysł na wielką skalę. Zapewniał nam zyski, jakich do tej pory nie osiągaliśmy. Koszty po naszej stronie były naprawdę znikome, a zwracały się wielokrotnie. Nie zawsze zresztą sprzedawaliśmy samochody, czasami rozliczaliśmy się nimi za jakieś inne usługi.

S.K.: Żeby to zobrazować: Budzik dostawał od nas sto dolarów i miał za to opłacić urzędnika. Oczywiście w kieszeni Wojtka zostawała większa część tej sumy, nie umiem powiedzieć dokładnie ile. Urzędnik dostawał kilkadziesiąt zielonych i też był bardzo zadowolony. Pamiętaj, urzędnicy wtedy srali po gaciach, więc brali z pocałowaniem w rękę to, co im oferowano, nawet ochłapy. I nie pyszczyli. Na początku lat 90. dolary cały czas miały swoją moc.

J.S.: A potem przychodził klient i za taki wyczyszczony samochód płacił tysiąc dolarów. Czyli na czysto wychodziło nam dziewięćset. Oczywiście, kilka stówek płaciliśmy wcześniej dostawcy, bo to on był na początku łańcucha. Pamiętaj, że mówimy o samochodach z niższej półki, czyli o skodach. W przypadku droższych aut cena wzrastała, czasami naprawdę znacznie. Zdarzało się, że za rejestrację braliśmy po kilka tysięcy papieru. Szczególnie jeśli musieliśmy więcej zapłacić dostawcy; bywało, że za jakiegoś wypasionego mesia, czyli mercedesa, zdarzało się nam zapłacić do półtora tysiąca dolarów. No, ale wtedy „goniliśmy", sprzedawaliśmy taką furę za siedem, osiem koła papieru. Jak się trafił dobry dzień, to miałem w kieszeni nawet do dziesięciu tysięcy.

Rozmowa nabiera rumieńców. Z ulicy dobiega charakterystyczny klekot silnika forda mustanga. Wszyscy rozpoznajemy go od razu. Tego dźwięku nie da się pomylić z żadnym innym – ferrari też ładnie buczy, podobnie maserati, ale co mustang, to mustang. Są oczywiście faceci, którzy nade wszystko cenią porsche. Zgadzamy się co do tego, że 911-stka to fantastyczny samochód, szczególnie w wersji Turbo-S, który rozpędza się do setki poniżej trzech sekund, a do dwustu poniżej ósemki, ale silnik porszaka po prostu wyje, trochę jak bolid Formuły 1. I odrobinę niewygodnie jest w środku... No, chyba że kupi się porsche cayenne – tam miejsca pod dostatkiem. Ale to już nie jest ścigacz.

A.G.: Rejestrowaliście samochód już na konkretnego odbiorcę?

S.K.: No co ty? Żeby go od razu policja zhaltowała? Najpierw trzeba było zarejestrować auto na martwą duszę, a dopiero potem na prawdziwego właściciela. Wiesz, jak to wyglądało? Szło się do pierwszego lepszego bloku i spisywało nazwiska z listy lokatorów. Potem, jak już policja zaczęła rozkminiać ten interes, taki powiedzmy Kowalski dostawał wezwanie na komendę i słyszał pytanie: „Skąd pan wziął pieniądze na cztery samochody?". Kowalski robił wielkie oczy: „Jakie cztery samochody, panie władzo, ja nawet nie mam prawa jazdy!". A funkcjonariusz na to: „Nie macie prawka i jeździcie czterema autami? Tym gorzej dla was, Kowalski". Oczywiście, w tym czasie te cztery fury miały już zupełnie innych właścicieli. Początkowo pracujący dla nas urzędnicy byli na tyle głupi, że wpisywali do dowodów rejestracyjnych cokolwiek, nazwiska i adresy brali z sufitu. Patent „na Kowalskiego" pojawił się trochę później.

Minęło sporu czasu, zanim organy ścigania zorientowały się, co jest grane.

A.G.: Czy urzędnicy sami wymyślali nazwiska, czy wyście im je podpowiadali?

S.K.: E tam, urzędnicy... Sami sobie wpisywaliśmy, co chcieliśmy. Jeździło się na granicę, do Słubic, i wpisywało do czystych dowodów rejestracyjnych, co akurat przyszło do głowy. Do dyspozycji mieliśmy też odpowiednie pieczęcie. Brało się złotówkę, maczało w tuszu i lekko przykładało do dowodu, żeby gliniarz nie mógł odczytać, co tam jest napisane.

J.S.: Kto stemplował złotówką, ten stemplował złotówką. Myśmy mieli zaprzyjaźnionego faceta, który robił stemple, i często zamawialiśmy je u niego. Tyle że nie był to fachowiec najwyższej klasy i jak czasem potrzebowaliśmy na stemplu berlińskiego niedźwiadka, to jemu akurat wychodził krokodyl. Ale mieliśmy szczęście do policji i do celników, którzy nie interesowali się zoologią.

A.G.: A zdarzało się wam wrzucać samochody hurtem, czy zawsze to była akcja jeden klient – jedna fura?

J.S.: Gdybyśmy działali w detalu, nie bylibyśmy mafią pruszkowską, tylko drobnymi przewalaczami. Na Łopuszańskiej miał dziuplę facet o ksywie Małolat (jeden z licznych Małolatów, którzy przewijają się przez naszą historię – przyp. A.G.). I on wziął od nas, ode mnie i od Kiełbachy, w sumie ponad tysiąc sztuk. Wyobrażasz to sobie? Tysiąc fur, i to z bardzo wysokiej półki! On zresztą pomagał nam rejestrować samochody na warszawskiej Ochocie; to była wyjątkowo bezpieczna rejestracja. On puszczał te samochody dalej.

S.K.: Oczywiście zalegalizowane, a nie surówki!

A.G.: Surówki?

J.S.: Tak, samochody dopiero co zawinięte, z jeszcze nieprzebitymi numerami podwozia, bez nowego dowodu rejestracyjnego. Ukradzione, na przykład, jakiemuś Niemcowi. Opowiem ci anegdotę. Przy wjeździe do Warszawy od strony Poznania, konkretnie w Morach, była stacja benzynowa. Zajechał na nią jakiś obywatel zza Odry nowiutkim passatem i poszedł do sklepu. Aż grzech było nie zawinąć mu tego cuda. Nasi chłopcy szybko się z tym uporali i przywieźli furę do mnie. A ja i Kiełbacha od razu pojechaliśmy do Małolata na Łopuszańską. Jego ojciec szybciutko wypukał nowe numery i mogliśmy zacząć, że się tak wyrażę, procedurę legalizacyjną. I jeden od nas wziął tego passata, żeby go gdzieś odstawić. Na początek pojechał na stację benzynową, żeby zatankować. Na tę samą stację, z której został zawinięty. I traf chciał, że akurat przejeżdżał tamtędy okradziony Niemiec; pożyczył sobie jakieś auto i wracał do domu. Zobaczył swoją własność i oniemiał. Natychmiast wezwał policję i odzyskał to, co dopiero co stracił.

A.G.: Miał cholerne szczęście. Czy oprócz Małolata mieliście jakichś innych klientów, którzy brali od was w hurcie?

J.S.: Wielokrotnie mówiłem o tym w śledztwie i podczas procesu grupy pruszkowskiej – ponad 350 samochodów wzięła od nas warszawska kuria biskupia.

W wywiadzie dla „Super Expressu", w marcu 2014 roku, Masa wyznał: „Mnóstwo aut sprzedaliśmy w Warszawie, do kurii biskupiej na Miodową. Przecież tam może jedno na pięć aut było legalne, a reszta była robiona przez nas! Kiedy zostałem świadkiem koronnym, to moje mercedesy kupił Józef Jędruch, ten od skandalu z Colloseum, a później ks. Jankowski z Gdańska. Kiedy chowali Nikosia, to kto mu załatwiał miejsce na cmentarzu, w którym trzeba było wyciąć starodrzew? Stało się to dzięki biskupowi Gocłowskiemu".

S.K.: Dostawcy lubili z nami handlować, bo płaciliśmy im dobre pieniądze. Ale najwięcej płacił niejaki Kwiatek, facet z Ochoty, któremu się zdawało, że jest potentatem w branży. Zresztą słusznie, bo kręcił naprawdę duże lody. Miał odbiorców na Wschodzie. A to był taki czas, że ruscy gangsterzy nie bawili się w jakieś marki średniej klasy, ale jak zamawiali, to tylko najgrubsze fury – mercedesy SL czy S-klasa. I Kwiatek bez problemu dostarczał im to, czego oczekiwali. Nam też zresztą podrzucał samochody, których nie byliśmy w stanie załatwić inaczej. Zdarzało się, że trafiały do niego fury na wykupkę. Dzwoniliśmy wtedy z prośbą, żeby nie przebijał numerów, bo samochód musi wrócić do prawowitego właściciela. Oczywiście za pewną opłatą manipulacyjną. Różnica między nami a Kwiatkiem polegała na tym, że on realizował większe zlecenia, które pojawiały się co jakiś czas, a my handlowaliśmy, czym popadło.

J.S.: Chciałeś audi 100? Miałeś audi 100. Szukałeś mercedesa C-klasy? Mieliśmy ich pod dostatkiem. Byłeś zainteresowany skodą? Pruszków i to miał w ofercie. Byliśmy lotną brygadą dilerów samochodowych, a zainteresowani naszymi usługami, dzięki doskonale rozwiniętej poczcie pantoflowej, świetnie wiedzieli, gdzie nas szukać. Auta kupione u nas traktowali jak te z pierwszej ręki. Zresztą mieliśmy też swoich subdilerów. Na przykład pewnego kapitana z LOT-u, który dzięki swoim rozlicznym koneksjom pomógł nam puścić kilkaset samochodów.

Tym razem dostrzegamy sunącego ulicą bentleya. Masa wzrusza ramionami.

– Gdyby w czasach potęgi Pruszkowa można było kupić bentleya, to ja bym go miał. I to w najbardziej wypasionej wersji.

Chińczyk potakuje i przypomina, że Jarek miał już zamówionego maybacha; to miał być pierwszy samochód tej marki nad Wisłą. Być może gdyby Masa zdążył kupić tę limuzynę (ale nie zdążył, bo został świadkiem koronnym i zerwał z dawnym życiem), dziś to on byłby najsłynniejszym jej posiadaczem, a nie ojciec Tadeusz Rydzyk. Który, nawiasem mówiąc, nigdy nie miał maybacha, jak przypisywały mu niechętne media. Jednak bentley – nawet w usportowionej wersji Continental GT – nie wywołał w nas takich emocji jak ford mustang. Wprawdzie bentley to dzisiejszy odpowiednik cesarskiej karety, ale laski patrzą na facetów w zupełnie innych samochodach. Na jaguara też nie każda poleci, chyba że na F-Type...

Ale powróćmy do rozmowy o kradzionych autach.

S.K.: Poczekajcie, bo zaraz umknie nam pewna historia ze wspomnianym wcześniej Kwiatkiem. Facet miał trochę narąbane w głowie – uważał, że kto to nie on, wszyscy mają go słuchać i szanować. Pewnego razu został zaproszony na imieniny któregoś ze starych do dyskoteki Olszynka Grochowska. Przypomniano sobie o nim dlatego, że srał kasą i było jasne, że w jakimś stopniu podsponsoruje imprezę. Kwiatek wysztafirował się jak filmowy amant, zabrał z sobą elegancką kurwę i pojechał do Olszynki.

No a jak już przyjechał i nachlał się gorzały, to zaczął kozaczyć w swoim stylu. Od słowa do słowa poprztykał się ze starymi i sytuacja zrobiła się nieprzyjemna. A przy jednym ze stolików siedziało kilku chłopaków i czekało na rozwój wypadków. Podszedł do nich ktoś od starych i mówi: „Jak Kwiatek będzie wychodził, to go dobrze oprawcie". Nie trzeba było dwa razy powtarzać. Jak tylko Kwiatek zszedł po schodach, od razu dostał pigułę w mordę; później, gdy już leżał na ziemi, chłopcy kontynuowali robotę. Jak już Kwiatek był solidnie oprawiony, zabrali mu portfel, a z palców pościągali fingielki. Najgorzej poszło ze złotym łańcuchem, który był tak gruby, jak do pasienia krów. Jeden z napastników stanął na łańcuchu, a dwóch innych ciągnęło z całej siły. W końcu ogniwo puściło. Prostytutce też się dostało. Dobrowolnie nie chciała oddać futra, więc dostała w nos i zmieniła zdanie.

W sumie z fantów, które wówczas zdobyliśmy – tak, tak, ja też byłem tam obecny – każdy z biorących udział w akcji zarobił po 500 papieru.

Przez rok Kwiatek chodził po mieście bocznymi ulicami, ale potem odzyskał rezon i znów był sobą.

W zasobach IPN-u znajduje się milicyjny raport, w którym funkcjonariusze, zajmujący się grupami przestępczymi, wyspecjalizowanymi w kradzieżach samochodów na Zachodzie, opisują ten proceder. Przyznają jednocześnie, że walka z gangsterami to tak naprawdę syzyfowa robota. W swej książce *Polska mafia* raport ten przytacza Sylwester Latkowski. Inspektor Talkowski i starszy inspektor Pusch konstatują: „Zebrane materiały operacyjne i dochodzeniowe niezbicie wskazują, że na terenie krajów Europy Zachodniej od kilku lat działają szajki złodziei, które w sposób zorganizowany trudnią się kradzieżami luksusowych samochodów, wytwarzaniem fałszywych dokumentów (w postaci umowy sprzedaży, kart ubezpieczeniowych, dowodów rejestracyjnych i tablic rejestracyjnych) niezbędnych do przemytu tych samochodów do Polski. Samochody z reguły są kradzione w nocy i w ciągu kilkunastu godzin lub kilku dni, zaopatrzone w sfałszowane dokumenty, przekraczają granicę państwa. (...) Sprowadzane samochody są znanych renomowanych marek: Audi, Volkswagen, Mercedes i innych, z silnikiem diesel-turbo. Ceny skradzionych samochodów wahają się w granicach od 2,5 do 3 tysięcy USD, chociaż ich cena rynkowa wynosi od 10 do 25 tysięcy USD".

A.G.: Jakie były najpopularniejsze sposoby kradzieży samochodów? Ponoć w niektórych krajach byłego bloku socjalistycznego preferowano wyjątkowo okrutną metodę – jeśli w środku interesującego złodziei samochodu był kierowca, strzelano mu w głowę, a następnie przejmowano pojazd.

J.S.: My nie posuwaliśmy się do takiego okrucieństwa. Po co? Mieliśmy świetnych fachowców od zawijania aut, a oni dawali sobie radę z każdym zabezpieczeniem. O złodziejskich technikach można by mówić całymi godzinami. Podam przykład – jeden z naszych chłopaków zawsze zaczynał robotę od ukręcenia korka wlewu paliwa. Mając go, mógł dorobić kluczyk.

A.G.: Ale w czasie kiedy oddawał korek do ślusarza...

J.S.: Nie brnij w te domysły. Nie było żadnego ślusarza. Złodziej dorabiał kluczyk na miejscu – trwało to około 10 minut

– i od razu wchodził do samochodu. Oczywiście, mogło się zdarzyć, że nie zdążył i wóz odjeżdżał, ale wtedy z nami na ogonie. Wcześniej czy później fura trafiała w nasze łapska. Dobry złodziej samochodowy potrafił ukraść do sześciu sztuk dziennie. Zarówno w kraju, jak i za granicą. Mieliśmy wyjątkowo zdolnych chłopaków, którzy mieli układy powiedzmy w Niemczech, wiedzieli co i jak, i kroili tam fury na potęgę. A potem tylko granica i po wszystkim. Zresztą nie zawsze wjeżdżało się przez granicę. W pobliżu Świnoujścia była „dziura w murze granicznym", a tak naprawdę pole, którego nikt nie pilnował. W tamtych czasach pogranicznicy to były chłopaki ze służby zasadniczej, które miały w głębokim poważaniu zabezpieczanie granic Najjaśniejszej. Pili wódę po stróżówkach i tylko myśleli o swoich wyposzczonych dziewczynach gdzieś pod Białymstokiem czy Supraślem. A jak trafił się jakiś służbista, to dostawał w łapę dwieście papieru i szedł w cholerę. Późną jesienią 1989 roku, jak zaczął się kruszyć mur berliński i nikt nie miał głowy do łapania złodziei samochodowych, zaczęło się wyjątkowe eldorado. Byłem akurat wtedy w Berlinie Zachodnim...

A.G.: Ja też wtedy byłem w Berlinie Zachodnim. Jako korespondent „Tygodnika Demokratycznego".

S.K.: Tak się składa, że ja też. Mieszkałem u swojego kolegi o ksywie Kieliszek.

J.S.: Byliśmy tam z Wojtkiem P. i puszczaliśmy na lewo i prawo pieniądze w hotelu Schweizerhof. Pamiętam, że zaprosił nas na wystawny obiad pewien frajer, który załatwiał nam różne interesy w Berlinie Zachodnim. Miał żonę Anetę, filigranową, ale o fantastycznych cyckach. Śliczna. I bardzo chętna do..., no, do tych spraw. Szczególnie w jej wdziękach gustował Kiełbacha. Jej mąż nawet się nie zorientował, że ktoś mu bardzo intensywnie posuwa ślubną. To była lufa nie z tej ziemi. Kiełbacha miał dobry gust i zamiłowanie do kultury masowej – w tamtym czasie posuwał też pewną bardzo znaną piosenkarkę.

A.G.: A ja miałem trochę enerdowskich marek, które dostałem jako tak zwaną dietę wyjazdową od redakcji. Nocowałem w jakiejś obskurnej budzie, nawet nie w hotelu, ale w kwaterze prywatnej, w przemysłowej części miasta. Nie było tam nawet ogrzewania. Stołowałem się w punkcie PCK na Kudamie. Gorąca zupa była prezentem powitalnym od zachodniego świata dla wszystkich przybyszy z NRD. Kartoflanka...

J.S.: Ty wybrałeś takie życie, a ja inne.

W restauracji pojawia się samotny mężczyzna z gazetą motoryzacyjną w ręku. Na okładce widać prototypowy model FSO Syrena Sport. Patrzymy na ten nigdy niewdrożony do produkcji koncept i kiwamy głowami z uznaniem. Być może, gdyby rodzima motoryzacja poszła taką drogą, jak choćby czeska, w latach 90. kolejna wersja Syreny byłaby łakomym kąskiem dla włamywaczy. Ale auto przeszło do historii, podobnie jak grupa pruszkowska. Ciekawe, czy nastąpi odrodzenie? Oby nie mafii...

Niby skończyliśmy temat, ale moi rozmówcy raczą mnie jeszcze kilkoma historyjkami, może i niezwiązanymi z samochodowymi wrzutkami, ale z autami w ogóle, które pruszkowscy kochali nie mniej niż piękne kobiety.

J.S.: Wszyscy chcieli jeździć dobrymi samochodami, chłopcy z miasta oczywiście też. Pamiętaj, że na początku lat 90. oni się przesiadali z jakichś komunistycznych rupieci i dopiero poznawali uroki jazdy czymś z wyższej półki. Taki Ryszard P. „Krzyś", jak wyszedł z puchy, dostał ode mnie dużego fiata. Ale zaraz potem opchnąłem mu mojego opla fronterę, piękny wóz, sportowa wersja, ze skróconym tyłem i otwieranym dachem. Lakier mienił się wszystkimi kolorami tęczy. No, mówię ci, bajka. Ale P. jak to P. – zawsze się musiał do czegoś przypierdolić. Zobaczył jakąś rysę na masce, taką, której nikt by nie zauważył, i zaczął lamentować. Uznał, że musi natychmiast pojechać do lakiernika i coś z tym fantem zrobić. Wziął tego opla, na siedzeniu pasażera posadził kurewkę, która miała ksywę Ryfka, i jedzie do Ożarowa. Tam miał warsztat samochodowy niejaki Wariat; oczywiście nie chodzi o Wiesława N., brata Dziada. My z Kiełbachą jedziemy obok mercedesem. P. szpanuje, ściga się, ścina zakręty, no, król życia na mazowieckich drogach. Stanęliśmy na czerwonym świetle. A tu nagle słychać jakiś pisk – w stronę frontery nadciąga rozklekotany żuk, który za ostro wszedł w zakręt. Dosłownie sunie na dwóch kołach. Stało się jasne, że kierowca nie ma nad tym bolidem żadnej kontroli. I oczywiście zaraz potem słychać jedno wielkie bum!, a żuk kładzie się na nowym samochodzie Ryszarda P. Nie muszę chyba dodawać, że szkody, jakie powstały w wyniku tego wypadku, były ździebko większe od rysy, z którą P. jechał do Wariata.

A.G.: A co się stało z kierowcą żuka?

J.S.: P. wpadł w furię. Siny wyskoczył z samochodu, podleciał do nieszczęśnika, chciał mu od razu spuścić łomot. Krzyczał, że tamten zapłaci mu sto tysięcy papieru kary i tak dalej. Ale w końcu, jak trochę ochłonął, zorientował się, że ma do czynienia z rolnikiem, który nigdy się nie wypłaci. Machnął ręką. Ale sytuacja była naprawdę komiczna.

S.K.: Nie wszystkie sytuacje z Ryszardem P. w roli głównej bywały komiczne. Mówimy o prawdziwym okrutniku i psychopacie. Przekonał się o tym jego dobry kolega o ksywce Bulik. P. zajechał kiedyś swoim fiatem pod pijalnię piwa. Nie zamknął drzwi na klucz, bo przecież nikt przy zdrowych zmysłach nie okradałby mu samochodu, wszedł do środka, wypił kilka browarków, pogadał z Bulikiem i innymi znajomymi, po czym pożegnał się i wyszedł. Okazało się, że znalazł się jakiś odważny, który zawinął mu radio. Niewiele się namyślając, P. wrócił do knajpy, złapał Bulika za łeb i zaczął nim napierdalać o blat stołu. I to nie na żarty, walił jak opętany. A przecież doskonale wiedział, że Bulik nie ma z tym nic wspólnego. Na blacie pojawiła się krew, ale P. nie miał litości. Krzyknął tylko: „Będę tak długo napierdalał, aż ktoś się przyzna, że ma moje radio!”.

A.G.: Bulik nie próbował się stawiać?

S.K: To nie był żaden wirażka, przy P. wyglądał jak słomka. Poza tym on się nie nadawał do bicia. To był raczej drobny inteligent, który gdzieś się zagubił i trafił do szemranego środowiska.

J.S.: Jak już jesteśmy przy Buliku, to nie mogę sobie odmówić pewnej zabawnej historii. Pojechałem kiedyś z Bulikiem na kurwy do Nadarzyna. Tam był elegancki hotel, słynący z ekstradziewczyn. Przyjechaliśmy i zaczęliśmy od ostrego picia. Pękło kilka flaszek, zanim w końcu przygadaliśmy sobie jakieś fajne dupy. Z jedną z nich poszedłem do pokoju. Kładę się na łóżku, a ona mi zaczyna robić loda. Zamykam oczy, świat się wokół mnie kręci, jest dość przyjemnie, ale jakoś tak mało realnie. Dogorywam. Może nawet przez chwilę się zdrzemnąłem. Ale cały czas czuję, jak laska obrabia mi pałkę. Nagle na twarz pada mi snop światła; otworzyły się drzwi łazienki. Patrzę, a w progu stoi kurwa. Zmartwiałem. Skoro ona jest tam, to kto mi robi loda? Spojrzałem przerażony i zobaczyłem... Bulika, który dzielnie uwijał się między moimi nogami. No żeż kurwa mać! To na takie dziwki przyjechałem do Nadarzyna? Potem się dowiedziałem, że Bulik lubił takie klimaty – czasem dogodziła mu kobieta, czasem on dogodził kolegom. Takie przyzwyczajenie z puszki.

Tym razem wątek motoryzacyjny został zamknięty definitywnie. Kiedy wracamy z Chińczykiem samochodem do Warszawy, na autostradzie mija nas porsche 911. Któryś z nas rzuca pod nosem:

– Kobiety są piękne, ale sportowe samochody kręcą facetów jeszcze bardziej.

Nie pamiętam, kto to powiedział.

ROZDZIAŁ 11

Utopiona kokaina

Ten sukces policji był absolutnym numerem jeden w polskich mediach. W listopadzie 1993 roku, dzięki międzynarodowej akcji, udało się udaremnić największy w historii Polski przemyt kokainy (przynajmniej tak to wówczas oceniano).

Na pokładzie statku „Jurata" płynął do naszego kraju gigantyczny transport narkotyku o łącznej wadze prawie 1200 kilogramów. Towar nadano w Wenezueli, odbiorcą miała być mafia pruszkowska. I pewnie wszystko poszłoby po myśli gangsterów, gdyby nie dociekliwość brytyjskich celników (statek zawinął do portu Birkenhead w okolicach Liverpoolu). Tych ostatnich zainteresowały gigantyczne bele lepiku; po bliższym zbadaniu okazało się, że kryją towar o wiele cenniejszy od materiałów budowlanych. W porozumieniu z polskimi służbami kokaina została zarekwirowana, ale lepik popłynął do Gdyni, aby policja mogła ustalić, kto jest organizatorem przemytu.

Po towar zgłosił się Krzysztof O., mieszkaniec podwarszawskiej Wiązowny. Następnie bele trafiły do Legionowa i Elbląga, gdzie zostały rozprute. I wtedy się okazało, że kokaina zniknęła, a gang stracił na akcji celników ponad milion dolarów.

Tymczasem śledczy gorączkowo rozpracowywali sieć przestępczych powiązań.

Wszystkie nitki prowadziły do jednej osoby – do Leszka D., pseudonim Wańka, który po latach usłyszał wyrok ośmiu lat więzienia za próbę przemytu narkotyków. „Pruszków utopił milion w kokainie", pisały gazety, ale żadna nie wspominała, że dla rodzimych mafiosów strata jednego miliona nie była katastrofą. Co najwyżej wypadkiem przy pracy.

– Czy ty wiesz, ile było wcześniej takich „Jurat"? Co najmniej kilka. Niech sobie celnicy plują w brodę – powiedział mi po latach Masa.

Mafia pruszkowska niemal od samego początku zdawała sobie sprawę, że musi objąć kontrolą handel narkotykami. I konsekwentnie trzymała się tego interesu.

J.S.: To nie my wymyśliliśmy handel narkotykami. Po prostu weszliśmy w ten biznes, kiedy rozwijał się na naprawdę wielką skalę. Już w latach 80. bardzo dobrze sprzedawała się amfetamina, a polskie laboratoria, które w latach 90. stały się prawdziwą potęgą, wyrastały jak grzyby po deszczu.

A.G.: Dobrze pamiętam tamte czasy. Wydawało mi się wówczas, że nad Wisłą króluje heroina, zwana kompotem, skądinąd podłej jakości. A przynajmniej wśród rodzimych hipisów.

J.S.: Zależy w jakim środowisku. Desperaci walili heroinę, inni raczyli się amfą, choć, bądźmy szczerzy, ona też nie jest zbyt korzystna dla zdrowia. Ale wtedy jeszcze nie zdawano sobie sprawy, jakie potrafi wyrządzić spustoszenie w organizmie.

Handlował nią wówczas Leszek D. „Wańka", który zawsze nam powtarzał, żebyśmy przypadkiem nie próbowali tego świństwa. Oczywiście, dla swoich klientów miał inną wersję. Muszę przyznać, że Leszek D. traktował nas po ojcowsku. Był kimś w rodzaju naszego mentora, wprowadzał nas w arkana mafijnego życia.

A.G.: Kręciłeś się przy prochach już w latach 80.?

J.S.: Nie. Ja i Kiełbacha weszliśmy w ten interes na początku lat 90. Dokładnie w 1991 roku. Ale nie interesowała nas amfetamina, tym bardziej że na rynku pojawiła się gorąca nowość, kokaina. Narkotyk elity, na którym można było o wiele więcej zarobić. Kiełbacha kupił coś z dziesięć deko, podzieliliśmy na porcje i puściliśmy w miasto. Zeszło natychmiast, przynosząc nam niezły zysk. Zrozumieliśmy, że to żyła złota, którą jakoś nikt u nas jeszcze się nie zainteresował.

A.G.: Od kogo Kiełbacha kupił kokainę?

J.S.: Od K., faceta, który przyjaźnił się z pruszkowskimi gangsterami i miał dobre źródła zaopatrzenia w narkotyki. Natomiast skąd on miał kokę, nie mam pojęcia. To nas po prostu nie interesowało. Wystarczyło powiedzieć, że potrzeba tyle a tyle, i natychmiast się pojawiała. Szła z Zachodu, co do tego nie ma wątpliwości.

A.G.: Nie z Kolumbii?

J.S.: Do interesów z kolumbijskimi kartelami zaraz dojdę. Wtedy, na przełomie lat 80. i 90., rodzimi przestępcy nie mieli z nimi kontaktu. Podejrzewam, że kupowali kokę w Niemczech.

A.G.: Kto był głównym klientem? Mam na myśli grupę społeczną.

J.S.: Jak to kto? Oczywiście złodzieje samochodowi.

A.G.: A nie celebryci? Mnie z zażywaniem białego proszku kojarzą się przede wszystkim gwiazdy ekranu.

J.S.: To pewnie się zmieniło i branie koki należy do dobrego tonu w pewnych kręgach, ale wtedy celebryci byli zbyt obsrani, żeby ryzykowali zakup. Niektórzy faktycznie czasem raczyli się koką, ale na drobną skalę. Im wystarczyła porcja dla ratlerka, a złodzieje samochodowi potrzebowali michy dla bernardyna. Wiesz, to były chłopaki, które żyły bardzo intensywnie: szybki zarobek, szybkie laski, szybki odlot w kosmos i z powrotem. Melanżowali non stop, nie chcieli się różnić od gwiazdorów amerykańskiej koszykówki czy hokeja.

Chociaż... Przypominam sobie pewnego celebrytę, który grzał trochę ostrzej niż inni. Mieszkał w moich okolicach, pod Warszawą, i był wybredny – tylko koka, a i to najlepszej jakości. Jako że miał na koncie wiele ról w kasowych filmach – tak naprawdę na początku lat 90. nie było filmu bez jego udziału – mógł sobie pozwolić na towar prima sort. Zdarzało się, że jęczał mi do telefonu „Jaruś, kurwa, już nie mogę, przywieź mi trochę proszku". Wtedy wysyłałem do niego chłopaków. Płacił bez zająknienia. Chociaż specjalizował się w rolach komediowych, na głodzie bardziej pasował do kina moralnego niepokoju; był jak zbity pies. Jak tylko wciągnął kreskę, od razu odzyskiwał dobry humor i śmiał się tym swoim słynnym na całą Polskę śmiechem. Zażywał dużo, ale i on wysiadał przy złodziejach samochodowych.

A.G.: Ale to byli wasi złodzieje samochodowi... Nie dostawali od was koki za darmo?

J.S.: A czy ja kiedyś mówiłem, że pracuję w Caritasie? Pruszków to była federacja różnych grup, które się między sobą normalnie rozliczały. Chcesz ode mnie kokę? Okej, ale za pieniądze. Myśmy złodziejom też odpalali działkę za zawinięte samochody. Rzecz jasna, to nie byli jedyni odbiorcy. W sumie do drugiej połowy lat 90. handel koką stał się poważną gałęzią mafijnego przemysłu. Kiedy w czerwcu 1995 roku wyszedłem po dziewięciu miesiącach z puszki, nie mogłem się nadziwić, jak to hula! Mój przyboczny, czyli Dariusz B., pseudonim Bysio, urósł do rangi prawdziwego narkotykowego barona. Przyjąłem go pod swoje skrzydła.

A.G.: Nie uprzedzajmy wypadków. Zanim cię wsadzono do więzienia w 1994 roku, brałeś udział w tworzeniu podwalin pod ten „przemysł".

J.S.: Szybko zorganizowaliśmy ekipę, która rozrzucała dla nas kokę. Był w niej, między innymi, Bartek z Ochoty, o którym wspomniałem w tomie *Masa o kobietach polskiej mafii*. Ten, który miał zatarg z jakimiś tamtejszymi żulami, a my, za pomocą kijów bejsbolowych, uwolniliśmy go od tego problemu. Wspominam o nim, bo zarobił dla nas naprawdę sporo hajsu. W miesiąc potrafił sprzedać nawet do kilograma.

A.G.: Czy z czasem rozszerzyliście ofertę o inne narkotyki?

J.S.: Nie, bo na kokainie było największe przebicie. To był narkotyk elitarny, ludzie się z nim sztafirowali. Braniu koki towarzyszył pewien ceremoniał; wciągano ją niemal wyłącznie przez rurkę ze zrolowanej studolarówki. Oczywiście z talerzyka odwróconego do góry dnem. Tak jak na filmach. Inaczej się nie liczyło.

Zainteresowanie koką rosło lawinowo. Wciąż docierały do nas zamówienia, a to na jakąś imprezę, a to do burdelu, gdzie goście chcieli się zabawić w wersji hard. Nie było problemu – chłopcy jechali pod wskazany adres i kasowali hajs.

A.G.: Tak sobie wesoło gaworzymy o handlu narkotykami, a przecież dragi pogrążyły niejedno życie. Tych, którzy sprzedają prochy pod szkołami, można określić tylko jednym mianem – wyjątkowego ścierwa.

J.S.: Ależ ja się z tym zgadzam, tyle że nikt nigdy nie rozrzucał koki pod szkołami. Nasi dilerzy operowali w zupełnie innych rejonach i sprzedawali narkotyki dorosłym, świadomym ludziom. Może i frajerom, ale wiedzącym, czego chcą. Tych, którzy wystają pod szkołami, sam bym chętnie podusił własnymi rękami. A wracając do historii branży. Na przełomie 1993 i 1994 roku wprowadziliśmy monopol – tylko grupa pruszkowska może handlować kokainą w Polsce. Wtedy do biznesu doskoczył Andrzej K. „Pershing", wraz ze swoimi dilerami, i było nam o wiele łatwiej egzekwować rygory owego monopolu. Wcześniej wystarczyło nam opanowanie Mazowsza, Trójmiasta czy Szczecina, bo zyski z innych procederów, choćby z zawijania tirów czy wrzutek samochodowych, były wystarczająco duże.

A.G.: A ja myślałem, że narkotyki to – obok handlu bronią – największy przestępczy biznes...

J.S.: Coś ty! Wiesz, ile trzeba by przemielić kilogramów kokainy, żeby mieć taki zysk jak z jednego tira? Nie zapominaj, że dobrze załadowany tir przynosił prawie pół miliona papieru. A z kokainy wyciągałem miesięcznie po kilkanaście tysięcy dolarów, i to w sprzyjających okolicznościach.

A.G.: W serialu *Odwrócony*, nakręconym na podstawie twojego bujnego życiorysu, jest taka scena: grupa pruszkowskich gangsterów na jakimś poddaszu dzieli na porcje biały proszek. Obserwujący ich policyjni wywiadowcy nie mają wątpliwości, że jest to koka i że za chwilę bandyci zostaną złapani na gorącym uczynku. Gdy jednak funkcjonariusze wkraczają do środka, okazuje się, że chłopcy zakpili sobie z organów ścigania. To nie była koka, tylko mąka na pierogi. Wielu Polaków wierzy, że taka akcja miała miejsce w rzeczywistości.

J.S.: Miała miejsce, a jakże, ale wyłącznie w głowie scenarzysty, który o mafijnych realiach nie miał zielonego pojęcia.

A.G.: A gdzie trzymaliście towar przed podziałkowaniem? Mieliście takie poddasze?

J.S.: Różnie. Czasem u Kiełbachy, czasem u Bysia. To bez znaczenia. W każdym razie nie w żadnej dziupli. Przecież myśmy nie bali się policyjnych rewizji. Kiedy takowa następowała, policjant grzecznie pytał, czy może otworzyć jedną, dwie szufladki, żeby było zgodnie z procedurą. Odpowiadało mu się, że dobrze, niech zajrzy, ale ma zostawić po sobie porządek, bo inaczej będzie źle. Po takiej rewizji podpisywało się protokół, pan władza się kłaniał i bez szemrania wychodził. Wszystko było w porządku.

A.G.: Przejdźmy do waszych kontaktów z Kolumbijczykami...

J.S.: Jak to zwykle bywa, pomógł nam trochę przypadek. Poznał nas z nimi Darek W., wiesz, ten sam, który potem kupił sporo akcji Telekomunikacji Polskiej, bardzo zamożny facet, blisko związany z liderami lewicy. Darek to był prawdziwy baletmistrz.

A.G.: Jasne. *Jezioro łabędzie, Dziadek do orzechów*...

J.S.: Nie rób sobie jaj, nie o takie balety mi chodzi. On ciągle balował na imprezach Wojtka P. i znany był z tego, że zabawę przedkłada nad wszystko inne. Boże, ile ja z nim gorzały wypiłem, choćby na sławetnych imprezach w Trójmieście czy w Berlinie! Naprawdę, to był rozrywkowy gość. Inna sprawa, że nadziani faceci często mają skłonność do rozrywki, o ile, oczywiście, nie są amiszami. Kręciły się też przy nim najlepsze dupy, które potrafił wyrywać nawet na... postojach taksówek. Pstryknął palcami i taka już była jego.

A.G.: Nie o łatwych dziewczynach miało być, ale o Kolumbijczykach.

J.S.: Sądziłem, że nie zaszkodzi króciutki rys psychologiczny Darka... Otóż wspomniany Wojtek P. na pewnym etapie zwąchał się z Andrzejem Z. „Słowikiem". A jak się zwąchał ze Słowikiem, to w sposób naturalny stał się zaufanym starych pruszkowskich. I często był świadkiem rozmów o tym, że trzeba organizować nowe źródła dostawy koki, bo te, którymi dysponowali, po prostu już nie wystarczały. Tak się składało, że brat Darka W. był liczącym się menedżerem w sieci hotelowej Hiltona. Nie w jednym hotelu, ale w całej sieci! Dlatego Darek często bywał u brata, a zdarzało się, że te pobyty trwało naprawdę długo.

I podczas jednego z nich, na Florydzie, W. uratował życie pewnemu Kolumbijczykowi. Nie pamiętam już, o co poszło; pewnie wyciągnął go z tonącego jachtu albo coś w tym stylu. Oczywiście, między obydwoma panami zawiązała się przyjaźń. Darek nie miał pojęcia, że jego nowy kompan to bardzo wysoko postawiony członek kolumbijskiego kartelu narkotykowego, ale po jakimś czasie – po iluś tam hektolitrach rumu i whisky wypitych wspólnie – zaczął kumać, co jest grane. Zresztą Kolumbijczyk na tyle mu zaufał, że nie ukrywał bynajmniej swojej „zawodowej tożsamości". Dlatego kiedy podczas spotkania u Wojtka P. po raz kolejny stanęła kwestia pozyskania nowych dostaw koki, Darkowi od razu przypomniał się jego kolumbijski przyjaciel. Zadzwonił do niego, a tamten: „Oczywiście, nie ma sprawy, przyjeżdżaj, doklepiemy sprawę".

A.G.: I faktycznie pojechał?

J.S.: Nie sam, ale jako członek niewielkiej delegacji, w której skład weszli jeszcze Wojtek P. oraz Słowik. Strony bez problemu dogadały się na pierwszą dostawę, ale jeden z Polaków miał zostać jako coś w rodzaju zastawu. Na zasadzie: jak się rozliczycie, zwrócimy wam człowieka. Nie rozliczycie się, to człowiekowi coś się stanie. To w kartelach normalna procedura. Niewdzięcznej roli podjął się Słowik, co było rzeczywiście charakterne.

A.G.: Zamknęli go w jakiejś mrocznej dziupli? Przykuli łańcuchem do ściany?

J.S.: Tylko posłuchaj, jakie to były łańcuchy. Tak Słowik relacjonował mi swoją „niewolę": „Udaliśmy się do dżungli i po jakimś czasie ukazała się naszym oczom przepiękna rezydencja, cała w marmurze, taka, przy której wysiada Las Vegas. Ale to było dopiero coś w rodzaju recepcji. Tam dostaliśmy klucze do mojego apartamentu, do którego popłynęliśmy motorówką. Był bowiem na wyspie. Taki mafijny hotel o najwyższym poziomie luksusu". Nieźle, co? W tym więzieniu Słowik spędził kilka tygodni, podejrzewam, że nieźle się bawiąc. Wypuścili go, dopiero jak transport dotarł do Polski – było tego na dobry początek kilkaset kilo – i został rozliczony. Muszę przyznać, że Kolumbijczycy zaoferowali nam bardzo dobrą cenę, więc nikt z Pruszkowa nie kręcił nosem. Hajs poszedł od razu, a Andrzej Z. powrócił na łono ojczyzny.

A.G.: Co to znaczy „dobra cena"?

J.S.: Początkowo mówili o piętnastu tysiącach papieru za kilogram, potem zeszli do dwunastu koła. To naprawdę przyzwoita suma. Pamiętam, że piętnaście koka kosztowała w hurcie na Florydzie, czyli prawie po sąsiedzku z Medellin.

A.G.: Czy to wy organizowaliście transport?

J.S.: A skąd! W tej branży my przy Kolumbijczykach byliśmy cienkimi Bolkami. Oni logistykę mieli dopracowaną w najdrobniejszych szczegółach. Zadali tylko pytanie: „Gdzie wam to zrzucić?". Sami załatwili statek, zapewnili bezpieczeństwo transportu i dostarczyli kokę do Polski. W tym sensie okazali się idealnym kontrahentem.

A.G.: A wy rzuciliście całość na rynek krajowy?

J.S.: Nie tylko. Wańka, który w narkotykach siedział od lat 80., miał bardzo dobre kontakty ze Wschodem, nie tylko z Rosją, ale także innymi republikami byłego Związku Radzieckiego. Blisko kolegował się z niejakim Wową, bardzo wysoko postawionym w mafijnej strukturze. On pomagał Wańce rozwijać kontakty na Wschodzie.

Jak Ruscy – pod pojęciem tym rozumiem wszystkich pomiędzy Bugiem a Uralem – dowiedzieli się, że mamy nieograniczone ilości koki, od razu zaczęli jęczeć, żeby się z nimi podzielić. Brali od nas jak opętani i płacili po 25 tysięcy baksów za kilo. A czasami więcej. Przypominam, że myśmy mieli kokę za dwanaście, więc mowa o ponaddwukrotnym przebiciu. Za podobną cenę sprzedawaliśmy kokainę w kraju, a także na Zachodzie. Mieliśmy kurierów, którzy bez problemu docierali czy to do Niemiec, czy do Skandynawii. Dysponowali takimi skrytkami w samochodach, że celnicy byli bezradni.

A.G.: Podejrzewam, że wpadka „Juraty" nie wpłynęła najlepiej na wasze stosunki z Kolumbijczykami?

J.S.: A czy to my zawiniliśmy? Oczywiście, kartel postanowił przeprowadzić śledztwo, jak to się stało. Do Polski przyjechało czterech Kolumbijczyków, ale skończyło się na pohukiwaniach, chociaż pamiętam, że starzy naprawdę byli bladzi podczas ich wizyty.

A.G.: Czego się bali? Przecież na swojej ziemi to wy byliście mocni, a nie kilku Latynosów?

J.S.: Powiem krótko – Ruskich się nie baliśmy i często dochodziło między nami do konfrontacji. Ale Kolumbijczycy to była zupełnie inna bajka. To byli bezwzględni gangsterzy, dla których rozlew krwi stanowił podstawową formę rozmowy na trudne tematy. Oficjalnie przyjechało czterech, ale przecież nie było wiadomo, czy nie dysponują jakimiś odwodami. Poza tym, gdyby coś im się stało, od razu mielibyśmy na głowie kolumbijskich kilerów. A ci nie bawiliby się w negocjacje. Jednak dobre relacje zostały uratowane i po „Juracie" przypłynęło jeszcze kilka statków, na których celnicy już nic nie znaleźli. Oczywiście, taki transport był nie częściej niż raz na rok.

Zła sława towarzyszy kolumbijskim gangsterom na całym świecie. Gdziekolwiek się pojawiają, wzbudzają strach, a jednak większości struktur przestępczych bardzo zależy na utrzymywaniu z nimi dobrych relacji. Ostatecznie mają do zaoferowania towar, który nie przestaje iść jak przysłowiowa woda. Mijają lata, a koka wciąż traktowana jest jako narkotyk elity i doskonale się sprzedaje w kręgach ludzi zamożnych, znudzonych codziennością.

Z Kolumbijczykami wielokrotnie miał do czynienia niejaki Ken Rijock, bankier amerykańskiej mafii specjalizującej się w handlu narkotykami na Florydzie. Rijock, doskonały prawnik, działający na rynku nieruchomości, a jeszcze lepszy ekspert od nielegalnych operacji finansowych, wyprał dla gangsterów miliony, ale nie nacieszył się swoim bogactwem. Trafił za kratki, pogrążony zeznaniami mafijnych kompanów. Na szczęście amerykańskie służby odpowiedzialne za walkę z handlem narkotykami postanowiły dać Rijockowi szansę – niech teraz on z kolei powie, co wie o przekrętach bandytów, a państwo odpowiednio mu się odwdzięczy.

I wkrótce do więzienia zaczęli trafiać bossowie narkotykowego podziemia, a były bankier mafii stał się oficjalnym ekspertem organów ścigania. Dziś ponad 60-letni Rijock wciąż współpracuje z amerykańskim wymiarem sprawiedliwości.

Jakiś czas temu ukazała się w Polsce jego książka *Bankier mafii**, w której autor precyzyjnie opisał mechanizmy rządzące kokainowym rynkiem. Znalazł się tam krótki i trafny opis ludzi z kartelu Medellin: „I wtedy pojawił się gang Kolumbijczyków. Nieokrzesani, wydawali się nie na miejscu nawet na spokojnym przedmieściu kolumbijskich uchodźców. Równie dobrze mogli mieć wypisane na czołach »handlarze narkotyków«".

Rijock w swej książce dużo miejsca poświęca historii błyskotliwej kariery kokainy na południu USA, głównie na Florydzie (gdzie przecież doszło do pierwszych kontaktów Pruszkowa z kolumbijskimi baronami narkotykowymi). Pierwszych kurierów, którzy w latach 70. pojawili się z białym proszkiem, określa mianem „kokainowych kowbojów". To oni tworzyli podwaliny pod gigantyczny biznes, który miał odmienić oblicze kraju. Potem skończyła się rola samotnych *desperados* – musieli oni ustąpić miejsca wielkim strukturom przestępczym, które zaprowadziły na rynku własne brutalne reguły gry. Oto co pisze Rijock o początkach kokainowego biznesu: „Pierwsza fala »kowbojów«, którzy przybyli do Miami, była dla policji, DEA (Drug Enforcement Administration, agencja rządowa odpowiedzialna za zwalczanie narkotyków – przyp. A.G.) i celników niczym grom z jasnego nieba. Warta miliony dolarów koka zaczęła napływać do miasta. Do tego czasu handlarze obracali marihuaną. Jednak jak tylko skoczył popyt, ceny poszybowały w górę, a w mieście zaczęła się nowa rozgrywka. Kokaina była tu przewożona w ładunkach na statkach, przemycana

---

* Przeł. Kamil Lesiew, Wydawnictwo Pascal, Bielsko-Biała 2013.

drogą powietrzną albo zrzucana na spadochronie z mniejszych samolotów. A za prochami krok w krok podążała forsa. Gangi tak się śpieszyły do prania swojej kasy, że wpompowały miliony w nieruchomości i wykupiły na pniu cały asortyment luksusowych aut u dilerów. (...) Jednak tak intratnemu biznesowi towarzyszyły rywalizacja i przemoc. Ulice zamieniły się w pola mordów, gdy konkurencyjne gangi załatwiały porachunki. Zyski były zwyczajnie zbyt pokaźne, żeby się nimi dzielić, przynajmniej w opinii pewnych gości z Kolumbii".

Brzmi dość znajomo, mimo że opis dotyczy Miami w początkach lat 80.

Rijock, którego wspomnienia przypominają scenariusz wielu odcinków serialu *Miami Vice*, udzielił mi w 2013 roku wywiadu dla magazynu „Śledczy". Zapytany, dlaczego – on, ceniony prawnik – w ogóle związał się z narkobiznesem, odparł: „Na tamtym etapie miałem silne przekonanie, że handel narkotykami powinien zostać zalegalizowany i tak się wkrótce stanie. Nie sądziłem więc, że robię coś bardzo złego, ale że stanowię awangardę pewnego trendu. Poza tym, przyznam szczerze, miałem już dość nudnej pracy na rynku nieruchomości czy nad prawem bankowym".

Pytanie, czy polskimi biznesmenami, rozkręcającymi współpracę z Kolumbijczykami – Dariuszem W. i Wojciechem P. – kierowała podobna motywacja? Trudno oprzeć się refleksji, że nuda nudą, ale jednak perspektywa szybkiego wzbogacenia się stanowiła i dla nich, i dla Rijocka o wiele silniejszy bodziec. Zresztą Amerykanin nie ukrywa, że szybkie pieniądze wywołały w nim stan ogromnej euforii. Używał życia jak gangsterzy – na sto procent, bez opamiętania. Luksusowe samochody, najpiękniejsze prostytutki, balety w mafijnych rezydencjach, koka i alkohol były codziennością bankiera bandytów.

Na pytanie, czy legalizowanie mafijnych pieniędzy było wielkim wyzwaniem, odpowiedział krótko: „Jeśli umiesz to robić, pranie pieniędzy jest łatwiejsze niż mycie zębów".

Podejrzewam, że ci, którzy obracali pruszkowskimi milionami, mają podobne zdanie…

ROZDZIAŁ 12

Jak Żaba na prochach

A.G.: Z pruszkowskim handlem narkotykami kojarzy mi się głównie nie Wańka, ale Jerzy W. „Żaba", któremu poświęciliśmy sporo uwagi w książce *Masa o kobietach polskiej mafii*. To on miał rozkręcić na wielką skalę handel z Azją. Kiedy wszedł do gry?

J.S.: W 1994 roku dołączył, wraz z Ryszardem Sz. „Kajtkiem", do starych. Wcześniej angażowali się w firmę Komaton, zarabiającą na handlu rublami transferowymi, ale gdy ta upadła, szukali nowego pomysłu na biznes. Jak wielu innych doszli do wniosku, że narkotyki są strzałem w dziesiątkę. Zresztą Kajtek znał temat od dawna. W ciągu lat wyrósł na kogoś, kogo można by określić mianem „magazyniera" starych. To on trzymał łapę na kokainie i puszczał ją dalej.

A.G.: Przypomnę, co zeznałeś już jako świadek koronny. „Była jeszcze podgrupa Żaby – Jerzego W., który był przyjacielem Ryszarda Sz. Zajmowali się głównie narkotykami i kradzieżą samochodów. Kiedy wyszedłem z aresztu, do Żaby należeli: F., człowiek o pseudonimie Czarny, i Kuba z Anina, złodziej samochodowy, człowiek, którego nie znam z personaliów, a który był odpowiedzialny za narkotyki. Początkowo W. podlegały 2–3 osoby. Wiem to stąd, że byliśmy w latach 1995–1999 przyjaciółmi. Ja mu opowiadałem o swoich sprawach, a on mi opowiadał o swoich sprawach. Jerzy W. działał w grupie Rympałka, opowiadał mi, że później, po napadzie na ulicy Zamiany i okradzeniu ZOZ-u z wypłat dla pracowników (tak zwany napad stulecia, przeprowadzony przez grupę Marka Cz. »Rympałka« na warszawskim Ursynowie w listopadzie 1995 roku; łupem bandytów padło wówczas ponad 1,2 mln złotych – przyp. A.G.), zostały pieniądze podzielone i część (...) pieniędzy poszła na zakup narkotyków. Oni chcieli podwoić tę sumę, którą uzyskali z napadu, i chcieli zakupić narkotyki od Sz. Byłem przy tym, jak Sz. przywiózł te narkotyki do domu W. (...) Nie pamiętam kto, ale ktoś wziął łyżkę, na tę łyżkę zostało wylane trochę wody, na to ukruszono i rozpuszczono w tej wodzie narkotyki i było to podgrzewane. Po tym eksperymencie Sz. powiedział: »O, to jest ponad 90 procent kokainy«".

Jak zeznałeś, Sz. przywiózł tę kokę na prośbę W. i Rympałka.

J.S.: Wszystko się zgadza, przy czym chcę zaznaczyć, że ja za ten napad dostałem wyjątkowo lichą działkę, 10 tysięcy złotych. Czyli na kawę z ciastkiem. Nieważne. Kiedy wyszedłem w 1995 roku z więzienia, związałem się z Rympałkiem, z którym działał Żaba. Narkotyki były może nie podstawową, ale jedną z ważniejszych naszych działalności. Zgadza się też, że hajs, zawinięty biednym pracownikom ZOZ-u, został, dzięki kokainie, pomnożony. Jeśli chodzi o Żabę, to nie chcę być nieskromny, ale to ja go wylansowałem na pierwszego dilera w mieście. Oddałem mu do dyspozycji swoich ludzi, którzy skutecznie latali dla niego. Był to o tyle dobry czas dla naszej grupy, że starzy siedzieli po domach jak myszy pod miotłą i nie wtrącali się do naszych interesów. Co najwyżej domagali się jakiejś działki, czego im nie skąpiliśmy.

W jednym z numerów magazynu „Śledczy" Masa poświęcił swój felieton błyskotliwej karierze Żaby. Z tekstu wynika, że choć tamten handlował kokainą, jego znakiem firmowym miała stać się heroina, którą pozyskiwał – podobnie jak większość światowych struktur mafijnych – z Azji. Jego łącznikiem z dostawcami popularnej hery był pewien młody pruszkowski gangster. Nazwijmy go Dragon.

Oto jak wspominał go Masa: „Chłopak bardzo ambitny, inteligentny, a przy tym niedający sobie dmuchać w kaszę. Może i nie wyglądał na herosa, ale pamiętam, jak kilkakrotnie »sprzedał« kosę pewnemu gościowi, z którym miał scysję w dyskotece. Był ostry, a jednocześnie skuteczny w tym, co robił. Kiedy policja zaczęła mu deptać po piętach, wyjechał z kraju. Ale nie próżnował na obczyźnie – wkrótce dał cynk, że jest do wzięcia heroina z Afganistanu. A ten azjatycki kraj, wraz z Pakistanem i Iranem, stanowił heroinowe eldorado – wszystkim mafiom świata zależało na tym, aby uszczknąć choćby kęs z tego tortu. Dotarł do Bułgarów, którzy zaproponowali mu afgańską herę. Gdzie ich znalazł? Pewnie w jakiejś dyskotece. Z kolei Bułgaria z przełomu lat 90. i naszego wieku była krajem, w którym potykałeś się o mafiosów. Byli wszędzie. Przestępczy bossowie nie ukrywali, czym się zajmują, i nawet władza wiedziała, że lepiej nie wchodzić im w drogę. Heroina docierała do Bułgarii różnymi drogami, najczęściej z Turcji, a następnie była transportowana na Zachód.

Polska stanowiła duży rynek zbytu, dlatego gangsterzy z kraju nad Morzem Czarnym złożyli naprawdę dobrą ofertę. Kilogram miał kosztować u nich około 2 tysięcy dolarów, a u nas, w działkach, jego wartość wzrastała do 35 tysięcy.

Wkrótce brunatny proszek zalał Polskę. Przewozili go kurierzy, którzy jeździli do Bułgarii w celach handlowych (w jedną stronę elektronika, w drugą – odzież). Tak powstał kanał przerzutowy okrzyknięty przez media »szlakiem bałkańskim«".

A.G.: Podtrzymujesz wszystko, co napisałeś w cytowanym powyżej felietonie *Jak Żaba na prochach*?

J.S.: Generalnie tak, choć jak się tak nad tym zastanawiam, to dochodzę do wniosku, że przeceniamy rolę, jaką Dragon odegrał w grupie Żaby. Tak naprawdę on roztaczał wokół siebie pewną legendę, która z trudem się broni. Mówiąc krótko, przypisywał sobie zasługi – a właściwie z dzisiejszego punktu widzenia winy – innych, choć nie odmawiam mu ani sprytu, ani inteligencji.

Jerzy W. sukces zawdzięczał przede wszystkim sobie. Miał i kontakty, i zmysł biznesowy, bez których nie byłoby osiągnięć całej grupy. Prawdą jest też to, że koniec tej grupy okazał się żałosny – Żaba i jego żona Baśka przerzucali na siebie swoje winy, pokazując, że jednak nie do końca pojęli, na czym polega charakterność.

ROZDZIAŁ 13

Jak w wojsku, czyli w grupie Pershinga

Zbliżał się chłodny kwietniowy wieczór. Andrzej K. „Pershing", który właśnie rozpoczynał rutynową nasiadówkę w klubie go-go w stołecznym hotelu Polonia, przypomniał sobie, że jego żona ma zaplanowane wyjście na jakąś babską imprezę. Wyjął z kieszeni telefon i zadzwonił do Doriana, swojego kierowcy, a zarazem jednego z najbardziej zaufanych podwładnych.

– Kopnij się do mnie do domu i zawieź Agnieszkę, gdzie sobie zażyczy. A potem masz wolne – powiedział tym samym tonem, jakim wydawał dyspozycje w każdej innej sprawie.

Komunikat zawsze był krótki. „Pojedziesz na granicę do Słubic, przejmiesz kopertę i wracasz, nigdzie się nie zatrzymując". Albo: „Zawieziesz gościa do lasu, spuścisz mu łomot i wytłumaczysz, że pieniądze zawsze muszą być na czas i w pełnej kwocie". Gdy Dorian próbował dowiedzieć się czegoś więcej o misji, którą zlecał mu szef, Pershing zbywał go krótkim: „A co cię to, kurwa, obchodzi? Masz jechać, a nie zadawać pytania".

Tym razem zadanie wydawało się dziecinnie proste – Dorian miał pojechać do Ożarowa, a potem bezpiecznie dostarczyć żonę szefa na imprezę. Pershing zaś spokojnie skupić się na rozmowach biznesowych (bardzo często prowadził je właśnie w Polonii) i delektowaniu się widokiem pięknych tancerek.

Wszystko przebiegało bez problemów. Dorian otworzył przed Agnieszką drzwiczki i już miał zająć miejsce za kierownicą mercedesa, gdy nagle zza otaczających posesję Andrzeja K. krzaków wyskoczyło kilku nieznajomych. Jeden z nich wyciągnął zza pazuchy broń i zaczął strzelać. Już pierwszy strzał – w ramię – wepchnął kierowcę do samochodu. Przerażona małżonka Pershinga zaczęła krzyczeć; nie wiedziała, co robić, ale Dorian, zanim trafiły go dwie następne kule, zdążył krzyknąć: „Uciekaj! Właź pod samochód". Kobieta wczołgała się pod auto i być może dzięki temu ocaliła życie. Kanonada trwała jeszcze przez kilkanaście sekund, po czym wszystko umilkło.

Na zakrwawionym siedzeniu kierowcy leżał bezwładnie Dorian; napastnicy przerwali egzekucję, pewni, że ofiara nie żyje. Mimo to wrzucili do środka granat, który jednak nie eksplodował.

A może po prostu zorientowali się, że pomylili cele? To przecież miał być zamach na Pershinga, a nie na przypominającego go adiutanta.

Gdy kilerzy znikli, Agnieszka zadzwoniła do męża, który natychmiast dał znać o sprawie najbardziej zaufanym. Chwilę później na miejscu zdarzenia pojawiło się kilka samochodów.

Masa wraz z Kiełbachą wyciągnęli Doriana z mercedesa i ułożyli go na ziemi. Zorientowali się, że facet żyje i że nie ma czasu do stracenia. Za chwilę ciężko ranny (kula w lewym ramieniu, tuż obok kręgosłupa, i między żebrami) leżał na oddziale intensywnej terapii pruszkowskiego szpitala, gdzie lekarze zażegnywali niebezpieczeństwo...

Nieudana egzekucja odbiła się w mieście szerokim echem, zwłaszcza że wielokrotnie pisały o niej media. Gangsterzy z Pruszkowa szybko się zorientowali, kto był inicjatorem krwawego zajścia, bowiem Pershing. który pojawił się przy szpitalnym łóżku, pokazał swojemu kierowcy kilka zdjęć. Dorian bez trudu rozpoznał agresorów. „To ludzie Wieśka N. »Wariata«", pokiwał głową Andrzej K. Od początku podejrzewał, że zamach to kolejna odsłona w wojnie pomiędzy Pruszkowem a Ząbkami, czyli miejscowością, z której wywodzili się bracia Henryk i Wiesław N.

Dziś Marek D., pseudonim Dorian (pseudonim i imię zmienione), relacjonuje tamte wydarzenia spokojnie, ale jeszcze do niedawna powracały doń jako koszmar senny. Pokazuje rany, które pozostały na jego ciele po akcji kilerów Wariata. Spotkaliśmy się, aby porozmawiać o grupie Pershinga. Czym się zajmowała, na czym zarabiała pieniądze, ale przede wszystkim – jakim człowiekiem był jej legendarny szef.

A.G.: Jak trafiłeś do grupy Pershinga? Ktoś cię wprowadził? Przecież nie byłeś z Ożarowa.

Dorian: U Andrzeja latali nie tylko goście z Ożarowa, ale przede wszystkim z Warszawy. Ja też jestem dzieckiem warszawskiej Pragi-Południe. To tam w latach 80. uczyłem się przestępczego rzemiosła. Wychowałem się w domu dziecka, gdzie nauczyłem się pewnej zaradności. Zawsze umiałem dawać sobie radę i nie potrzebowałem wsparcia kolegów. Jeszcze za komuny zarabiałem całkiem dobre pieniądze, przemycając z Niemiec do Polski różne towary – i spożywkę, i odzież, i elektronikę. Dość szybko narobiłem sobie znajomości w półświatku i moje nazwisko zaczęło coś znaczyć. Dość wcześnie skumałem się choćby z Ireneuszem P., pseudonim Barabas. To był wyjątkowy prymityw, ale mnie jakoś polubił. Jak wracałem z wypadów do Niemiec, to zawsze mu przywoziłem albo karton fajek, albo flaszkę whisky. Dziennikarze często piszą, że był pierwszym bossem mafii pruszkowskiej, ale ja się z tego śmieję. Gdzie on by się nadawał na szefa?

A.G.: To tyle tytułem wstępu. A teraz przejdźmy do Pershinga...

D.: To był rok 1992. Siedziałem w restauracji Al Capone przy placu Bankowym, z moimi kumplami z Piaseczna. Wiesz, z chłopakami od Piotrka Bandziorka, bo to z nimi wtedy trzymałem. I jeden mój znajomy poprosił mnie do sali obok. Do sali, gdzie siedzieli goście z najwyższej bandyckiej półki. Pomyślałem sobie: „Niedobrze, wszedłem komuś w rewir i zaraz dostanę opierdol. A może nawet trzeba będzie zdjąć złoto z szyi". Ale nic z tych rzeczy. Okazało się, że pewnemu starszemu panu w okularach ktoś zawinął furę, mercedesa 124 coupé, piękną sztukę. Przyszło mi do głowy, że z takiego jegomościa zdjąć furę to chyba żaden problem... Ale zaraz się okazało, że to słynny Pershing i że nie ma żartów. Wszystkie tropy prowadziły na Pragę, ale Pershing i jego ludzie nie znali terenu i potrzebowali kogoś wychowanego na tej dzielnicy. Zapytali, czy mógłbym się zabawić w cicerone, czyli przewodnika. Zgodziłem się. Wkrótce ustaliliśmy adres – to była ulica Siedlecka, samo epicentrum patologii, jedna z tych odrapanych kamienic, gdzie nic dobrego nie ma prawa się wydarzyć.

Pojechaliśmy tam we dwóch, ja i Andrzej K. Wchodzimy do mieszkania sprawcy i co widzę? Jakaś starsza mamuśka siedzi na wersalce i trzęsie się, jakby miała febrę. Od razu skumałem, że pod tyłkiem ma synalka, który się zawinął w pierzynę. Pershing też to wiedział, ale postanowiliśmy dać im szansę. Mówię na cały głos, tak żeby winowajca też dobrze usłyszał:

– Szanowna pani, proszę przekazać synowi, że ten pan (tu wskazałem na Pershinga) nie gniewa się za ten skradziony samochód. Co więcej, myśmy już tego mercedesa znaleźli (to akurat była prawda), ale niestety, pani syn i jego koledzy trochę go zniszczyli i trzeba będzie zapłacić za jego remont. Proszę przekazać synowi, że szkodę wyceniamy na pięć tysięcy zielonych i jeśli suma zostanie uiszczona, zapomnimy o sprawie.

Jak jej to powiedziałem, to się zatrzęsła jeszcze bardziej. Mamrotała pod nosem:

– To dobry chłopak, mój syn to dobry chłopak.

Ale efekt był piorunujący – synalek-złodziej skontaktował się ze mną i od razu chciał mi przekazać te pieniądze. A ja mu na to:

– Nie, chłopie, ja jestem tylko pośrednikiem. Musisz kasę wręczyć osobiście temu panu, któremu zawinąłeś mesia.

Rad nierad zgodził się, choć idąc na spotkanie z Pershingiem, miał nogi jak z waty. Spotkali się w jakiejś restauracji i Andrzej powiedział mu w surowych słowach, co o nim myśli, ale obeszło się bez łomotu. A potem... przyjął go do grupy. To był taki człowiek – wolał wychowywać, niż karać. Dzięki temu do samego końca miał wiernych, oddanych mu jak psy, chłopaków. Nie przypominam sobie, aby kiedykolwiek skurwił się jakąś intrygą, z czego słynęli starzy pruszkowscy. Nie kręcił, nie robił koło pióra za czyimiś plecami, jak coś do kogoś miał, walił prosto z mostu. Dla niego czarne było czarne, a białe to białe. Nie uznawał żadnych odcieni szarości. Nie trzymał wyłącznie z silniejszymi. Jeśli rację miał ktoś słabszy, to mu ją przyznawał, choćby nawet było to wbrew o wiele mocniejszym kozakom. A jak ktoś pieprzył bez sensu, to mu mówił: „Mózgu to masz tyle co kanarek spermy w kutasie". Lubił obrazowe porównania.

A.G.: To po tej akcji na Siedleckiej wziął cię pod swoje skrzydła?

D.: Podejrzewam, że miał już wtedy taki zamiar, ale chciał całą sprawę przeprowadzić formalnie. Poza tym jeszcze mnie dobrze nie znał. Ale kiedy pomogłem mu załatwić pewną dziuplę do przetrzymania trefnego towaru...

A.G.: Broń, narkotyki?

D.: Nic z tych rzeczy. Powiedzmy, że produkt szybko psujący się, który trzeba było potrzymać, aż skruszeje... Nieważne. Miałem udowodnić, że jestem niezłym organizatorem. Po tym zostałem zaproszony na kolację z udziałem starych i innych liczących się gangsterów, którzy mieli zaaprobować, bądź nie, moją kandydaturę do grupy. Zostałem przyjęty jednogłośnie.

A.G.: To były czasy, kiedy starzy i Pershing grali w jednej drużynie?

D.: Tak. W 1992 roku wszystko kwitło i zapowiadała się świetlana przyszłość. Pamiętaj, że starzy bardzo potrzebowali Pershinga. Bo kogo oni mieli po swojej stronie? Recydywistów, którzy może i potrafili dać w gębę, ale byli raczej bezużyteczni w ostrzejszych akcjach. Mówiąc krótko, Pershing zabezpieczał grupie coś w rodzaju zbrojnego ramienia – chłopaków, którzy byli gotowi na wszystko. Dosłownie na wszystko. Po prostu prawdziwych, świetnie wyszkolonych żołnierzy. A starzy nie mieli nawet ludzi do wyładowywania tirów. Kiedyś zawinęli ciężarówkę, a nie miał kto taszczyć beczek ze spirytusem. Kiedy zwróciłem uwagę Słowikowi, że kiepsko wygląda logistyka w ich podgrupie, zjebał mnie jak burą sukę i kazał mi samemu wyładowywać te beczki. Zakwasy miałem przez trzy dni…

A.G.: Na czym zarabialiście pieniądze?

D.: Na wszystkim, na czym się dało. Nie da się ukryć, że odzyskiwanie długów było na początku listy. Chętnych na nasze usługi było tylu, że często nie wyrabialiśmy z robotą. Stały do nas takie kolejki, jak za PRL do mięsnego. Nasza grupa liczyła około 12 chłopaków. Wieczorami spotykaliśmy się w Marriotcie na kolacji i dyskutowaliśmy o tematach na najbliższe dni. Muszę przyznać, że Pershing dawał nam wolną rękę – nie interesował się, jak dany temat zostanie załatwiony. Ważne, aby była z tego kapusta. I zawsze była. Często biznesmeni, zadowoleni z naszych usług, sami proponowali nam coś w rodzaju miesięcznej pensji za ochronę. Doklepywało się sumę i facet czuł się bezpieczny. W tamtych czasach nasza opieka wcale nie była dopustem bożym czy fikcją. My naprawdę gwarantowaliśmy spokój w prowadzeniu interesu i ci, których było na to stać, chętnie nas zatrudniali. Nasza oferta była lepsza niż PZU!

A wracając do twojego pytania – ja nie zawsze miałem pełną wiedzę na temat tego, z kim Andrzej robi interesy. Ani jaki był charakter tych interesów. Po prostu wzywał mnie i mówił: „Jest koperta do przywiezienia". „Jaka koperta?", pytałem na początku, ale potem się tego oduczyłem. „Biała, chuj cię obchodzi, co za koperta", patrzył na mnie tym swoim kpiąco-mentorskim wzrokiem, jakby chciał mi dać do zrozumienia, że żołnierz nie zadaje dowódcy głupich pytań. Jechałem na drugi koniec Polski, powiedzmy do Olsztyna na stację benzynową, gdzie czekał na mnie kontrahent, brałem kopertę i wracałem do Ożarowa. Czasami znikałem na dłużej, bo tych kopert do odebrania było więcej. Szybko się nauczyłem, że zawsze muszę mieć w samochodzie szczoteczkę do zębów i bieliznę na zmianę. Niekiedy przywoziłem naprawdę dużo kapusty – nie w kopertach, ale w torbach. To się zdarzało, kiedy przejmowałem w Słubicach większą kasę za papierosy, które przemycaliśmy dla Wietnamczyków w Niemczech. Oni płacili w markach.

Pewnego razu zaproponowałem Andrzejowi, że pomogę mu w liczeniu, bo banknotów było po prostu bez liku. A on do mnie: „Spadaj, umiem liczyć, ty mi nie jesteś do niczego potrzebny". Wypędzał mnie, ale czasem wepchnął mi do kieszeni kilka banknotów. Z czasem wartość transportu rosła – na początku była koperta, potem torba, dwie torby, bagażnik toreb, wreszcie, jak już miałem załadowany bagażnik na full, wrzucałem torby z sianem na tylne siedzenie. Jechałem wtedy z duszą na ramieniu, ale nie miałem innego wyjścia. Jakbym spękał, Pershing miał na moje miejsce kilku chętnych.

A.G.: Nie obawiałeś się, że celnicy albo pogranicznicy zakończą twoją karierę kuriera?

D.: WOP-iści i celnicy byli bardzo zainteresowani, aby wszystko działało bez zarzutu. Przecież oni mieli z tego działkę. I to niekiepską. Gdybyś wiedział, ile willi funkcjonariuszy powstało dzięki współpracy z nami! Czasami to oni przynosili nam torby z pieniędzmi – im bardziej pękata, tym większa ich dola. Poza tym często pogranicznicy byli ustawieni dzięki koneksjom polityków. Ci ostatni też miewali z tego działki. Nie będę ukrywał, że zdarzało mi się wozić koperty do hotelu sejmowego. Oczywiście nie wiem, jaka była zawartość tych kopert. Dla dobra wizerunku ówczesnej władzy wolę myśleć, że były to listy gratulacyjne od wyborców.

A.G.: A jak już opuściłeś strefę przygraniczną, nie bałeś się, że ktoś cię po drodze napadnie i zabierze ci te pieniądze? Byli przecież i tacy, którzy wiedzieli, z jaką misją jeździsz po kraju...

D.: Na pewno takiego scenariusza obawiał się Andrzej. Często mi powtarzał: „Bierzesz kopertę i nie zatrzymujesz się ani na chwilę. Jak zachce ci się lać, to musisz sobie jakoś z tym poradzić". No i niejednokrotnie sikałem do butelki po wodzie, nie zdejmując nogi z pedału gazu. Nawet w tym człowiek może osiągnąć perfekcję. Inna sprawa, że w czasie takich wyjazdów na człowieka czyhały rozmaite pokusy. Na przykład klient, który oddawał kasę, wdzięczny, że obeszło się bez poważniejszego dojeżdżania, zapraszał mnie – czy innych chłopaków – na imprezę. A tam, wiadomo, mąka na stole...

A.G.: Mąka? To ty odzyskiwałeś długi od młynarzy?

D.: Mąka, czyli koka. Dziewczyny, wóda, tańce, ruchanie... Ale ja się nigdy nie dałem na to skusić. Wiedziałem, że muszę wykonać zadanie bez pudła. A Pershing z kolei wiedział, że bardzo poważnie traktuję jego polecenia, i podobało mu się to. Byłem jego żołnierzem, wykonywałem rozkazy. Nie wikłałem się bez potrzeby w ryzykowne sytuacje. Zresztą Andrzej nie lubił, kiedy chłopaki eksperymentowały z prochami. Sam ich nie zażywał i nie tolerował tego nałogu u swoich ludzi. Dochodziło do tego, że w czasie wspólnych imprez, jak ktoś chciał wciągnąć kreskę, to musiał iść do kibla. Żeby Andrzej nie zobaczył. Na marginesie – często kazaliśmy właścicielowi zamykać lokal i wtedy nikt z zewnątrz nie miał prawa oglądać nas w akcji. Chłopaki były sentymentalne, więc często w trakcie balangi leciał tylko jeden utwór, na przykład *Miłość i ja* Bajmu. Można się było porzygać.

A.G.: Byłeś bardzo oddany Pershingowi, nigdy nie próbowałeś go przewalić, ale podejrzewam, że opłacało ci się to. Dobrze płacił?

D.: Powiem tak – miałem u niego miesięczną pensję, coś około pięć koła papieru. Niezależnie od różnych obrywów, jakie mi się trafiały, gdy miał dobry humor. Ale to nie jest tak, że szedłem do okienka i szef Pershing wypłacał mi należność. On mi mówił: „Jedź tu i tu, i sobie odbierz tę kasę". I faktycznie odbierałem, ale jeśli sądzisz, że na tym koniec, to bardzo się mylisz. Bo moja „umowa o pracę" zawierała cały system obostrzeń. Na przykład jeśli nie odebrałem od niego telefonu, miałem karę – tysiąc papieru. Kilka razy nie zdążyłem dobiec do telefonu i już pensja przepadała. Dlatego ja z komórką i ładowarką nigdy się nie rozstawałem. W sumie ta moja płaca to była jedna wielka fikcja, ale zdarzały się nieoczekiwane premie.

Andrzej zadzwonił do mnie kiedyś z informacją, że siedzi w Olimpijce, takiej knajpie na Woli, i zamierza pyknąć w bilarda, a nie ma partnera. Przyjechałem, zaczęliśmy grać. Na początek skromnie, po 500 dolarów. Potem po tysiąc. Już po chwili byłem do przodu jakieś dziesięć tysięcy papieru i wcale mi się to nie podobało. Naprawdę nie chciałem tych pieniędzy. Bałem się, że się wkurzy i źle się to skończy. Zaproponowałem, żebyśmy przestali grać, ale on się nie zgodził. „Graj, nie pierdol, joł cię", powiedział i przytrzymał mnie przy stole. Jak chciał, aby jego słowa miały odpowiednią moc, rzucał to swoje „joł cię". No to gramy dalej; po jakimś czasie Pershing jest już do tyłu sześćdziesiąt tysięcy. Wtedy łaskawie zakończył partię. Powiedziałem, że nie chcę tej kapusty, że graliśmy o honor, a nie o kasę, ale wtedy on popatrzył na mnie surowym wzrokiem i wycedził: „Bierz kasę, nie marudź. Gdybym to ja z tobą wygrał, zdarłbym z ciebie ostatnią koszulę, nawet dolara bym ci nie darował". Chyba mówił serio. Już podawał mi wygraną forsę, gdy nagle sobie coś przypomniał i pyta: „A pamiętasz tego frajera z Torunia, który mi wisi dwadzieścia tysięcy papieru? To ty go rekomendowałeś". Pokiwałem głową. „Fakt, szefie, to ja". Wtedy odliczył dwadzieścia tysięcy i dał mi tylko czterdzieści. Pamiętam, że jak wróciłem do domu, to się rozebrałem do naga i obsypałem pieniędzmi, jakbym brał prysznic. Nie zapomnę tego niesamowitego uczucia...

A.G.: Woziłeś jego torby i koperty. A jego samego?

D.: Ależ oczywiście, często nietrzeźwego. Sporo balował, a po pijaku raczej nie siadał za kierownicą. Zdarzało się, że był tak wlany, że nie chciał wyjść z samochodu i trzeba mu było przynieść poduszkę i koc, żeby sobie przekimał do rana. Tak bywało po rozmaitych rautach i ogniskach, na które jeździł po kilka razy w tygodniu.

A.G.: To co, on harcerzem był, że jeździł na te ogniska?

D.: Nie tylko druhowie lubią posiedzieć przy ogniu. Także politycy i celebryci. Nieraz po przyjechaniu na miejsce takiej libacji widziałem, że większość uczestników znam z telewizji, ale prawdziwą gwiazdą okazywał się Pershing. To na niego czekali, czasem dostawał nawet brawa. Politycy niektórych partii, jakby mogli, toby mu weszli do spodni. Ostatecznie zarabiał dla nich wielką kasę, miliony dolarów miesięcznie – a to na przemycie papierosów, a to na automatach do gry. Ale nie odkrywam tu Ameryki. Masa to zeznawał w czasie procesu, w tej sprawie były śledztwa.

A.G.: Tyle że nie zakończyły się wyrokami. Z biegiem lat relacje starych z Pershingiem robiły się coraz gorsze, a ty, jako jego zaufany, mogłeś czuć się zagrożony. Oczywiście już nie ze strony wspomnianego Wariata, bo ten został zastrzelony 6 lutego 1998 roku, ale choćby Słowika czy Malizny.

D.: Starym rzeczywiście odwaliło, szczególnie jak Pershing trafił w 1994 roku do więzienia i na cztery lata zniknął im z oczu. Wtedy zaczęli przejmować jego terytoria, choć szło im dość opornie – nie mieli kontaktów i potrzebowali kogoś, kto by ich w interesy Pershinga wprowadził. Ale i tak udało im się sporo przejąć. Im bardziej przejmowali, tym bardziej upajało ich poczucie zwycięstwa. Chlali i ćpali na umór, powoli tracąc kontakt z rzeczywistością. Czy wiesz, jaki był ich pomysł na robienie kasy? Dojeżdżali swoich własnych ludzi i ich okradali. Oni przyjmowali do grupy złodziei, żeby ich następnie łoić! Mnie na przykład wymyślili następującą „chorobę" – mam niby pod ochroną sto kiosków Ruchu, więc teraz muszę podzielić się ze starymi zyskami. A ja im na to: „Jeśli znajdziecie chociaż jeden kiosk, który ochraniam i biorę za to haracz, natychmiast wam go oddam i jeszcze zapłacę odszkodowanie". Oczywiście niczego takiego nie znaleźli, bo sobie to uroili.

Kiedy w 1998 roku Andrzej wyszedł na wolność, stało się jasne, że ktoś musi wypaść z gry, tym bardziej że Masa wraz ze swoją ekipą od razu przeszedł pod skrzydła Pershinga. I starzy znowu zostali z ręką w nocniku. A gdy w grudniu 1999 roku Andrzej został zastrzelony, świętowali to jak opętani. Wynajęli sobie ekskluzywny burdel na Modlińskiej w Warszawie i przez kilka dni fetowali śmierć niewygodnego wspólnika. Tyle że jak puściły im cugle, to stracili czujność, a to wykorzystała policja. Dzięki podsłuchom założonym w agencji stało się jasne, kto stoi za śmiercią Andrzeja.

Kilka miesięcy później starzy podłożyli mi ładunek wybuchowy w samochodzie. Cudem przeżyłem, ale zrozumiałem, że muszę zniknąć. Kupiłem sobie kamizelkę kuloodporną i nosiłem ją na grzbiecie przez całą dobę. Pozbyłem się mieszkania, które zresztą kupiłem od jednego z pruszkowskich, i wyniosłem się do lasu. Po to, żeby mnie nie dopadli ludzie starych, którzy ogniem i mieczem zaprowadzali nowe porządki. Kiedy w marcu 2000 roku gazety poinformowały o śmierci byłego wicepremiera Ireneusza Sekuły, który zresztą robił interesy z moim szefem, było dla mnie jasne, że to nie żadne samobójstwo, ale sprawka starych.

Jakby Masa nie poszedł na koronnego, jatka przybrałaby monstrualne rozmiary.

A.G.: Odzyskałeś poczucie bezpieczeństwa? Starzy już nie rządzą w mieście, niektórzy wciąż są za kratami, a ty funkcjonujesz w normalnym świecie, zgodnie z prawem.

D.: Z tego się nigdy nie wychodzi. Środowisko przestępcze istnieje, tyle że dobrze się zakamuflowało. Wiem, że niejeden chciałby mi zrobić kuku, także ci, których kiedyś w przeszłości skrzywdziłem. No bo przecież woziłem ludzi do lasu i oprawiałem ich, niekiedy bardzo brutalnie. Taki miałem fach – Pershing kazał, to ja wykonywałem rozkaz. Bez gadania, bez moralnych rozterek. To on był ten mądrzejszy. A dziś może być różnie. Świadomość, że dzień zapłaty wciąż nade mną wisi, nie pomaga mi w normalnym funkcjonowaniu. Ale wiesz co? Nie żałuję ani minuty z mojego życia u boku Pershinga.

ROZDZIAŁ 14

Niebezpieczne związki wicepremiera

To było jedno z najgłośniejszych samobójstw w III RP, przy czym zdaniem wielu słowo „samobójstwo” powinno zostać ujęte w cudzysłów. Bo wersja, jakoby polityk lewicy i biznesmen Ireneusz Sekuła wybrał się na tamten świat nie z własnej woli, tylko przy pomocy morderców, wciąż jest niezwykle popularna. Nawet jeśli organy ścigania mają w tej kwestii odmienne zdanie.

Dwudziestego czwartego marca 2000 roku media podały porażającą informację: były wicepremier został trzykrotnie postrzelony w brzuch. Stało się to w nocy z 23 na 24 marca w jego biurze przy ulicy Brackiej w Warszawie. Po wszystkim zdołał jeszcze wsiąść do windy i zjechać na parter, gdzie zastał przerażoną małżonkę, która widziała, jak spomiędzy palców Sekuły płynie krew. „Dobij mnie”, wyszeptał.

Nieco wcześniej zadzwonił do żony i wyznał, że znajduje się w bardzo złym stanie psychicznym – nie wiedzie mu się w życiu, nie widzi w nim jakiegokolwiek sensu i prosi o wybaczenie. Potem zadzwonił do córki z zapewnieniem, że bardzo ją kocha. Zostawił też kilka listów pożegnalnych.

Kobiety postanowiły pojechać do biura.

Sekuła żył jeszcze przez miesiąc i choć znajdował się w stanie krytycznym, zdołał wyjawić prokuratorowi, że to była tylko i wyłącznie próba samobójcza. Wprawdzie, zdaniem ekspertów, taka wersja była bardzo mało wiarygodna (kto zdołałby oddać do siebie trzy strzały, aby mieć pewność, że umrze?), ale skoro ofiara przyznała się do targnięcia na własne życie, prokuratorzy nie mieli już nic do roboty. Dwudziestego dziewiątego kwietnia polityk zabrał do grobu tajemnicę tamtej nocy, a po jakimś czasie śledztwo umorzono.

Co ma Sekuła – były minister pracy, wicepremier i szef Głównego Urzędu Ceł – do mafii pruszkowskiej, której poświęcona jest ta książka? Z pewnością znacznie więcej, niż jesteśmy w stanie to dziś wykazać. Nie jest tajemnicą, że kiedy wspomina się o relacjach gangsterów z politykami, nazwisko Sekuły pojawia się niemal automatycznie. Mało kto pamięta sejmowe przemówienia polityka czy jego działania przy okrągłym stole. O wiele częściej przywołuje się jego zdjęcia z cygarem w ustach, kogoś pomiędzy Alem Capone a groteskowym amerykańskim bankierem z socrealistycznych karykatur.

Ireneusza Sekułę (rocznik 1943) poznałem w czerwcu roku 1989. Dla mnie, początkującego dziennikarza, wywiad z pierwszym wicepremierem w rządzie Mieczysława Rakowskiego był dużym wyzwaniem, tym bardziej że Sekuła stał się twarzą tego ustępującego gabinetu. Podczas gdy Rakowski unikał publicznych wystąpień i najwyraźniej angażował się w pracę partyjną, jego zastępca niemal każdego dnia kajał się i przed posłami, i przed mediami za wszystkie porażki i złe posunięcia gabinetu (obrywając głównie za likwidację Stoczni Gdańskiej). Ten komunistyczny samotny rycerz (takim go wówczas widziałem) zrobił na mnie spore wrażenie, więc zwróciłem się doń z prośbą o wywiad.

W trakcie rozmowy zapewniał, że nie czuje się jak chłopiec do bicia i jest gotów nadal pełnić funkcję bufora. Potem mówił dużo o własnej wizji polskiej gospodarki, która nie przekraczała granic liberalnego socjalizmu, choć ówczesny minister przemysłu Mieczysław Wilczek (zmarły w 2014 roku) właśnie przestawiał tę gospodarkę na tory kapitalizmu.

Później nastąpiła zmiana rządu i dość szybko kolejna. O Sekule przestało być głośno. Pojawiał się co najwyżej na sejmowej mównicy jako parlamentarzysta Sojuszu Lewicy Demokratycznej. Nie miałem pojęcia, że – jak wielu z najmłodszej generacji funkcjonariuszy PZPR – zaangażował się w działalność biznesową. Po jakimś czasie wypłynął jako szef Polnipponu, niewielkich linii lotniczych specjalizujących się w przewozach cargo. W 1993 roku został powołany na stanowisko szefa GUC, ale tymczasem prokuratura zaczęła węszyć przy jego prywatnych biznesach i zarzucać mu działanie na niekorzyść własnej spółki. Koledzy z SLD szybko uznali Sekułę za „jajko nieco nieświeże" i zaczęli od niego stronić. Choć nie poparli wniosku o uchylenie mu immunitetu, w 1997 roku nie znalazł się na listach wyborczych SLD. Zostały mu trzy lata życia, które najprawdopodobniej były dla niego koszmarem. Wcześniej, w 1994 roku, przeszedł rozległy wylew; od tamtej pory mówił ze sporym trudem i miał problemy z poruszaniem się.

Dziennikarze, pisząc o Sekule, bardzo często przywołują jego agenturalną przeszłość – w zasobach IPN-u znajdują się dokumenty potwierdzające jego pracę na rzecz wywiadu wojskowego. Kto wie, być może związki byłego wicepremiera z mafią pruszkowską miały charakter operacyjny, ale to teza, której raczej nie da się obronić. Wiadomo, że pod koniec lat 60. Sekuła został zarejestrowany jako współpracownik Agenturalnego Wywiadu Operacyjnego (część Zarządu II Sztabu Generalnego Wojska Polskiego, czyli wywiadu) i przeszkolony. Być może, mając za sobą tak potężnego poplecznika, jak służby wojskowe, nie martwił się ani o swoją karierę polityczną, ani później, już po powstaniu Wojskowych Służb Informacyjnych, o niebezpieczne związki ze światem biznesu. Nawiązując kontakt z pruszkowskimi gangsterami i wchodząc z nimi w układy finansowe, balansował na niezwykle cienkiej linie, co musiało doprowadzić do katastrofy. Ale przez pewien czas żył z iluzją umocowania w świecie, który tak bardzo mu imponował – świecie wielkich pieniędzy, luksusowych limuzyn, drogich alkoholi (tych Sekuła nigdy sobie nie żałował), kubańskich cygar itp. Być może sądził, że w relacjach z gangsterami zawsze będzie miał przewagę, i jako znany polityk, i jako współpracownik służb, i że to ludzie „z miasta" muszą mieć się na baczności. Jeśli rzeczywiście takie były jego rachuby, pomylił się okrutnie.

Na temat jego śmierci zeznawał również Masa, który porzucił świat mafii kilka miesięcy po strzałach na Brackiej. Świadek koronny nie miał wątpliwości, że nie było to samobójstwo. Jego zdaniem chodziło o dług szefa Polnipponu, w którego posiadanie weszli pruszkowscy starzy.

Oto co Masa powiedział prokuratorowi:

„Ireneusz Sekuła był zadłużony na znaczną kwotę pieniędzy u B. (chodzi o współwłaściciela firmy Art-B – przyp A.G.). Ten po wyjściu Pershinga z więzienia w 1998 roku poprosił go o pomoc w odzyskaniu długu od Sekuły. Pershing mówił mi, że chodziło o kwotę około miliona dolarów. W zamian za pomoc w odzyskaniu długu Pershing miał dostać połowę tej kwoty".

Jak wynika z zeznań Masy, Andrzej K. „Pershing" podjął się tej misji, a jako że rozmowy konstruktywne przedkładał nad agresywne pohukiwania, dość szybko doszedł z Sekułą do porozumienia. Panowie ustalili, że milion zostanie zwrócony, tyle że nie od razu – były wicepremier miał coraz większe problemy z wypłacalnością, choć zapewniał, że wszystko będzie w porządku. Rzecz w tym, że 5 grudnia 1999 roku Pershing został zastrzelony w Zakopanem, a pruszkowski zarząd postanowił przejąć jego aktywa, w tym także długi. Wprawdzie Sekuła miał zobowiązania wobec B. z Art-B, a nie wobec starych, ale ci ostatni dobrze znali całą sprawę, bo podczas spotkania z politykiem-biznesmenem Pershingowi towarzyszył Andrzej Z. „Słowik".

Po śmierci Pershinga wiele pisano o jego legendarnym notesie, w którym miał zapisywać dłużników. To ponoć z niego pruszkowski zarząd czerpał wiedzę o ludziach winnych pieniądze Andrzejowi K. Jednak w tym przypadku szefowie Pruszkowa nie potrzebowali notatnika, sprawa Sekuły była im doskonale znana. W swoim zeznaniu Masa ujawnia: „Po śmierci Pershinga Zygmunt R. i Słowik wyznaczyli Sekule bardzo krótki termin zwrotu długu i w ostatnim tygodniu życia próbował on od różnych osób gwałtownie pożyczać pieniądze".

Jest bardzo prawdopodobne, że naciski były zdecydowane, wręcz brutalne. Czy wystarczające, aby odebrać Sekule chęć do życia? Albo inaczej – czy wystarczające, aby desperat wziął na siebie odpowiedzialność za własną śmierć, byle tylko nie nachodzono jego rodziny? Wiadomo, że spotykał się z różnymi

biznesmenami i prosząc o pożyczkę, wyjaśniał, że jeśli jej nie dostanie, może go czekać najgorsze. Czy naprawdę bał się śmierci z rąk mafiosów?

Pytań jest wiele, a żadna odpowiedź nie może być traktowana jako wyczerpująca.

A.G.: W swoich zeznaniach wskazujesz jednoznacznie Zygmunta R. i Słowika jako osoby odpowiedzialne za śmierć Sekuły.

J.S.: Od tamtej pory minęło kilkanaście lat, a moja wiedza znacznie się poszerzyła. To nie jest tak, że siedzę ukryty gdzieś pod ziemią i nie mam kontaktu ze światem zewnętrznym. Spotykam się z ludźmi, którzy sporo wiedzą o mafii pruszkowskiej, i dużo się od nich dowiaduję. Poza tym nie zapominaj, że nie tak dawno temu spotkałem się z moimi dawnymi (a może jednak obecnymi?) wrogami – Słowikiem i Wańką – w warszawskim hotelu Hilton. Pisałem o tym zresztą w jednym z felietonów dla „Śledczego". Pogadaliśmy. O kilku sprawach się dowiedziałem. Dziś o niektórych zdarzeniach opowiedziałbym nieco inaczej niż wtedy, kiedy zeznawałem przed prokuratorem czy przed sądem.

A.G.: Długi wstęp do krótkiej konstatacji. Kto zabił Sekułę?

J.S.: Według wszelkich znaków na niebie i ziemi za to morderstwo odpowiada Malizna, czyli Mirosław D.

A.G.: Przez pewien czas po mediach krążyła wersja, jakoby Ryszard B., skazany za zabójstwo Pershinga, miał w przypływie nudy opowiadać kolegom spod celi, że faktycznie zabójstwo zlecił (a może i przeprowadził?) Malizna. Ten ostatni miał się tym pochwalić Ryszardowi B. osobiście. A zatem nie Wańka i nie Słowik?

J.S.: Być może wiedzieli o planach Malizny, ale niewykluczone, że Mirek zrobił to wyłącznie na własną rękę. Pamiętaj, to był schyłkowy okres grupy pruszkowskiej. Starym wydawało się, że mogą sobie pozwolić na wszystko, a Maliźnie, mówiąc niezbyt elegancko, po prostu odpierdoliło. Uważał się za bossa wszystkich bossów, wręcz za Boga. Biorąc pod uwagę, że rzadko wychodził z alkoholowych czy narkotykowych ciągów, stanowił naprawdę wielkie zagrożenie. Zarówno dla przeciwników Pruszkowa, jak i dla samej grupy, bo nie przestrzegał jakichkolwiek reguł i środków ostrożności. Dziś nawet starzy, na czele z jego bratem, czyli Wańką, potwierdzają – gdyby facetowi nie odwaliło, grupa pruszkowska być może funkcjonowałaby do dziś.

A.G.: To chyba dobrze, że nie funkcjonuje?

J.S.: Ale jej koniec był wyjątkowo krwawy, a wcale nie musiało tak być.

Wracając do Malizny – potwierdzam to, co zeznałem: Malizna wszedł w posiadanie owego słynnego notesu Pershinga i próbował odzyskać wszystkie długi. Sekuła, który oczywiście widniał w tym notesie, wydawał mu się kąskiem szczególnie łakomym. Ostatecznie były wicepremier bardzo lubił roztaczać wokół siebie aurę bogactwa.

A.G.: Myślisz, że była to aura bez pokrycia? Takie, mówiąc po waszemu, sztafirowanie się na wyrost? Przecież Sekuła był szefem linii lotniczych...

J.S.: Wielkie mi linie lotnicze! Jakiś stary gruchot-nielot, który miał wynieść Sekułę na biznesowe szczyty... Człowieku, przecież on chciał zawojować świat z jednym iłem-18! Zresztą ten Polnippon padł równie szybko, jak powstał. No ale faktycznie, czasami wystarczy włożyć cygaro do pyska, żeby cię uważano za grubą rybę. Być może gdyby nie palił tych cygar, Malizna dałby mu spokój... A tak zaczął go dojeżdżać. Dokręcał mu śrubę, groził, a pan Irek zrozumiał, że sądny dzień jest blisko.

A.G.: Myślisz, że Malizna strzelił mu w brzuch osobiście?

J.S.: Niekoniecznie. Miał do dyspozycji ostrych chłopaków z Grochowa i to pewnie oni wykonali wyrok. Ale nie mam wątpliwości, że Mirek był przy tym obecny. Nie darowałby sobie takiej okazji.

A.G.: Cofnijmy się o kilka lat. Jakim cudem Sekuła pojawił się przy Pruszkowie?

J.S.: Po upadku komuny facet szukał miejsca w życiu. Podejrzewam, że miał bardzo wybujałe ego – ten kto pali cygara, ma je z reguły wyjebane w kosmos – a po upadku z wysokiego rządowego konia nie zamierzał stać się zwykłym Kowalskim. Grał na kilka frontów: angażował się w pracę partyjną (był prominentnym działaczem SLD), kombinował przy biznesie, a jednocześnie utrzymywał dobre relacje ze swoim matecznikiem, czyli wojskowymi służbami. Także po 1991 roku, gdy powstały Wojskowe Służby Informacyjne. Był ich cennym współpracownikiem. Dobrze znał się z nami, przy czym nie był jedynym politykiem, który się przy nas kręcił.

To on nam nagrał deal z przerzutem polskiej broni na Bliski Wschód w 1993 roku.

A.G.: Pruszków przemycał broń na Bliski Wschód? I to ręka w rękę z wojskowymi służbami? Brzmi jak film sensacyjny, i to taki, w który trudno uwierzyć.

J.S.: A jednak! Wiem od Pershinga, że to Sekuła zaproponował wojskowym, którzy mieli trochę sprzętu do upłynnienia, aby skontaktowali się z nami.

A.G.: A jakie grupa pruszkowska miała doświadczenie w przerzucie broni na Bliski Wschód?

J.S.: Grupa pruszkowska żadnego, ale przecież trzymaliśmy się blisko z szefami Art-B, którzy w tamtym czasie przebywali „na uchodźstwie" w Izraelu. Oni, dzięki swoim rozległym kontaktom, mogli pomóc w tej transakcji. To Sekuła doprowadził do spotkania chłopców z WSI z nami. Pewnego dnia dwóch oficerów pojawiło się w Telimenie, gdzie, jak wiesz, pruszkowscy gangsterzy przebywali niemal codziennie. Grzecznie się przedstawili i powiedzieli, że jest interes do zrobienia. Ale nie chcieli rozmawiać o szczegółach w Telimenie, więc zaproponowali nam wizytę w ich warszawskim mieszkaniu operacyjnym. Nie pytaj o adres, może cały czas należy do wojska. Uznaliśmy z Kiełbachą, że darzą nas szczególnym zaufaniem, bo dopuszczają do swoich tajnych kryjówek. I w tym mieszkaniu wyłuszczyli, o co chodzi: jest kilka helikopterów i czołgów polskiej produkcji, i jest też nabywca. Chodziło o Syrię. Spytali, czy możemy uruchomić naszych przyjaciół z Art-B. Obiecaliśmy popytać.

Sprawą bardzo zainteresował się Pershing, który natychmiast skontaktował się z Bogusiem B. Panowie umówili się na spotkanie na izraelskiej ziemi. Pershing wyjechał do Ziemi Świętej, skąd koordynował akcję. Broń wkrótce trafiła do Damaszku. A w tamtym czasie to Amerykanie trzymali łapę na międzynarodowym handlu bronią i nasze firmy musiały nieźle się gimnastykować, żeby sprzedać swoje produkty. Szczegółów operacji nie znam, bo od tamtego momentu zajmował się nią Andrzej K. Podejrzewam, że jakąś część zysku miał dostać Sekuła. A nawet jeśli niczego na tym nie zarobił, bardzo się wówczas zbliżył do Bogusia B. i w pewnym momencie pożyczył od niego ten nieszczęsny milion.

A.G.: Czy myślisz, że gdyby go oddał, uratowałby życie?

J.S.: Wszystko zależy od tego, czy Pershing wykreśliłby go z tego swojego notesu. Ale nie mam wątpliwości, że starzy tak czy inaczej dojeżdżaliby go. Pod koniec tamtego wieku szukali pieniędzy dosłownie wszędzie, więc Sekuła, za którym nikt tak naprawdę nie stał, a który odgrywał krezusa, wcześniej czy później miałby duże problemy.

ROZDZIAŁ 15

„Ta maszyna zna moje numery..."

W połowie lat 90. Polacy oszaleli na punkcie automatów do gry. Dzięki stosunkowo niewielkiemu urządzeniu, ustawionemu w, powiedzmy, lokalu gastronomicznym, każdy mógł poczuć się jak w Monte Carlo. No, może prawie... Ale przynajmniej, podobnie jak bogacze obstawiający wielkie sumy w stolicy księstwa Monako, mógł się zorientować, jak to jest, kiedy ryzykuje się pewne pieniądze, a one znikają bezpowrotnie. Szalenie popularny w latach 80. Franek Kimono (w tej roli Piotr Fronczewski) ostrzegał w przeboju *Jednoręki bandyta*: „Ta maszyna zna moje numery, lecz ja nie znam numerów maszyny, nie pomogą tu żadne bajery, trzeba grać bez popeliny".

Na maszynie przejechał się niejeden.

Rzecz w tym, że w latach 80. królowały flippery, na których grający desperacko próbował utrzymać na planszy szalejącą kulkę, nerwowo naciskając guziki znajdujące się po obu stronach urządzenia. To one sterowały łapkami odbijającymi kulkę i utrzymującymi ją w grze.

Zatem Franek Kimono, śpiewając o maszynach do gry, był w jakimś sensie trendsetterem.

Automaty w latach 90. to był już prawdziwy hazard – jednoręki bandyta, poker, ruletka. No i od czasu do czasu całkiem spore wygrane (z naciskiem na „od czasu do czasu").

O automatach zrobiło się głośno (w sensie medialnym) po 2000 roku, kiedy Masa, już jako świadek koronny, zaczął ujawniać bulwersujące szczegóły dotyczące tego biznesu. Po pierwsze, Polacy dowiedzieli się oficjalnie tego, co do tej pory było tajemnicą poliszynela, że interes kontrolowała mafia, a po drugie, że maczali w nim palce również lewicowi politycy. I to maczali wspólnie z częścią Pruszkowa. Według Masy, starzy pruszkowscy zakazali mu „haraczowania" kilku firm, które były związane z Sojuszem Lewicy Demokratycznej. Mówiąc wprost – zasilały, i to szerokim strumieniem, działalność tej partii. Umowa miała być klarowna: Pruszków zostawia w spokoju te firmy, a gangsterzy mogą liczyć na parasol ochronny SLD. W tamtym czasie, czyli w połowie lat 90., gdy ugrupowanie było u władzy, miało swojego prezydenta i dwóch premierów, nie licząc marszałka Sejmu czy całej rzeszy ministrów. Pozostający w dobrych relacjach z Sojuszem Lewicy Demokratycznej gang pruszkowski mógł naprawdę czuć się bezkarny. Nawet jeśli było to poczucie czysto iluzoryczne.

Gdy rewelacje Masy wypłynęły na światło dzienne, jeden z ówczesnych liderów lewicy Jerzy Jaskiernia (który miał być związany ze wspomnianym procederem) określił je mianem bredni i prowokacji. Jako że sprawa została opisana dość szczegółowo, w niniejszym rozdziale nie będziemy jej rozwijać. Bardziej interesujący wydaje się schemat działania lukratywnego biznesu, czyli kto stworzył jego podwaliny i jakie zyski przynosił on gangsterom.

Chociaż początkowo polscy mafiosi nie byli przekonani, że automaty to kura znosząca złote jaja...

J.S.: Powiem ci szczerze – na początku w ogóle nie czułem tego interesu. Nie zdawałem sobie sprawy, ile można na nim zarobić. Miałem już przetarte ścieżki do wielkich zysków, od tirów po kokainę, więc nawet nie bardzo chciało mi się szukać nowych źródeł pieniędzy. W połowie 1996 roku spotkałem się z Andrzejem H. „Korkiem", bossem grupy mokotowskiej; nieco wcześniej wszedł w automaty i postanowił nas wciągnąć do tej gry. Razem ze mną na tym spotkaniu był Jerzy W. „Żaba", gangster, który wkrótce stał się jednym z głównych macherów na rynku heroinowym. Korek przekonywał nas, że automaty to naprawdę superbiznes, ale trzeba się wokół niego zjednoczyć. Zapewniał, że jeśli Pruszków dogada się z Mokotowem, to będzie z tego fura siana. Dodał, że wspólnym działaniem zainteresowany jest Henryk N. „Dziad", akurat skonfliktowany ze swoim bratem Wiesławem, więc można go było przeciągnąć na naszą stronę, a także chłopcy z gangu żoliborskiego.

A.G.: Gdzie doszło do tego strategicznego spotkania?

J.S.: W bufecie hali sportowej Torwar, gdzie podawano najlepsze domowe obiady w mieście, więc chętnie się tam stołowaliśmy. Niejedna mafijna decyzja zapadła w tym Bogu ducha winnym miejscu.

A.G.: Czy plan Korka zakładał zjednoczenie i ze stronnikami Pershinga, i ze starymi?

J.S.: Im większa grupa, tym lepiej. Trzeba pamiętać, że Pershing siedział wtedy w więzieniu. Za kratki trafił też Marek Cz. „Rympałek", który także zapewniał mafii przyzwoite zyski. Starsi siedzieli jak myszy pod miotłą, bali się wychylić nosa z domu, a ich źródło pomysłów na zarabianie schło w tempie zastraszającym. Dlatego propozycja Korka, żeby przejąć automaty, była sensowna. Tyle że ja nie od razu ją podchwyciłem. Tymczasem Andrzej H., który miał już na tym polu doświadczenie, twierdził, że to łatwy pieniądz – wystarczy pojechać do firmy posiadającej automaty, poinformować ich o wysokości „podatku" i sprawa załatwiona. Płacą i nie targują się.

Potentatem była wówczas firma Multiplay, która miała do dyspozycji ponad 25 tysięcy automatów na terenie całego kraju. Kolejne liczące się firmy miały po kilkanaście tysięcy, mniejsze po kilka. Tak czy inaczej, tych automatów było do cholery. Eksperci szacowali ich liczbę na ponad sześćdziesiąt tysięcy, ale ja uważam, że było ich nawet dwa, a może i trzy razy tyle. Dokładna liczba jest dziś nie do określenia. Ja sam miałem pod sobą ponad sto tysięcy. W najlepszym okresie, a więc pomiędzy wiosną 1998 roku a rokiem 2000, miesięcznie wyciągałem z tego trzy i pół bańki dolarów.

A.G.: Znam te twoje opowieści, jak Robert F., pseudo Franek, przywoził ci miliony w workach na kartofle...

J.S.: A w czym miał niby przywozić? W portfelu?

A.G.: W amerykańskim filmie byłby to neseser albo przynajmniej elegancka walizka.

J.S.: Jasne. I banknoty elegancko poukładane, jak sztabki złota. Tylko kto by tę kasę układał? I na cholerę? Pchało się ją do tego, co było pod ręką, i jechało do kolejnego miasta po drugie tyle.

A.G.: Czyli zajęło ci trochę czasu, zanim dojrzałeś do skorzystania z propozycji Korka?

J.S.: Fakt, wszedłem w to dopiero wczesną wiosną 1998 roku, jeszcze przed wyjściem Pershinga z więzienia. Wiesz, co mnie przekonało? Otóż wstawiłem jeden automat na dworcu kolejowym w Pruszkowie. Tak na próbę. I nagle okazało się, że jedna sztuka generuje pięć tysięcy dolarów tygodniowo. To ile zarobię, jeśli opodatkuję dziesiątki, a nawet tysiące maszyn?, pomyślałem, i zacząłem działać na szeroką skalę.

A.G.: Na czym dokładnie polegał biznes?

J.S.: Wystarczyło popatrzeć do KRS-ów (Krajowy Rejestr Sądowy – przyp A.G.) i poszukać firm, które zajmują się automatami do gier. Spisywało się adres i jechało do prezesa. Rozmowa była krótka: pan nam płaci 100 dolarów miesięcznie, a my zapewniamy, że sprzęt nie zostanie uszkodzony i będzie pracował dla korzyści wszystkich zainteresowanych. Jeśli firma dysponowała ponad tysiącem automatów, płaciła tylko 50 dolarów. Wszyscy byli zadowoleni, przecież 100 czy 50 zielonych nie stanowiło dla nikogo żadnego problemu. Zyski były naprawdę wielkie, więc firmom opłacała się współpraca z Pruszkowem.

A.G.: A czy Korek naprawdę potrzebował twojej pomocy? Przecież gdyby nadal działał samodzielnie, nie musiałby dzielić tego tortu na kilka części.

J.S.: Teoretycznie tak. Tyle że on chciał przejąć automaty w całej Polsce, a tego nie mógł zrobić bez porozumienia ze mną, bo w tamtym czasie większość kraju znajdowała się pod pruszkowskim parasolem. Jeśli Korek chciał opodatkowywać firmy na Śląsku, to musiał brać pod uwagę to, że ja mam tam wielkie wpływy. Podobnie na Pomorzu czy na zachodniej granicy. I jeśli ja postawię mu tamę, on jej nie sforsuje. Mieliśmy umowę, że Pruszków nie wchodzi mu na Mokotów, ale jeśli on chce kręcić lody poza tą dzielnicą, musi to z nami uzgodnić.

A.G.: Mała dygresja... Jakim człowiekiem był Korek? O tym bossie krążą legendy. Czytałem kiedyś, że to był taki biznesmen przestępczości. Ponoć traktował gang mokotowski jak korporację. Zawsze w eleganckim garniturze...

J.S.: Nie przesadzajmy. Częściej widywałem go w powyciąganych kolorowych T-shirtach. Arbitrem elegancji to on na pewno nie był, choć z pewnością nosił się znacznie lepiej niż Dziad. Jedno muszę Korkowi przyznać – to charakterny gość, z pewną klasą. Gdyby go z kimś porównywać, najbliżej byłoby mu do Pershinga.

Co jakiś czas czytam o nim w gazetach, że straszny był z niego okrutnik. To nieprawda. On po rozwiązania siłowe sięgał w ostateczności. Jeśli ktoś mu zalazł za skórę, mógł się spodziewać bolesnej riposty, ale na pewno nie ucierpiał przez niego nikt niewinny. Zresztą bądźmy szczerzy, Pershing też potrafił skrzywdzić, i to bardzo mocno. Jak wiesz, przyjaźniłem się z nim, wspominam go jak najlepiej, ale nie mogę robić z niego jakiegoś anioła, bo to byłaby nieprawda. Na OIOM-ie wylądowało wielu ludzi brutalnie potraktowanych i przez Korka, i przez Pershinga.

A.G.: Wracając do automatów. Nie dochodziło do konfliktów między wami a „korkowymi"?

J.S.: Jeśli już, to do drobnych i szybko się sprawę blatowało. I to nie na poziomie samej góry, ale powiedzmy kapitanów. Albo i niżej. Jak dochodziło do rozkminki, to z naszej strony jechał Bysio (Dariusz B.), Korek wysyłał Daxa (Zbigniew C.). Dogadywali się piorunem. Lubiłem Korka i starałem się, aby między nami nie dochodziło do konfliktów. Kiedyś na przykład opodatkował jakąś firmę na warszawskiej Ochocie, a to akurat była nasza dzielnica. Pogadaliśmy i obeszło się bez pohukiwania. Zresztą pod jego skrzydłami znalazł się wspomniany Multiplay, firma z Poznania. A przecież stolica Wielkopolski również należała do Pruszkowa. Ale też nie robiliśmy z tego wielkiego halo, tym bardziej że to Korek zainteresował nas automatami i zarobiliśmy na nich fortunę.

A.G.: Tak po prostu machnęliście ręką? Przecież sam mówiłeś, że Multiplay był gigantem dysponującym 25 tysiącami automatów.

J.S.: Ja machnąłem. Uwierz mi, nie chciałem robić Korkowi wbrew. Ale tak na początku 1999 roku starzy zorientowali się, że automaty robią wielką kasę, a im nic z tego nie kapie. I sami postanowili wejść w ten biznes.

A.G.: Czyli do tej pory w interesie była jedynie część Pruszkowa?

J.S.: Powiedzmy, że chodziło o odłam związany z Pershingiem i ze mną. Nasze drogi ze starymi rozchodziły się coraz bardziej. Myśmy trzepali kapustę, a oni tego po prostu nie potrafili. Ale zazdrościć potrafili po mistrzowsku! Postanowili działać. Na pierwszy ogień wystawili Zbynka, czyli Zbigniewa W., i kazali mu szukać nieopodatkowanych firm. Ale gdziekolwiek Zbynek się pojawiał, tam już wszystko było zajęte. Wtedy przyszło mu do głowy, że dokona wielkiego przejęcia, czyli zaanektuje Multiplay. Pojawił się u mnie i pyta, co ja o tym myślę. Zaproponował układ: połowa dla starych, a połowa dla mnie. A ja mu na to, że Multiplay jest zajęty przez Korka i nie chciałbym brać udziału w tej akcji. I jeśli starzy zdecydują się na coś takiego, niech mnie do tego nie mieszają. Koniec końców Andrzej H. stracił tę firmę. Zresztą wkrótce poszedł do puchy.

A.G.: Od kiedy pieniądze z automatów popłynęły do ciebie wielkim strumieniem?

J.S.: W maju 1998 roku zrobiło się naprawdę grubo. Akurat z więzienia wyszedł Pershing i potrzebował pieniędzy. Starsi proponowali mu 60 tysięcy dolarów „zapomogi", ale on był charakterny i nie chciał od nich brać ani grosza. Sam mu to zresztą odradzałem, zapewniając, że wkrótce będzie miał kilka razy tyle. Dogadaliśmy się, że dostanie stałą dolę z automatów, dziesięć razy tyle co jałmużna od starych. To był rodzaj mojego wpisowego do bandy Andrzeja.

A.G.: Czy zdarzało się, że właściciel firmy, którego odwiedzał twój człowiek z propozycją nie do odrzucenia, stawiał się, groził, straszył policją?

J.S.: Żartujesz? Naprawdę myślisz, że właściciel firmy z automatami poszedłby ze skargą na policję albo do prokuratury?

A.G.: A dlaczego nie? Przecież to, co robiliście, to było wymuszenie rozbójnicze! Pod koniec lat 90. policja już wcale nie była taka słaba jak na początku dekady. Nawet wy schodziliście z drogi funkcjonariuszom z pezetów (wydziały do walki z przestępczością zorganizowaną – przyp. A.G.).

J.S.: A dlaczego nie skarżyli się na nas właściciele tirów przewożących nielegalny alkohol? To dokładnie ta sama bajka. Przecież te automaty były nielegalne, albo legalne w bardzo niewielkim stopniu. Czy myślisz, że ktoś się rozliczał z fiskusem z zysków? Albo że ktoś miał pozwolenie na prowadzenie takiej działalności? Okej, facet dostawał akcyzę na jedną maszynę, a miał porozrzucanych po kraju kilkaset. Poza tym często były sprowadzane nielegalnie. Większość automatów przyjeżdżała z byłej Jugosławii, która stanowiła europejską hurtownię tego typu sprzętu. A nawet jeśli docierały legalnie, to i tak nie mogłeś ich wstawiać do lokali w celach komercyjnych. A przecież nikt ich w łóżku nie trzymał. Miały na siebie zarabiać. Generalnie to były czary-mary, na które władze przymykały oko. Dopiero potem zostały podjęte próby liberalizowania prawa, oczywiście pod dyktando tych, którzy czerpali z tego procederu wielkie zyski. Ale to już osobna kwestia. Dziś nie jestem w stanie powiedzieć, ile miałem pod sobą takich firm, ale pamiętam, że spisałem je drobniutkim maczkiem na dwóch kartkach papieru podaniowego.

A.G.: Czyli właściciele automatów musieli przełknąć wasze żądania?

J.S.: Pamiętaj, to był interes korzystny dla wszystkich. Wspomniany wcześniej Franek szedł do takiego gościa, rzucał kwotą, z reguły, jak już mówiłem, było to sto zielonych miesięcznie, ale od razu zaznaczał, że jeśli gość zakapuje pięciu swoich kolegów, którzy też mają automaty, dostaje zniżkę. I to nawet o połowę. Prawie wszyscy kapowali, a my mieliśmy kolejne źródła kasy. I wszyscy byli zadowoleni, bo my naprawdę braliśmy pod ochronę ich automaty. Jeśli pojawiał się jakiś gang-krzak, który chciał je opodatkować, wychodziliśmy z cienia i goniliśmy frajerów. Za taką ochronę sto baksów to była naprawdę godziwa suma. A jeśli już zdarzył się jakiś kozak, który się stawiał, to zaraz podjeżdżał star i ładowało się na niego maszynę. Kilkanaście koła papieru miesięcznie znikało jak sen złoty. Czy więc nie bardziej opłacało się być posłusznym, leżeć na hamaku, palić cygaro i patrzeć, jak maszyny zarabiają? Za naprawdę marne sto dolarów. Na tym nie koniec korzyści, jakie płynęły ze współpracy z nami. Jeśli właściciel automatów kupił sobie kolejne, a nie miał gdzie ich wstawić, nasi chłopcy szukali mu lokali po całej Polsce. Jeśli udało im się znaleźć jakiś punkt, dostawali za to sto marek. No i dodatkowo zawsze ich dobrze ugaszczano. Nie żałowano wódki, panienki też się jakieś znajdowały.

Oczywiście taka miejscówka od razu przechodziła pod opiekę Pruszkowa, a jej szef partycypował w zyskach.

Automaty to był dla mnie w sumie epizod trwający niewiele ponad półtora roku. Ale okazał się lepszym biznesem niż narkotyki, a z moralnego i prawnego punktu widzenia o wiele czystszym. I bardzo, ale to bardzo bezpiecznym.

ROZDZIAŁ 16

Planeta przekrętów

Sylwestra 1997 roku pruszkowska mafia obchodziła szczególnie hucznie, bowiem wtedy właśnie z wielką pompą otwarto w Warszawie superdyskotekę o nieco pretensjonalnej nazwie Planeta. I choć jej lokalizacja nie była może najlepsza – pomiędzy wolskim cmentarzem a zakładami przemysłowymi, dość daleko od centrum – na premierowej imprezie pojawiły się tłumy. Zaproszeni goście (bo wstęp na sylwestrową zabawę był zarezerwowany dla elity) ze zdumieniem przecierali oczy – takiego lokalu jeszcze w Polsce nie widzieli. Zresztą o dyskotekę urządzoną z podobnym rozmachem i przy zaangażowaniu porównywalnych środków finansowych trudno by było nawet w Berlinie.

Ci, którzy sądzili, że po premierze Planeta nie będzie już przyciągała tłumów, spowszednieje, mylili się grubo. Aż do samego końca ta świątynia rozrywki stanowiła magnes nie tylko dla warszawiaków, ale także dla ludzi z różnych zakątków Polski i Europy. I dla ówczesnych celebrytów, i dla polityków, i zwykłych balangowiczów pragnących otrzeć się o wielki świat. Trzypoziomowy lokal był rzeczywistością dotychczas w Polsce nieznaną. Występowały w nim największe gwiazdy światowego show-biznesu, na scenie odbywały się konkursy piękności, choć drinki nalewały barmanki, które urodą przyćmiewały zwyciężczynie owych konkursów. Do Planety przyjeżdżali reporterzy z całego świata, żeby opisywać fenomen miejsca, które powstało nad Wisłą, lecz kojarzyło się bardziej z Nowym Jorkiem czy Tokio.

Właścicielem lokalu był Masa, który pochodzące z gangsterki pieniądze postanowił zainwestować w legalny interes. Dyskoteka miała mu nie tylko przynosić krociowe zyski, ale także budować jego wizerunek jako człowieka sukcesu, do którego lgną i biznesmeni, i gwiazdy. Przy okazji miała mu też dostarczać uciech zupełnie innej natury, i dostarczyła z nawiązką, o czym szczegółowo w książce *Masa o kobietach polskiej mafii*.

A.G.: Skąd pomysł, aby legalizować mafijne pieniądze za pomocą dyskoteki?

J.S.: O, dyskoteki zawsze były moim żywiołem, nawet jeśli chodziłem do nich nie po to, żeby tańczyć, ale prać frajerów po ryjach. Stanowiły moje środowisko naturalne i już od dłuższego czasu marzyłem o stworzeniu przybytku rozrywki na taką skalę, jakiej jeszcze w Polsce nie było. W końcu się udało.

A.G.: Ale to jednak trochę inny biznes niż gangsterka. Ktoś ci musiał w tym pomóc.

J.S.: Naturalnie. Stworzenie Planety to była wielka i cholernie kosztowna operacja. Bez całej siatki znajomości, wyrabianych przez lata i to w różnych środowiskach, nie miałbym co marzyć o jednej z najważniejszych dyskotek w Europie Środkowej. Nawet

pieniądze, choćby nie wiem jakie wielkie, nie wystarczyłyby do tego. Jak wchodzisz w show-biznes, to musisz wiedzieć, jak i gdzie kasę wydawać. Nie wystarczy rzucić miliony na stół i pstryknąć palcami. Na szczęście znałem Austriaka Andy'ego, który mi to pomógł zorganizować.

A.G.: Skąd on się wziął?

J.S.: Z Colosseum, modnej w latach 90. warszawskiej dyskoteki. Andy był tam menedżerem, a ja – razem z innymi chłopcami z miasta – częstym gościem. Zbliżyliśmy się do siebie w okolicznościach dość, hm, dramatycznych. Otóż jak popiliśmy (a kto nie pije na dyskotece?), zdarzało nam się trochę napsocić. Tu pękła szklanka, tam pękł nos jakiegoś kozaka, który koniecznie chciał się z nam mierzyć... W ten sposób bawiliśmy się nie tylko w Colosseum. Generalnie po wódzie albo na prochach dostawaliśmy kota.

W końcu poszła fama, że w Colosseum bawią się i dymią gangsterzy, i że wizyta tam to szkoła przetrwania. A że nie wszyscy mieli na nią ochotę, coraz więcej klientów zaczęło omijać lokal szerokim łukiem. Pewnego dnia podszedł do mnie Andy i poprosił, żebym coś z tym fantem zrobił. Oczywiście nie za darmo; zaoferował dwa koła papieru miesięcznie. Jako że lubiłem tę miejscówkę, a i sam Andy wydawał się sympatyczny, obiecałem poskromić agresywne zapędy moich kumpli. I generalnie otoczyć Colosseum opieką.

A.G.: Powiem ci szczerze – ja sam należałem do tych klientów, którzy omijali Colosseum szerokim łukiem. Nic mi się tam wprawdzie nie stało, ale fama o gangsterach na parkiecie krążyła po Warszawie i robiła na mnie podłe wrażenie. Kiedy ty i Andy doszliście do wniosku, że chcecie się związać biznesowo?

J.S.: No, nie od razu. Dopóki istniało Colosseum, nie było tematu nowej dyskoteki. Ale takich jak ty, którzy po prostu mieli alergię na punkcie Colosseum, przybywało i coraz głośniej domagali się od władz dzielnicy, aby jak najszybciej zamknąć przybytek. Znalazł się nawet pretekst prawny – lokal znajdujący się w namiocie został otwarty rzekomo nielegalnie, bez zgody dzielnicowego wydziału architektury. Andy zorientował się, że dni jego interesu są policzone, więc przyszedł do mnie pod koniec lata 1997 roku i rzucił propozycję: „Sypnij kasą, a ja ci zrobię najlepszą dyskotekę w kraju". Nie musiał mnie przekonywać do tego projektu. Zaświeciły mi się oczy i już wyobraziłem sobie te tabuny świetnych lasek, które przychodzą potańczyć, ale w głębi duszy myślą tylko o jednym – żeby bzyknąć się z prezesem... Jak już wiesz, rzeczywistość przerosła moje ówczesne oczekiwania. Te tabuny były znacznie liczniejsze niż w mojej wyobraźni, a uroda lasek o wiele większa.

– Ile ci trzeba? – zapytałem.

– Jakieś 400 tysięcy dolarów – powiedział niepewnie, jakby uważał, że rzucił za wysoką sumę.

A przecież w tamtych czasach 400 koła papieru to ja nosiłem w kieszeniach spodni. Żartuję, ale naprawdę nie był to dla mnie jakiś przesadny wydatek. Kilka dni później przyniosłem mu to siano, rzuciłem na stół i tylko patrzyłem z satysfakcją, jak wybałusza gały na widok sterty banknotów.

– Gdzie ja to schowam? – jęczał.

– Nie wiem. Może pod łóżkiem, żeby ci nie pierdolnęli? A jak chcesz, to ci przyślę ochroniarza – odparłem.

Taka kasa robiła wrażenie.

A.G.: Owszem, 400 tysięcy zielonych to nie w kij dmuchał. Ale jak organizujesz jedną z największych dyskotek w Europie, to chyba nie jest to kwota przesadzona?

J.S.: Jasne, że nie. To była kapucha jedynie na początek. Finansowe schody zaczęły się później. Jak nasi spece od oświetlenia i nagłośnienia przedstawiali nam kosztorysy, to naprawdę człowieka zaczynała boleć głowa. Ale skoro zależało nam na tym, aby mieć nagłośnienie na najwyższym światowym poziomie, to nie mogliśmy oszczędzać. Bo dzięki temu odbywały się u nas całe spektakle, transmitowane przez telewizję. Ba, dyskoteka w Planecie leciała na żywo w MTV, obok relacji z Tokio, Nowego Jorku, Amsterdamu czy Szanghaju. To załatwiał nam Andy, wiecznie najarany ziołem, z potarganą czupryną czarnych włosów i złotymi łańcuchami na owłosionym torsie. Wyglądał jak rasowy macher od show-biznesu, jak żywcem wyjęty z Los Angeles.

Gwiazdy, które występowały u nas, to była pierwsza liga: Modern Talking, Spice Girls i cała masa innych. Gdybyśmy nie dysponowali odpowiednim zapleczem technicznym, moglibyśmy co najwyżej organizować sobie gale disco polo.

A.G.: A nie organizowaliście? Polakom mafia pruszkowska kojarzy się właśnie z tego typu rodzimą muzyką taneczną.

J.S.: Ależ skąd! Miejsce disco polo było na wiejskich dyskotekach. Planeta od samego początku miała być lokalem elitarnym, z ofertą z najwyższej półki, i nigdy nie obniżyliśmy lotów. Zresztą pan prezes, czyli ja, nigdy nie gustował w disco polo, więc tematu nie było. Na otwarciu tego lokalu stawiły się władze stolicy, wielu notabli, a „słowo wstępne" wygłosił przewodniczący Rady Gminy Centrum Bogdan Tyszkiewicz. Planeta nie była więc zwykłą tancbudą, ale miejscem, w którym wypada bywać.

A.G.: Chętnych na wejście do Planety było zawsze znacznie więcej niż miejsca w środku. Musiałeś mieć niezłych chłopaków na bramce...

J.S.: Mowa! Najlepszych. Bramkę u mnie trzymał słynny milicyjny antyterrorysta Edek Misztal i jego podkomendni. Zresztą ja zawsze ufałem bramkarzom wywodzącym się z policji. Kiedy jakiś czas później otworzyliśmy drugą Planetę, tym razem w Bytomiu, bramkę objął były szef policji Roman Hula (stanowisko to piastował w latach 1991–1992 – przyp. A.G.). Wyobrażasz sobie? Komendant główny policji na bramce w mojej dyskotece! Czy ktoś nadal uważa mnie za gangstera?

A.G.: Dlaczego akurat w Bytomiu?

J.S.: Na Śląsku zawsze był duży potencjał rozrywkowy, a ja prowadziłem tam interesy. Była tam firma, która sprzedawała najlepsze samochody w kraju, takie limuzyny, że największy koneser nie miałby prawa kręcić nosem. Oczywiście nie muszę dodawać, że fury te nie były z legalnego udoju. Wstawialiśmy tam kradzione sztuki, a kupowaliśmy legalne. Nie tylko my. Klientem tego salonu był między innymi ksiądz prałat Henryk Jankowski z Gdańska.

A.G.: Wiedział, jakie jest pochodzenie tych samochodów?

J.S.: Jak mówi psalmista: „Niech zaniemówią wargi kłamliwe, co zuchwale wygadują na sprawiedliwego z pychą i ze wzgardą". To cały komentarz do twojego pytania.

A.G.: Dużo zarabiałeś jako właściciel dyskoteki?

J.S.: Trudno to porównywać z zyskami z narkotyków czy automatów do gry, ale nie było tygodnia, żebym na czysto nie zarobił stu tysięcy złotych. Czyli godziwy dodatek do mafijnej emerytury. Jako że Planeta funkcjonowała naprawdę „grubo", nie mieliśmy problemów ze znalezieniem sponsorów. Niedługo po otwarciu dostaliśmy 70 tysięcy papieru od jednego z wielkich koncernów tytoniowych. Tylko za to, że powiesiliśmy w Planecie jego logo. Potem kasą sypnął gigantyczny browar, oczywiście w zamian za wyłączność na sprzedaż ich produktu. W efekcie mieliśmy syfiaste piwo, ale nikt się tym nie przejmował. Ostatecznie nie organizowaliśmy tam Oktoberfestu...

Pomniejszych sponsorów było o wiele więcej.

Tak czy inaczej szybko zwróciła mi się inwestycja tych 400 tysięcy dolarów.

Najlepsze, że interes hulał i przez dobry rok nikt się do nas nie przyczepił. Żadnych podatków, żadnych kontroli skarbowych czy innych. A przecież podstawy do rozmaitych kwasów to by się znalazły. Ostatecznie ulokowaliśmy gigantyczną dyskotekę w miejscu, w którym nie miała prawa się znaleźć. Budynek nie spełniał norm bezpieczeństwa. Gdyby wybuchł większy pożar, to wszystko zamieniłoby się w popiół dosłownie w chwilę. No ale od czego byli zaprzyjaźnieni komendanci straży pożarnej czy straży miejskiej, a także urzędnicy sanepidu, którzy wystawiali decyzje po naszej myśli?

A.G.: Mieliście cholerne szczęście, że nie wybuchł pożar. Znajomości znajomościami, ale jakby podczas jakiejś imprezy Planeta poszła z dymem, i jeszcze były ofiary w ludziach, zaprzyjaźniony komendant straży pożarnej wiele by wam nie pomógł...

J.S.: Po raz kolejny okazuje się, że złego licho nie bierze. Chociaż... Był pożar, tyle że kontrolowany.

A.G.: Nie rozumiem...

J.S.: Na początku naszej działalności zakładaliśmy, że podatki trzeba płacić. Albo inaczej, trzeba rozliczać się z fiskusem tak, aby państwo za wiele z nas nie zdarło. Potrzebowaliśmy zatem dobrego księgowego. Od razu przyszło mi do głowy, że najlepszym kandydatem będzie facet, który odpowiadał za rachunkowość w Art-B. Zaproponowałem mu robotę i on ją przyjął. To był naprawdę dobry cwancyk; dzięki jego doświadczeniu wykazywaliśmy wyłącznie niewielkie straty, choć – jak już wspomniałem – na zyski nie mogłem narzekać. Księgowy ciągle powtarzał: „Nie możemy wykazywać dużego deficytu, bo się do nas przypierdolą. Po co prowokować?". Skarbówka przez długi czas zupełnie się nami nie interesowała, ale w końcu ktoś tam postanowił skontrolować Planetę. Niewykluczone, że na wniosek prokuratora.

Dowiedzieliśmy się, kiedy ma nastąpić ta wizyta, i uznaliśmy, że ratunek jest tylko jeden: trzeba zniszczyć księgi. Ale jak? Jak to: jak? Pozorując pożar. Oczywiście nie całego lokalu, jedynie biura księgowości. I tak zrobiliśmy. Ogień strawił pomieszczenie, w którym pracował nasz spec od rachunków, a strażacy mogli jedynie wystawić protokół, z którego wynikało, że wszystkiemu winna była wadliwa instalacja elektryczna. Oczywiście kwity poszły z dymem.

A.G.: Nie zachował się żaden ślad waszej działalności finansowej?

J.S.: Owszem, zachowała się dyskietka z dokumentami księgowymi, ale ona też została zniszczona. Tyle że nieświadomie.

A.G.: Nieświadomie niszczyłeś dowody na swoje przekręty? To wyższa szkoła jazdy.

J.S.: Leżała na klawiaturze mojego komputera. I wtedy przyszła ta laska...

A.G.: Jaka znowu laska?

J.S.: Znajoma Andy'ego. Tam się ciągle kręciły różne laski, ale ta była wyjątkowo namolna. Jak się naćpała, to od razu nachodziła ją ochota na bzykanie. A doskonale wiedziała, że ja nie odmawiam. Jak weszła do mojego biura, to z jej spojrzenia wywnioskowałem, że będzie ostro. Zsunęła spódnicę, majtki i usiadła na moim biurku. Ruszyłem do ataku i zapomniałem o bożym świecie. Ona, naturalnie, też. W pewnym momencie jej pupa znalazła się na klawiaturze. Do dziś nie mogę pojąć, jakim cudem tego nie poczuła... Widocznie była gruboskórna. Natarłem na nią i wtedy usłyszeliśmy trzask. To była dyskietka z danymi finansowymi Planety. W sumie ta scena dobrze obrazuje nasze podejście do rzetelnego rozliczania się z państwem.

Po aresztowaniu Masy w 1999 roku Planeta funkcjonowała jeszcze przez jakiś czas, po czym została zamknięta. Dziś mało kto pamięta, co się działo w tym okazałym budynku, który pewnie w dającej się przewidzieć przyszłości pójdzie do rozbiórki. Jednak wielu ludzi – po raz kolejny przywołując tekst z piosenki Franka Kimono – jeszcze „szarpie dyskoteki rytm". A ci, którzy bawili się w Planecie, zapomną ją nieprędko.

ROZDZIAŁ 17

ItalmarCa – złote papierosy

Kto nie palił papierosów w latach 80., ten nie zrozumie, czym były zachodnie fajki w peerelowskiej rzeczywistości. Przeciętny Kowalski, skazany wyłącznie na dostawy handlu uspołecznionego, albo palił produkty krajowe, albo nie palił w ogóle, bo w kioskach brakowało nawet papierosów na kartki. Ale gdy już udało mu się zdobyć upragnioną paczkę, zaczynały się zmagania z przeogromnym oporem materii – do zaciągnięcia się carmenem potrzebny był odkurzacz ze znaczną siłą ssania, a do podtrzymania żaru w popularnym, wypełnionym nie tytoniem, ale poszatkowanymi gałęziami, harcerskie ognisko. Tymczasem zachodnie papierosy, które nie dość że roztaczały wokół palącego miły aromat (a przynajmniej tak się wówczas wydawało, bo większość rodzimych produktów cuchnęła niczym pożar na wysypisku), to jeszcze kusiły kolorowymi opakowaniami. Oczywiście, fajek tych nie można było dostać w kioskach. Krążyły w tak zwanym drugim obiegu, sprzedawane na przykład przez szatniarzy w co lepszych knajpach. Za pieniądze adekwatne do jakości produktu; podczas gdy cena ekstra mocnych nie przekraczała dwudziestu złotych, za camele należało zapłacić nawet... sto pięćdziesiąt. Ale ten, kto je miał, dysponował przepustką do lepszego świata. Ten, kto szedł na drinka do Czarnego Kota w hotelu Victoria, nie mógł się tam pojawić z papierosami innymi niż zachodnie. A gdy chciał wyrwać jakiś niezły towar, nie miał prawa zaczynać zalotów bez podsunięcia panience pod nos paczki marlboro. Notabene, od owładniętej nałogiem damy z klasą również wymagało się palenia „markowych".

Wystarczy przywołać słowa popularnego przeboju *Będę brał cię w aucie*, w którym raper wspomina podryw podmiotu lirycznego za PRL-u: „Poszedłem z małą na molo, pełna saszeta, relaks full, uderzam w solo, uraczyłem małą zimną coca-colą (bo przeważnie podawano ciepłą – przyp. A.G.), a ona mnie mentolowym marlboro". Nawiasem mówiąc, tekst hitu doskonale opowiada o tamtych czasach; dla studentów kryminalistyki, przerabiających mafię pruszkowską, powinien stanowić lekturę uzupełniającą.

Dziś może to śmieszyć, ale wtedy zdobywanie zachodnich papierosów stanowiło temat poważnych dyskusji i jeszcze bardziej dramatycznych starań.

Na początku lat 90. wszystko zmieniło się jak za dotknięciem czarodziejskiej różdżki – polski rynek został zalany papierosami z Zachodu, a polowania na deficytowy towar skończyły się z dnia na dzień. Ale fajki wciąż były drogie, na tyle, że bardzo szybko pojawił się drugi obieg, tym razem... tańszych. Przestępcy bardzo szybko zwietrzyli wielką szansę – wystarczy podporządkować sobie ten biznes i można liczyć na naprawdę dobre zyski, tym bardziej że zapotrzebowanie nie dotyczyło wyłącznie rynku krajowego, ale także o wiele większego rynku niemieckiego. Wiadomo, Niemiec, choć znacznie bogatszy od Polaka, również nie lubi przepłacać i ceni okazje.

Lewe, czyli poza kontrolą skarbówki, papierosy docierały do kraju rozmaitymi drogami. Albo z Hamburga, albo z Rosji, przy czym Rosjanie też przeważnie brali je z niemieckich portów. W Hamburgu paczka kosztowała zaledwie 28 centów, a zarabiało się na niej ponaddziesięciokrotnie.

Prym w procederze wiedli gangsterzy z Kujaw: z Bydgoszczy, Włocławka i Torunia, ale w pewnym momencie Pruszków zorientował się, że na ich własnym terenie (Kujawy znajdowały się pod kuratelą pruszkowskich) ktoś kręci lody, z których nie płaci daniny. Trzeba było wziąć się za cwaniaków jak najszybciej.

W warszawskiej restauracji Gama doszło do spotkania grupy Pershinga z liderami gangu wołomińskiego – Ludwikiem A. „Lutkiem" oraz Marianem K. „Mańkiem" vel „Klepakiem" (Gama stanowiła coś w rodzaju ich biura). Strony uzgodniły, że ich połączone siły przywołają do porządku gangsterów z Kujaw. Na czele frakcji bydgoskiej stał boss o pseudonimie Tato, natomiast Toruniem rządził Książę. To właśnie ich należało pouczyć przede wszystkim.

Na pierwszy ogień poszedł Tato. Został wezwany do Warszawy, na spotkanie z Pruszkowem/Wołominem we wspomnianej Gamie. Bydgoski boss stawił się na czas i już miał przysiąść się do stolika Mańka, Lutka i Pershinga, gdy powstrzymał go ten ostatni.

– Gdzie, psie? Won! Siadaj na kaloryferze i czekaj na rozkazy!

Padło pod adresem Taty wiele cierpkich słów. Gangster dowiedział się również, co go czeka, jeśli nie okaże się rozsądny.

W efekcie zmiękł niemal natychmiast. Jeszcze w trakcie spotkania zapewnił o swojej lojalności wobec podwarszawskiej mafii i zobowiązał się do regularnego płacenia daniny w wysokości 50 procent z zysku. I o to chodziło.

W przeciwieństwie do Taty, krnąbrny okazał się Książę, czyli Waldemar W. z Torunia. Nie zamierzał się z nikim dzielić pieniędzmi, które uważał za swoje, a pruszkowskie pogróżki nie zrobiły na nim wrażenia. Na swojej bucie wyszedł fatalnie, o czym doniosła toruńska gazeta „Nowości":

„Dorobił się na przemycie papierosów i alkoholu. Zasłynął jako autor definicji kontrabandy. Stwierdził, że to »działalność gospodarcza bez cła i podatków«. Waldemar W. nigdy nie współpracował z Pruszkowem i zarzekał się, że »nie wpuści obcych do miasta«. Z tego powodu kilkakrotnie próbowano go zabić. W 1998 roku w zamachu bombowym stracił obie nogi. Ładunek eksplodował, gdy Książę wsiadał do mercedesa, zaparkowanego przy ulicy Dworcowej w centrum Bydgoszczy. Do dziś nie znaleziono sprawców ani zleceniodawców tego zamachu".

W tym miejscu możemy uzupełnić powyższy artykuł – ekipę, która podłożyła ładunek wybuchowy, wysłał Pershing. Musiał przecież w jakiś sposób zdyscyplinować Księcia, a skoro nie dało się słowem, trzeba było bombą.

– Taką, która nastraszy, a nie zabije. – Miał powiedzieć Andrzej K. swoim ludziom.

Potem próbowano toruńskiego bossa pozbawić życia, ale ten jakoś wywinął się śmierci. Mimo to już nigdy nie odzyskał swej dawnej pozycji, a za jakiś czas trafił do więzienia za wymuszanie haraczy. Tak czy inaczej – Kujawy zostały podbite. Proceder przejęli pruszkowscy rezydenci, którzy patrzyli na ręce miejscowym przestępcom, pilnując, aby ci rozliczali się co do grosza.

Było to jednak dopiero preludium do znacznie większego biznesu, również związanego z papierosami.

J.S.: Jesienią 1998 roku przyjechał do mnie Aleksander G., popularny senator RP, i zaproponował wejście z nim w spółkę. Fifty-fifty. Chodziło o handel papierosami, tyle że na większą niż dotychczas skalę i przy zachowaniu pozorów legalności. Przedstawił swój plan i poszedł sobie. Miałem to przemyśleć. Akurat kilka miesięcy wcześniej wyszedł z puszki Pershing, więc szukaliśmy nowych pól do zarobkowania. Wprawdzie automaty do gier przynosiły nam krociowe zyski, ale kto powiedział, że zarabianie ma mieć jakiś limit? A ja już wiedziałem, że z fajek można dobrze żyć i że jest to kasa czystsza i bezpieczniejsza od typowej bandytierki. Poszedłem do Andrzeja, przedstawiłem mu propozycję Aleksandra G., na razie bardzo ogólną, bez konkretów, a ten mi mówi: „Wchodź w to, Jarek, ale na razie beze mnie, bo ja mam co robić". No to wszedłem. Zresztą Andrzej K. wkrótce dołączył.

Pamiętaj, że ja wtedy byłem naprawdę mocny, miałem pod sobą półtora tysiąca ludzi. Pershing miał nieco powyżej stu. Tak więc fakt, że proponowałem mu układ partnerski, był dowodem dobrej woli z mojej strony i szacunku dla Andrzeja. Ale to nie znaczy, że on był w tym układzie szefem. To był deal dwóch równych bossów.

A.G.: A o co chodziło w tym planie? I czym różnił się od tego, co robiliście na Kujawach?

J.S.: Powiedzmy, że papierosy to mianownik, ale nad kreską wszystko było inne. G. wymyślił sobie, że obstawimy zachodnią granicę, otworzymy punkty sprzedaży i będziemy opychać tanie fajki niemieckim sknerom.

A.G.: Dostawa ze Wschodu?

J.S.: Ależ skąd. Zamówienia mieliśmy składać wyłącznie w polskich fabrykach: w Radomiu i w Krakowie. Tam robili marlboro, zresztą cenione przez palaczy. Plan G. zakładał, że będziemy od nich brać fajki po atrakcyjnych cenach, oczywiście bez akcyzy, a następnie sprzedawać je na zachodniej granicy.

A.G.: Taniej niż w niemieckich kioskach.

J.S.: Znacznie taniej, choćby dlatego, że bez podatku VAT. Ten z kolei miało nam zwracać państwo polskie. G. miał łeb na karku i wszystko dobrze przemyślał. Spodobało mi się to, więc szybko przystąpiliśmy do organizowania firmy. Oczywiście, musiało to trochę potrwać; w sumie przygotowania zajęły nam kilka miesięcy. Ale biznesplan był bez pudła, więc wydawało się, że wszystko będzie jak trzeba.

A.G.: Kto pisał biznesplan?

J.S.: Wybitny ekonomista, były wiceminister, profesor M.

A.G.: Wiedział, komu tak naprawdę oddaje przysługę? I czy miał świadomość, że jego wiedza posłuży do zorganizowania przestępczego procederu?

J.S.: Profesorowie to z reguły mądrzy ludzie, potrafiący wyciągać wnioski z faktów...

A.G.: Rozumiem, że zależało ci na politycznym parasolu nad firmą?

J.S.: W sumie nie chodziło mi o to, aby mieć za sobą polityków pozostających u steru, tych z pierwszych stron gazet, ale ludzi dysponujących realnymi możliwościami wpływania na władze. Dlatego zaprosiłem do współpracy także Henryka G., byłego wicepremiera z ramienia Zjednoczenia Chrześcijańsko-Narodowego. W tamtym czasie nie był już na świeczniku, ale miał tu i ówdzie liczących się kolegów. Wiedział, do kogo i z czym uderzyć, jakby zaszła taka potrzeba.

Już mieliśmy ruszać, gdy okazało się, że bank odmówił nam kredytu. A złożyliśmy, jako firma KG Fund, wniosek na 50 milionów złotych.

A.G.: Nie wystarczyło wam własnych pieniędzy? Przecież kąpaliście się w kapuście.

J.S.: Po pierwsze, pieniądze z banku są legalne. Po drugie, myśmy wcześniej sporo z Pershingiem zainwestowali w ten interes; między innymi kupiliśmy duży sklep w Słubicach. Poza tym ja nabyłem… parę statków wycieczkowych, przez co dołączyłem do grona armatorów, ale ta przyjemność kosztowała mnie kilka milionów zielonych. Nie chcieliśmy całego interesu opierać wyłącznie na tym, czym dysponowaliśmy.

A.G.: Do czego potrzebne były wam te statki? Chcieliście przemycać papierosy?

J.S.: A gdzie tam! Przecież to były wycieczkowe jednostki żeglugi rzecznej. Idea była taka – szkopy wsiadają na statek, pływają sobie po Odrze, piją piwko, a dodatkowo kupują w bezcłowym sklepiku szlugi. I wszyscy są zadowoleni.

A.G.: Tyle że na przeszkodzie stanął brak kredytu...

J.S.: I wtedy przydały się polityczne koneksje. Poszedłem z problemem do naszych polityków, żeby sprawdzili, co można z tym zrobić. No i wkrótce dostaję wiadomość: jest na Śląsku firma, którą przejmujemy, i ona na pewno dostanie kredyt. Nazywa się ItalmarCa, zajmuje się mydłem i powidłem, spokojnie może też wejść w papierosy.

A.G.: ItalmarCa należała wcześniej do posła AWS Marka Kolasińskiego. Właściwie trudno zrozumieć, dlaczego postanowił się jej pozbyć, i to w trybie natychmiastowym. O tej sprawie pisała wiele lat temu Anna Marszałek. Przytoczę fragment jej artykułu w „Rzeczpospolitej", zatytułowanego „Jak gangi wchodzą do firm": „Z akt w katowickim Sądzie Rejestrowym wynika, że 25 sierpnia 1999 roku odbyło się walne zgromadzenie wspólników (stanowił je jednoosobowo brat posła, jako stuprocentowy udziałowiec), które zdecydowało o zbyciu wszystkich udziałów w spółce ItalmarCa. Nabywcą była spółka KG Fund z Warszawy. 31 sierpnia 1999 roku powołano trzyosobowy zarząd. Prezesem został Leszek Krausse z Poznania, a wiceprezesami – brat posła Andrzej i Władysław Wagner z Warszawy.

Umowę zbycia udziałów zawarto 15 września 1999 roku w Warszawie. 26 854 udziały o wartości 100 zł każdy (wartość kapitału wynosiła więc 2 mln 685 tys. 400 zł) sprzedano za... 100 tys. zł. Nie ma jednak żadnych dowodów, że taka kwota w ogóle została wpłacona. Poseł Kolasiński, zapytany, jak to się stało, że z dnia na dzień doszło do sprzedaży spółki ItalmarCa, kojarzącej się od lat z jego nazwiskiem, firmie kontrolowanej przez Aleksandra G., o którym powszechnie wiadomo, że ma problemy z komornikami z powodu długów, powiedział: – Nie wiedziałem, że w rzeczywistości za firmą KG Fund stoi G. Negocjacje w sprawie sprzedaży prowadziłem latem ub.r. najpierw z pośrednikiem".

Z artykułu Anny Marszałek wynika również, że wasza firma, czyli KG Fund, została zarejestrowana we wrześniu 1998 roku, a udziały w niej miały dwie osoby: Aleksander G. oraz Katarzyna I.

J.S.: Zgadza się, to była jego przyjaciółka. Bardzo bliska. W taki oto sposób KG Fund stała się właścicielem ItalmarKi i bank już nie widział przeszkód, aby udzielić nam kredytu. Ostatecznie mowa o dużej firmie – ItalmarCa miała na przykład łódzkie zakłady Anilana. Już same grunty, na których stała fabryka, warte były krocie. Kwestie formalne dopiął mój główny przyboczny do spraw finansowych, czyli Krzysztof M., znany w środowisku jako Mały Krzyś. Nie był to typowy gangster, ale traktowaliśmy go jak pełnoprawnego członka grupy pruszkowskiej. Jego atutem były świetne znajomości, szczególnie w kręgach administracji państwowej i samorządowej. Umiał z nich korzystać. Mały Krzyś znalazł sprytnego bankowca, który szybko załatwił kredyt na dobrych warunkach. Oczywiście nie za darmo – za swoją „życzliwość" dostał 10 procent od kredytu, więc naprawdę, mówiąc brzydko, w chuj kasy. Konkretnie pięć baniek. Wkrótce wpłynęła na nasze konto pierwsza transza, czyli osiem milionów złotych.

A.G.: Nie woleliście wziąć od razu całości?

J.S.: Nie, i to był mój pomysł. Gdyby od razu wpłynęła całość, Olek G. dostałby pomieszania zmysłów z nadmiaru szczęścia. Tak przynajmniej wtedy uważałem. Czasami dobre rzeczy trzeba dawkować. Ruszyliśmy z kopyta.

A.G.: Kiedy to było?

J.S.: Jesienią 1999 roku, czyli na kilka miesięcy przed moim aresztowaniem i niedługo przed śmiercią Pershinga. No ale wtedy nikt z nas nie dostrzegał nadciągających czarnych chmur.

A.G.: Skoro planowaliście biznes mający pozory legalności, chyba bardzo się starałeś, aby nie dopuszczać do niego osób kojarzących się z przestępczością zorganizowaną?

J.S.: To prawda. Ale jak robisz coś lewego, musisz mieć z sobą ludzi, którzy wywodzą się z półświatka. Choćby takiego Bogdana D., bossa z Poznania, któremu zaproponowałem niewielki procent z zysków ItalmarKi. On miał się zająć kasami fiskalnymi do naszego sklepu. Akurat byłem na Krecie, kiedy zadzwonił do mnie Aleksander G. i powiedział, że dał Bogdanowi D. 100 tysięcy dolarów na kasy i systemy fiskalne, ale potrzebuje drugie tyle. To było lato, więc jeszcze nie mieliśmy pieniędzy z kredytu. Skontaktowałem się wówczas z Pershingiem i poprosiłem, aby dał taką sumę G. Jako że wtedy na wielką skalę hulały automaty do gier, Andrzej miał forsy jak lodu, więc wyjął tę stówkę i dał Olkowi.

A.G.: G. był twarzą przedsięwzięcia?

J.S.: Powiedzmy, że tak, choć nie zawsze ta twarz była tak atrakcyjna, jak bym chciał.

A.G.: Nie rozumiem. Uroda senatora miała tu jakieś znaczenie?

J.S.: Przecież to tylko przenośnia! Jak ktoś reprezentuje poważny biznes, to musi żyć na odpowiednim poziomie. Jeszcze zanim wystartowaliśmy, G. często przyjeżdżał do mnie do domu w Komorowie. Ustalaliśmy wszystkie szczegóły funkcjonowania firmy, łącznie z pensjami dla pracowników. A wiesz, czym przyjeżdżał? Jakimś gruchotem. To była bodaj mazda 929.

A.G.: Jakim znowu gruchotem? Ja też mam mazdę!

J.S.: No ale nie reprezentujesz bogatej firmy, a jedynie polską literaturę. Mnie się jego samochód nie podobał, więc wziąłem go na stronę i mówię: „Co ty odpierdalasz? Chcesz kręcić lody na grubo, reprezentujesz poważny biznes, a jeździsz po mieście japończykiem?".

A.G.: I co on na to?

J.S.: Chyba bardzo się tym przejął, bo ręce zaczęły mu drżeć jak alkoholikowi na głodzie. Sięgnął po cukiernicę, żeby sobie posłodzić kawę, i stłukł ją. Jak moja żona to zobaczyła, naskoczyła na niego i opierdoliła jak burą sukę. Konikiem Elki była bowiem piękna porcelana. Dostawała białej gorączki, jak coś się tłukło.

Ale załagodziłem sytuację, proponując G. zmianę samochodu. Powiedziałem mu, że ma jeździć mercedesem S-klasą i ja mu go kupię. Specjalnie nie oponował. Od razu zadzwoniłem do zaprzyjaźnionego dilera i jeszcze tego samego dnia pan senator wsiadł do nowej limuzyny.

A.G.: Po tej wizerunkowej inwestycji wszystko poszło jak po maśle?

J.S.: Tak. Zaczęliśmy zamawiać gigantyczne partie marlboro w polskich zakładach. Po jakimś czasie ograniczyliśmy się do współpracy z krakowską fabryką, bo G. uznał, że oferuje najlepsze warunki, i ciężarówki pomknęły nad zachodnią granicę. G. wpadł na patent, który – po jakimś czasie – wywoływał wytrzeszcz oczu u prokuratorów. Dawaliśmy Niemcowi fakturę, na której stało wyraźnie, że kupuje od nas dziesięć kartonów fajek. On to podpisywał i rozpływał się gdzieś w niemieckiej mgle. A my następnie dopisywaliśmy dwa zera i okazywało się, że tych kartonów było tysiąc. Odzyskanie VAT-u z dziesięciu kartonów a z tysiąca to bardzo duża różnica…

A.G.: No ale przecież Niemiec miał kopię, z której wynikało, że zakup był znacznie skromniejszy.

J.S.: Ty naprawdę wierzysz, że ktoś zadawał sobie trud, żeby jechać za tym Niemcem i szukać go między Odrą a Renem? Po prostu fiskus zwracał nam sumę, jakiej sobie życzyliśmy. A takich Niemców były tysiące, dziesiątki tysięcy. Ustawiały się do nas długie kolejki. Sytuacja była dość komiczna, bo z jednej strony ewidentnie okradaliśmy polskie państwo, a z drugiej płaciliśmy podatki. I to nieliche. W pierwszym kwartale 2000 roku mieliśmy do zapłacenia – uwaga! – półtora miliarda nowych złotych. Wyobrażasz sobie taką sumę? Pewnie nie. To tym bardziej trudno wyobrazić sobie, jakie były nasze zarobki, od których naliczono ten podatek. Chłopie, kurwa, w tamtym czasie kapusta wpychała mi się do domu drzwiami i oknami!

J.S.: Dzieliłeś się zyskami ze starymi pruszkowskimi?

A.G.: Z ItalmarKi? Nie. To była inicjatywa moja i Pershinga. Wyłącznie. Zyski dzieliliśmy następująco: ja 50 procent i Aleksander G. 50 procent. Ja połowę swojej doli odpalałem Pershingowi, natomiast G. opłacał kierownictwo firmy, radę nadzorczą i polityków. Dodatkowo miał też opłacać ochronę; 5 procent dostał pewien pułkownik z WSI, który zabezpieczał nas przed nieprzewidzianymi problemami. Mówiąc wprost, był od brudnej roboty. Jeśli do interesu chciał przystąpić jakiś gang, łącznie z grupą pruszkowską, to należało go pouczyć, że nie ma o tym mowy. Ludzie pana pułkownika odpowiadali u nas za rozmaite nagłe sprawy. Nawiasem mówiąc, za wielu ich nie było, bo w kraju półświatek dobrze wiedział, kto stoi za ItalmarCą, i raczej się trzymał od tej firmy z daleka. Mimo że wielu bandytom, którzy zajmowali się wcześniej papierosami, brutalnie weszliśmy w paradę. Zresztą zaufane grupy przestępcze też dyskretnie ochraniały interes. Jedna była z Opola, czyli zabezpieczała południe, a chłopcy z Lipna odpowiadali za północ.

A.G.: Ile czasu hulał ten biznes?

J.S.: Tak naprawdę kilka miesięcy. To była przygoda burzliwa, ale krótka. Kiedy w grudniu 1999 roku został zastrzelony Pershing, starzy pruszkowscy robili wszystko, aby przejąć interes. Doskonale zdawali sobie sprawę, że to była kura znosząca złote jaja. Pobiegli do Aleksandra G., żeby wyjąć nasze pieniądze, ale nie wiedzieli, że pułkownik z WSI zainstalował mu w telewizorze kamerę. Dzięki temu cała ta „przyjazna pogawędka" została uwieczniona dla przyszłych pokoleń, w tym dla oficerów Urzędu Ochrony Państwa, którzy dostali nagranie.

A.G.: G. nie wzywał cię na pomoc?

J.S.: Już nie mógł. Od końca grudnia 1999 roku siedziałem w więzieniu w Wadowicach. Starzy, rękami Bryndziaków, zmusili mojego wspólnika Andrzeja R. „Rudego" z firmy Elektroland, aby doniósł na mnie na policję. No i tak zrobił; po zabójstwie Pershinga był tak osrany, że godził się na wszystko. Zeznał, że wymuszałem od niego haracze, co było totalnym absurdem. Ale to wystarczyło, aby mnie zawinięto. Policja otrąbiła sukces, na wielu pagonach pojawiły się nowe gwiazdki. Przez tyle lat nie udawało im się mnie zapuszkować, a teraz poszło tak łatwo! Dostali mnie wręcz na talerzu. Po wyjściu z pudła w czerwcu 2000 roku (prowadzący sprawę prokurator Jerzy Mierzewski uznał, że zarzuty są bezzasadne) od razu zadzwoniłem do G., który akurat odebrał trzecią transzę kredytu. Powiedziałem mu: „Olek, dostałeś osiem baniek, daj mi je i spadam, odchodzę z interesu, idę na koronnego. Po prostu spłać mnie, a potem rób, co chcesz". A on się zaczął pultać, że jest goły, że akurat wszystko wydał, choć ja doskonale wiedziałem, że kłamie. Bądźmy szczerzy, już wtedy miałem świadomość, że na niego zeznam, ale jeszcze myślałem po gangstersku i chciałem jedynie przytulić trochę kasy. On mi natomiast zaproponował, że da mi wspomniane zakłady Anilany. Chciał tę transakcję przeprowadzić następnego dnia, a ja się nie zgodziłem. Interesowała mnie wyłącznie szeleszcząca kapusta. I do dziś pluję sobie w brodę, że nie skorzystałem z propozycji, bo gdybym miał te grunty, dziś byłbym bogatszy od niejednego szejka. No ale Polak zawsze jest mądry po szkodzie.

A.G.: Jakie były dalsze losy ItalmarKi?

J.S.: Dość żałosne. Kiedy prokuratura, również dzięki mnie, zorientowała się, że był to biznes bandycki, doszło do rozprawy. G. trafił za kratki na siedem lat, a majątek firmy został skonfiskowany. I tak skończyła się zabawa, która zapowiadała się doskonale.

ROZDZIAŁ 18

Soki z najlepszych owoców

Niewinny sok pomarańczowy... Miły dla podniebienia i dla oka. Zdrowy, pożywny, smaczny, budzący wyłącznie pozytywne skojarzenia. A przede wszystkim – szalenie popularny. Nic więc dziwnego, że zainteresowała się nim także mafia, dopisując go do listy towarów przynoszących wielkie zyski. W latach 90. grupa pruszkowska stała się ważnym graczem na rynku soków owocowych i chyba w tym jednym jedynym przypadku zrobiła coś, co można zapisać jej na plus. O ile w latach 20. Al Capone propagował (i finansował) ideę codziennej szklanki mleka dla każdego ucznia, tak 70 lat później Masa zachęcał do picia soków.

Oczywiście nie była to akcja charytatywna, ale czysty biznes (właściwie określenie „czysty" jest nie do końca trafne, biorąc pod uwagę jego początki), który – jak się miało okazać – przetrwał polską mafię. Mowa o firmie Dr Witt, której produkty do dziś stoją na sklepowych półkach i są bardzo cenione przez klientów.

J.S.: Najzabawniejsze jest to, że cała ta przygoda z sokami owocowymi zaczęła się od wódy. A raczej od spirytusu, i to podłej jakości. Andrzej W., mój przyszły partner w firmie Dr Witt, na początku lat 90. ostro wszedł w import niemieckiego spirytusu, z którego następnie robiono wódkę. Oczywiście ten spirytus nie nadawał się do celów spożywczych, ale Polakom to specjalnie nie przeszkadzało – chlali, co popadło, a rano pękały im baniaki. Andrzej W. miał nieograniczony dostęp do spirytusu, bo prowadził bezcłowy sklep na hamburskim Baumwallu, w szemranej dzielnicy, do której trafiały towary z tamtejszego portu. Był doskonale poukładany z portowcami, więc dostawał to, czego sobie zażyczył. I w dobrej cenie.

Choć sam mieszkał w Niemczech, miał szwagra w Andrychowie i tam zainstalował swoją bazę biznesową. Po jakimś czasie zaczął tu bywać coraz częściej. W. dostarczał spirytus, a szwagier kręcił go na szlachetniejszy trunek i rzucał na kraj.

Interes hulał fantastycznie, więc W. zaczął się obawiać gangsterów, którzy mogli mieć ochotę na jego pieniądze. Poza tym coraz częściej deptała mu po piętach policja – ostatecznie spirytus pochodził z przemytu. I gdy wydawało się, że król spirytusu zaraz trafi za kratki, my, czyli ja i Kiełbacha, wkroczyliśmy do akcji. W. poprosił nas, abyśmy sprawę zblatowali; mieliśmy układy w psiarni, więc udało się nam na chwilę wyciszyć problem. Ale W. musiał na jakiś czas zniknąć z Polski. Wywiozłem go swoim samochodem do Hamburga. Sam nie mógł jechać, bo już był zgłoszony na granicy i służby zamierzały go zawinąć.

W ten sposób nabraliśmy do siebie zaufania. Po jakimś czasie W. doszedł do wniosku, że dobrze byłoby zrobić interes razem z nami. Zaproponował więc mnie i Kiełbasie, abyśmy weszli w soki owocowe. Wojtek K. odparł, że go to nie interesuje, ale mnie ta inicjatywa wydała się dość ciekawa. A w każdym razie zupełnie inna od tego, czym się zajmowaliśmy do tej pory. Tak powstała linia soków o wdzięcznej nazwie „Patryk", butelkowana tak samo jak soki z Tarczyna. Produkcję ulokowaliśmy w pobliżu podwarszawskiego Zalesia. Zyskami mieliśmy się dzielić na pół.

A.G.: Konkurencja była już wtedy duża, prawda? Udało się wam przebić?

J.S.: Nie. Dlatego że, po pierwsze, zabrakło promocji, a po drugie, był to produkt z nie najwyższej półki. Zyski okazały się tak mizerne, że zacząłem się zastanawiać nad zakończeniem tej przygody. Ale wtedy przyjechał do mnie mój wspólnik i powiedział: „Jarek, musimy zupełnie zmienić nasz produkt. Koniec z Patrykiem dla plebsu. Zróbmy coś z wysokiej półki, droższego, ale dla koneserów. Owszem, to będzie trochę kosztowało, ale się opłaci".

A.G.: Chciał zmienić jedynie nazwę i etykietę na butelce czy coś więcej?

J.S.: O wiele więcej.

W tamtym czasie liderem na rynku komponentów do soków była niemiecka firma Granini. Zresztą to jest cały czas wiodący producent. W., który miał z nim układy, zapewnił mnie, że jako jedyni będziemy robić soki na bazie koncentratu Granini. Dlatego nasz produkt zdeklasuje konkurencję. Uznałem, że pewnie ma rację, ale nie miałem ochoty wykładać dodatkowej kasy. Ostatecznie sporo już utopiłem przy Patryku. Wtedy W. zaproponował mi, że dostanę 10 procent z zysku za to, co już zainwestowałem. Obraził mnie. Powiedziałem mu, żeby się pierdolił, bo 10 procent to dla mnie żaden interes.

A.G.: No ale skoro nie zamierzałeś już wchodzić z kasą, to czego się spodziewałeś?

J.S.: Poważnego traktowania. Razem w to weszliśmy, to nie mogło być tak, że nagle na placu boju zostaje jeden i ciągnie wszystkie profity. Zapytał mnie, jak wyobrażam sobie mój wkład. Pomyślałem i olśniło mnie. Przecież od lat mam dobre układy z producentem wody mineralnej Mazowszanka w Pruszkowie. Mogę zapewnić coś, czego zabrakło nam przy produkcji Patryka – sieć sprzedażową. Gdyby Mazowszanka wzięła nasz nowy sok do swojej dystrybucji, wówczas byłby dostępny praktycznie wszędzie. Pogadałem z szefami Mazowszanki, zgodzili się, przedstawiłem moją propozycję Andrzejowi W. i już mogliśmy ruszać. Pozostawała jedynie kwestia nazwy. Doszliśmy do wniosku, że skoro oferujemy produkt luksusowy, to musi to mieć odzwierciedlenie także na etykiecie. A że tytuł naukowy zawsze dobrze się kojarzy, stąd Dr. A jeszcze lepiej, jeśli następuje po nim zagraniczne nazwisko (nie ukrywam, że Dr Witt był efektem inspiracji popularną w Polsce firmą Dr Oetker). Na pewno Dr Witt był dla Polaka bardziej przekonujący niż Majster Nowak.

A.G.: No dobrze, a reklama? Pomyśleliście o niej?

J.S.: Tym razem było tak, że jak włączałeś radio, to wciąż słyszałeś reklamę Dr Witta. W mediach ta nazwa była obecna przez dłuższy czas. Rodacy zachodzili w głowę: co to za firma? Pewnie jakaś zachodnia i do tego bardzo bogata. Z ciekawości zaczęli kupować nasz sok, który zresztą bardzo się różnił od pozostałych – masywna szklana butelka rzucała się w oczy na sklepowych półkach. Fakt, Dr Witt był droższy od oferty krajowej, ale przecież to miał być mercedes wśród soków. A za mercedesa płaci się więcej niż za poloneza. Ale ludziom to nie przeszkadzało. Nasz sok stał się po prostu modny, wielu kupowało go choćby dla szpanu. Taka przysłowiowa namiastka luksusu, na jaką stać Kowalskiego. Można go też było wypić w lepszych knajpach. Zyski firmy rosły lawinowo. Po jakimś czasie wyceniono jej wartość na 50 milionów złotych.

A.G.: Kiełbacha nie żałował, że odpuścił sobie ten biznes?

J.S.: To była druga połowa lat 90. i Kiełbacha już nie żył. Ale gdyby był na tym świecie, pewnie by żałował.

A.G.: To bodaj jedyne twoje przedsięwzięcie, które funkcjonuje po dziś dzień. Jak długo w nim siedziałeś?

J.S.: Rzeczywiście, Dr Witt wciąż jest w polskich sklepach, ale ma już zupełnie innego właściciela. Ja nie mam z nim nic wspólnego; ostatnią działkę z zysku, czyli 20 procent, dostałem w 2001 roku. To były zresztą całkiem przyzwoite pieniądze – pamiętam, że za jesień 2000 roku skasowałem 80 tysięcy dolarów. Miałem też umowę z moim wspólnikiem, że w razie rezygnacji przysługuje mi „pakiet socjalny" w postaci najnowszego mercedesa raz na dwa lata i comiesięcznej wypłaty w wysokości 10 tysięcy dolarów. Niezły układ, prawda?

A.G.: To gdzie te mercedesy?

J.S.: Nigdzie. Kiedy ustalaliśmy warunki naszej współpracy, nikt nie wiedział, że wszystko się posypie...

A.G.: Chodzi ci o to, że zerwałeś z przestępczością i zostałeś świadkiem koronnym?

J.S.: Nie, bo przecież wspólnikiem W. byłem także po zaprzysiężeniu mnie na świadka koronnego. Mowa o biznesie legalnym, nie robiliśmy żadnych przekrętów. Chodziło o coś innego. Wszystko posypało się u Andrzeja W., który swoje 80 procent dzielił z żoną – on miał pół, ona pół. No ale po jakimś czasie pani W. spodobał się inny mężczyzna, Anglik G., aferzysta na międzynarodową skalę. Przy nim Andrzej to drobny neptek był. Anglik i pani W. wydymali go koncertowo. Najpierw zabrali mu biura, a potem całą resztę, z wyjątkiem samej fabryki. Tę W. sprzedał biznesmenowi, który przejął prawa do nazwy i kontynuował produkcję Dr Witta. I tak się skończyła moja przygoda z owocami. Ale sentyment pozostał. Lubię wypić sobie szklankę zimnego, świeżo wyciśniętego soku.

ROZDZIAŁ 19

Luksusowe hotele, kasyna i księżniczka

A.G.: Nie wszystkie pieniądze inwestowałeś w swoje bardziej bądź mniej legalne przedsięwzięcia, prawda? Podejrzewam, że dużą część przeznaczałeś na gangsterskie dolce vita...

J.S.: Chciałbyś się dowiedzieć, jak bawili się pruszkowscy mafiosi?

A.G.: Owszem, ale pod warunkiem że opowiesz o czymś innym niż nieustanne kontakty intymne z paniami lekkich obyczajów.

J.S.: A niby dlaczego nie? Przecież to jest istota życia! Z pewnością przypomnę sobie jakieś inne formy rozrywki, ale i tak ich obowiązkowym elementem będzie pukanie lasek.

A.G.: Na przykład?

J.S.: Na przykład wojaże zagraniczne. Wyobrażasz sobie, że po dniu spędzonym na plaży pod palmami mogło zabraknąć wielkiego finału w towarzystwie pięknych pań? Ja sobie tego nie wyobrażam.

Tym bardziej że człowiek napatrzył się na te wszystkie ponętne, skąpo odziane plażowiczki i ciśnienie skakało mu na wysokość Himalajów.

A.G.: Dobra, porozmawiajmy o gangsterskiej turystyce, bo była chyba dość ważną składową waszego życia. W głośnym serialu dokumentalnym *Alfabet polskiej mafii* widzowie mogli oglądać kadry z waszego wypadu do Turcji. Lubiliście plaże, jachty, baseny z barami...

J.S.: A kto nie lubi? Chociaż fakt, nie wszyscy. Wielu starych, wywodzących się z PRL-owskiej recydywy – w tym Ryszard P. „Krzyś" czy Janusz P. „Parasol" – miało w głębokim poważaniu światowe życie i preferowało prostsze rozrywki. Na przykład pójście do parku z butelką wódy, upierdolenie się na ławce i jeszcze rzucenie pawia. Podobny punkt widzenia podzielały setki młodych mafijnych żołnierzy. Ale była grupa chłopaków, takich jak ja, Wojtek P., Leszek D. „Wańka", Stefan P. czy jego przyboczny o ksywce Małolat, których ciągnęło do świata. Wiesz, takiego jak z serialu *Dynastia*, eleganckiego, pełnego blichtru i przepychu. To właśnie wspomniany Małolat (nie mylić z Pawłem M. z grupy Pershinga o takim samym pseudonimie) namówił mnie na pierwszy spektakularny wyjazd wakacyjny. Był początek lat 90., dla Polaków szczytem marzeń był wypad na Hel albo na Węgry...

A.G.: ...a wy kopnęliście się do Turcji?

J.S.: Nie zgadłeś. Małolat wyciągnął mnie na Seszele. Oczywiście, w ekipie nie mogło zabraknąć znanego sybaryty Wojtka P.

Wzięliśmy najdroższy hotel na wyspie Mahe, Hiltona, w którym rezydowały wyższe sfery. Pamiętam, że kiedy poszliśmy na kolację, zamurowało nas. My byliśmy ubrani w luźne T-shirty i koszulki polo, a cała reszta w gajery i smokingi. Zupełnie jak na premierze w jakiejś pieprzonej operze. Czuliśmy się nieswojo, ale co było robić? Dołączyliśmy do sztywniaków, opędzlowaliśmy żarcie i zmyliśmy się. Najzabawniejsze było to, że kilku gości, których widywaliśmy na kolacjach, wieczorami można było oglądać w telewizyjnych filmach.

A.G.: To na Seszelach jest jakaś kinematografia?

J.S.: Nie żartuj. To były hollywoodzkie gwiazdy. Aktorzy z córkami. A przynajmniej z babkami wyglądającymi na córki. Ten hotel słynął z najlepszego towarzystwa. Oczywiście, swoje kosztował – za tygodniowy pobyt trzeba było zapłacić około 20 kawałków papieru. Ale wart był swojej ceny.

O ile mnie pamięć nie myli, to był ulubiony hotel Iana Fleminga, twórcy Jamesa Bonda.

A.G.: Czyli płynnie przechodzimy do dziewczyny Bonda, a raczej dziewczyn Masy na Seszelach?

J.S.: Wprawdzie jeździliśmy tam z naszymi żonami i oficjalnymi partnerkami, ale zawsze rezerwowaliśmy jeden, dwa dodatkowe pokoje, żeby można było bez skrępowania wymieniać się doświadczeniami erotycznymi z miejscowymi paniami. Bzykania było zawsze co niemiara – i przed plażą, i po plaży, i w godzinach nocnych. Na takich wyjazdach było jedno założenie: puścić tyle kasy, ile się da. No, może nie aż tak jak ruscy gangsterzy, którzy szukają jak najdroższych okazji, bo kupić taniej to nie honor, ale nie oszczędzaliśmy na niczym. Zawsze wynajmowaliśmy najdroższe jachty z załogą, dżipy, samoloty do podziwiania widoków, generalnie wszystko, co było w ofercie danego miejsca. A jak czegoś nie było, to ściągaliśmy to z jakiegoś innego miejsca. Za dopłatą, rzecz jasna. Wszystko na zasadzie: król przyjechał, złotem płaci. Zdarzało się, że siadaliśmy we trzech przy barze i puszczaliśmy ponad tysiąc dolarów za kilka kolejek błękitnego Johnniego Walkera. Żeby było jasne: do czerwonego czy nawet czarnego nigdy się nie zniżaliśmy.

A.G.: Czy te wyjazdy zawsze odbywały się w tak kameralnym gronie: ty, Małolat i Wojciech P.?

J.S.: Nie. Często dołączali do nas inni, przy czym zawsze była to gangsterska ekstraklasa. Z czasem zaczęli nam towarzyszyć choćby ludzie Wojtka P., Gugul i Rudzik, takie dwa wyrośnięte konie. Z nimi byliśmy w Kemer, w Turcji. Mieszkaliśmy w luksusowym hotelu Phaselis Princess. Piękne położenie – z jednej strony wiecznie ośnieżone szczyty, a z drugiej plaża i lazurowe morze. Bajka.

A.G.: Czy idea dodatkowych pokoi dotyczyła wyłącznie Seszeli?

J.S.: Idea dodatkowych pokoi dotyczyła każdego hotelu, do jakiego trafialiśmy w każdym miejscu na ziemi. Czy to z żonami, czy bez nich. Dymanie na boku było podstawową atrakcją turystyczną. Przecież trzeba zaspokoić ciekawość drugiego człowieka!

Oczywiście były też inne obowiązkowe atrakcje, bez względu na szerokość geograficzną. Na przykład kokaina.

A.G.: Bo oczywiście polski gangster nie mógł się różnić od swojego amerykańskiego odpowiednika…

J.S.: Ciesz się, że wąchałem najszlachetniejszą kokę, a nie rozpuszczalnik, albo że nie szprycowałem się krajową odmianą heroiny, czyli kompotem, bo miałbyś przed sobą wrak człowieka, z którym raczej nie napisałbyś książki. A jak widzisz, trzymam się całkiem nieźle.

A.G.: A ja koki nawet nie widziałem na oczy i też się trzymam nieźle. Nieważne. Skąd braliście narkotyki podczas wyjazdów?

J.S.: Jak się chce, to nigdy nie stanowi problemu. Wystarczyło namierzyć jakiegoś lokalnego mustafę, czyli bossa półświatka, zrobić na nim odpowiednie wrażenie i już był towar. A my nigdy nie ukrywaliśmy, że jesteśmy przy forsie – obwieszeni złotymi łańcuchami i sypiący banknotami na lewo i prawo sprawialiśmy wrażenie dobrych klientów. I to takich, którzy raczej nie noszą policyjnych legitymacji, wręcz przeciwnie, wywodzą się ze świata siłowni i lewych interesów. W Turcji wystarczyło pójść na bazar, żeby zasięgnąć informacji o tamtejszym rynku narkotyków. Sprzedawca oblukał nas od góry do dołu i nie miał wątpliwości, że to nie żadna prowokacja. Ale nie wszędzie było aż tak łatwo.

A.G.: Na przykład gdzie nie było?

J.S.: Na Dominikanie. Kiedy byliśmy tam po raz pierwszy, w połowie lat 90., w kraju obowiązywał podwyższony rygor policyjny. Nasz hotel był odcięty od reszty świata wysokim ogrodzeniem; siatka wchodziła nawet kilkadziesiąt metrów w morze. Na lądzie, za siatką, stali policjanci z bronią maszynową. Ale co to dla nas? Opłynęliśmy ogrodzenie, wyszliśmy niezauważeni przez mundurowych na plażę i ruszyliśmy do miasta, gdzie toczyło się prawdziwe życie, a nie to z hotelowego katalogu. Życie może i było znacznie brzydsze od tego po naszej stronie, ale tam, na targu, można było dostać biały proszek. Kiedy pojawiliśmy się tam kolejny raz, już słyszeliśmy przyjazne pokrzykiwania: *Bandidos polacos!* Wyczuli, że jesteśmy „z miasta". Przecież żeby zapuścić się do takiego bagna jak ten targ, ze złotymi łańcuchami na klatach i rajcerem pełnym kapusty, to trzeba było być albo jebniętym, albo z gangu. Ale my jechaliśmy na kozaku;

nawet jak ktoś próbował z nami zadzierać, od razu stawaliśmy do walki, nie bacząc na to, że siły przeciwnika mogą się okazać większe od naszych.

A.G.: Czy przy okazji wizyt na Karaibach załatwiałeś sprawy służbowe? Mam na myśli kontakty z kartelami narkotykowymi.

J.S.: Nie było takiej potrzeby. Kolumbijczycy, bo rozumiem, że chodzi ci o nich, byli na tyle mobilni, że zjawiali się wszędzie, gdzie chciałeś. Miałeś interes do nich, to tylko pytali: „Gdzie? Hamburg, Amsterdam, Nowy Jork?". I już tam byli. Tak samo załatwiali dostawy kokainy. Ty podawałeś port, a oni tam rzucali towar.

A.G.: Czyli mogłeś skoncentrować się na przyjemnościach. W tomie *Masa o kobietach polskiej mafii* opowiedziałeś fajną historię o tym, jak podczas lotu do Tajlandii naćpany Jerzy W. „Żaba" zorientował się, gdzie leci, i próbował zawrócić samolot. Nie wierzę, że wycieczki do tego kraju nie obfitowały w więcej podobnych przygód.

J.S.: Przypomina mi się jedna, ale taka, której nigdy nie zapomnę. Byłem kiedyś w Bangkoku z gangsterem o pseudonimie Kunta. Tak naprawdę ksywka była inna, ale nie chcę ujawniać pewnego wstydliwego epizodu z życia tego skądinąd fajnego (choć bardzo brutalnego) gościa. Niech więc będzie Kunta. Pojechaliśmy, oczywiście, na dupy. Kunta miał w tym względzie jedną słabość – ubóstwiał lizać cipki. Taki był z niego dżentelmen. W jednej z knajp wyrwał wyjątkowo piękną laskę, taką, na widok której fiut stawał na baczność niejako z urzędu. Przyprowadził ją do hotelu i poszedł z nią do swojego pokoju. Ja byłem za ścianą. Po chwili słyszę przeraźliwy wrzask. To Kunta zorientował się, że jego boska laska jest transwestytą, który próbował poczęstować go swoimi jajami. Ale kto mówił, że życie gangstera jest usłane różami?

A.G.: A jak znudziły się panienki…

J.S.: To wtedy szło się do kasyna. Niekoniecznie żeby coś wygrać. Przeważnie się traciło, ale przecież chodziło o dobrą zabawę, a nie o zarobek. Najfajniejsze kasyna były na Karaibach. Brało się motorówkę, a sternik wiózł nas na jakąś bezludną – wydawałoby się – wysepkę, która okazywała się prawdziwą oazą rozrywki. W parterowych pawilonach, stylizowanych na karaibskie chaty, znajdowały się rewelacyjne jaskinie hazardu. Ruleta, poker, black jack, automaty. Co tylko chciałeś.

Były tam zresztą nie tylko kasyna, ale też rewie, w których tańczyły naprawdę rewelacyjne – jak by to powiedzieć? – artystki.

A.G.: A Europa nie interesowała was w ogóle? Na przykład Lazurowe Wybrzeże?

J.S.: Ależ oczywiście – tam też należało się pokazać od czasu do czasu. Ostatecznie gangsterzy bardzo lubią okolice Cannes czy Monte Carlo. Dziś język rosyjski jest tam równie popularny jak francuski. Nie muszę dodawać, że gośćmi tamtejszych hoteli nie są moskiewscy intelektualiści, ale oligarchowie i gangsterzy. W 1997 roku, po awanturze z żoną zrobiłem sobie coś w rodzaju giganta na Lazurowym Wybrzeżu właśnie.

A.G.: Kobieta, jak chce poprawić sobie humor, kupuje ciuch. Ty wybrałeś droższy wariant, ucieczkę na południe Francji…

J.S.: No wiesz, ja na poprawienie humoru kupiłem sobie dom w Saint-Tropez.

A.G.: Właśnie wtedy?

J.S.: Nie, znacznie wcześniej. Dlatego kiedy poprztykałem się z Elą, Lazurowe Wybrzeże było naturalnym kierunkiem ucieczki. Ale po kolei. W połowie lat 90. ktoś zaproponował mi zakup domu na południu Francji. To był koleś z Niemiec, który akurat miał poważne problemy z kasą i pozbywał się dosłownie wszystkiego.

Przez naszych wspólnych znajomych trafił do mnie i zaproponował mi dom wakacyjny. Nie w samym sercu Saint-Tropez, ale na wzgórzach okalających miasto. Cisza, spokój, piękne widoki... Wyjąłem z portfela 170 tysięcy marek – przyznasz, że cena była wyjątkowo atrakcyjna – i nabyłem dom w Prowansji. Prawdę mówiąc, aż tak bardzo mi na tym nie zależało, po prostu chciałem pomóc nieszczęśnikowi. A poza tym zamarzyły mi się francuskie blachy do mojego samochodu. No wiesz, robiłbym za Francuza, co pewnie podobałoby się niejednej lasce... Próżność, nic więcej. Nic jednak z tego nie wyszło – tamtejsze urzędy wymagały dokumentów potwierdzających moje rzeczywiste użytkowanie domu. A mnie się nie uśmiechało mieszkanie na tym pustkowiu przez co najmniej kilka miesięcy.

A.G.: Dom nie był tego wart?

J.S.: Chyba nie sądzisz, że była to jakaś wytworna rezydencja w stylu Monte Carlo? Po prostu niespełna 200-metrowy dom z kamienia z basenem. Duchów też w nim nie było, choć trafiła się niespodzianka. Kiedy pojechałem tam już jako właściciel, zorientowałem się, że z tyłu domu jest niewielki garaż. Otworzyłem go, patrzę i widzę pięknego, nowego harleya-davidsona. Natychmiast zadzwoniłem do tego gościa z Niemiec i mówię mu, że o czymś zapomniał. A on na to: „Tego harleya masz w pakiecie". Ucieszyłem się, ale nawet na niego nie wsiadłem; zawsze kochałem duże samochody, a klimaty z filmu *Easy rider* były mi obce. Nie uwierzysz, ale ja w tym domu nie przespałem nawet nocy. No, bo jednak faceci przy kasie – a ja takim wówczas byłem – wolą luksus od warunków spartańskich.

A.G.: Jest rok 1997, pokłóciłeś się z żoną…

J.S.: Okej, wracamy do punktu wyjścia. Nie pamiętam już, o co poszło, ale pożarliśmy się naprawdę ostro. Zapowiadało się na dłuższą burzę. Postanowiłem na jakiś czas opuścić dom. Ze skrytki wyjąłem 50 tysięcy papieru i zadzwoniłem do mojego kompana o ksywce Lisek. Mówię mu: „Wyprowadzam się na pewien czas z chaty. Masz jakiś pomysł?". A on bez zająknienia zaproponował, abyśmy kopnęli się na Lazurowe Wybrzeże. Pomysł mi się spodobał i już wkrótce jechaliśmy moim najnowszym mercedesem SEC do... Hamburga. No bo dobrze zacząć każdą dłuższą podróż od wizyty na starych śmieciach. Zabraliśmy jeszcze niejakiego Małpę, żeby było raźniej, i Filipka (mówił po angielsku, więc robił za tłumacza), i fruuu autostradą na południe! Najpierw pojechaliśmy do Genui, przekimaliśmy się i ruszyliśmy do Cannes. To już niedaleko – trochę ponad 200 kilometrów. Zatrzymaliśmy się w hotelu Carlton...

A.G.: W tym słynnym secesyjnym Carltonie, który zawsze pokazują przy okazji festiwalu filmowego? To chyba najdroższy hotel na Lazurowym Wybrzeżu! Noc w apartamencie kosztuje ponad 20 tysięcy złotych.

J.S.: A chciałoby ci się szukać innego? Ten akurat rzucił się nam w oczy, cena była na naszą kieszeń, więc postanowiliśmy w nim zamieszkać. Jego wielkim atutem była własna plaża po drugiej stronie bulwaru Croisette. Oczywiście, plaża z barkiem. Usiedliśmy i zamówiliśmy drinka o egzotycznej nazwie. Kelner przyniósł nam cztery szklanki wypełnione jakimś fioletowym trunkiem.

A.G.: Cwany. Od razu wyczuł, że Pruszków się bawi, i nalał wam jagodzianki, czyli denaturatu.

J.S.: Chyba nie. Według mnie, to było coś na bazie likieru Blue Curaçao. I kosztowało trochę więcej niż denaturat, nawet doliczając marżę Carltona. Posmakował nam ten drink – wprawdzie był słodziutki, ale świetnie odświeżał, no i dobrze kopał. Zamówiliśmy następną kolejkę, potem następną... W sumie zapłaciliśmy za tę przyjemność 300 dolarów. Tyle że mieliśmy dodatkowe wymagania. Kelner musiał nam wstawić stolik po kolana do morza. Żeby przyjemniej się piło. A to oznaczało, że sam też musiał wchodzić do wody, żeby nas obsłużyć. Pewnie przeklinał nas w duchu, bo ta jego katorga trwała kilka godzin; kiedy osuszyliśmy z ginu hotelowy barek, on latał do innych hoteli po trunki. W końcu się zbuntował i mówi: „Dalej już dla was biegał nie będę". Poklepaliśmy go po plecach, dostał sowity napiwek i tak się skończyła impreza. Potem poszliśmy na poszukiwanie prowansalskich kurew.

A.G.: Wspomniałeś, że dziś najlepsze hotele w Cannes zajęte są w dużej mierze przez Rosjan. Wtedy też tam byli?

J.S.: Oczywiście, ale nie w takim stopniu, jak teraz. Wiedzieliśmy, że w czasie naszego pobytu w Monte Carlo przebywał jeden z bossów rosyjskiej mafii, Wiaczesław Iwankow, pseudonim Japończyk. Człowiek, którego bało się wówczas pół świata. W 2009 roku został zastrzelony w Moskwie przez konkurencję. Ale ja się z nim wtedy nie spotkałem, choć pojechaliśmy do Monte Carlo.

A.G.: Chciałeś sobie kupić jakąś nieruchomość?

J.S.: Nie, co najwyżej przepuścić trochę kapusty w kasynie. Poza tym akurat swoją knajpę otwierali tam Bruce Willis, Arnold Schwarzenegger i Sylvester Stallone, więc chciałem być na tej uroczystości. Ich sieć restauracji nazywała się Planet Hollywood.

A.G.: Jakoś tak się dziwnie składa, że kilka miesięcy później sam otworzyłeś dyskotekę o podobnej nazwie – Planetę. A dokładnie Planetę Warszawa.

J.S.: Myślisz, że to była inspiracja? Być może… W Monte Carlo nie miałem możliwości porozmawiania z wyżej wymienionymi gwiazdorami, ale doszło do innego spotkania na szczycie.

Kojarzysz księżniczkę Stefanię, córkę księcia Rainiera III i Grace Kelly?

A.G.: Kto by nie kojarzył?

J.S.: Otóż w tamtym czasie przyjaźniła się ona z kierowcą wyścigowym Paulem Belmondo, synem słynnego francuskiego aktora Jeana-Paula. Często wspólnie wypuszczali się na przejażdżki jego ferrari F40. Tak się złożyło, że jechali z Monte Carlo do Cannes właśnie wtedy, kiedy i myśmy tam się udawali. Belmondo, może nawet podpuszczony przez księżniczkę, koniecznie chciał mi pokazać moje miejsce w szeregu. Ostatecznie siedział za kierownicą ferrari, a ja „tylko" SEC-a. Ale mercedes też nie jest miękkim fiutem robiony. Stoczyliśmy długą, ostrą walkę na krętych drogach do Cannes. I wiesz, kto wygrał? Ja! Nie zmyślam. Kiedy dojechaliśmy do miasta, zatrzymaliśmy się na światłach. Stefania wystawiła głowę z ferrari i poprosiła Filipka, aby otworzył szybę od strony pasażera. Tak skomentowała moją jazdę: „Dobry kierowca, ale wielki ryzykant". Uśmiechnęła się i na tym zakończyła się nasza znajomość.

Po takiej wiktorii mogłem już spokojnie wrócić do żony. Byłem zrelaksowany i miałem pewność, że nasz konflikt da się załagodzić.

Zamiast zakończenia

W sierpniu 2011 roku rzecznik Prokuratury Okręgowej w Warszawie Dariusz Ślepokura poinformował o umorzeniu śledztwa w tzw. ekonomicznym wątku działalności pruszkowskiego gangu. Powodem było przedawnienie. Przez kilka lat śledczym nie udało się udowodnić, że majątki mafijnych bossów różnych szczebli pochodzą z czynów zabronionych.

Wprawdzie gangsterzy zawsze mieli problem z wytłumaczeniem się z wysokiej stopy życiowej (oficjalnie albo byli bezrobotni, albo zatrudnieni na lichych etatach), ale jakoś nikt nie próbował pozbawiać ich osobistego majątku. Choć w niektórych przypadkach (jak choćby afery z ItalmarCą) państwu udało się położyć rękę na nieuczciwych interesach.

Mimo to odzyskane kwoty były zaledwie kroplą w morzu mafijnych fortun.

Czy to oznacza, że szefowie gangu pruszkowskiego, którzy w większości opuścili już więzienia, jeżdżą teraz po lasach i wykopują walizki z ukrytymi pieniędzmi? Niekoniecznie. Pieniądze w znakomitej większości zostały przehulane już dawno albo rozpłynęły się w rękach rozmaitych pośredników, którzy dysponowali przestępczą kasą pod nieobecność bossów. Z dużą dozą prawdopodobieństwa można też założyć, że część tych środków została użyta do tworzenia legalnych biznesów, których dzisiaj nikt nie jest w stanie prześwietlić. A może nikomu na tym nie zależy?

Pieniądze były, ale się zmyły, można powiedzieć w największym skrócie. Komu się będzie chciało szukać milionów, o których krążą legendy, ale co do których nie ma pewności, że w ogóle istniały? Przecież mafijne bogactwo rodziło się z dala od jakiegokolwiek nadzoru finansowego. Nie mieli nad nim pełnej kontroli nawet sami gangsterzy. Jeśli forsa krąży w workach i plecakach, nie zawsze wiadomo, o jakich sumach mowa... A jeśli nawet pojawia się jakiś konkret, powiedzmy samochód, trzeba udowodnić właścicielowi, że kupił auto nielegalnie. A jak pamiętamy, mafia bardzo przykładała się do legalizacji stanu posiadania.

Wprawdzie w wojewódzkich urzędach kontroli skarbowej funkcjonują zespoły odpowiedzialne za wykrywanie nieudokumentowanych przychodów, ale jest to armia zbyt nieliczna, by podołać takiemu wyzwaniu. Pomysłów na poszukiwanie zaginionych pieniędzy jest wiele, dostarcza ich nasze prawo, ale wydaje się, że mało kto ma ochotę podjąć się tej misji.

Było, minęło...

Gangsterska galeria według Masy

Janusz P. „Parasol"

Jeden z liderów Pruszkowa, wywodzący się z PRL-owskiej recydywy. Prymityw, troglodyta i sadysta, którego kobiety omijały szerokim łukiem. Mój zapiekły wróg.

Andrzej Z. „Słowik"

Inteligentny – umiał wkręcić się na pruszkowski szczyt, choć jego przeszłość drobnego złodziejaszka wcale tego nie uzasadniała.

Mirosław D. „Malizna"

Charakter i styl bycia – patrz wyżej. Na pewnym etapie odbiło mu i zaczął się uważać za szefa grupy.

Leszek D. „Wańka", brat Malizny

Zupełnie niepodobny do brata, skłonny do rozwiązań pokojowych, choć nie przesadzajmy – święty na pewno nie był. Jeden z najinteligentniejszych starych, mafioso-dżentelmen. W latach 80. uzależnił tysiące Polaków od amfetaminy.

Zygmunt R., ochrzczony przez media ksywką Bolo, a przez nas nazywany Zigim bądź Kabanem

Perfidny intrygant, przebiegły, a przy okazji maniak seksualny. Damsko-męskie zabawy najbardziej smakowały mu w czasie *Dziennika telewizyjnego*. Między 19.30 a 20.00 nie wolno było go niepokoić.

Ryszard S. „Kajtek"

Dusza człowiek, bardzo pomocny i współczujący. Jeśli z biegiem lat utracił swoje dobre cechy, to tylko dlatego, że zepsuli go kompani z Pruszkowa. Nie jego jednego, rzecz jasna. Przyjaźnił się ze wspólnikiem słynnego watażki z lat 50. Jerzego Paramonowa.

Wojciech P.

Warszawski biznesmen. Amator luksusu i pięknych kobiet, organizator wyborów Miss Polski. Nie był członkiem grupy pruszkowskiej, ale intensywnie się przy niej kręcił i sprawiał wrażenie człowieka doklepanego z „miastem".

Ryszard P. „Krzyś"

Najbliższy mi człowiek z zarządu Pruszkowa. Przez pewien czas się przyjaźniliśmy, ale szybko zrozumiałem, że zależy mu tylko na pieniądzach, które potrafiłem zarabiać. W rzeczywistości był równie wredny jak większość jego kompanów.

Marek Cz. „Rympałek"

Brutalny innowator, dokonał skoku tysiąclecia na konwój z pieniędzmi dla ZOZ. Autor wielu złodziejskich patentów. Bali się go nawet starzy.

Jerzy W. „Żaba"

Twardy „na mieście", potulny (przeważnie, choć z wyjątkami) pantoflarz w domu. Przez lata zaopatrywał kraj w narkotyki.

Jacek D. „Dreszcz"

Stary recydywista. Miał kłopot z dostosowaniem się do nowych czasów, w których nie można było bezkarnie wydłubywać ludziom oczu i skręcać karków. Wielki autorytet w stołecznym półświatku kryminalnym przełomu lat 80. i 90. Zginął z rąk własnego syna, Cezarego (który też zginął z rąk gangsterów).

Andrzej K. „Pershing"

Jeden z najważniejszych bossów Pruszkowa, choć nigdy nie wszedł w skład tak zwanego zarządu. Stworzył strukturę konkurencyjną wobec starych pruszkowskich. Intelektualnie przerastał ich o głowę i najprawdopodobniej dlatego tę głowę stracił.

Wojciech K. „Kiełbacha"

Mój przyjaciel z czasów powstawania grupy pruszkowskiej, potem związał się z jej wrogami. Został zastrzelony pod sklepem spożywczym w Pruszkowie, ale media pisały, że był to sklep mięsny. Żeby pasowało do Kiełbachy.

Nikodem S. „Nikoś"

Legenda gdańskiego półświatka kryminalnego. Skłócony ze starymi (a mój przyjaciel), poniósł śmierć w jednej z gdyńskich agencji towarzyskich. Megaloman, choć z klasą. Miał wielkie parcie na ekran, co zresztą zaowocowało jego występem w filmie *Sztos*.

Henryk N. „Dziad"

Dowódca grupy z Ząbek, przez media uważany za szefa mafii wołomińskiej. Wielu dziennikarzy uwierzyło, że był niewinnym starszym panem zakochanym w gołębiach. Prawda wyglądała zupełnie inaczej: był to zwykły wozak, który świetnie przyswoił sobie miejskie cwaniactwo i stał się bandytą.

Wiesław N. „Wariat", brat Henryka

Niewykluczone, że to on był prawdziwym szefem grupy ząbkowskiej. Osobowość absolutnie zgodna z ksywką. Zginął tragicznie. Jak wielu.

Marcin B. „Bryndziak"

Szef jednej z bojówek Pruszkowa, przez dłuższy czas mój ochroniarz. Przez moment silnie związany z Rympałkiem. Człowiek, którego najlepiej było omijać z daleka. Mówili o nim, że gdy inni przestawali już bić, on się dopiero rozkręcał.

Dariusz B. „Bysio"

Moja prawa ręka, człowiek do wszystkiego – i zarabiania pieniędzy, i podawania mi drinków. Oddany mi jak mało kto. W czasie alkoholowej imprezy chciał uciąć sobie dla mnie palec. Na szczęście moja żona pokrzyżowała jego autodestrukcyjne plany.

Robert F. „Franek"

Opodatkował wszystkie lokale z automatami do gry w Polsce. Świetny menedżer. Zarabiał dla mnie wielkie pieniądze. Naprawdę bystry chłopak.

Marek D. „Dorian"

Naprawdę nazywa się inaczej, ale z rozmaitych względów uznaliśmy, że w tej książce będzie figurował pod zmienioną tożsamością. Legenda półświatka warszawskiej Pragi, kierowca Andrzeja K. „Pershinga" i jego bliski współpracownik. Ciężko ranny w zamachu na swojego szefa – kilerzy pomylili obu mężczyzn.

Stanisław M.

Biznesmen z Pomorza, luźno związany z grupą pruszkowską, ale nie gangster. W latach 90. człowiek niezwykle ustosunkowany w kręgach lokalnej władzy. Jego nazwisko otwierało przed nami wiele drzwi. W latach 90. właściciel luksusowego hotelu nad Bałtykiem, a także wspaniałej rezydencji przy berlińskim Ku'dammie oraz zamku w Badenii-Wirtembergii. Właściciel największego kasyna w Gdyni.

Dariusz W.

Biznesmen powiązany z Wojciechem P., prowadzący liczne interesy w USA. To on pomógł grupie pruszkowskiej nawiązać kontakt z kolumbijskimi kartelami. Oficjalnie udziałowiec Telekomunikacji Polskiej SA, sprowadzał do Polski ze Stanów Zjednoczonych centrale do obsługi numerów siedmiocyfrowych.

Andrzej T. „Tychol"

Pochodzi z dość zamożnej rodziny prywatnych przedsiębiorców (prywatnych w czasach PRL-u). Od początku zawodowej kariery blisko związany z Wojciechem P. Kochał piękne kobiety, nie gardził partnerkami kolegów.

Krzysztof K. „Nastek"

Bandzior od najmłodszych lat, wychowany na warszawskiej Woli, a konkretnie na patologicznym Gibalaku (okolice ulicy Gibalskiego, niedaleko Cmentarza Żydowskiego). Razem ze Sławomirem S. „Krakowiakiem" trzymał dla Pruszkowa Śródmieście. Na jego życie nastawało wielu, choć nie zawsze chodziło o porachunki na tle finansowym (czasami o kobiety). Do miejskiej legendy przeszedł zamach na Nastka, przeprowadzony pod jednym ze stołecznych salonów gier – gangster przeżył wówczas ostrzał z bliskiej odległości (kiler strzelał z zawilgoconej amunicji). Nie umknął jednak przeznaczeniu, wreszcie został zabity.

Sławomir S. „Krakowiak"

Wspólnik Nastka. Zajmował się równocześnie biznesem i gangsterką. Uważany przez niektórych za szefa gangu śródmiejskiego. Pogrążył go między innymi świadek koronny Piotr K., między innymi pseudonim Broda – ten sam, którego zeznania posłały za kraty policjanta Sławomira Opalę.

Marek M. „Oczko"

Szef szczecińskiego podziemia kryminalnego. Początkowo rezydent Pruszkowa na Pomorzu Zachodnim, z czasem się usamodzielnił (oczywiście za zgodą dotychczasowych mocodawców). Pozostawał w szczególnie dobrych relacjach z Andrzejem Z. „Słowikiem" (podobnie jak tamten przybrał nazwisko żony). Prawdziwy charakterny twardziel. Gdy wielu pytało, skąd wziął się pseudonim, przeważnie padała odpowiedź: „Bo ma parchawe oko". Dlaczego? Tego nie wiedział nikt.

Zbigniew T. „Pastor"

Drugi po Oczku mocny człowiek Szczecina. Gdy dochodziło do nieporozumień pomiędzy Pruszkowem i Szczecinem, Pastor należał do tych, z którymi można było mediować (choć ze „starymi" nie chciał gadać). Kilka lat spędził w niemieckich więzieniach, w Polsce w 2012 roku dostał zaledwie 3,5 roku ograniczenia wolności. Sąd uznał, że Pastor się zmienił, i w chwili wydawania wyroku nie był już takim samym bandytą jak jeszcze kilkanaście lat wcześniej.

Andrzej G. „Junior"

Na początku lat 90. wspólnik Piotra K. „Bandziorka". Przez pewien czas rządzili razem w Śródmieściu (zanim dzielnicę przejął Pruszków), później Junior rozpoczął karierę solisty utrzymującego dobre stosunki z mafią. W połowie lat 90. sprzymierzył się z Jeremiaszem B. „Baraniną", zostając reprezentantem jego interesów w kraju. Z czasem jednak coraz bardziej dokuczał i pruszkowskim, i wołomińskim, co skończyło się dla niego tragicznie. Został zastrzelony w przejściu podziemnym przy hotelu Marriott w Warszawie.

Paweł M. „Małolat"

Jeden z wielu gangsterów o tym pseudonimie, lecz najbardziej znany. Kolejny wychowanek wolskiej patologii, człowiek niezwykle brutalny. Fama głosiła, że zasztyletował nad Wisłą dwóch ludzi, których ciała ukrył tak skutecznie, że nigdy nie zostały odnalezione. Początkowo „latał" z Jackiem D. „Dreszczem" i jego rodziną, a następnie u Pershinga – został kierowcą Andrzeja K. oraz jego prawą ręką. Ciągnęło go do biznesu i polityki; widziano go na słynnym pikniku SLD na strzelnicy w Rembertowie.

Roman Z. „Zachar"

Typowy pruszkowski bandzior, dobry wojownik, charakterniak. Zasłynął tym, że podczas pojedynku na pięści w Międzyzdrojach zabił ratownika. Nie zrobił tego celowo, co uwzględnił sąd, skazując Zachara jedynie na półtora roku więzienia. Przez wiele lat stał na dyskotekowych bramkach, obecnie wiedzie spokojne życie glazurnika.

Piotr K. „Bandziorek"

Prawa ręka wołomińskich bossów: Mariana K. „Mańka" oraz Ludwika A. „Lutka". Niezwykle barwna postać w warszawskim półświatku. Należał do ekipy, która pod koniec lat 80. pacyfikowała stołeczne dyskoteki. Silny i chętny do bitki. Jego grupa ściągała haracze między innymi na Woli, Żoliborzu, a nawet na Pradze. Przez pewien czas ukrywał się w Niemczech.

Andrzej H. „Korek"

Szef gangu mokotowskiego, wywodzący się ze starej gwardii przestępczej. Choć teoretycznie stanowił konkurencję, grupa pruszkowska utrzymywała z nim poprawne relacje. Pruszków i Mokotów przeważnie nie wchodziły sobie w drogę. Jeśli można o kimś powiedzieć „gangster z klasą", Korek zdecydowanie zasłużył na to miano. Oczywiście, nie był święty, skrzywdzić też potrafił. W 2012 roku Trybunał w Strasburgu nakazał państwu polskiemu zapłacenie Korkowi odszkodowania w wysokości 5 tysięcy euro – za „naruszenie prawa H. do godnego traktowania" za kratkami.

Zbigniew Ł. „Hemla"

Jeden z gangsterów, którzy swoją karierę zaczynali na występach gościnnych w Hamburgu jako sklepowi złodzieje. Był w tym dobry, więc zgromadził wystarczające fundusze do otwarcia – już w Polsce – warsztatu tapicerskiego, który to interes działa po dziś dzień, a jego właściciel nie ma nic wspólnego z przestępczością. Choć „wypisał się" z grupy pruszkowskiej, pozostał lubiany przez jej członków.

„Cruyff"

Karierę przestępczą zaczynał w latach 80. jako członek grupy Ireneusza P. „Barabasa". W Niemczech głównie okradał sklepy. Po powrocie do Polski kręcił się przy Pruszkowie, ale szybko został wyproszony ze struktur, bo wielokrotnie wykazywał się nielojalnością wobec grupy. Przeniósł się do Szczecina, gdzie zginął w wypadku samochodowym.

Artur B.

Początkowo niezły bokser, powiązany z grupą Barabasa. Podobnie jak Hemla i Cruyff miał na koncie epizod hamburski. W latach 90. „latał" z Pruszkowem, ale wszystko, co zarobił, przepijał. Alkohol stał się rychło przyczyną jego śmierci.

Spis treści

Od narratora *Jarosław Sokołowski „Masa"* 5
Od autora *Artur Górski* 9
Gangsterskie słowo wstępne 15
Prolog Marszandzi z bronią palną 19
Rozdział 1 Pruszków, miasto pod Hamburgiem 31
Rozdział 2 Dyskotekowy chrzest bojowy 45
Rozdział 3 Krwawy chrzest w Siestrzeni 67
Rozdział 4 Tiry 73
Rozdział 5 Jak doklepał do nas Pershing 82
Rozdział 6 Moskiewski teatr baletu 92
Rozdział 7 Pod Marriottem stręczył Wiesiek 102
Rozdział 8 „Zielone Bingo" na Śląsku 110
Rozdział 9 Oddaj dług! 123
Rozdział 10 Wrzutki, czyli legalizacja kradzionych fur 142
Rozdział 11 Utopiona kokaina 158
Rozdział 12 Jak Żaba na prochach 174
Rozdział 13 Jak w wojsku, czyli w grupie Pershinga 178
Rozdział 14 Niebezpieczne związki wicepremiera 192
Rozdział 15 „Ta maszyna zna moje numery..." 203

Rozdział 16 Planeta przekrętów 213
Rozdział 17 ItalmarCa – złote papierosy 223
Rozdział 18 Soki z najlepszych owoców 238
Rozdział 19 Luksusowe hotele, kasyna i księżniczka 244
Zamiast zakończenia 259
Gangsterska galeria według Masy 261

POLSKI ŚWIADEK KORONNY NUMER JEDEN
PRZERYWA MILCZENIE!
MASA
O KOBIETACH POLSKIEJ MAFII
JAROSŁAW SOKOŁOWSKI „MASA”

MYSTICAL ISLAM

MYSTICAL ISLAM

An Introduction to Sufism

JULIAN BALDICK

I.B.Tauris & Co Ltd
Publishers
London

Published by
I.B.Tauris & Co Ltd
110 Gloucester Avenue
London NW1 8JA

British Library Cataloguing in Publication Data

Baldick, Julian
Mystical Islam
1. Sufism
I. Title
297'.4

ISBN 1-85043-137-X
ISBN 1-85043-140-X pbk

Typeset by Columns of Reading
Printed and bound in Great Britain by
Biddles Ltd, Guildford and King's Lynn

To Feroza

CONTENTS

	Acknowledgements	viii
	Introduction	1
1	Sufism's beginnings	13
2	From construction to systematization (*c*. 922–*c*. 1240)	50
3	Elders and empires (*c*. 1240–*c*. 1700)	86
4	Into the modern world	132
	Conclusions	169
	Notes	179
	Bibliography	185
	Index I: Brotherhoods, sub-brotherhoods, branches and offshoots	195
	Index II: Names of persons mentioned	200
	Index III: Technical terms	203

ACKNOWLEDGEMENTS

I must acknowledge a very deep indebtedness to my teachers in Sufi studies, R. C. Zaehner, Henry Corbin, Sayyid Sadiq Gawharin and Simon Digby. Thanks are also due to Albert Hourani, who first suggested that I should write this book, for his wise counsels, and to Sebastian Brock and Alexis Sanderson for advice concerning eastern Christianity and Indian religions. It goes without saying that the opinions expressed here are entirely my own. I must also express my thanks to the staff of I.B.Tauris and in particular to Anne Enayat; to King's College, London, for granting me sabbatical leave, and to Peter Clarke for taking over my duties in my absence; to Colin Wakefield, for bibliographical assistance; and above all, to my wife, for her great patience and help.

INTRODUCTION

Presenting Islam's main mystical tradition, Sufism, is a task which is perhaps easiest to carry out when addressing those who have read nothing about Islam or mysticism. In this area presuppositions die harder than elsewhere. The stock image of Islam as the stern, forbidding religion of the desert still prevails, as does the notion of mysticism as a universal search for union with God or some other ultimate source of existence. Here it may be as well to say a few words about Islam itself before going on to discuss the problem of defining mysticism.

Islam is not just a religion: it is also a civilization. In the areas of its greatest concentration in Asia and Africa it has produced a shared cultural heritage, which is often far more important than regional or ethnic elements. It has given rise to societies having distinct political institutions and military and legal traditions peculiar to the Muslim world. For our purposes, however, it is necessary to consider Islam mainly as a religion. The Arabic word *islam* itself is usually translated as 'submission' (that is, to God). The term has also been taken to mean 'entering into a covenant of peace with God'. Sometimes the religion is seen as an old one, essentially the pure faith of the biblical patriarchs and prophets, which the Jews and Christians have corrupted: this is the view of the Muslims themselves. Sometimes it is seen as a new religion, founded in Arabia by the Prophet Muhammad in the seventh century CE. Conventionally, Islam is described as being built around five pillars: the attestation of belief that there is no god except God and that Muhammad is his Messenger; the prescribed acts of worship; the alms tax; the fast in the month of Ramadan; and the pilgrimage to Mecca. But this conventional description, as will be seen, is unsatisfactory. To be sure, these are the basic legal requirements of Islam, but the religion itself has always been dominated by other patterns, to an extent which has not usually been realized.

The declared intentions of the earliest Muslims showed that they wished to restore an earlier articulation of faith, that would accept Jesus as the Messiah, but preserve the old laws of the Jews. Jesus would be seen as a man and a prophet, not as God or the Son of God. There would be no priests, but there would be specially favoured 'friends of God'. In a way Islam is Christianity: technically, from a Christian standpoint, it is a Christian sect, since it recognizes Jesus as the Christ; from a Muslim standpoint, it is the religion of the Messiah, which the Christians have deformed. In another perspective, of course, Islam is not Christianity: it developed very gradually as a new arrangement of regulations and doctrines, carefully defined practices and elaborate theories. It has no church or clergy, and rejects the standard Christian doctrines of incarnation and the Trinity.

Since Islam denies the possibility that God might dwell within a man (whether Jesus or anyone else), as the spirit dwells within the body, serious difficulties arise with regard to the already vexed problem of defining mysticism. Usually, definitions of mysticism present it as consisting of ideas and practices which lead to 'union with God', or being united with some other ultimate source of existence. But the mystics of Islam not only reject the notion that a man can find God dwelling within himself, but also nearly always condemn the concept of 'unitive fusion' (*ittihad*), according to which God and man become one. The word 'union' has often been used to translate various Arabic terms used by Muslim mystics to describe their experiences, but these terms would be more accurately rendered as 'togetherness', 'joining', 'arriving', 'conjunction' and 'the realization of God's Uniqueness'. In any case, definitions of mysticism encounter the obstacles posed by Indian religions, with complexities and sophistication of thought that defy comprehension.

It seems better to avoid attempting a dictionary-style definition, and concentrate instead on isolating specific elements which the label 'mysticism' covers. Secrecy is certainly one, indicated by the word's root meaning, from which we also have the idea of mystery. The sense of a higher, privileged knowledge is another element, connected to the idea of intimate communion or experience, which, perhaps by its very nature (as opposed to a requirement for secrecy), cannot be disclosed. Other elements which must be included are the means indicated to obtain this experience, and the thinking that surrounds both the means and the final goal. What has now been listed will probably be enough for our purposes. It should be borne in mind that mysticism in Islam is not limited to the Sufi tradition, the subject here.

The English word *Sufism* is used to designate a set of practices, an ideal, and one of the Islamic religious sciences. It is employed to translate the term *tasawwuf*, which means literally 'wearing wool' (wool, *suf*, being the dress of eastern Christian and Muslim world renouncers), but also, and far more commonly, means 'belonging to the faith and doctrine of the people called the Sufis', or 'trying to become a Sufi'. As for the name *Sufi* itself, its derivation from the word for wool does not exclude the possibility of a punning reference to the Greek *sophos*, 'wise'.

The subject of the origin of the term Sufi will be discussed below, in the first chapter. Here I shall give a preliminary reply to the classic question 'What is Sufism?', which the Sufis have always been fond of asking, and of answering with poetic or allusive evocations of their experiences (which one could hardly call definitions). Sufism is a mystical tradition which, when compared to Christian and European institutions, could be put somewhere between monasticism and Freemasonry. It has many of the characteristics of monasticism, but does not usually preach celibacy. It does enjoin mortification of the flesh, and exalts the ideal of poverty, but it includes ordinary members of society in its ranks, with no distinction of clerical versus lay. It emphasizes the love of God, and teaches that God and the Sufis have a special relationship which goes back to a primordial Covenant: the Sufis are God's friends, perpetually engaged in remembrance (*dhikr*) of him. Sufism also constitutes a Path (*tariqa*), which begins with repentance and leads through a number of 'stations' (*maqamat*), representing virtues such as absolute trust in God, to a higher series of ecstatic 'states' (*ahwal*). These culminate in the 'passing away' (*fana'*) of the mystic (or perhaps just of his lower soul, or of his human attributes) and the subsequent 'survival' (*baqa'*) of his transformed personality (or perhaps just of his higher soul, or alternatively of his essence now adorned by the attributes of God).

Sufism has other aspects, such as deliberate self-abasement in disreputable conduct and apparently libertine behaviour, sometimes manifested in the contemplation of human beauty as a means to the contemplation of God himself. It has themes which would often be called Gnostic, that is to say relating to a higher form of knowledge, reserved for an elite, such as the ascent of the soul through the heavens and the liberation of a divine spark of light in man from amid the darkness of matter.

Sufism should be distinguished from other traditions in the Muslim world which have also represented strongly mystical trends. One of these is the Islamic continuation of Greek philosophy. This was to come very close to Sufism, especially when it developed what is called the 'wisdom of Oriental Illumination' (*hikmat al-ishraq*), a colourful blend of neo-Platonism and Gnostic light imagery. But there are important differences. The Hellenized philosophers of Islam, like the Sufis, have been elitist, but, unlike the Sufis, they have made no attempt to instruct or win over a wider audience. They have remained a tiny minority, scornful of the masses. What has interested them has been not the pure love of God, but an ordered vision of the universe, which is both presented and dominated by a mysterious Angel. They have been concerned not so much with 'passing away' as with the problem of existence itself. This they have tried to solve by conceiving of themselves as travelling in an upward movement of self-integration into the complex astronomical structures of space, to escape from their miserable exile among their unsatisfactory fellow humans. Their work has provided inspiration for certain twentieth-century German and French writers, notably the poet Rainer Maria Rilke, who explained that the figure of the Angel which dominates his *Duino Elegies* – a superhuman being who enables one to flee from men into a transformed world of real existence – is not Christian but Islamic.[1] But the Sufis have rejected the philosophers' concentration on the Angel in favour of the pure love of God himself.

It is also important to recognize the differences between Sufism and Shiism, the main minority sect of Islam, which is characterized by its extreme devotion to Muhammad's family, and has also developed pronounced mystical tendencies. Perhaps it is misleading to speak of 'Shiism'. The corresponding Arabic word, *tashayyu'*, means rather 'belonging to the Party', and it might be better to talk of the Party (*shi'a*) itself. The majority of the Shiites, called the Twelvers because they venerate twelve early Leaders in Muhammad's family, and expect the last to return as a messiah, used to be seen as united around a single doctrine, however much this changed over the centuries. But Peter Antes has pointed out that the opposite was the case, and more recent research has confirmed the view that the Shiites have most often been deeply divided, with an esoterically inclined wing on the one hand encountering stiff opposition from lawyers and theologians on the other.[2]

Perhaps it is inevitable that a party of this kind, with its emphasis on leadership and messianic expectation of social justice, should be split into two warring but complementary factions. Shiites are often mystics, and indeed in later Islamic history can also be Sufis, but Sufism itself is not the ideology of a party, however much some Sufis have pursued revolutionary goals. Moreover, just as the philosophers have distinguished themselves from the Sufis by their emphasis on union with a powerful Angel, so too the Shiite mystics have tended to cut themselves off from the Sufi quest for God by looking for a supreme experience of self-identification with their Leaders.

A historical approach to Sufism

The perspective which has been chosen is that of the history of religions, in the European, not the American sense. In the United States the expression 'history of religions' is used to mean 'religious studies' or 'studies pertaining to religion' of whatever kind. Ironically, this sometimes means rejecting history in order to effect an alleged reproduction of the psychological states attributed to the believers studied. In Europe, 'the history of religions' means a sub-discipline of history, history as applied to religions. This does not mean that the historian of religions is always (or indeed often) trying to write history in the ways common among professional historians. Frequently, the meagre evidence available in a given period or area, or the small amount of research already done, will not allow him to do that. In any case what concerns him most is the analysis of patterns or configurations as they pass from one religion to another, or from one period of religious history to the next. Thus the history of religions examines the modes of change in these patterns, rather than the events which are supposed to have happened.

Now such an approach might seem harmless enough, but it inevitably encounters much opposition. Generally this has come from scholars of an older generation, who are confident that religions have been instituted by founders, more or less as the legends, with some exaggeration, relate. Opposition also comes from those who say that a religion must be understood in its own terms, and in the perspectives of its own adherents. But Islam presents itself as a purified version of earlier beliefs, and the Muslims themselves have always had resolutely historical overviews of their faith as the heir to previous revelations. To argue that Islam consists largely of patterns repeated from its religious antecedents is not particularly unislamic, while to cast doubt on the veracity of the legends surrounding Muhammad is merely to continue the Muslims' own long and sustained attack upon what they have always perceived as the fabrication, on a massive scale, of 'Traditions' concerning him.

The search for patterns in the history of religions has often been confused with the structuralism fashionable in France in the 1960s. Structuralism has sometimes meant the imposition of an artificial grid of structures upon the subject studied, in order to produce clarity in the mind of the investigator or in his writings. Sometimes it has assumed that reality itself, including the human mind, is structured universally and definitively. The history of religions has looked instead to find concrete instances of the repetition of patterns, expressed explicitly in literary texts or material remains, with such clarity of definition as to make acceptance of historical continuity beyond dispute. The relationship of a pair of Indo-European twins with a goddess in both India and Scandinavia reappears in the seduction of two Muslim angels by Venus, after going through the 'Bounteous Immortals' or archangels of ancient Iran: the articulation of the concepts of health, immortality and fertility is so exactly reproduced in the later myth as to forestall any accusation of arbitrariness in the investigator's procedure and the suggestion that these concepts belong to a universal structure in human psychology as opposed to a common inheritance.

This is not to say that structuralism has come and gone without leaving anything of value for the study of Sufism. On the contrary, the analysis of myths as pursued by Claude Lévi-Strauss will certainly continue to be helpful in examining the legends of the Sufi 'friends of God': the stories have formal literary properties which are found all over the world. Similarly, the post-structuralism of the late 1960s onwards has performed an invaluable task in breaking down the illusions of order and unity which have plagued modern western thought. In Islam one will no longer see a spiritual reproduction of cosmic harmony, but rather the conflict of opposing forces in disorder and contradiction. But in the 1980s, at least on the continent of Europe, the importance of returning to traditional scholarship and avoiding excessive theorizing has been recognized. Most encouragingly, continental European social scientists have moved away from their previous enthusiasm for generalizations, and begun to co-operate with specialists in the literary and historical study of Islamic mysticism. A new generation of anthropologists has acquired the expertise to study the contemporary history of Sufis with a command of the relevant documentation which may surprise British and American observers.

The approach here will therefore be historical, without attempting the premature task of a history of Sufism itself. Accordingly it will be necessary, in considering the rise of Islam as studied by historians, to bear in mind the background of peoples belonging to two ancient linguistic groupings: on the one hand the Indo-European grouping, which spreads from India to Ireland; and on the other the Semitic grouping, which contains the Hebrew, Syriac and Arabic languages. Within the Indo-European grouping is the Indo-Iranian category, with its archaic caste system, and the Iranian monarchical and military traditions which were to have a profound effect on Islamic civilization and society. Also within the Indo-European group are the Greeks, who were to give the Muslims philosophy and sciences such as alchemy and astronomy. The Greeks were also to bring a mystical strand to Islam, notably through eastern Christianity. The Semitic grouping was to transmit to Islam the idea of God's continuing action in history, in between Creation and the Last Judgement. It was also to bring the concept of prophethood, as something which had begun with Adam and had been renewed up to its last manifestation in Muhammad. After this, the Sufi mystics were to see themselves as the heirs to the prophets, by virtue of being God's special friends.

Avoiding Christian terms

In approaching Islam and Sufism, certain words commonly borrowed from Christianity will be avoided: 'orthodoxy', 'heresy', 'clergy', 'fundamentalism' and 'saint'.

Many writers have presented the Muslim mystics as a force opposed to 'the orthodox'. It is difficult to see who 'the orthodox' would be. Collectors of sayings attributed to the Prophet? There are Sufis among them. Theologians, upholding the use of reason against the devout transmitters of Muhammad's words? There are Sufis among these as well. Besides, Islam is not really so much a religion of doctrine as one of law and experience. There is no central authority to say what an 'orthodox' dogma would be, while the power to condemn someone as an unbeliever belongs to any qualified jurist. Since there is no orthodoxy there can be no heresy. Similarly, there is no clergy in Islam: the Muslim lawyers are in effect rabbis, not cut off from other believers by any form of ordination. Almost all Muslims have seen themselves as expected to follow the basic example of Muhammad as recorded by his associates or relatives: to speak, like contemporary journalists, of 'Muslim fundamentalism' is to employ an empty tautology, a catch-all label which permits no real clarity of definition. As for the word 'saint', it has been applied to Muslims by modern British writers with such liberality that one trembles to think what would happen if they were to reimport it into the United Kingdom: a halo would have to replace every mitre and every tonsure, every coronet and every mortar-board. There is no process of canonization in Islam, nor any authority capable of conducting it. A vast number of words have been mistranslated as 'saint', terms which mean 'elder', 'guide', 'noble', etc. The expression most often rendered as 'saint', *wali Allah*, means 'friend of God'. The idea of the friend, the protégé or 'client' of God, who is also the protector and patron of lesser Muslims, is so essential a feature of Islam that one loses all sense of perspective if one confuses it with the Christian concept of sainthood, with its connotations of heroic piety and officially endorsed innocence.

The most misleading of all expressions, 'the sacred and the profane', has often been employed to mistranslate references in Sufi literature to 'the real and the metaphorical' (since for the Muslim mystic what is beautiful in this world is a metaphor for the real Beauty of God). Linguists have demonstrated that in Indo-European languages two different ideas have been conflated in words such as 'sacred' and 'holy': that of sacrosanctity, of being cut off from everything else, and that of life-giving and health-increasing force. Modern writers in the sociology of religion insist that *the sacred* is sharply divided from *the profane*. But to say that the sacrosanct is clearly cut off from what is not sacrosanct is just another tautology, and if one were to say that God's 'blessing', his life-increasing force, is separated from the rest of nature, one would be contradicted by all the Islamic evidence. As for the word *profane*, applied to virtually everything by modern writers, to find its original religious meaning one must go back to the Latin *profanus*, which, as Émile Benveniste has shown, meant not an abstract opposite of 'the sacred', but rather 'that which is put outside the consecrated space, and thus becomes fit for common use'.[3] The Muslim equivalent is *halal*, 'that which has been made lawful to men by God', as opposed to what he has forbidden, not as opposed to his Sacrosanctity or his 'blessing'.

An outline

The original intention was to produce something like the late Marijan Molé's *Les Mystiques musulmans* (1965), which is an excellent summary of the research done up to that time. But it was immediately apparent that Molé's concentration on the beginnings of Sufism would not be appropriate today, and that other periods of Sufi history deserved increased coverage. Accordingly, more or less equal space has been given to all of the fourteen centuries of Islam. I have also tried to achieve some geographical balance, looking at Sufism both in the central and in the more outlying parts of the Muslim world. Thus in the third and fourth chapters, which consider the history of Sufism from about 1240 to the present, attention is given to the Indian subcontinent, Africa and Indonesia, in order to reflect Islam's own expansion. Usually I have incorporated the results of recent scholarship, mentioning the name of the specialist whose work has been used, summarizing selected aspects of his findings and sometimes adding comments at the end. Occasionally I have introduced elements from my own research (on Sufi legends, the 'youngmanliness' (*futuwwa*) tradition, Persian poetry, fourteenth-century India and sixteenth-century Central Asia).

The first chapter was written in the wake of the recent revolution in the study of Islam's origins, a revolution which resembles the one in biblical studies in the nineteenth century, and which has been brought about by academics in Britain. However, I have taken a path indicated by German specialists in looking for Islam's antecedents in 'Jewish Christianity' – a perilous term, here used to mean the recognition of Jesus as the Messiah along with the observance of Jewish law. As for the origins of Sufism itself, it has been necessary to attack a position often taken for granted, namely that it grew out of the Koran. The success of this view is due largely to its adoption by the famous French Islamist Louis Massignon (1883–1962). Massignon's opinions in other fields (such as the history of the Muslim craft guilds, urban topography and medieval banking) have been badly discredited, and it is therefore not surprising that his contribution to the study of Islamic mysticism should now be criticized. This is not, however, to fail to appreciate his personal greatness and learning. As for the argument put forward against Massignon here, namely that Sufism grew out of eastern Christianity, it is one that is easily misunderstood. It is often misinterpreted as a suggestion that the Muslims, after acquiring the new religion of Islam from Muhammad, later came into contact with Christians and borrowed mysticism from them. On the contrary, the argument is that Islam took much longer to develop than has usually been supposed, and that in the slow process of development Christian materials were used to build the mystical side of the religion, the side which was to become Sufism.

The second half of the first chapter, devoted to the Sufis of the ninth and early tenth centuries, reopens an old controversy about an Indian influence upon one Muslim mystic. Now the reader may wonder why I have gone into so much detail to support the claim that this influence took place, when the evidence speaks so clearly for itself. There are two reasons: the massive hostility with which the claim has been greeted (doubtless owing to the ideological positions of its opponents); and the need to know precisely what that influence was. In fact this influence was not, as often suspected, the introduction of the all-important doctrine of 'passing away', but rather it involved the transmission of ideas which the Sufis themselves did not want.

The second chapter considers a number of tenth- and eleventh-century treatises on Sufism. Some of these are dry and pedestrian, and it may be wondered why so much space has been given to them. The answer is again twofold. On the one hand it is important to look at the inconsistencies and contradictions which they contain, in order to find the patterns of thought in the background, which the authors have failed to reconcile. On the other hand it is also important to try to see how in the eleventh century Islam turned its back on the cultural and scientific renaissance which had recently occurred, and consequently how the Muslim world was later to be in a less advantageous position than the Christian West – with results which are still with us today.

Some readers will be surprised to find the famous Muhammad Ghazali (d. 1111), often hailed as the greatest Muslim after the Prophet, dismissed here as an inconsistent popularizer and relegated to a station beneath his Sufi brother. But this view has long been anticipated by criticisms of Ghazali made in medieval Spain and modern Iran, and is based on the best recent study of his politics.

This chapter and the following one summarize analyses which I have made elsewhere of long Persian Sufi poems, generally admired as the finest classics of eastern Islamic literature. It is argued that they have structures which have long been ignored. The suggestion has been made that I was claiming to have succeeded in finding these where other specialists had searched in vain. In fact I was only trying to point out the obvious, where others had not looked.

The third chapter avoids discussing some of the most talented of Sufi writers, who belonged to the school of Sufism's greatest systematizer, Ibn 'Arabi (d. 1240). This is because their work is not really suitable for inclusion in a survey of the present kind: it consists of commentaries on the books of a very difficult and abstruse thinker. Instead, it has seemed better to concentrate on India, where the records of conversations between masters and disciples give us the immediacy of everyday life. The richness of this Indian Sufi literature has hardly been noticed in the West.

In the second half of the chapter more attention has been given to social and economic factors, when examining Sufism in the Ottoman Empire. It must be admitted that here the evidence is so fragmentary that one wonders how it can be used. Little is known, as is usual in Islamic history, about the size of populations, the division of the harvest and the volume of trade. However, as in India, one obtains brief glimpses of the way in which the Sufis lived, what they bought and ate, and the sources of their income.

The fourth chapter has again demanded a variety of angles of approach. So little work has been done on eighteenth-century Islam that it appeared best to select three representative figures and look at what they had to say. The nineteenth century demanded a focus upon its burgeoning bureaucracy, while what has been written about Sufism and 'reformism' seemed to require sceptical investigation. The twentieth century has naturally presented particularly great problems. It has been necessary to discuss the work of highly influential British and American social scientists, about whom certain reservations have already been voiced elsewhere. Comparison with the publications of their European colleagues has resulted in a verdict heavily in favour of the latter. Perhaps this is not surprising. The English-language books examined here reflect work done from the 1950s to the 1970s, and attitudes which now require substantial revision, if not outright rejection. The continental European studies, on the other hand, represent the recent shift back to traditional scholarship, noted above.

Finally, after the historical survey, I have tried to place Sufism in the wider context of Islamic civilization as a whole, in particular by considering the relations between Sufism and music, the visual arts, law and politics. Here it has been necessary to ask how the place of Sufism in Islam might be compared with that of Christian monasticism in European society; and also, looking to the future, whether Islam could ever dispense with Sufism.

There is one last possible objection which I should address. Why have I appeared to rely so heavily on western research, and made so little use of contemporary scholarship in Muslim countries? My indebtedness to eastern specialists is far greater than is apparent on the surface. Iranian scholars have shown me great kindness and patience. Their contribution to the present study has come through the help given by invaluable oral advice, editions of texts and indispensable reference works. Scholars in Arab countries also excel in the subtler aspects of linguistic and literary problems, which are unsuitable for treatment here. Turkey has produced experts in social and economic history equal to the finest in the West, and their achievements are amply reflected in Suraiya Faroqhi's work. On the Indian subcontinent Muslim historians have done essential groundwork in separating genuine from forged materials, and, if their political preoccupations are such as to inspire reserve, then British colonialism is not without blame.

1 SUFISM'S BEGINNINGS

BACKGROUND AND ORIGINS

In order to study the origins of Islamic mysticism one must first of all examine the historical background to the rise of Islam in the seventh century CE. This is a most exciting subject today, since considerable changes have recently taken place in the attitudes of western scholars. There has been much controversy, largely related to the respective roles played in the emergence of the new religion by Arabia on the one hand and the rest of the Middle East on the other. An older generation of academics still continues to concentrate on archaeological and anthropological evidence in Arabia itself, regarding it as likely to shed light on the influence of tribal life on the beliefs and practices of the earliest Muslims. Younger specialists are more inclined to look for a continuity of patterns from the ancient civilizations in the countries which the Arabs invaded, in circumstances which are seen as particularly significant.

The Middle East, in the early seventh century, was dominated by two great empires: the later Roman (or early Byzantine) Empire, which had for long governed Egypt, Syria, Palestine and what is now Turkey; and the Persian (or Iranian) Empire, which consisted mainly of Iran and Iraq. Both these states had been seriously weakened by a number of factors, notably war, bad government and the persecution of religious minorities. Conditions were as favourable as could be imagined for the onslaught which came from the Arabian peninsula. As for this peninsula itself, very little is known about it before Islam. The literary sources are of a later period and appear to reflect Muslim efforts to create an idealized picture of the religion's beginnings. This picture minimizes the probability that the Arabs were already heavily influenced by the peoples whom they were about to conquer. Moreover, it is likely that the Muslims projected back into the Arabian past developments which really took place within the conquered territories.

According to Islamic historical tradition, as preserved in works of the eighth and ninth centuries, the founder of Islam, the Prophet Muhammad, was born around 570 at Mecca, in central western Arabia. About 610 he began to receive revelations, which, he came to believe, were brought to him by the Archangel Gabriel. These called on him to start a rigorously monotheistic practice of worship. The revelations were later collected as the Koran ('Recitation' or 'Reading'). After encountering much opposition, in 622 Muhammad moved to Medina, some 200 miles to the north. There he founded a new state, and, by his own example and a vast number of oral instructions, instituted the religion of Islam. He died at Medina in 632.

After Muhammad's death most of the Middle East was conquered by his successors, the caliphs (*khulafa'*, 'deputies'). Under the leadership of one of these, 'Umar (reigned 634–44), the Arabs quickly overran Palestine, Egypt, Syria, Iraq and Iran. Then internal dissension arose, before one family, the Umayyads, were able to establish control over most Muslims in the conquered territories and centralize government in Damascus. This family extended the new empire in both the west and the east, so that by the early eighth century it embraced most of Spain and part of what is now Pakistan.

The Islamic historical tradition, in its presentation of the religion's beginnings, has to be seen as reflecting subsequent political and doctrinal bias. The main biography of the Prophet, composed in the mid-eighth century and edited in the ninth, is so far removed from Muhammad's lifetime as to make the historian wonder if it can be used at all. For our present purpose, the search for the origins of Islamic mysticism, its value must remain doubtful. Inevitably, modern writers produce versions of it in which the miracles are omitted and Muhammad emerges as a mystic and visionary. More serious scholarship indicates that the biography is the result of long regional rivalries; of the projection into one man's life of developments which must have taken place much later; and of the transposition into an Arabian setting of processes which belong to the Fertile Crescent in the north. As for the traditional picture of events between Muhammad's death and the fall of the Umayyads in 750, here too there has been much disagreement about whether it should be accepted or replaced, and whether it is possible for the historian to make any positive contribution in this field. Scholars have taken conflicting positions on the question of using the records of the communities conquered by the Muslims. Differing views have also been expressed about the geographical location of Muhammad's activities. No attempt is made here to resolve these differences, however, since our concern is not with events, but with the continuity of configurations of religious ideas.

The influence of earlier religious traditions

The peoples of the territories conquered by the Arabs, as they converted to the new religion, must have continued to express certain motifs and modes of thought which contributed to the developing Islamic creed, and in particular to its spiritual dimensions. In examining the religious background to the rise of Islam there are elements and configurations which seem to have been preserved within Sufism; it will sometimes be necessary to look ahead to Sufi themes when analysing the pre-Sufi evidence. A number of themes have already been mentioned as characteristic of Sufism, and these have their antecedents in the various religions of the pre-Islamic Middle East.

Greatest attention needs to be given to eastern Christianity. In recent years more weight has been accorded to the view that Islamic mysticism, and in particular Sufism, grew out of Christian spirituality. In particular, the very word *sufi* has usually been seen as reflecting a Christian influence, being derived from the Arabic word for wool (*suf*), which was the characteristic clothing material of eastern Christian monks, and was taken over by the early mystics of Islam. Other styles of dress adopted by the Sufis are also anticipated in pre-Islamic Christianity: the patchwork frock made from rags, and the use of the colour of mourning, black for the Christians, dark blue for the Muslims.

When we look for Christian antecedents of aspects of Sufism it is the doctrines and practices of the monastic life which are most striking. On the doctrinal side one expects Christianity to anticipate Sufism in such areas as the contemplation of God, the adaptation of Greek philosophy to a devotional framework, and the delineation of the mystic's progress through a hierarchy of stages. On the practical side one is led to focus on the mortification of the flesh, the espousal of poverty and the repetition of special prayers.

Arthur Vööbus, the greatest historian of Christian asceticism in Syria, Iraq and Iran, notes the particular emphasis, in the Christian literature of these countries (which was composed in Syriac, and consequently has a distinctive and unified character of its own), on a Covenant between God and men: this we shall find stressed in classical Sufism. Of special interest, in the eastern Christian communities, are the 'Sons of the Covenant', who are not members of the clergy, or monks, but live among fellow believers while pursuing mortification of the flesh and devotional exercises. Here we see 'solitaries' within society, in an anticipation of the Sufi mystics; the latter perceive themselves as bound in a Covenant with God, and belong to a religion which has neither priests nor (in theory at least) monks, but only Muslims. Thus Sufis are often in the midst of other men while rejecting the world.

One dominant motif in early Christian spirituality is comparatively rare in Sufism: the characteristically Christian veneration of celibacy. Vööbus notes the use of the root *q-d-sh* in Syriac, both to denote sexual continence and, in effect, to designate sanctity itself. This helps us to understand the absence of a concept of sainthood in Sufism: as eastern Christians pass from Syriac to Arabic they will use the term *qiddis*, 'saint', but the Muslims, along with their refusal to accept the ideal of celibacy, will not. There are no 'cut-off points' in Islam, at which a man is consecrated and set apart as a priest, or canonized and seen as a *sanctus*, a saint. The Muslims do, in a very different perspective, perpetuate the early Christian idea of friendship with God (an idea made familiar in recent years by Peter Brown). Here friendship means not what it does today, but rather a finely balanced understanding of mutual obligations: the 'friend of God' (*wali Allah*) is both his client, in the Roman sense of a dependant, and also the patron, in the Roman sense of a protector, of lesser men, possessing and channelling freedom of access to the highest source of power. Early Islam inherited from the Roman Empire a temporal institution of clienthood, by which a non-Arab convert to the Muslim faith acquired dependent legal status, and became a sort of second-class, associate member of the community.[1] Here one sees a striking counterpart to the spiritual concept.

Islam also mirrors the regional varieties of eastern Christian devotionalism. Egypt, although the legendary birthplace of Christian monasticism, engaged in moderate abstinence but did not proceed to higher speculation. Syria, punishing the flesh more severely, with its 'browsers' who ate nothing but plants and its wearers of heavy iron chains (another element continued among Muslim extremists on the fringes of Sufism), produced visionary experiences and ecstasy. Iraq was the most sophisticated of all, in its academic adaptations of the Greek philosophical tradition.

One particular Christian expression continues to play a major role in Sufism: that of 'remembrance of God', in Greek *mneme Theou*, which is found first among the Stoic philosophers and is also connected with the use, in the Hebrew Bible, of the term *zakar*, 'remembering'. This is a form of prayer, but not in the sense of asking for something. It is connected with the celebrated 'Jesus prayer', the continually repeated invocation of the name of Jesus, a distinctive feature of eastern Christianity. In Islam the term is the same, *dhikr Allah*, 'remembrance of God', in the repetition of a short formula.

The specialists have demonstrated beyond doubt that another Sufi practice comes from early Syrian Christianity: that of deliberately incurring 'blame' (Syriac *shituta*; Arabic *malama*) through apparently reprehensible conduct: pretending to engage in illicit sexual relations, behaving like a madman, sitting on a dunghill, and so on. This has remained an important facet of Sufi poetry and teaching up to our own day: the mystic puts himself in a position where he is indifferent to the opinions held by others about him, or indeed prefers to be despised.

This doctrine of blame, already old, is repeated in the works of Isaac of Nineveh, the most important Christian mystical writer of seventh-century Iraq. Isaac is a representative of the Nestorian Church, which, through its emphasis on the humanity of Jesus, came close to Islam's rejection of his divinity, and enjoyed good relations with the early Muslims. He also teaches the doctrine of trust or confidence in God to provide one's sustenance: this too continues as a major topic in Sufism. Isaac is the most useful thinker in our search for a pattern, configuration or structure which is reproduced in Islam. Up to now we have encountered only isolated themes, but Isaac provides a fair amount of systematization, which corresponds with Sufi theory and clearly establishes the Christian character of Islamic mysticism. His teachings are repeatedly set out according to a threefold model, which consists of (1) the body; (2) the lower soul (known in Sufism as the *nafs*, the 'self'); (3) the higher soul or spirit (known in Sufism as the *ruh*). This triad is a dominant feature in Isaac's portrayal of the Path. In Islam the concept of the Path (*tariqa*) is often identified with Sufism itself. Isaac uses the term in the Sufi manner to indicate the mystic's upward progress. His version of the Path consists of three phases: (1) repentance; (2) purification; (3) perfection. The description of the Sufi Path always begins with repentance. Isaac gives an enumeration of the *virtues* and the *degrees* upon which the mystic ascends. In the first phase there are works of righteousness, performed with the body: fasting, alms-giving and vigils. In the second phase are neighbourly love, humility and other virtues of the lower soul. These two phases involve labour on the part of the mystic. Now, in the third phase instead of labour, at the level of the higher soul or spirit, are the gifts bestowed by God: delight, exultation and love.[2] In the same way, the classical descriptions of the Sufi Path distinguish, among the various stages of ascent, between those at the bottom, which are obtained through the mystic's own efforts, and those at the top, which are given by God alone. To be sure, neither Isaac and his Christian contemporaries nor the early Sufis possess fully developed systems. Different writers not only have different patterns, but are also often self-contradictory. However, the ordered correspondence between Isaac's explicit arrangement of his triads and the mainstream of classical Sufi theory demonstrates a repeated configuration.

In the past scholars expressed great hopes that light could be cast upon the origins of Sufism through further research into one peculiar Christian sect or grouping, known as the Messalians or 'Prayerites' because of their apparently continuous praying. Unfortunately, very little is known about them, and we are dependent upon biased and hostile references from outsiders. Immense caution is needed when evaluating these, especially when they include accusations of libertinism. Isaac of Nineveh asserts that the Messalians claim to be perfect, and consequently above normal restrictions. Such accusations are made by fairly early Sufi writers against extremists on the fringes of Sufism, and it is only later that mainline Sufi thinkers support the idea that perfection puts the mystic above the law. Even then, they will not advocate committing actual violations of Islamic legality. Given the correspondence between Isaac of Nineveh and mainstream Sufism, it is unlikely that the latter would owe much to some 'Messalian' libertines. Moreover, it is not clear that references to the Messalians by seventh-century authors represent more than a literary tradition of attacking a sect already dead. They were probably extinct (if indeed they ever existed as a separate grouping) by the end of the eighth century, when Sufism was yet to emerge. As for works in which authors put forward their own ideas, and which were previously labelled as 'Messalian' by scholars (the famous *Book of Degrees* and the *Homilies of Pseudo-Macarius*), recent research has shown this label to be inappropriate. The word 'Messalian' may just have been a pejorative epithet.

A much more promising perspective, not only for studying the roots of Sufism, but for finding the origins of Islam itself, is provided by 'Jewish Christianity'. This term is also riddled with difficulties. Here it will be used in the sense of observing the Jewish law while recognizing Jesus as the Christ. Such a combination brings with it a number of practices and beliefs, resulting from its own internal logic, and also false accusations from outsiders that more practices and beliefs existed.

Scholars have argued that a wide range of early 'Jewish-Christian' opinions and observances were misleadingly attributed to one particular sect, the Ebionites, whose name means 'the poor'.

This designation is highly relevant to the subject of mysticism in early Islam. 'A poor man' is the literal and original meaning of the words which have passed into English as 'fakir' and 'dervish' (Arabic *faqir*; Persian *darwish*). These words acquired the connotations of 'a man of the spiritual life' or 'a mystic'. We shall often use the term 'dervish' below. Like 'fakir', it has a wider meaning than the word 'Sufi': not all dervishes are Sufis. Moreover, the term 'dervish' indicates more the dimension of practice, while 'Sufi' designates more that of theory: the dervish is a Sufi in action, and the Sufi is a dervish in the abstract.

Reliable evidence shows that the Jewish Christians of the first few centuries CE (if not the Ebionites themselves) adopted a number of positions later taken over by Islam: retaining Jewish law in religious matters, and thus insisting on circumcision and rejecting Saint Paul; believing that Jesus was the Messiah, but just as a man, *not* as the Son of God; seeing Adam as a prophet; insisting on ablutions before worship and after sexual intercourse; and, in their later development, rejecting sexual continence and insisting on marriage. Some of them lived in the north of the Arab world, in Syria, before the Muslim conquest. It seems probable that they had a great influence at an early stage of Islam's development. Even if this is not the case, it would appear that from fairly early on the Muslims adopted their main pattern of belief and practice.

On the other hand Judaism itself does not seem to have made much of a direct contribution to Islamic mysticism, but rather to have provided the legal boundaries within which the expression of spirituality had to be confined. The Sufis are often accused of erring by using expressions which belong to Christianity, while Muslim lawyers are sometimes criticized for being too much like Jewish rabbis. While Sufis frequently think that Christians hold important secret opinions, the praiseworthy aspects of Judaism are found by Muslims to lie in the straightforward observance of ritual purity. Thus one Sufi observes that Syriac (as the language of eastern Christians) represents what is highest and most hidden, whereas Hebrew (as the language of Judaism) represents what is lowest and most obvious, and Arabic (as the language of Islam) unites the two extremes.[3] There does not appear to be any significant presence of specifically Jewish asceticism or mysticism in the background to the rise of Sufism. The time of Philo Judaeus (fl. 40 CE), the great exponent of symbolic interpretation of the scriptures, had long since passed. Only the 'Merkabah' or 'Throne of God' type of mysticism flourished before Islam. Here the description of the soul's journey to God's Throne, with its crossing of seven planetary spheres, resembles the visionary accounts in the Greek philosophical tradition as continued in the Muslim world rather than what is found in Sufism. Moreover, the sources show us not so much Judaism as Gnosticism (which will be discussed shortly) in Judaic dress. As the late Gershom Scholem, the greatest specialist in the study of Jewish mysticism, observed, there was no authentically Judaic mystical tradition in the lands of Islam before the Kabbalah arose in southern France around 1200. This is underlined by the fact that up to the thirteenth century Jews in Muslim countries just imitated Sufi writings.[4]

Christianity's contribution to the rise of Sufism is further apparent in the obvious influence from the neo-Platonist school of Greek philosophy. Plato himself had already provided a firm basis for early Christian spirituality: the doctrines of the contemplation of eternal Ideas and intimate knowledge of them; the soul's ascent from the false reality of the senses; and the love of true Beauty. The neo-Platonist school of Plotinus (d. 270 CE) and his followers had developed these doctrines into a great system, dominated by the triad of the One, Reason and the Soul. This system exercised an immense influence upon Christian mystical thought, with which it was indeed often identical. There were neo-Platonist philosophers in the background to the rise of Islam who were not Christians, but the process of transmitting Greek philosophy to the Muslims was essentially conducted by the Christians as translators and teachers, throughout the ninth century and well into the tenth. Thus to ask whether the origins of Sufi thought are neo-Platonist as opposed to Christian, or vice versa, would be to pose a false problem.

One striking and distinctive Sufi practice has antecedents in Plato: that of 'gazing at beardless boys' (*nazar ila 'l-murd*), justified by the explanation that one is contemplating Absolute Beauty in human form. This practice has provoked many condemnations, and has also provided much inspiration for classical lyric poetry in the Muslim world. There has been speculation about the possibility of a directly inherited tradition, passing from late antiquity into Islam. Certainly, there is a *literary* tradition of expressing love for beardless boys, which goes from later Greek literature into classical Arabic prose. But the Sufi practice of 'gazing' itself could either have been inspired by Plato's writings or have come from Central Asian sources (as we shall see) and then been justified by reference to him.

The neo-Platonist triad of the One, Reason and the Soul dominates the great Sufi didactic poems composed in Persian in the late twelfth century and the thirteenth. There is no doubt that as Sufism developed it took many teachings from this source, but scholars have tended to see little coming from it into the earliest beginnings of Sufism. They may be wrong, misled by the Sufis' own portrayal of their earliest representatives as heroic ascetics, followed only later by intellectuals, in parallel to the Path's beginnings in self-mortification before subsequent contemplation.

Another strand of the Greek philosophical tradition has been much neglected in the study of Sufism's origins: that of the Cynics. These uncouth vagrants, who rejected society's institutions to take a 'short cut' to the philosophers' goal of enlightenment, behaved very much as did the more extreme of the eastern Christian mystics who deliberately incurred 'blame'. It is likely that this practice passed from the Cynics into Christianity before going into Sufism and libertine groups on its fringes. There is no evidence that Cynics continued to exist in the sixth and seventh centuries CE: it is usually considered that they were absorbed into Christian monasticism. Here they survived as 'wanderers' (*gyrovagi*) who, as such, were disreputable. Their successors in the Muslim world were generally classed as dervishes rather than as Sufis, and cut themselves off from Sufism by openly breaking Islamic law.

The Cynics may well owe their origin (as is perhaps reflected in the alleged oriental roots of their most famous early Greek representative, Diogenes) to the ancient religious tradition of Central and North Asia, shamanism, which is characterized by magic, rain-making, healing and the flight of the shaman through the heavens. One problem is that the word 'shamanism' is used to mean this type of religion found all over the world. There is some evidence to suggest a direct influence from Central Asian shamanism upon Sufism as it first emerged. The use of the Sufi dance (itself resembling shamanistic practice) to produce rain is one example. The veneration of beauty (notably human beauty) is attested among the Turks of Central Asia before their conversion to Islam (but it has been argued that this belongs to the Gnostic religion of Manichaeanism, discussed below). Legends of Sufis as 'flyers' are particularly common in the north-east of the Muslim world, near the frontier with unconverted Turks. The deliberate provoking of 'blame' is also characteristic of this area in early Sufism. Modern western writers tend to be deeply suspicious of suggestions of shamanistic influences, and argue that these phenomena are universal. Indeed they are, but they are typical of tribal and nomadic religion, and we may see, in the constant influx of nomadic Turkic tribes from the north-east, a continuing source of renewal.

The flight of the shaman (whether as an influence imported from Central Asia, or as representing an indigenous religious tradition of a type found everywhere) is perhaps the ancestor of the ascent of the soul in Gnosticism, a mystical movement which arose in the mediterranean and in the Middle East from the second century CE onwards, and is distinguished by an emphasis on a higher knowledge (*gnosis*) reserved for an elite. This movement's teachings are based on the idea that in man there is a spark of divine light which has been imprisoned in earthly matter. It has recently been shown that the Gnostics appear in the Koran under the name of the Sabians, and also that Gnostic activity is connected with Jewish Christians in the north of the Arab world before Islam.[5] One cannot dismiss the likelihood that Gnostic elements were present in Islam from the very beginning.

It was as rulers of Iraq, however, that the Muslims were to find Gnosticism at its strongest. We must be careful here, as earlier scholars used the term Gnosticism to cover too wide a range of ideas, both in the background to the rise of Islam, and then in Islam itself. Recent research has shown what might have been expected: the original elite was by its very nature severely restricted, and consequently so was its Islamic progeny. This progeny is found in Islam's principal minority sect: that of the Shiites. Even there, the Gnostics live on not in the main Shiite sub-sect, constituted by the 'Twelvers', who recognize twelve Leaders after Muhammad and are strongest in Iran, but in the smaller sub-sects, whose members are called 'extremist Shiites' by western academics, such as the Isma'ilis, led by the Aga Khan, and the Druze of the Lebanon. Similarly, when Gnostic influences are detected in Sufism, where they are identified by the use of a distinctive imagery of light and darkness, they are found in the works of exceptionally sophisticated thinkers, whose teachings were evidently reserved for a small number of people. Such influences do not appear to have had a much wider impact. What holds good for Gnosticism holds good for the main Gnostic religion, Manichaeanism, which is named after the prophet who inaugurated it, Mani (d. *c*. 274). The fact that Mani was brought up in a Jewish-Christian sect, however, is of great importance for the comparative study of Manichaean and Islamic origins. Various features of Manichaeanism, notably its rejection of the flesh, were taken over by Christianity before Islam: direct influence on Sufism would have been limited.

Manichaeanism used to be called 'an Iranian religion'. Nowadays it would be better to call it 'one of the religions of Iran'. There does not seem to be a major Iranian religious contribution to Islam or Sufism. In the past there has, inevitably, been an attempt to see Islamic mysticism as an Aryan or Indo-European racial reaction of the conquered Iranians to their Arab, Semitic rulers. But the main Iranian religion before Islam was notably lacking in spirituality. This religion, called Mazdaism by some modern writers because of its worship of a chief god called Ahura Mazda, and Zoroastrianism by others after the name of its supposed founder (Zarathushtra or Zoroaster), was in a very weak condition at the time of Islam's appearance. Class ridden, hostile to asceticism, resorting to the persecution of Christian and Manichaean mystics, it had become an empty shell of taboos and rituals, the original meanings of which had long been lost. The only element within it of interest for our purposes seems to be borrowed from shamanism: the flight of the soul in a simulation of death, with the help of a hallucinogenic drug. On the other hand, it will be argued below (when we come to the fourteenth century) that the Islamic institution of 'youngmanliness' (*futuwwa*), which is often compared to European chivalry, and was combined with Sufism, is of Iranian origin. But this is a military rather than a specifically religious tradition.

The question of Indian influences on early Sufism has been much debated. There would appear to have been important borrowings, over the centuries, in the field of meditational techniques, but not at a particularly early date. Methods of breath control were evidently taken by the Sufis from India and then transmitted to eastern Christianity, where there is no firm evidence for their existence before the late thirteenth century. It is essential to distinguish between, on the one hand, influences in the form of techniques, such as worshipping upside down suspended in a well, or the use of the rosary, transmitted from Buddhism through Islam to Christianity; and, on the other hand, doctrinal influences. The latter seem notably absent.

We shall see one instance of doctrinal influence from traditional Indian religion, 'Hinduism', upon a ninth-century Muslim mystic, but we shall also see that this was immediately isolated and contained, being perceived as manifestly alien to the Sufis' objectives. In the thirteenth and fourteenth centuries one encounters elaborate theories of colours in one Sufi brotherhood, with the establishing of a system of correspondences between these colours and spiritual organs within the mystic, in a manner very similar to what is found in Hindu Tantrism. We shall come across these spiritual organs in the work of an eighteenth-century Indian Sufi: there they are located in the body according to Tantric teachings. But such borrowings are not central to Sufi doctrine or relevant to the study of its origins. As for the influence of Buddhism, it would appear to have come via Manichaeanism, and then through the impact of Manichaeanism on Christian monasticism and extremist Shiism. Thus the legend of the Buddha himself, accompanied by repeated complaints about the persecution of ascetics, seems to have been transmitted by Manichaeans to the Isma'ili Shiites before turning into the story of a penitent Sufi prince. Such contributions are both minor and indirect.

The influence of the Koran

The Koran presents enormous difficulties for the modern student. These difficulties stem largely from the bewildering arrangement of its contents. Biblical stories, allusions to contemporary events and attacks on opponents are mixed together in a way which appears to make the task of disentanglement impossible. The old method of distributing the fragments of the Koranic text into parts of Muhammad's biography has now been discredited, as the application of the methods of biblical criticism has begun. Moreover, the traditional view that the Koran was put together in its present form during the reign of 'Uthman (644–56) has been much criticized: it would seem that this was done much later, perhaps in the early eighth century, after a period of doctrinal changes. Here, in looking at the Koran as a source of inspiration for the development of Sufism, we shall follow the order of likely influences (Christian, Jewish-Christian and Gnostic) as enumerated above.

The Koran contains a striking expression of sympathy for Christians, and notably Christian monasticism:

> You will find that the people most hostile to the believers are the Jews and the polytheists; and you will find the closest in love to the believers to be those who say, 'We are Christians.' That is because some of them are priests and monks, and they are not proud. And when they hear what has been sent down to the Messenger you see their eyes overflow with tears, because of the truth which they recognize. (5: 82–3)

There are also attacks on Christians, notably for taking their monks as lords beside God (9: 31). The monks are condemned for enriching themselves (9: 34). In one important passage the Koran says, referring to Jesus: 'And we made in the hearts of those who followed him kindness and mercy and monasticism (*rahbaniyya*) – they started it (we did not prescribe it for them) in seeking God's acceptance, but they did not observe it as it should be observed' (57: 27). Here one can see an anticipation of the course later taken by Sufism: monasticism will be seen by Sufis as a specifically Christian institution, practised by Christians in a way which is not quite right, and which somehow obscures a true, underlying and ideal essence.

The Koran also speaks of an original Covenant between God and man (a theme much emphasized, it has been noted, in eastern Christianity): 'And when your Lord took from the sons of Adam, from their loins, their seed, and made them bear witness against themselves – "Am I not your Lord?" – they said, "Yes, we bear witness"' (7: 172). This passage is central to all Sufi doctrine. Moreover, the Koran speaks of a privileged class of people, the 'friends of God' (*awliya' Allah*, 10: 62). It also speaks of love between God and these privileged people, notably in a passage much quoted by the Sufis: 'a people whom he loves and who love him, humble towards the believers, disdainful towards the unbelievers, striving in the way of God, not fearing the reproach of anyone' (5: 54). The Koran also repeatedly and frequently emphasizes the Christian theme of 'remembrance of God' (*dhikr Allah*, 5: 91, 13: 28, etc.) There is a somewhat ambiguous carnal soul (*nafs*), which urges evil (12: 53), but can be rendered tranquil (89: 27) and be found acceptable by God (89: 28). There is also a Spirit (*ruh*), which is God's, and part of which he breathed into Adam (15: 29) and Mary (66: 12). This Spirit, we are told, will give rise to questioning: the answer is that it belongs to the 'affair' (or 'command', *amr*) of God (17: 85). In Sufism there is a great mystery about the relationship between this Spirit of God and the spirit or higher soul within man. The Koran also speaks of man's heart (*qalb*, 2: 97, 2: 204, etc.) Thus Sufism will depict a battle between the lower or carnal soul and the spirit, with the heart in the middle.

The subject of a possible Jewish-Christian mystical element in the Koran is closely bound up with the problem of Gnostic influences, and the specifically Jewish-Christian teaching of a 'True Prophet' who is manifested first in the person of Adam and later in that of Jesus. The statement that Muhammad is the 'Seal of the Prophets' (33: 40) gives us a Manichaean term from a Jewish-Christian context. The Koran's declaration that Jesus was not killed on the Cross, but only appeared to be (4: 157), had long been thought by earlier scholars to reflect a Gnostic source. The dramatic discovery in Egypt of Gnostic texts which contain this doctrine has brought ample confirmation.[6] But when the

Koran says that God is the light of the heavens and the earth (24: 35) we have a familiar Christian image (given a remarkable poetic development) and need not look to Gnosticism's habitual concern with the light and the dark.

In general, however, it must be said that the elements just discussed, which seem most favourable to Sufism's development, are not representative of the Koran as a whole: the text is noteworthy for its rigour and severity, and the mystics of Islam have had to work hard to produce inner meanings which reflect personal communion with God. But it would be entirely wrong to see the Koran as coterminous with the earliest phase of Islam itself. The text is there for a liturgical purpose, as its very name shows – 'Reciting', 'Reading (from Scripture)' – and so a large part of it presents familiar biblical stories in Arabic.

The harshness of its attacks on adversaries is what one would expect from an atmosphere of sectarian strife, and is consistent with the hypothesis of a Jewish-Christian element in the religion's formation. That does not exclude the possibility of extensive mystical beliefs in the beginnings of Islam. For some scholars have recently come to realize that the Koran did not play so great a part in the rise of Islamic doctrines and institutions as had previously been thought. In Islamic law, for example, it could not, by its very nature, make a particularly extensive contribution. It is important for the Muslim more for what it is, namely the uncreated speech of God, than for what it actually says. Moreover, recent research has shown that in early Islam God's speech was by no means restricted to the Koran; he was seen as speaking in the first person via Muhammad in sayings collected outside the Koranic text. Furthermore, even when utterances attributed to Muhammad were not seen as reflecting God's speech, in the eighth century they were accorded an authority which in practice equalled that of the Koran, however surprising this may seem today.

The influence of the Traditions

Originally, the Tradition or 'report' (*hadith*, literally 'news') was just a statement that an early and authoritative Muslim had said or done something, or condoned someone else's action by his silence. As time went on only statements about Muhammad were held to be valid in mainstream Islam (while the Shiites accepted statements about their Leaders), and had to be provided with increasingly full pedigrees, in the form of lists of transmitters from one generation to the next. The Muslims themselves have always admitted that forgery and invention, in both the statements and the pedigrees, took place on a massive scale, but have nonetheless maintained that a substantial bedrock of sound Traditions was preserved in the ninth-century canonical collections. Some western scholars have been much more sceptical, and have tried to date the Traditions to periods of Islam's development and argue that they mirror doctrinal and political changes.

Now the importance of the Traditions to the study of Sufism's origins is fundamental. Earlier scholarship decided that Traditions of a mystical nature, notably those in which God speaks in the first person, were all ninth-century forgeries, invented by the Sufis for their own purposes. This standpoint was consistent with such scholars' overall view of the beginnings of Islam, one typical of attempts to write religious history in the nineteenth and twentieth centuries: the founder was an austere prophet of God's absolute transcendence, whose pure faith was later corrupted by alien visionaries. Islam was therefore seen as an originally harsh and cold intrusion, which was later given mildness and warmth by Sufism, a product of foreign borrowings and man's need for solace.

In recent years, however, it has been shown that the Traditions used by Sufis, and notably those of the 'sacrosanct Tradition' (*hadith qudsi*) type, which present God's own speech, are not likely to be any later in origin than the others in the ninth-century collections. Our chances of determining that a given Tradition was really originated by Muhammad are non-existent, unless new evidence is discovered. But the Sufi Traditions seem to be as early as the rest, and probably belong to what now appears as the main source: the large-scale production of Traditions in Iraq from the beginning of the eighth century. Most probably, as the new religion of Islam was gradually built up from its Jewish-Christian base – whether this base was there at the very start, or was subsequently borrowed, or was spontaneously recreated – it produced on the one hand legal Traditions out of Jewish materials in the Babylonian Jewish community in Iraq; and on the other mystical Traditions out of Christian materials in the Nestorian Church in Iraq.

Thus some of the 'sacrosanct Traditions' are recognizably reflections of Christian source materials: God speaks of men who love one another *in him*, as in New Testament usage. He says, 'I was sick and you did not visit me', etc. (cf. Matthew 25: 41–5); also, 'I have prepared for my pious servants what no eye has seen, and no ear has heard, and has not occurred to the heart of any man.' This saying is found in almost identical wording in the Coptic Gospel of Thomas. One particular 'sacrosanct Tradition' is a cornerstone of all later Sufi doctrine:

> My servant does not stop drawing close to me by extra acts of devotion until I love him. Then when I love him I am his hearing by which he hears, his sight by which he sees, his hand by which he grasps and his foot by which he walks.

Other Traditions, in which it is not God who is presented as speaking through the intermediary of the Prophet, but Muhammad alone, give the spiritual life in Islam both its direction and its boundary: 'Poverty is my glory', and 'There is no monasticism in Islam'. Moreover, it is Traditions which make up the earliest standard biography of Muhammad, composed in the mid-eighth century and edited in the early ninth. Here we find a brief sketch of the story of Muhammad's ascension to heaven and appearance before God: a familiar Middle Eastern motif with shamanistic antecedents. Islam has always linked this story with a passage in the Koran (17: 1), where an unnamed person goes on a mysterious journey by night. It has been convincingly pointed out, however, that there is no reason to identify this person with Muhammad or the night journey with his ascension. But the mystics of Islam have given the combination a rich and colourful expansion, finding in it a prototype for their own experiences. In another legend, set in Muhammad's boyhood, in which mysterious visitors open his breast and extract his heart, we again find a well-known element of shamanistic religion, where it is an indispensable initiatory procedure. Sometimes the story of Muhammad having his breast opened is put just before his ascension.

Legends of early mystics

Other stories connect Muhammad with figures much venerated in Sufism: notably Salman the Persian, a convert from Christianity, alleged in an early Christian source to have had a hand in the composition of the Koran; and a man called Uways in South Arabia, who is said to have communicated with Muhammad by telepathy, and thereby to have inaugurated a curious tradition in Sufism in which disciples are presented as being instructed by the spirits of physically absent or dead masters. Legend also tells of associates of Muhammad called the people of the *suffa*, a long bench in Medina which was supposed to have been their sole home, as they devoted themselves to piety and poverty. This led to the postulation of a fanciful derivation, which is linguistically impossible, of the word *sufi* from *suffa*.

Legends of eighth-century figures venerated in Sufism do not present them as Sufis, but as 'world renouncers' (*zuhhad*) or 'devotees' (*nussak*). They are shown as sternly pious ascetics who achieve massive feats of self-mortification. Needless to say, many of the stories about them are repetitions of anecdotes about Christian monks. What is needed, however, is to find patterns, rather than isolated tales, to establish the continuation of ideas into Islam.

Such a pattern is provided by the legends of two women called Rabi'a. One of these, Rabi'a of Basra in Iraq, is the most famous woman of Islamic mysticism. She is thought to have died in 801. We are told that before repenting and taking to the desert she was a slave girl. One version of her legend says that she 'fell into minstrelsy'. It would seem that here we have a reminiscence of the celebrated converted prostitutes of early eastern Christianity. For at that time the singing slave girls of Iraq provided sexual and cultural services in the manner of classical Athenian courtesans and the Japanese geisha. This tallies with anecdotes of this Rabi'a's witty replies and her recital of verses about love. We need not take seriously, however, the claim, often repeated by modern scholars, that she introduced the theme of love into Islamic mysticism. This is based on verses attributed to her by a source 200 years later; the source also ascribes these verses to four other figures. Popular belief confuses her tomb with that of Saint Pelagia of Jerusalem, a penitent entertainer and courtesan whose cult on the Mount of Olives is attested from the sixth century.

In contrast to her we find another Rabi'a, alleged by sources from the late tenth century onwards to have lived in Syria in the early ninth. She is supposed to have been married to a leading Sufi, but not to have had intercourse with him. Here we have a continuation, rare in Islam, of a practice common in early Christianity, where it is often put beneath the patronage of Mary the mother of Jesus. Thus behind the contrasting Rabi'as we can see pairs of contrasting Marys. Behind Rabi'a of Basra we can see Mary Magdalen, who is identified with the anonymous penitent in Luke (7: 37–50) by a Nestorian writer of ninth-century Iraq, and Mary of Egypt, who is supposed to have repented of a life of promiscuity after the intervention of Mary the mother of Jesus, and is also believed to be buried at the shrine of Pelagia. Behind Rabi'a of Syria and her Sufi husband we can see the shadows of Mary the mother of Jesus and Saint Joseph, and also Mary and Theophilus of Antioch, representatives of the Syrian tradition of 'blame'. Mary and Theophilus of Antioch dress up as a prostitute and a juggler, but are really a pious and sexually abstinent married couple. Thus the two Rabi'as reflect the pre-Islamic cultural colourings of Iraq, with its wit and sophistication, and Syria, with its more simple but rigorous asceticism. The pair of the penitent courtesan and the sexually abstinent wife form a pattern which continues in Sufi biographies.

Eighth-century texts

Great care should be taken when approaching the vexed question of eighth-century texts. The leading specialists disagree vehemently about the dating of works ascribed to this century. Even when they agree that a given text was composed before 800, they advance vastly different theories about the part of the century to which it should be attributed. Again, there is the problem of such a text being edited by Muslim writers after 800. Some arguments advanced in favour of the authenticity of a work are patently naive, such as the suggestion that a text should be accepted as authentic until proved otherwise. Given the obvious temptation for Muslims to ascribe teachings to a famous early figure, such an argument can carry no weight at all.

It seems unwise to build historical reconstructions upon, for example, the mystical commentary on the Koran attributed by Muslims to the sixth Leader (*Imam*) of the Shiites, Ja'far (d. 765). We possess this commentary only in editions made in the early tenth century. The rigorously sceptical work of John Wansbrough has suggested that the task of elaborating the interpretation of the Koran fell into successive (if overlapping) stages, as with Hebrew scripture: there would have been a concern first with moralistic story-telling, then with law, then with the transmission of the text itself, and only finally with rhetorical analysis and the symbolic interpretation characteristic of Sufism.

The origin of the term sufi

From this we come to the problems of the first appearances of the term *sufi* and its meaning. Here I am indebted to the recent work of Göran Ogén, without being in agreement with him. Much has been made of an isolated statement that the first person to be called '*sufi*' was one Abu Hashim of Iraq, who is said to have died in 776. This should not be taken too seriously. It goes against all the evidence from classical Muslim sources, who agree that the term dates from the third century of Islam, which began in 816. Before, as we have seen, ascetics were called by different terms. There is no evidence for a group of people calling themselves Sufis about 776, and indeed it is only around the middle of the ninth century that one finds such groups in Baghdad, the new capital of the 'Abbasid dynasty of caliphs, who had replaced the Umayyads of Damascus.

It has usually been considered that the term *sufi* meant originally 'wearer of wool', the Arabic for wool being *suf*. In Nestorian Christian asceticism before Islam wool was a noteworthy element. The novice, in one ritual, is made to sit on a woollen tunic and is told that it is a grave which declares him dead to the world. In Nestorian Christianity during the Islamic period there is literary evidence (though too late to be conclusive) that a wearer of wool means a monk. Moreover, in early Islam the wearing of wool was characteristic of the very lowest classes of society, and consequently symbolized humility. We know that woollen clothing was adopted by the earliest Sufis, and they themselves accepted this explanation of the name. This etymology might seem, then, to be indisputably and exclusively correct, were it not for a long-neglected counter-argument.

This argument was put forward in 1893, by Adalbert Merx, a man with a remarkable knowledge of both Islam and its antecedents in culture preserved in Syriac sources. He declared that *sufi* could not originally have meant 'wearer of wool', because logically an Arabic word formed in this way would have to mean 'a man made of wool' or 'a seller of wool'. Rather, it must come from the Greek *sophos*, 'wise', rather as Greek *philosophos*, 'philosopher', became Arabic *faylasuf*. To the well-known objection that a Greek *s* is represented in Arabic by the letter *sin* (as in *faylasuf*), not the letter *sad* (as in *sufi*), he responded with a number of counter-examples in which a Greek *s* does correspond to an Arabic *sad*. Furthermore, Sufism is heavily indebted to the neo-Platonist tradition within Greek philosophy. The term *sufi* appeared at the same time as the translation of Greek philosophical works into Arabic. This was heavily patronized by some caliphs of the 'Abbasid dynasty, which reigned in Baghdad from 750 onwards. It was in the first half of the ninth century that this patronage of philosophy was extended. In 847 a change of ruler brought a dramatic fall in the fortunes of philosophy: henceforward it was seen as unislamic and Greek, and to be abhorred. Thus, we might imagine, the Sufis were to find it convenient to suppress the original Greek explanation of their name.

Against Merx one is bound to argue, following Ogén, that *sufi* could have meant 'wearer of wool', as a word formed originally in the spoken, colloquial language, and then transposed into literary Arabic, without being correctly formed in the latter. Other etymologies require exclusion on linguistic grounds, although they were put forward alongside that from *suf*, 'wool', by the Sufis themselves: from *suffa*, 'bench', from *safa'*, 'purity', and from *saff*, 'rank, degree'. There are only three possibilities:

1 from Arabic *suf*, 'wool', alone,
2 from Greek *sophos*, 'wise', alone,
3 a pun, combining 1 and 2 from the outset.

The weight of the evidence would appear to render explanation 2 the least likely. It does not seem feasible to decide which of explanations 1 and 3 is the more probable. In any case, as we have observed, it would be a false question to ask whether Christianity, represented by wool, as opposed to neo-Platonist philosophy, had more influence on the rise of Sufism, since Christian mystical thought was essentially neo-Platonist in inspiration.

Conclusions

The last consideration leads us to a question which is often put: is Sufism Islamic or not? This too is really a false problem. There is no point in asking whether Sufism is Christian as opposed to Islamic, since there was no fully developed religion of Islam preceding Christian influences. Sufism is part of the emerging Christian wing of Islam, not an alien intrusion. Recent scholarship has tended to see the origin of Sufism in the activities of the 'People of the Tradition' (*ahl al-hadith*), who were the most respectable of mainline Muslims, as the collectors and defenders of sayings attributed to Muhammad.

The picture of early Islam which has been given here, that of a religion which tries to steer a middle course between Christian spirituality and Judaic legalism, owes much to Louis Massignon's work. Massignon presented evidence which pointed to the Christian sources of Sufism. This he did in the context of analysing the terms used by Sufis, which he listed under the headings of their apparent provenance. Then he made a statement which has often been accepted and repeated: 'The long inventory above allows us to state that it is from the Koran, constantly recited, meditated, and experienced, that Islamic mysticism proceeds, in its origin and its development.'[7] This is misleading. To collect technical terms and classify them according to origin is an admirable and important method, but to draw such a conclusion is unjustifiable. A mere numerical superiority of words coming from the Koran does not show that Sufism itself comes from it. Scholars have known for a long time that although Christian mystics always use biblical terms Christian mysticism comes from Platonism, not the text of the Bible. It is the patterns of thought and their functioning which are significant, rather than the fragments of discourse themselves. Naturally the Sufis clothe their ideas in Koranic vocabulary: to fail to do so would be to incur censure. But a significant number of Sufi terms are manifestly Christian, being loan-words from Syriac.

There is one last problem to consider: to what extent might the beginnings of Sufism have been influenced by Shiism? This is an extremely difficult question. Answering it has not been made easier by the long hostility of western scholars to Shiism's emotional veneration of Muhammad's family. They have tended to follow mainstream Islam in rejecting Shiite claims. Some specialists have argued, plausibly enough, that the high position given to the figure of Muhammad in Sufism is a late reflection of Shiism's earlier exaltation of its Leaders. Recently it has also been argued that the Shiite conception of the leadership of the Muslim community, which presents the ideal ruler as the source of religious knowledge, is more archaic and closer to the beginnings of Islam than the mainstream view, that of Islam's Sunni majority, in which such knowledge is seen as diffused among a number of scholar-jurists. It has been suspected that the Sufi hierarchies of the 'friends of God' show Shiite influence in their arrangement and the numbers of members assigned to the various grades. In general, however, it would seem that although a Gnostic element was probably present from the beginnings of Islam, and Gnosticism continued to provide a higher knowledge for a Shiite elite, this very elitism prevented Shiism from exerting a great impact on the rise of the Sufi tradition.

THE WRITERS AND THINKERS OF THE NINTH AND EARLY TENTH CENTURY

We now proceed to solid evidence: books composed in the ninth century. Needless to say, these are accompanied by legends of the authors and their contemporaries, and a wealth of anecdotes in later compilations, which have created much confusion. However, ninth-century Islam is rich in its own literary production, and by concentrating on this we can at least follow the gradual emergence of Sufism's components.

Muhasibi

Caution is essential in the case of one great figure often classed among the Sufis, a man called Muhasibi, who died in Baghdad in 857. Although the Sufis have claimed him as one of their own, the work of Joseph van Ess has demonstrated that he was neither a Sufi nor a mystic, but a moralizing, pious theologian. He is of importance for us, however, as an expositor of a number of themes which the Sufis were to absorb and use. He himself did not belong to any group, and was very much his own man. His independent stance against the Greek-inspired, rationalist theologians of his day brought him into a lot of trouble, since by actually engaging in theology to combat them he placed himself in an unpopular discipline, which many Muslims insisted should be banned.

Muhasibi has no system, not even concerning an upward progression of 'stations' (*maqamat*), as taught in Sufism. Rather, he concentrates on the fear of God and scrupulousness in fulfilling religious duties. Central to his doctrine is the inspection of the lower, carnal soul, the *nafs*. He is at great pains, however, to avoid any ostentatious display of piety. Here he analyses an important technical term much used by Sufis: *riya'*, which means the sycophantic and hypocritical show of religiosity. This idea is of great significance, since the Muslim mystic is usually in society and perpetually observed, unlike the monk or hermit. Other subjects in Muhasibi's writings are predictably paralleled in Christian thinkers: indifference, forgetfulness and sickness of the heart. In analysing the concept of an 'intention' before an action, however, he is developing a liturgical element borrowed by Islam from Judaism. Muhasibi is not concerned with the drunkenness of ecstasy or visionary experiences in this world. He gives graphic descriptions of the terrors of the Last Judgement and the luxurious wallowings of the blessed in the physical pleasures of Paradise. God's friends (*awliya'*), we are told, are companions in heaven because they have loved each other *in their Lord* in this world. They are briefly interrupted in their enjoyment for a vision of God.

In general, Muhasibi has a fairly restrained approach to the Christian roots of Sufism. He refers to contemporary ascetics who dress in wool or patched frocks, but feels that this is rather dubious, as characteristic of Christians. As for the term 'monasticism' (*rahbaniyya*) itself, he is not hostile towards it. He quotes the parable of the Sower in Matthew, and shows no embarrassment at using what he knows to be a Christian source. Muhasibi is indeed important for what he does *not* say. He speaks of 'wearers of wool' from Mecca, South Arabia, Syria and Iraq, but does not give us evidence of specifically Sufi practices. The 'remembrance of God' does not appear in his writings as a special ritual technique. It is only later writers that present Muhasibi and his contemporaries as being familiar with the discipline of 'listening' (*sama'*) to poetry or music in order to produce ecstasy.

Dhu 'l-Nun

We are still without concrete evidence when we approach the almost entirely legendary Dhu 'l-Nun of Egypt, said to have died in 861. Works on alchemy, magic and medicine are attributed to him, but are of doubtful authenticity. Although later Sufis claim him for their own, as a leader and the originator of important concepts, such as the mystic's direct knowledge (*ma'rifa*, gnosis) of God and the stations (*maqamat*) and states (*ahwal*) of the Sufi Path, there is no proof of this at all. At best one can say that here we have a representation of an impact from the Greek philosophical tradition, which included alchemy and medicine, upon the beginnings of Sufism, in contrast to Muhasibi, as the embodiment of Christian asceticism. In portraying these two men as opposite poles in their time, Sufism has perhaps found an appropriate indication of complementary sources in its own beginnings.

Abu Yazid

Very different problems are posed by another early figure, the wild and controversial Abu Yazid, who lived in a village called Bastam in northern Iran and died about 875. A number of sayings are attributed to him, of a type termed the *shath*, the 'ecstatic utterance' in which the mystic gives voice to his most intimate experience. We know that some of these sayings were commented upon in Baghdad less than forty years after his death, and were preserved in a late tenth-century work. More were collected in a book written by a man who died in 1084. In general, it can be said that many of these sayings have strong points of resemblance, and together represent the words of one man or at least a very limited circle of disciples. Debate has centred on the question of whether Abu Yazid was subject to an Indian religious influence: the last writer to claim that he was, R. C. Zaehner, has been vigorously attacked. It is necessary to examine his case.

Zaehner stressed the point that Abu Yazid was said to have a teacher called Sindi. This name would normally be taken to mean that its holder came from the region of Sind, now part of Pakistan. It has been suggested that in this case the holder could have come from a village called Sind, located in the province of northern Iran in which Abu Yazid lived. But it must be said that the combination of external evidence (a report of a teacher of apparently Indian extraction) and internal evidence (the Indian character of Abu Yazid's sayings) is particularly powerful. Moreover, according to our late tenth-century source, Abu Yazid said that he taught Sindi how to perform the obligatory duties of Islam, in exchange for instruction concerning 'realities' (*haqa'iq*) and the affirmation of God's Uniqueness. This suggests that Sindi was originally a non-Muslim.

Zaehner also found, in one of Abu Yazid's sayings, the expression 'Thou art that' applied to God. This is a famous and familiar phrase of the Upanishads, the great Hindu scriptures. Abu Yazid also mentions an encounter, in which he takes the form of a bird, with a 'tree of oneness', its soil, root and branch, and shoots and fruits, and then rejects all this as 'deceit' – just as the Vedanta (the Indian philosophical tradition which develops the thought of the Upanishads) rejects the universe as 'illusion'. In a passage of the Upanishads two birds are presented as clinging to a cosmic tree, the one bound by the 'illusion', the other not. Furthermore, Abu Yazid is celebrated for having declared, 'Glory be to me!' This again is found in the Upanishads. Again, he says, 'I sloughed off my self as a snake sloughs off its skin: then I looked into my self and lo! I was he.' In the Upanishads the body is compared to the sloughed-off skin of a snake, just before a man is envisaged as knowing himself and saying, 'I am he.'

An attempt to disprove Zaehner's case was made by A. J. Arberry.[8] He managed to establish the fact that the idea of God's deceit (to test men) is found in the Koran (4: 142). Arberry then claimed that Massignon's discussion of Abu Yazid's expression 'Glory be to me!' made debate about an Indian origin unnecessary. But if we turn to Massignon's work we find only a list of Sufi comments on the phrase.[9] Arberry then tried to attack Zaehner's rendering of the Arabic words in which he had found the expression 'Thou art that', and argued that the translation should read 'Thou wilt be that' and refer to Abu Yazid's envisaging God as remaining after he himself had ceased to exist. He also observed that the pronoun 'that' is applied to God in the Koran (6: 95 etc.) After this Arberry declined to attack Zaehner's other examples of Indian parallels, on the ground that this would make his paper too long. He concluded by saying that one might speculate that Abu Yazid just instructed Sindi in the interpretation of the verses of the Koran involved in performing his religious duties, rather than teaching him how to perform them.

Arberry's rejoinder, then, is weak, and does not constitute a refutation of Zaehner's argument. We should, however, consider the objections made against Zaehner by a more serious opponent, Molé.[10] Molé claimed, like Arberry, that in saying 'Thou wilt be that' Abu Yazid was declaring that he himself would have disappeared. But there is no statement in the Arabic text that Abu Yazid is disappearing: this is just the usual later Sufi explanation, which the orientalists are projecting back. Molé also claimed that Abu Yazid's image of the bird and the tree was Koranic, not Indian. He did not produce a Koranic example to prove his case. He declared that the 'deceit' was not the universe, but the mystic's experience. The text does not allow us to decide if this is right or not.

Two general observations are necessary here. First: these specialists, whether arguing for or against an Indian influence, made the mistake of assuming that Abu Yazid taught the Sufi doctrine of the 'passing away' (*fana'*) of the mystic. In fact no early source presents him as teaching this. It is late sources that add the element of 'passing away' to the story of Sindi's instructing Abu Yazid. Second: Zaehner, in addition to producing a magnificent and overpowering case for an Indian influence on Abu Yazid, committed the serious error of imagining that this had changed the entire course of Sufism's development – that one man had altered Sufism's natural orientation towards God into a movement towards monism, the doctrine that there is only one entity in the whole of existence. As we shall see, the Sufis of Baghdad were fascinated by Abu Yazid, but realized that what he was saying was not what they wanted, and clearly expressed this feeling. They were to pursue their own path, noting, but not being directed by what Abu Yazid had uttered. My position in this controversy is an independent one: acceptance of the thesis of an Indian influence on Abu Yazid; but rejection of Zaehner's claim for a wider diffusion of Indian teachings through him.

Tustari

That Abu Yazid was a mystic is clear enough; but was he a Sufi? To find clear examples of Sufi figures we have to await thinkers who died in the 890s. One of these, Tustari (d. 896), who taught first in south-western Iran and then at Basra in southern Iraq, is undoubtedly an outstanding personality and one of the founders of Sufi doctrine. Although his works are constituted by the compilations of his students and their successors – who had their own observations to add – the excellent study of Gerhard Böwering enables one to see, in Tustari's commentary on the Koran, a distinctive and original fund of theories which are certainly archaic and represent his own contribution.

God, according to Tustari (and here we have an original doctrine, apparently held only by him at that time), created Muhammad before everyone else, as a light which he caused to appear from his own Light. Muhammad then stood in adoration before him. Much later he created Adam from this Muhammadan light, before creating mankind and making a primordial Covenant with it. The heart of Muhammad is also all-important: it is the mine of God's absolute Uniqueness, of the attestation of that Uniqueness incumbent on all Muslims, and of the Koran itself.

In the next world, says Tustari, the blessed will enjoy 'survival' (*baqa'*) with God. It is noteworthy that he does not, like other Sufis, use this term to denote the aftermath of spiritual experience in this world, where the mystic survives in or through God or with his attributes changed by him. Moreover, although Tustari uses the key concept of theophany (*tajalli*, God's appearing or self-displaying) he does so only in the context of Paradise, not, as later Sufis do, to refer to a terrestrial vision of God.

The soul (*nafs*) in Tustari has a marked ambiguity. On the one hand, to be sure, it is the lower, carnal soul which incites people to commit evil. On the other hand, it is the vehicle for God's secret conversation with man. This is connected with the idea that within the soul there is a secret (*sirr*). Tustari also speaks of the mystery of direct knowledge (*ma'rifa*, gnosis) of God. The secret hidden within man lives through remembrance of God. There is a higher stage of this in which man makes remembrance of God *through* God himself.

Tustari has a personal doctrine of certainty (*yaqin*), which inspires and resembles the one usually found in Sufism, without being identical with it. There is the light of certainty (*nur al-yaqin*) which God makes manifest to man; the knowledge of certainty (*'ilm al-yaqin*); and most importantly, the 'quintessence' (*'ayn*, which also means 'eye') of certainty. This is formally different from the usual Sufi triad of the three types of certainty: the knowledge of certainty; the quintessence of certainty which belongs to the eyewitness; and the 'truth of certainty' (*haqq al-yaqin*) in actual experience. But these three types are reflected in another triad, in which Tustari expresses his view of certainty more clearly: unveiling (*mukashafa*), as in God's interview with Moses on Mount Sinai; visual beholding (*mu'ayana*), as in God's demonstration of his power to Abraham (Koran 2: 260); and contemplative witnessing (*mushahada*), as in Muhammad's ascension.

The light of certainty is perceived in other luminous forms, as the lights of direct knowledge, of guidance and of faith. The light of guidance is part of God's own Light, intervening in a primordial gift. The light of direct knowledge, which is in a man's heart, is clearly related to that of faith. The light of faith enables men to read otherwise invisible lines written in their hearts before their creation.

In Tustari's work the theme of God's Uniqueness is closely bound up with that of the original Covenant, in which men bore witness to this Uniqueness. The attestation to his Uniqueness was deposited at the beginning in their hearts. God's own testimony to it took place before he created creatures. Men's perception of its reality will come to fruition in the vision of God in the next world.

Tustari gives an important presentation of the 'friends of God'. They are different from the ordinary servants of God in that the elite are desired by God, while the common people desire his Face. Again, friendship is conferred on the 'friends' before their creation. Muhammad is the friend of the man whose friend is God. It is significant with regard to the way that much of Islam developed out of the sayings attributed to Muhammad, rather than out of the Koran, that Tustari rejects the Koranic insistence that all men will be questioned on the Day of Reckoning (15: 92) in favour of a Tradition which says that God's friends will proceed directly to Paradise without any questioning. Only the 'friends' understand the Koran. They are ranked in a hierarchy. Tustari says that he has met 1500 'truthful ones' (*siddiqun*); forty 'substitutes' (*abdal*, so called, he asserts, because they keep substituting the mystical 'states' for one another), who are still making progress; and seven 'pegs' (*awtad*), who have reached their goal. As for Tustari himself, he claims to be the 'proof' (*hujja*) of God for his pupils in particular and for people in general. The idea of a man's being the proof of God's presence or will is characteristic of Shiism.

Tustari's teachings in psychology are most peculiar and confused. The ambiguous character of the lower soul leads him to posit a 'lower soul of the spirit' (*nafs al-ruh*) as opposed to the 'lower soul of nature' (*nafs al-tab'*). The former contains a luminous spirit which God takes from man in death. The spirit is joined with the intellect and the heart, both in God's original dialogue with men, to the exclusion of the 'lower soul of nature', and in the beatific vision in the world to come.

It is significant that some Sufi doctrines are absent from Böwering's reconstruction of Tustari's commentary on the Koran. The key concept of 'passing away' is not there, and there is no ordered progression of 'stations' and 'states', although 'states' are mentioned. While Tustari is undoubtedly a mystic, concerned with a 'secret' within man, he is not concerned with the visionary experiences of his contemporaries or their claims to intimacy with God in this world. There does seem to be a Gnostic influence, as shown by Tustari's emphasis on themes typical of Gnosticism: luminosity within men, direct knowledge of God and the importance of the elite. There also appears to be a link with the Greek philosophical tradition: in one early source Tustari says that the four branches of science are religion, medicine, astrology and alchemy. Inevitably, there is unreliable evidence connecting him with the elusive Dhu 'l-Nun, himself seen as an authority on gnosis and the occult sciences.

Kharraz

One contemporary of Tustari, Kharraz (d. 899), who lived in Baghdad, must rank alongside him as one of the two founders of Sufism in their time (as far as the literary sources permit us to judge). Sufi tradition credits him with being the first to speak in Baghdad of 'passing away' (*fana'*) and 'survival' (*baqa'*). Wilferd Madelung has taken the view that this was not really true, since these ideas had been used by Sufis before him and were common in his time. But, as we have seen, there is no reliable evidence of the earlier use of these terms. This is the principal problem with German scholarship as applied to ninth-century Sufism: it is excellent and rigorous when directed towards an individual figure, but at the same time often makes observations which are based on late and unreliable sources about other figures in the background.

Kharraz's *Book of Truthfulness* (*Kitab al-sidq*) reads very much like the treatises of Isaac of Nineveh. He begins by taking the concept of truthfulness (*sidq*), and relating it to those of sincerity and patience. Then he applies the idea of truthfulness to the sequence of 'stations' in the Path. The first part of truthfulness, he explains, resides in repentance (*tawba*). This, as in Isaac and later Sufism, is the first 'station'. After this 'station' are: knowledge of the lower soul, and knowledge of the devil; scrupulousness; 'the lawful and the pure', where Kharraz considers the correct attitude towards material possessions; renunciation of the world (*zuhd*, often translated as 'asceticism'); trust in God (*tawakkul*) (here Kharraz particularly resembles Isaac in speaking of cutting off 'causes', that is to say visible means of support); fear; shame; knowledge of God's bounties and gratitude; love; acceptance; desire; and finally, intimacy.

At the end, joy, rest, direct knowledge of God and nearness to him are attained: 'what no eye has seen'. As in Isaac, we are not given a systematic arrangement of the 'states' which follow the acquisition of the 'stations' or 'virtues'. It is explained that a man reaches a 'state' where he no longer needs to worry about truthfulness, because it is made easy for him by God. But the term 'station' is also used for the higher stages by Kharraz.

The *Book of Truthfulness*, however, is clearly destined for a wider public, not for the elite. The latter are favoured with much more exciting texts in Kharraz's short *Epistles* (*Rasa'il*), which have been finely analysed by Paul Nwyia. Here Kharraz speaks of a superior class of mystics whom he calls the 'people of wanderinghood and perplexitude' (*ahl tayhuhiyya wa hayruriyya*), inventing new abstract words in imitation of the Hellenized philosophers. The highest grade of these mystics reach the essence of God's Quintessence (*'ayn*). Their attributes vanish, joining the attributes of God. This last teaching was to prove particularly controversial and attract a violent attack.

Kharraz himself, in his *Epistles*, mounts an assault on some of the 'people of Sufism' who put the 'friends of God' above the prophets themselves. He explains that the prophets were 'friends' before the beginning of prophethood, and so the gift of prophecy confers an additional superiority upon them. It is significant, however, that there are, in the beginnings of Sufism, some Sufis who were a very long way indeed from acceptable mainline Islamic belief. Obviously, to put the 'friends' above the prophets was to open the gate to rejection of Islamic law, seen as founded by Muhammad. Although Sufism, as it continued, was to insist on respect for the law, it is noteworthy that such Sufis should be attacked by a figure like Kharraz, whom we know to have encountered immense difficulties and powerful enemies because of his audacious teachings.

Man's lower soul, Kharraz teaches, must be made to 'pass away', as must his physical nature and even his heart. It is his direct knowledge of God which will survive, along with his spirit and his friendship with God. These 'stations' of 'passing away' and 'survival' are the highest that man can achieve. It is clear that they are meant to be reached in this world, not just in the next. The 'survival' is linked to the original Covenant, when all the spirits said *Yes* to God. It was only when the lower souls and natures were created that men were divided into friends and enemies of God. But Kharraz also says, in contradiction to this, that the spirits of the believers were created 'from the place of light' and the spirits of the unbelievers 'from the place of darkness'. As Nwyia observes, there is inconsistency, which suggests that Kharraz failed to reconcile different currents of thought.

Kharraz has also given us a striking analysis of the concept of nearness to God. This 'station' is subdivided into three: *finding*, in which man concentrates on God with an inner calm; *stupefaction*, in which mystics cry out wildly, weep and sigh; and *forgetfulness* of what one has been given by God and one's need of him. Then the mystic falls away and only God survives. All questions put to him receive the answer 'God'. If he is asked, 'Who are you?', he cannot reply 'I'. After this he reaches a point where he cannot even say 'God'.

To conclude: Kharraz presents a straightforward enumeration of the lower 'stations' in a recognizably Christian manner, and then emphasizes the fact that the 'people of direct knowledge' are above all this. To them belong 'passing away and survival'. We shall consider the question of the origin of these concepts in the course of looking at leading mystics of the end of the ninth century and the beginning of the tenth.

Tirmidhi

Tirmidhi was born sometime before 835 and lived at least to the age of 65, in the north-east of the Islamic world, what is now Soviet Central Asia. He has been the subject of an excellent study by Bernd Radtke. Tirmidhi is unusual in that he has left some autobiographical information.

He studied jurisprudence and the Traditions until the age of twenty-seven, when, on the pilgrimage to Mecca, he decided to abandon the world. After failing to find a teacher he was encouraged by seeing Muhammad in a dream, and eventually acquired some companions on the Path. Some enemies accused him of 'innovation', of discussing love (between God and man), and of claiming to be a prophet. These denunciations reached the local provincial governor, and Tirmidhi was forbidden to talk about love any more. After a period of working at subduing his lower soul, he had a joyful experience when walking home one night. Dogs barked in his face, but he felt happy. The stars and the moon seemed to come down to the earth. He experienced an inner contraction from the extreme pleasure which he was feeling, and imagined that he was near the throne of God.

Tirmidhi's enemies now besieged him, but he was able to conquer the hearts of the people with his words, and his students could come out into the open. A dream told him to stop starving himself and take a part in the life of the world, helping the poor and the weak. He studied astronomy and learnt to use the astrolabe, but another dream told him to stop pursuing these matters, as they came between him and God. His wife also had illuminating dreams, in which his greatness was revealed: Tirmidhi, among the 'friends of God', was the chief of the forty 'substitutes' needed to save the world.

Tirmidhi is indeed most important for his doctrine of friendship with

God, and in particular for his idea that just as Muhammad is the Seal of the Prophets, so too there is a Seal of the Friends (*khatm al-awliya'*). But for Tirmidhi the expression 'Seal of the Prophets' does not mean that Muhammad is the last prophet, but rather that the gift of prophecy granted to him is provided with a special seal, which protects him from the devil and the lower soul. In the same way, the 'Seal of the Friends' stands in a special position before the rest of the 'friends of God'. These have failed to prevent the contamination of God's friendship by the lower soul. But the Seal absorbs the whole of this friendship without the lower soul's interference. This Seal is the instrument by which God gives life to the hearts of men and directs them on the right path. He is close to the prophets and their rank, and can see the presents which have been given to them. As for the question 'Who is the Seal of the Friends?', Tirmidhi puts it, unanswered, along with 156 other questions designed to test those with claims to superiority. We shall see how centuries later, another thinker rose to the challenge. But it is clear from his account of one of his wife's dreams that Tirmidhi saw himself as having this leading position. In this dream a prince, with his Turkish soldiers, threatens their country. Forty men, led by Tirmidhi, have to go to him. The prince takes Tirmidhi's heart out of his breast (as happens to Muhammad in the legend), shakes him, so that he thinks that all his limbs are being torn apart (another standard shamanistic theme), and confirms his leading position.

Significant distinctions are drawn by Tirmidhi between different classes of the 'friends'. There is (a) the 'friend of the right of God', who by his own efforts watches over the demands of God's law; and there is (b) the 'friend of God', who operates through God's bounty and is either (i) 'enraptured', drawn to God from eternity, or (ii) 'rightly guided', brought to God through his mercy. The Seal belongs to the higher, 'enraptured' type. This distinction between the plodding pilgrim on the Path and the automatic beneficiary of rapture became a major theme of Sufism, as did the question of the relative merits of the pilgrim who eventually attains rapture and the ecstatic who goes from rapture to the Path.

Other aspects of Tirmidhi's teaching resemble what we have already found among other ninth-century masters. He is familiar with the Greek philosophical idea of the Universal Intelligence or Reason, out of which other intelligences proceed to enlighten the intellects of men (here the Arabic term *'aql*, 'reason', will be translated as 'intelligence' when referring to a supraterrestrial entity, and 'intellect' when referring to the human mind). He knows the saying attributed to Muhammad, apparently of Gnostic origin, that Reason is the first created thing, but quotes it in a diluted form: since for him the Spirit was first to be created, Reason is not the first, but the most loved creature of God. He presents different pictures of the heart, divided into three, four and seven organs. The heart is the king, and the intellect its chief minister.

Tirmidhi's doctrine concerning the role of the teacher is unusual. He himself did not have one, and learnt from what he read. He does not openly advise one either to take a teacher or to do without, but he does warn a correspondent not to make himself too dependent upon another man. His own portrayal of the Path starts conventionally enough: the stages begin with repentance, abstinence and disciplining the lower soul, and lead to God's self-displaying (*tajalli*, theophany). That does not mean, however, that the mystic actually sees God in this world: it is the consciousness of God's Uniqueness, and this is the highest stage that man can reach. Here the lower soul disappears, and the heart is granted 'stability'. This seems to correspond to some extent to the usual Sufi idea of 'passing away and survival'.

There appear to be a number of different currents of thought in Tirmidhi, as in other ninth-century mystics. On top of the usual Christian Path we have a superimposition of 'direct knowledge', with light imagery suggesting Gnosticism: in particular, the attributes of God are presented as kingdoms of light. There is a possibility of shamanistic inspiration from the north-east: the 'friend' flies through the air. It is not surprising that in the century after Tirmidhi there was considerable disagreement as to whether he was a Sufi or not. This is largely anachronistic: as Radtke observes, Sufism, as we have it in the classic manuals, is a tenth-century construction which pushes its early history further back than is justified.

Junayd

Junayd of Baghdad (d. 910) is often regarded as the greatest of all Sufis, and invariably seen as the most respectable. Sufi tradition portrays him as the chief upholder of sternness and caution, surrounded by wild ecstatics, whom he rebukes with evident distaste. We shall concentrate on his own few and short epistles, in which he emerges as a subtle and sharp thinker, with an extremely obscure style and some daring ideas.

Junayd's doctrine is built around two pillars: the Covenant and 'passing away'. These are closely connected. He says in his opuscule on the Covenant that originally God made his friends exist when he called them and they replied. 'He was speaking to them when they were not existing except through his existence for them, since they were existing for God without their existence for themselves.' Junayd then goes on to say that God created them in the start of their 'passing away' (*fana'*). Here he is evidently using the term 'passing away' to mean man's impermanent, temporal existence in this world. He is able to play upon the paradoxical ambiguity of the term: when someone passes away in mystical experience he escapes from that impermanent, temporal existence, and returns to his original, real existence with God. Consequently Junayd says in his brief treatise on this term that God makes the mystic pass away by originating him as God originated him in the beginning. Then there was a perfect mode of existence, in which God 'encompassed' men. So, Junayd explains elsewhere, in a short fragment which has been preserved from one of his lost works, his 'passing away' is his survival. Moreover, God then makes one pass away a second time, by taking one away from one's personal 'passing away and survival' into the ultimate reality of 'passing away', where there is no interference from the individual.

This seems a suitable point at which to pause and consider the source of the concepts of 'passing away' and 'survival' in Sufism. Here is a familiar and recognizable theme in Christian mysticism, found in the works of Meister Eckhart and Angelus Silesius: man first realizes, both intellectually and in experience, that his apparent, individual and temporal existence is really non-existence (since it is borrowed from God and not really owned by man), and then turns away, abandoning this negation of his existence, to the positive apprehending of real existence in God. In this one can see the celebrated 'negation of the negation', which is one of the distinguishing characteristics of dialectical thought and finds its ultimate development in the works of Hegel and Marx, while having its earliest roots in neo-Platonism.[11] The New Testament had already emphasized the importance of 'dying' to the world in order to find true life (Colossians 3: 3), and the theme of dying in anticipation of one's eventual physical death continues, albeit without much clarity of definition, in patristic literature. One hears of early Christian monks in North Africa and the East who took the idea of 'annihilation' literally, and committed suicide. This motif continues in early Sufi legend, accompanied by disapproval. On the spiritual level, Muhammad is credited with the saying 'Die before you die!' The Koran also provides justification for the terms 'passing away' and 'survival': 'Everyone who is on the earth passes away, And there survives the face of your Lord with grandeur and glory' (55: 26–7). From this to the Sufi use of the terms seems quite some way. It would appear that we have a natural development, not out of the Koranic text, but out of the

Christian theme, generated by the dynamism inherent in neo-Platonist thought.

To return to Junayd: he is much concerned with the idea of the spiritual 'states', which are transient and succeed one another, but does not seem to set out explicitly the classical Sufi distinction between them and the permanent 'stations'. He sees the ultimate stage of 'survival' as equivalent to 'sobriety' after the overpowering drunkenness of ecstasy. It is for this doctrine of sobriety that he has become best known in Sufism, as standing in opposition to Abu Yazid. Junayd himself wrote comments (which have been preserved) on a few of Abu Yazid's sayings. He finds these insufficient. In particular, he rejects the expression 'a million times' in Abu Yazid's description of his flight as a bird. Junayd felt that if Abu Yazid had been further advanced he would not have thought of such things as birds, bodies, atmospheres and so on. He reached only the beginning of the Path.

Junayd also shows an overt political conformism. The true mystics, he says, never criticize the leaders of the Islamic community, but believe that one should obey them. Rebellion is the sign of ignorance and sin. It is to be noted, however, that Junayd's own correspondence was opened without his permission and, he complains, subjected to misleading interpretations. He found it difficult to extricate himself from the resulting trouble, and the episode led him to be careful about writing again. One can judge from this how suspiciously the whole Sufi network was regarded in its earliest phase.

Hallaj

The need for caution was graphically illustrated by the case of Sufism's most famous martyr, Hallaj, who was executed in Baghdad in 922. Here we encounter an extremely important episode in the history of Islam, and also an extremely obscure one. This is partly due to the nature of the sources, in which Hallaj is presented as eager to die, performing miracles, and maintaining an exemplary attitude in the face of imminent death. It is also partly due to the imaginative contribution made by Massignon, the principal specialist in this field, whose prodigious learning was counteracted by a proneness to introduce his own religious ideas into historical reconstruction.

The biography of Hallaj which was transmitted by his son provides reasonably firm ground with which to begin. He was born in southern Iran (probably around 860) and there became a student of Tustari. He got to know Junayd and his circle in Iraq, but quarrelled with him and returned to Iran. There he became popular, but upset the Sufis and stopped wearing their distinctive clothing. He preached in public in Iran and travelled to India and Central Asia. Eventually he installed himself at Baghdad and again preached in public. Some accused him of magic, while others saw him as a performer of real miracles. He was arrested, imprisoned and eventually executed.

The official reason for Hallaj's execution, as we know from the account of his trial which was preserved by the clerk of the court, was that he taught that the pilgrimage to Mecca could be performed while staying at home. There were, however, other accusations: that he was an extremist Shiite agent, and that he claimed divinity for himself. The evidence does indeed point to extremist Shiism, with Hallaj being assigned an important role, in which God manifests himself through him. Hallaj's son says that letters came to his father from India calling him 'the Succourer', and from Central Asia calling him 'the Nourisher'. It would seem that evidence that Hallaj belonged to the extremist Shiites was rejected by Massignon out of personal hostility towards them (he equated them with communists and freemasons).

As for the 'miracles' supposedly worked by Hallaj, it must be said that there is a hard core of early evidence, sometimes from his own lifetime, that he was working wonders, such as appearing to fill an entire room with his body and producing fruit from out of thin air. It is not just a matter of later legend. Unfortunately, Massignon believed that Hallaj was working real miracles with supernatural intervention. The obvious explanation is that Hallaj was operating in the well-known tradition of producing visual illusions by hypnosis. This was firmly established in the Middle East before Islam and has always flourished there up to our own time. It was familiar enough to his opponents.

Hallaj composed some short prose texts, and a few of these have survived. They present Tustari's doctrine of Muhammad's primordial light. But Hallaj goes further than his teacher in what might be taken to mean self-identification with God. He says, 'Leave created nature, so that you may be he, and he may be you, from the standpoint of reality.' Hallaj seems to speak dismissively of Abu Yazid, however, when he refers to a bird with two wings which fails on the way to God. Hallaj continues with a famous piece of verse (misread by Massignon, and thus often misquoted):

> I saw my Love with the eye of my heart,
> And He said, 'Who are you?' I said, 'You!'

In one passage, which has obviously been inserted by someone else, since in it Hallaj is made to describe the details of his execution, we find the saying for which he is best known: 'I am the Truth' (or 'I am the Real', *ana 'l-haqq*), which has often been taken to mean 'I am God'. But there is good and early manuscript authority for the variant 'I see the Truth' (*ara 'l-haqq*). In any case, there is no firm evidence that Hallaj ever uttered the expression for which he is most notorious. Massignon, however, after himself coming to this conclusion, nonetheless asserted that Hallaj must have said it, for the dubious reason that everyone agreed that he had. Whether he said it or not, it is certainly of interest: one thinks of the phrase attributed to Jesus, 'I am the Way, the Truth and the Life' (John 14: 6), and the frequent occurrence of the phrase 'I am the Truth' in Greek magical papyri of the first few centuries CE.

Hallaj has also left us some most peculiar Traditions. Instead of the usual lists of the names of men as transmitters and guarantors of authenticity, he gives a colourful variety of intermediary entities, such as the Spirit, heaven and earth, the 'ruby of light', the 'crescent of the Yemen' and so on, before God himself is made to speak, saying such things as:

> God casts 360 glances during each day and night. In each glance he brings closer to himself the spirit of one of his loved ones, and replaces him with one of his sincere ones. And with his looking at his loved one he gives mercy to 70,000 of those who profess friendship for that friend.

One of these Traditions reads:

> From the quintessence of the balance of the year 902, from the age of the announcer of the year seven of the call, from the friend of nearness: God says, 'My attribute succeeds my attribute, and my looking my looking, and lights and spirits are linked to one another until the Day of Resurrection. Whoever understands the work of attesting that God is Unique utters God's supreme name and reaches a glorious station after he has left this world.'

In the mention of the year 902 we can see a reference to an extremist Shiite uprising.

A number of verses are attributed to Hallaj. The authenticity of these is extremely doubtful, as is that of the anecdotes which present him as anticipating his execution. Since he was crucified, there were, inevitably, stories calqued on Christian models, and some short poems in which he is made to ask to be killed or to say that he will die in the religion of the cross. From this there has been a natural development to modern academic reconstructions, in which Hallaj appears as a deeply Christian figure, dying to redeem the Muslim community or be united with Jesus. It seems most unwise to try to build any theological system out of the poetic fragments. The prose texts show us a man mainly concerned with God's Uniqueness, and able to explore this theme with a formidable command of arguments drawn from grammar and mathematics. Their terminology resembles (but is not identical with) that of the Hellenized philosophers.

Conclusions

One can exclude Muhasibi as neither Sufi nor mystic; Dhu 'l-Nun as a legend; Abu Yazid as a representative of Indian ideas with no real impact; Tirmidhi as an independent, tutorless figure separated from the mainstream; and Hallaj as someone who cut himself off from the Sufis and was largely rejected by them in his own time. That leaves Tustari, first in south-western Iran and then in southern Iraq, and Kharraz and Junayd in Baghdad. These mystics did, to be sure, have friends and correspondents, some of whom wrote short texts that have survived. But we are left with only a tiny group of sophisticated leaders in Iraq, above the great mass of 'wool wearers' in the wider Muslim world.

These leaders were extremely talented, but they were not professional philosophers or systematic thinkers, nor were they concerned to express their beliefs in a clear and ordered manner. The exception is Kharraz's enumeration of the 'stations' or virtues. The Sufis had taken over the Christian mystics' Path, with repentance leading, through other stages, to 'what no eye has seen'. They had also inherited the ideas of the Covenant and God's friends. To all this they tacked on Gnostic teachings about primordial lights and their own development, presumably from Christian and neo-Platonist sources, of the theme of 'passing away and survival'. Here – one might think inevitably – there were differing views about what is made to 'pass away': the lower soul, man's attributes, or man's entire individual personality? So too it is not clear what survives: God alone, man with God's attributes, or man as an original idea in the mind of God?

The principal doctrines of Sufism are here, but they will need plenty of structuring, rephrasing and clarification. Moreover, great dangers had already arisen. Some thinkers had assumed that they were the most important people in the universe, with the exception of the prophets, and indispensable to it. Others had uttered what seemed to be blasphemous expressions of self-identification with God.

2 FROM CONSTRUCTION TO SYSTEMATIZATION (*c.* 922–*c.* 1240)

CONSTRUCTION AND SPECULATION (*c.* 922–*c.* 1020)

By the beginning of the tenth century Sufism's principal doctrines had already been formulated. But Sufism itself, as a recognized tradition or discipline, did not yet exist (contrary to what used to be believed). However, by the end of the tenth century it was firmly in place, with its classic, standard manuals composed at that time.

How did this happen? We are not in a position to say, for various reasons. Scholars have only just begun to realize that Sufism is a tenth- rather than a ninth-century construction: this was not yet understood in the 1960s, and has been appreciated only by a few specialists in the 1970s and 1980s. Thus essential research into the tenth-century materials has yet to be done. Sufism has presented itself as being in place before it actually was. There is also a peculiar gap in the middle of the tenth century. For a period of some fifty years, between Hallaj and Tirmidhi on the one hand, and the figures whose deaths are placed in the last quarter of the century on the other, no mystical writer of note is recorded as having died (the dates of death are used, since normally there is little, if anything, else).

To understand the reasons for this gap it is necessary to look at the historical background. The 'Abbasid caliphate, whose capital was Baghdad, had, in its heyday in the ninth century, represented an extraordinarily rich chapter in cultural history. Urban life in Iraq reached the ultimate heights of sophistication. But the flowering of the arts was paid for by a correspondingly horrific over-exploitation of the peasantry. The sources of the time agree with the severe judgement of modern economic historians: the robbing of the country to subsidize the town, a common enough practice throughout history, was done here on a scale and with a cruelty unusual in the extreme.[1]

It was previously imagined that the earliest manifestations of Sufi thought were part of a reaction against worldliness and self-enrichment. Now, however, the evidence suggests that these ideas were an expression of the view of people within the privileged and comparatively wealthy urban elite, and, in their intellectual transcending of simple-minded asceticism, reflected a desire to protect material advantages. It should be added that books, since they were copied by hand, were extremely expensive. When, in the tenth century, the economy collapsed, and the splendour of the cities of Iraq turned to desolation, this was bound to affect literary production. That is one reason for the gap in the history of mystical literature during this period.

The economic disaster that occurred in the tenth century was accompanied by political and religious developments. The century saw the fall of the ʻAbbasid caliphate as a ruling temporal force. From 945 it continued only as a religious institution, reigning, not ruling in Baghdad, while the government of Iraq and western Iran was left in the hands of a new Iranian dynasty, the Buyids, who were moderate Shiites. Indeed, throughout the tenth century the victory of Shiism was widespread: in Egypt part of its extremist wing, the Ismaʻilis, took over and established a counter-caliphate. Moreover, in the eastern Islamic world there was plenty of extremist Shiite propaganda, with constant pressure for the overthrow of existing rulers, and some isolated successes. The decentralization of Islam was further increased by other new dynasties in the east, dynasties which were not Shiite, but represented the tendency of local governors and military leaders to claim sovereignty for themselves and revive regional (most notably Iranian) traditions.

This mixture of revolutionary and non-Islamic ingredients in the background helped to produce a peculiar secret society, based in southern Iraq, called the Brethren of Purity (*Ikhwan al-Safa'*). These Brethren took Greek philosophy and Iranian and Indian lore and combined them in a collection of treatises, often seen as an encyclopaedia. They revived the ancient Pythagorean obsession with numbers, and frequently preferred Christian doctrines to Islamic ones. Although their eclecticism has often incurred contempt (for example in their self-contradictory espousal of free will and astrological determinism at the same time), they had an immense influence on the mystics of Islam.

Perhaps esoteric and political manifestations of Shiism diverted energies from the production of important Sufi literature in the mid-tenth century. Probably the execution of Hallaj also had a sobering and inhibiting effect: it showed the Sufis that there were limits beyond which they could not go, and they doubtless felt obliged to maintain caution and silence.

The successors of Junayd and Tustari

It seems that after Tustari's death in 896 a number of his pupils left Basra for Baghdad. There they lost their identity as his disciples and some became followers of Junayd. Junayd's students were not particularly distinguished: they are known for collecting biographical information about their predecessors, and appear as actors in didactic anecdotes, constructed to illustrate edifying themes such as the importance of caring for the dying. But those of Tustari's pupils who stayed in Basra developed a striking and exceptional school of thought known as the Salimiyya, after Muhammad ibn Salim (d. 909) and his son Ahmad (d. 962). The Salimiyya aroused much condemnation, both among theologians and lawyers and among some other Sufis. A number of teachings attributed to them were formally denounced, notably ones relating to the vision of God in the next world. They allegedly taught that God would be seen in human form by men (even the unbelievers) and in animal forms by animals. They also maintained, we are told, that certain secrets, if revealed, would destroy the functions of those who keep them: God's his Providence, the prophets' their prophethood and the scholars' their knowledge. Not surprisingly, Ahmad is shown as being very secretive when not speaking to his own associates. We may observe that the idea of a secret doctrine or doctrines in Sufism continues to have great importance up to our own time. In particular, it is often repeated that God's attribute of Lordship (*rububiyya*) has a secret which, if revealed, would nullify that Lordship itself.

One Sufi who attacked the Salimiyya was Ibn Khafif of Shiraz in southern Iran. He died at a great age around 982. What little survives of his works bears witness to his severity and sobriety, in which he resembles Junayd. He says that one cannot reach God except through service, nor can one see him in this world. One cannot escape from the condition of being God's slave, but one can free oneself from the lower soul. The mystic's attributes can be made to 'pass away', and he can return to normality after joining God. He can walk on water and disappear before men's eyes. The drunkenness of ecstasy is permissible for the novice, but not for the mature mystic. Oddly enough, Ibn Khafif sees 'stations' as the preserve of the latter, while 'states' are only for those who have reached an intermediate level. Thus some of the more elevated aspects of the Path, such as direct knowledge of God, are not to be reckoned among the 'states'. There is no limit to the 'states', but each individual 'state' does have a limit. The practice of *sama'*, listening to music or poetry, is to be denied to the novice, and is in any case better avoided, because of its unfortunate consequences. Finally, Ibn Khafif says about Sufism itself that it is not a science or a practice, but an attribute through which the essence of the Sufi displays itself.

We have a biography of Ibn Khafif, written by his pupil Daylami (date of death unknown). This consists largely of the master's reminiscences of his predecessors; it is to be noted that they were usually in some form of paid employment. We are also told that they would repent of words uttered in ecstasy that were contrary to the law. Ibn Khafif is shown as particularly touchy on the subject of controversial figures. He lost his temper when told that Abu Yazid was called an infidel. When young he had met Hallaj, whom he presents as someone who engaged in magic in order to call people to God. Ibn Khafif saw Hallaj as a true believer in God's Uniqueness, and cursed the author of certain verses attributed to him:

> Glory be to Him whose Humanity manifested
> The secret of His piercing Divinity's radiance
> And who then appeared openly in His creation
> In the form of the eater and the drinker

These verses look very like an expression of the Christian teaching of incarnation. By contrast, Ibn Khafif's doctrine seems to have been that God adorns the mystic with some of his attributes before returning him to society.

A mystic of a different type was Niffari (so named because he came from the ancient town of Nippur in Iraq), who died sometime after 977. Niffari has received very little attention, but is undoubtedly one of the greatest of Muslim mystics. Almost nothing is known about his life. He has, however, left writings which are absolutely extraordinary. Chief among these is his *Book of Stayings* (*Kitab al-mawaqif*). In this, at the start of every chapter, Niffari begins with the words 'He [God] stayed me [usually this is followed by an expression such as 'in Nearness', 'in His Majesty', etc.] and said to me'. Then God speaks in the first person.

The concept of 'staying' (*waqfa*) is peculiar to Niffari, and the crowning point of his personal system. This system is composed of three levels. At the bottom of the hierarchy there stands formal or theoretical knowledge, the learning to be found in books. Above this is the direct knowledge of the mystic. But this too is a veil, a barrier between man and God, and so one must pass on to the third level, that of 'staying', where the mystic is made to stand immediately before God and is granted the vision of him, so that no obstacle of 'otherness' remains. This is the main theme of Niffari's work: the various means of proceeding towards God (the skills needed for progress on the Path and the gifts acquired therein) must be discarded as objects of his jealousy. As for the vision of God, he tells Niffari, 'You may not describe how you see me.' God and his interlocutor have secrets which must not be divulged.

The mystic, according to Niffari, will be given the creative power of God described in the Koran, so that he can bring things into temporal existence just by saying 'Be' (see for example Koran 2: 117). God even says to Niffari, 'You are the inner meaning of all temporal existence.' Not surprisingly, just as the mystic approaches God in his power and importance, so too God acquires very human traits. These are most notable in passages which anticipate the end of time. God describes himself as passing across the earth and taking off his cuirass and breastplate. He refers to the Second Coming of Jesus and a 'true monasticism'. Most strikingly, he speaks to his addressee in the feminine; or rather, one might say, he addresses the feminine part (perhaps the lower soul, the *nafs*, feminine in Arabic) of the mystic.

Niffari's teachings, then, resemble doctrines attributed to the Salimiyya: that God will appear in human form, and that there are secrets which must not be divulged. The idea that the mystic will be given God's power to create by oral commands is also ascribed to Hallaj. Niffari's views, sometimes shocking to mainline legal and theological thinking in Islam, prefigure later expressions of Sufism in poetry, and especially prefigure the Sufi poets' constant rejection of the stages of the Path in favour of the pure love of God for himself.

The first classic manuals of Sufism

Composed in the late tenth century, the first classic manuals of Sufism may be seen as part of a cultural renaissance which followed the mid-century decline. This renaissance has been linked to the tolerant rule of the Buyids, who did not impose their Shiism on their subjects, but permitted a great diversity of opinion.

Böwering calls these Sufi books 'treatises' and reserves the term 'manuals' for eleventh-century compositions. He says that the point of the former was to prove Sufism's legality. Here they will be called 'manuals', since they always seem to have functioned as such, whatever the expressed intentions of their authors.

Sarraj

Sarraj was born in north-eastern Iran and died in 988. His work, the *Book of Flashes* (*Kitab al-luma'*), consists largely of the sayings of his predecessors: he rebukes his contemporaries for seeking fame in pretentious and prolix discussions of their own. Sarraj gives a clear enumeration of the 'stations' and the 'states'. The 'states', unlike the 'stations', cannot be gained through ascetic and devotional practices. The 'stations' begin with repentance, followed by scrupulousness, renunciation of the world, poverty, patience, trust in God and, lastly, acceptance. This is followed by the 'states', of which the first is watchfulness, followed by nearness, love, fear, hope, longing, intimacy, tranquillity, contemplation and, finally, certainty, which is both the beginning and the end of all the 'states'. Later, however, Sarraj admits that there are other 'states', such as drunkenness and 'passing away'.

Sarraj shows himself to be a stern and rigorous follower of the 'sober' school of Junayd and his pupils. However, he takes a very favourable view of the practice of listening to music or poetry and defends it as lawful (even for novices), if there are no forbidden musical instruments or corrupt intentions. Moreover, like Ibn Khafif, he defends Abu Yazid against charges of being an infidel for uttering 'Glory be to me!' and other apparent blasphemies. It is noteworthy that he engaged in a controversy with the Salimiyya (who were also attacked by Ibn Khafif) on this very subject. His personal relations with the Salimiyya, however, were entirely amicable, and he used them extensively as sources. On the other hand, at the end of his book Sarraj gives a survey of errors connected with Sufism. Some people falsely maintain that everything is permitted, and that prohibitions refer only to excessive self-indulgence. Some wrongly think that men can lose their human nature; but 'passing away' cannot bring the destruction of the lower soul. Certain people in Baghdad, in their belief that they have passed away from their own attributes, and entered those of God, have gone so far as to believe in incarnation (*hulul*) or what Christians believe about Jesus. The earlier Sufi doctrine of leaving one's attributes for God's just means abandoning one's own will to God's will, and in any case God is not identical with the divine attributes. Finally, some err in speculating about the spirit or higher soul, imagining for example that the spirits of the elite are uncreated.

Kalabadhi

Kalabadhi (the name indicates that he came from a district of Bukhara, in what is now Soviet Central Asia) died in 990 or 995. In the manual he composed, Kalabadhi begins by saying that Sufism is in decline, but then contradicts himself by declaring that contemporary Sufi writers know as much as their predecessors. He devotes a large part of his treatise to a statement of mainstream Muslim belief. His Sufi teaching is unusual in that he thinks that the 'states' are to be found between the beginning and the end of a given 'station'. Moreover, some of his 'stations' would normally be seen as 'states': for example, intimacy, nearness, and the last, love. Again, he is unusual in asserting that a lot of 'states', such as 'passing away', 'survival', absence and presence, are considered by some Sufis as being one single 'state', even when they are apparent opposites: the man who passes away from what belongs to himself survives through what is God's, and so on. Kalabadhi gives a long analysis of these themes of 'passing away' and 'survival'. For him, as for Sarraj, the idea of 'survival in God's attributes' means subordination to God's will. The 'passing away' of human attributes does not mean that they cease to exist: rather, man's bad qualities are submerged in pleasure at the victory of God's knowledge and justice. But Kalabadhi recognizes the diversity of Sufi opinion regarding 'passing away', as well as the question of whether the mystic can return from it to his own attributes. Here Kalabadhi declares that he cannot: he will either appear to be mad or will be a leader for other men, in which case he will govern his affairs through God's attributes and be controlled by them.

Abu Talib (Makki)

Abu Talib was brought up in Mecca and thus acquired the surname Makki. He moved to Iraq, where he joined the Salimiyya, and died in 996. His best-known book is his massive Sufi manual, the *Food of Hearts* (*Qut al-qulub*). As might be expected in a handbook for a wider public, Makki reproduces respectable, mainstream opinions, and does not proffer the dubious tendencies of his school. This is a treatise of conventional piety, in which the account of the Sufi Path itself is limited to the description of nine 'stations of certainty': repentance, patience, gratitude, hope, fear, renunciation of the world, trust in God, acceptance and love. Here the 'stations', as being lasting, are seen as more important than the thousands of fleeting 'states'.

By contrast, a description of Makki's real opinions, those destined for the elite, is to be found in his *Knowledge of the Hearts* (*'Ilm al-qulub*). It gives us texts attributed to Tustari about primordial events: here the lower class of 'disciples who desire God' (*muridun*) are said to be created from the light of the higher class of 'masters who are desired by God' (*muradun*).

Daylami

The texts Makki ascribed to Tustari are also found in the work of Daylami (the surname means that he came from a province of northern Iran), the pupil and biographer of Ibn Khafif. Daylami associated with members of the Greek philosophical tradition and incorporated their ideas in a book on love.

He naturally confronted a problem which Sufism inherited from classical antiquity: can one say that God experiences passionate love (*'ishq*) as opposed to a restrained love or affection (*hubb*)? Here, says Daylami, the Sufi elders were divided, but he himself considered that this was permissible, and quotes a saying in which God speaks through Muhammad to declare that he reciprocates the passionate love of certain servants. After examining the views of various Sufi masters on the origin of love, such as the opinion that God begins with a love for some men in his primordial knowledge of them, before creating their bodies, Daylami puts forward his personal position: love is an eternal attribute of God, in which he originally loved only himself. Then this attribute divided itself into the triad of Love, Lover and Beloved. The Christians, with their Trinity, come close to affirming God's Uniqueness.

Daylami distinguishes between a pure, Platonic love, with a 'permitted looking' at a human beloved, and a blameworthy carnal love. The Sufis teach that the natural love of humans for each other is necessary to show one the way to the love of God. The lover who 'passes away' has no carnal soul left (here Daylami agrees with the view of his teacher, Ibn Khafif). Daylami also develops the theme of the witness (*shahid*) in love: the friends of God, by loving one another, bear witness to the reality of love, as do animals and the works of the Divine Artist, which manifest universal Beauty. The lovers of God reach either unitive fusion with him (*ittihad*, a concept condemned in later Sufism), or the 'station' of experiencing God's Uniqueness (*tawhid*), which means reaching him, so that he seems both to be and not be in and through everything. There are higher things of which the author refuses to speak.

Sulami

Daylami's contemporary, Sulami, who came from north-eastern Iran and died in 1021, is by contrast an unoriginal and uninspiring writer. A wealthy man, he was educated by his grandfather, who belonged to the grouping of mystics called the *malamatiyya*, because of their devotion to bringing 'blame' (*malama*) upon themselves. Unfortunately, although

Sulami wrote a treatise about them, his method of abstaining from expression of his own beliefs, while repeating respectable, isolated quotations from earlier Sufis, prevents us from obtaining a real picture of the 'people of blame'. The same is true of the rest of his work, as of much early Islamic literature: the atomistic and disorderly presentation of materials hinders us from seeing the continuity of patterns from late antiquity. Although Sulami wrote a treatise about the tradition of 'youngmanliness', which comes from pre-Islamic Iran, it contains nothing but a succession of banalities about the ethical implications of sacrificing oneself for others. Sulami is important mainly for putting Sufi interpretation of the Koran firmly on the map, with others' opinions arranged in the commentary which bears his name, and for compiling a collection of Sufi biographies. But the collection of biographies is overshadowed by the much larger collection of Abu Nu'aym, of Isfahan in central Iran, who died in 1038. Both biographers are concerned to ensure that the sayings attributed to their subjects are accompanied by lists of the people who transmitted them – an attempt to guarantee authenticity which may strike the modern western student as tedious pedantry but is all-important for the Muslim sense of history as a living process of preservation.

REACTION AND POETIC EXPRESSION (*c*. 1020–*c*. 1130)

In the tenth century the Shiite sect was victorious, the Muslim world was split up, and Iranian features became prominent. The eleventh century witnessed an opposite trend: the Sunni majority returned with spectacular successes, regaining political supremacy and, thanks to the advent of Turkish rulers, uniting vast areas of Islamic territory.

The Turks, coming from Central Asia, conquered much of north-west India for Islam, overran the whole of the eastern Islamic world as far as Syria, and began the conquest of what is now Turkey. They were to influence Sufism in two opposite ways: on the one hand their rulers tried to impose strictly rigorous Sunni norms, using Sufi institutions to protect the state against enemies; on the other hand the influx of nomadic, tribal elements imbued Sufism with shamanistic, ecstatic and often subversive tendencies.

Kazaruni

The Turkish conquerors found some aspects of Sufi organization and administration already in place. These are most evident in the life of a

Sufi leader called Kazaruni, named after his home town in southern Iran, who died in 1035. A biography of Kazaruni was written by his successor's son, who died in 1109, and this has been preserved in a later, expanded version. Fritz Meier has succeeded in stripping away a lot of legendary accretions in order to isolate a historical core.

Kazaruni was a preacher, operating among adherents of Iran's old national religion, Mazdaism, and under Shiite rulers, who appointed a Mazdean to govern the town of Kazarun. The Sufi elder himself was not an abstract thinker. He has left a strictly mainline Sunni profession of faith and some firm moral precepts. However, he is presented as speaking of God's eternal love for the believers and his being one with them, so that their words and actions are his. But what is most important is Kazaruni's organizational activity, notably in developing the Sufi institution of the lodge. 'Lodge' is probably the best translation for the various Arabic words used to denote this institution, notably *ribat*, which might also be rendered 'hospice'. *Ribat* is often the equivalent of the Persian word *khanaqah*, used in the tenth century to designate a Manichaean building, perhaps a meeting place for lay members. In any case the Sufi lodge is linguistically distinguished from the Christian monastery, which is called *dayr* in the Muslim world. Such lodges had existed before: in the tenth century Ibn Khafif had one, in which visiting Sufis could stay. Kazaruni's was used to shelter and feed travellers and the poor. It was attached to a mosque. Guests were given bread, meat and fruit, without any obligation to pay. Kazaruni's disciples founded sixty-five of these lodges, mainly in the villages of southern Iran. He himself collected funds (notably from wealthy patrons) and distributed them to the lodges.

Modern western writers have called this organization an 'order'. This involves both an anachronism and a mistranslation, since the Arabic term in question did not yet have the connotation of 'brotherhood', and in any case should never be rendered as 'order'. The word *tariqa*, which we have already encountered as meaning the Sufi Path, was used at this time, and later, to mean also the Sufi way of life: in effect, Sufism itself. Later it was used to mean an individual Sufi brotherhood, with a 'chain' of masters and disciples down the generations, constituting a school of thought and practice, which might or might not have an administrative framework. This must not be confused with the Christian institution of the monastic orders, as we shall see below. The concept of the Path is one of linear progress, not one of internal or external structure (as in the case of a Christian monastic order's interior framework, fixed within an exterior ecclesiastical one).

Kazaruni's initial organization was no more than a network of disciples whose main purpose was presented as serving the poor. His successors as leaders of the network had the titles 'deputy' (*khalifa*) or 'preacher' (*khatib*). He had no wife or children. There was hereditary succession after him, however, in that his first four successors all belonged to one family. The members of the network were called 'companions' (*ashab*). We have no evidence of any special method used by Kazaruni to train them. They would rise at crack of dawn to perform extra worship and recite the Koran. During the day they would serve the poor, listen to sayings attributed to Muhammad and engage in the repetition of formulas containing God's names. By the fourteenth century the network had spread to Turkey and China; it had then come to be seen as one of the 'paths' or brotherhoods.

Abu Sa'id

A very different figure of this period was Abu Sa'id of Mayhana (now in Soviet Central Asia), who died in 1049. We have some early information about him in the manual on Sufism composed by the Iranian Hujwiri (d. *c.* 1075). Abu Sa'id took the view that wealth was preferable to poverty. The Sufi ideal of poverty was to be understood in a metaphorical sense, as meaning 'being rich in God'. He lived in luxury, dressing in fine Egyptian linen, and explained that since he saw God in all things, he was indeed 'rich in God'. In any case, he said, the true mystic has 'passed away' from all 'stations' and escaped from all 'states', so that he is exempt from reproach. Hujwiri says that Abu Sa'id abandoned the study of books entirely, apparently in order to cut himself off from worldly ties and concentrate on God.

Late and legendary accounts of Abu Sa'id have been much used by modern writers, as have Persian quatrains attributed to him in late anthologies of poetry. In these anthologies it is normal for the compiler to give the label 'Abu Sa'id' to verses of a libertine character. Such attributions of early quatrains to 'authors' should often not be taken seriously: the name of the 'author' usually indicates only a certain style. Thus sceptical quatrains are attributed to the philosopher and mathematician 'Umar Khayyam (d. 1131), who became famous as a poet in nineteenth-century England, thanks to the popular translations of Edward Fitzgerald. Modern writers then imagined that Khayyam was not only a leading poet but also a Sufi, although the quatrains ascribed to him express distinctly irreligious, not mystical sentiments. Abu Sa'id has also been credited with a brief list of precepts, which has been seen as a rudimentary monastic 'rule'. It was normal for a Sufi leader of this time to give his followers a few injunctions regarding morality and devotional practices. But the drawing-up of an extended catalogue of regulations is a twelfth-century development.

Avicenna and Biruni

There are two great Islamic thinkers of the period who do not belong to Sufism, but are nonetheless extremely important for Sufi studies. The first is the best-known of Muslim philosophers, Avicenna, who came from a village near Bukhara and died in 1037. There has been much debate as to whether he should be counted as a mystic or not. He speaks with sympathy of the ideal figure of the mystic (the gnostic, the knower, *'arif*), while expressing his contempt for conventional piety and asceticism when pursued for celestial rewards. He sees the true Path as passing through 'moments' in which the light of God dawns upon one, each moment being preceded and followed by experiences of ecstasy. Eventually one finds oneself looking at God: that is the arrival (*wusul*).[2]

Avicenna is also important for his short symbolic narratives. Here we find the idea of a journey to a Great King (God) across the heavenly spheres of the medieval universe. The terms 'East' and 'West' are used, not in a geographical sense, but to indicate the light of true being and the darkness of ignorance and deprivation. Avicenna saw himself as developing a higher type of philosophy, that of 'Oriental Illumination' (*ishraq*), destined for an elite, as opposed to the ordinary philosophy to be found in his books, which represents the sober, Aristotelian wing of neo-Platonism as it passed from the Greeks to their successors in the Muslim world. Unfortunately, there is not enough surviving evidence to show that he did succeed in creating such a higher philosophy, although, as will be seen below, this project was carried out after him.[3] The Sufis were to mock Avicenna in their poetry as the chief representative of the Greek philosophical tradition, which they hated, for being mainly concerned not with God, but with the series of supernatural 'Intelligences' believed by the philosophers to emanate from him and to constitute the source of knowledge. The Sufis nevertheless did not refrain from borrowing ideas from neo-Platonism when it suited them.

The other great Muslim thinker is the Iranian scholar Biruni, also born in what is now Soviet Central Asia, who died sometime after 1050. His prodigious knowledge of many languages and disciplines enabled him to make a lot of comparative judgements. Biruni believed the word *sufi* was derived from the Greek *sophos*, 'wise'. He drew a number of parallels between Greek, Christian and Indian ideas on the one hand and Sufi teachings on the other. Like some Greek philosophers, the Sufis think that only the First Cause (God) has real existence. As in neo-Platonism, the Sufis believe that this world is a sleeping soul, while the next world is a soul which is awake. Some Sufis believe that God is immanent in certain places in heaven; others that he is immanent in the whole world. The Sufis, like some Indians, consider Paradise an unimportant distraction. They also maintain, rather in the manner of Hindus and Christians, that man has two souls: one eternal, one human. Like Indian writers, they believe that one can move where one likes, for example through mountains. Biruni, in trying to show the similarities between Sufi and Hindu beliefs about abandoning one's terrestrial existence to reach God, quotes Abu Yazid on sloughing off one's skin to find that one is God – a saying which, as observed above, indicates a direct Indian influence. The important point, however, is not the degree of resemblance between Sufi ideas on the one hand and Indian and Christian ideas on the other, but rather the fact that an extremely well-informed writer sometimes presents the Sufis as holding opinions which are more daring than what they themselves put in their own writings.[4]

Avicenna and Biruni belong to the cultural renaissance of the late tenth century. But the tolerant government which permitted that renaissance, the Shiite dynasty of the Buyids, was now to fall. In the 1030s the Turkish family of the Saljuqs moved across north-eastern Iran, and in 1055 they reached Baghdad, deposing the Buyids and 'liberating' the Sunni caliphate, somewhat against its will, from the disgrace of Buyid domination. There was now a return to traditional norms, and the eclecticism and openness which had prevailed during the past decades were abandoned.

Qushayri

The Sunni revival was already in full swing by the mid-eleventh century. One of its leading representatives was a Sufi called Qushayri, who lived in north-eastern Iran and died in 1074. As a pupil of the tedious Sulami he was naturally to provide the sober respectability that was now in demand; but he has the merit of describing some theoretical frameworks which are lacking in his master's writings. This he does in a manual of Sufism, which is largely devoted to an exposition of the stages of the Path. After a conventional enumeration of 'stations' from repentance onwards, he explains that there is a controversy about 'acceptance' (*rida*', 'satisfaction'). The Sufis of north-eastern Iran regard it as a 'station', won by man, but the Iraqis call it a 'state', given by God. Obviously, the term can mean man's accepting or being satisfied with God, or God's accepting or being satisfied with the mystic. Finally, we reach the highest point: direct knowledge of God. Some, however, say that above this comes love. But elsewhere Qushayri, as Richard Hartmann pointed out, provides a different perspective, in which the highest stage is 'passing away', first through 'survival' in God's attributes, then through the vision of God and lastly through God's own existence. It seems, then, that although there is a considerable degree of theoretical classification there is no single unified system in Qushayri.

One important aspect of Qushayri's work is his insistence on the need for an 'elder' (*shaykh*) to guide the Sufi and teach him to recite a given formula of 'remembrance of God'. Qushayri is particularly concerned that the novice should be prevented from falling into the practice of pederasty, though he himself uses the love of boys as an image for the love of God. It is also noteworthy that, writing in 1046, he does not speak of Sufis meeting in special 'lodges', although, as we have seen, they already existed to some extent, but rather of their assembling in mosques. It would seem that the spread of the lodge, like that of the 'college' (*madrasa*, a school for the teaching of Islamic law and other religious disciplines), was due to the new Saljuq dynasty, in the late eleventh and early twelfth century, and its desire to use these institutions both as bulwarks against external enemies and as instruments of social control.

Hujwiri

A writer similar to Qushayri is his contemporary from Ghazna in Afghanistan, Hujwiri, who died about 1075. His manual also shows different patterns in the descriptions of the end of the Path, without adequate systematization. Indeed, Hujwiri has been severely criticized for his indecisiveness. He is unable to provide a coherent verdict on whether poverty should be preferred to wealth.

As in Qushayri, one finds a standard enumeration of 'stations', before being told that 'acceptance' represents the end of the 'stations', which are permanent, and the beginning of the 'states', which are temporary. Beyond the 'states', we are told, is 'passing away'. This cannot mean the loss of one's essence; nor can one pass away from all of one's attributes: all that happens is that one human attribute is replaced by another. Elsewhere, however, Hujwiri presents a conflicting picture. The 'state' is portrayed as permanent, as opposed to the temporary 'moment' (*waqt*), which it renders stable. After the 'states' there is 'fixity' (*tamkin*), the highest grade; 'fixity' is divided into a lower part, in which one experiences 'passing away', while retaining one's attributes, and a higher part, in which one has no attributes.

Hujwiri speaks of twelve groupings of Sufis, ten of which are praiseworthy, and two of which are to be condemned. There has been much uncertainty among modern scholars about whether these groupings really existed, or whether they are arbitrarily delineated for Hujwiri's exposition of aspects of Sufi doctrine. The answer is that sometimes they existed and sometimes they did not: when he speaks of Sufi followers of Muhasibi, clearly there was no such group; when he speaks of followers of Tustari other than the Salimiyya, they no longer existed as a distinct group at this time; when he speaks of followers of Junayd (including his own teacher), there was a school of thought in Sufism in Hujwiri's time which could trace its ancestry back to Junayd; when he speaks of followers of Abu Yazid in the latter's native Bastam, these were people whom Hujwiri met and who preserved sayings attributed to Abu Yazid; and sometimes when he speaks of contemporary followers of ninth- and tenth-century figures, we do not know enough to judge.

In any case, Hujwiri's standard procedure is to isolate one concept (for example, in the instance of Junayd, sobriety), rather than to describe the range of ideas in a given group. Writing in Persian, he says that a group (*giruh*) has a method or 'path' (*tariqat* or *tariq*) in spiritual endeavour, such as, in the case of Tustari's followers, the mortification of the lower soul. (We are still a long way from the clearly defined brotherhood (*tariqa*) of later centuries.) The two condemned groups, the supporters of incarnation and people who claim to follow Hallaj, he lumps together as one, and fiercely attacks them continually. Some people on the fringes of Sufism, he says, declare that nothing can ever be known, and this position has been commonly attributed to Sufism as a whole. There are plenty of ignorant frauds, who have never had an 'elder' to teach them. They spend their time listening to idle quatrains. Listening to poetry and music is permissible under certain conditions, but not dancing. The term 'dancing' should not be applied to the legitimate physical agitation produced in the listener by ecstasy. It is forbidden to look at youths and keep company with them. Hujwiri is unusual in counselling celibacy (which, he asserts, was the original Sufi practice) and praising abstinence from sexual intercourse in marriage.

Ansari

To these last two writers there must be joined a third, Ansari of Herat in Afghanistan, who died in 1089. He belonged to the Hanbalite school of Sunni law, renowned for its ferocious hostility to theology and philosophy. His work also presents contrasting sketches of the Sufi Path.

We have notes taken by a disciple of lectures which he gave in 1056 describing a hundred stages. The ninety-ninth is 'passing away' and the hundredth 'survival', but after these is love, which encompasses all of them. Ansari was later to produce a book, entitled *The Stages of the Travellers* (*Manazil al-sa'irin*), which is also divided into a hundred parts. There is no distinction between a 'stage' (*manzil*) and a 'station' (*maqam*). 'Stages' 61–70 are the 'states' (*ahwal*), of which the first is love. Numbers 91–100 are the 'endings', which begin with direct knowledge, 'passing away' and 'survival', and conclude with attesting to God's Uniqueness, which was sixty-ninth in the earlier version. Each stage is divided into three. In the last are the attestation by ordinary men that God is Unique; the attestation by the elite, which consists in abandoning reason and argument; and the attestation by God himself, part of which he has revealed in a flash to a smaller elite. One can see how Ansari's mysticism goes hand in hand with his school's rejection of philosophical speculation, and expresses itself in a simple piety, that of short rhyming invocations of God and pieces of moralizing advice, for which he is best known.

Muhammad Ghazali and Ahmad Ghazali

The contrast between what have been called the 'sober' and 'drunken' schools of Sufism in the generation after Ansari is sharply exemplified in two brothers, called Ghazali, from north-eastern Iran. One of them, Muhammad Ghazali (d. 1111), representing the 'sober' school, has received a vast amount of attention in the West, which he hardly deserves since his work has neither the spirituality nor the philosophical rigour with which it has often been credited. Many western writers have accorded a naive acceptance to his autobiography, in which he portrays himself as searching for true certainty among theologians, philosophers and extremist Shiites before finally finding it in Sufism. Recent research has demonstrated that this is just an apologetic device, which bears little relation to Ghazali's real life story (an establishment figure's continuing involvement with powerful political patrons).

Earlier western writers imagined that Ghazali's enormous *Revival of the Religious Sciences* (*Ihya' 'ulum al-din*) was a work which conveyed profound mystical experience. It has been pointed out, however, that it is really a book on ethics and conduct, which owes a lot to the popular manual written by Makki in the late tenth century.[5] In the past it was often claimed that Ghazali reconciled Sufism with orthodoxy. But there is no such thing as orthodoxy in Islam, and the word should not be used in the history of religions. There were plenty of safely respectable Sufis before Ghazali, and plenty of disreputable and outrageous ones after him. He himself gives every indication of holding personal views that directly contradict his public attacks on philosophers and speculative theologians. Indeed, he is unable to express himself without self-contradiction on the problem of whether the spirit in man is created or not.

The source of his fame is presumably to be found in the massive spread of new colleges and Sufi lodges, founded by the Saljuq empire at the height of its power. The empire's rulers were anxious to purvey conventional banalities about morality as an alternative to the extremist Shiites of Egypt and their propagandists in the eastern Islamic world. Ghazali does not really belong to Sufism, and the Sufis themselves do not usually give him much respect: they omit him from their lists of masters.

Ghazali's brother Ahmad (d. 1126) is, on the other hand, a leading figure of Sufism's ecstatic or 'drunken' wing. He wrote a treatise on love, in Persian, which shows an important development in the Iranian tradition of discussing this subject (already well analysed by his fellow-countryman Daylami a century before). He begins and ends by insisting on the interconnection and reciprocity between love and the Spirit, in a way which makes one think of the Greek antecedents of Eros and Psyche. Since reason cannot reach the Spirit, it cannot find its way to love, which is concealed within it. Ahmad Ghazali declares that the most perfect form of love is represented by the discipline of incurring 'blame' in one's complete devotion to the Beloved. He links this with the idea of the *qalandar*, a type of wandering, libertine mystic who had now appeared on the fringes of Sufism, and also with the figure of the 'rogue' or brigand (*'ayyar*), whose name also means an adherent of the 'youngmanliness' tradition. The mixture of these elements is typical of north-eastern Iran. Ahmad Ghazali's use of the popular, anonymous quatrain is also Iranian:

> This is the ball of blame and the field of destruction
> And this the road of gamblers who stake their all
> A *qalandar*-like man is needed with torn robe
> So that he can pass over like a brigand and without fear[6]

As with Daylami, we find in Ahmad Ghazali the triad Love, Lover and Beloved, and the assertion that since the last two are derived from the first all three are one. Audacious paradoxes arise. The lover is closer to the Beloved's beauty than the Beloved is, and even thinks that he himself is the Beloved. When one passes away from one's self, one can go beyond a famous black light which tells the mystic that his journey is almost at an end. Ahmad Ghazali also uses the classic image of the moth which is burnt in the candle: for one moment the moth becomes his beloved. Love itself, however, is in its essence above communion and separation.

Ahmad Ghazali not only had a vast influence on the evocation of love in later Persian literature, but was also perceived as a teacher, to be included in the spiritual pedigrees of the Sufi brotherhoods which were soon to emerge. His importance for Sufism is therefore far greater than that of his celebrated brother.

'Ayn al-Qudat

The dangers implicit in Ahmad Ghazali's ideas were tragically illustrated with the execution of his most brilliant pupil, 'Ayn al-Qudat of Hamadan in western Iran (d. 1131). 'Ayn al-Qudat was accused of being an unbeliever and claiming to be a prophet. His reply to the accusations survives. His enemies attacked him for saying that God is 'the All' and the only real existent; he answered that he just meant that God is the creator of all things. He was accused of being an extremist Shiite, because he insisted on the need for a spiritual instructor; he replied that he meant a Sufi elder, not the Shiites' infallible Leader (*Imam*). He was criticized for expressions in which he referred to the 'passing away' of creatures; he answered that he did not mean the passing away of things in their essence, but their disappearing from the view of the observer.

'Ayn al-Qudat's books and letters, however, show that he held opinions formally condemned by Muslim lawyers and theologians. He believed that the Koranic depictions of a physical resurrection of the dead and heaven and hell were to be taken symbolically – although he made a desperate declaration of his belief in their literal truth at the end. In his earlier compositions and letters he speaks of unbelief as being the necessary foundation of faith, and an important 'station' on the Path. He glorifies the devil as a mad lover of God, and even goes as far as to quote the saying, 'The Sufi is God.'

Persian Sufi poetry

The earlier mystics of Islam had made extensive use of Arabic poetry, whether by seeking inspiration in the recitation of love poetry, which could be taken as directed to either a human or a divine beloved, or by composing verses of their own. It was in Persian poetry, however, that Sufism was now to find its greatest and most widespread expression, producing what the eastern Islamic world from Turkey to India regards as the highest peaks of its cultural heritage.

We noted the attack, in the eleventh century, by the eastern Iranian writer Hujwiri on pseudo-Sufis who spent their time listening to 'idle quatrains', and, in the work of Ahmad Ghazali, the use of the popular, anonymous Persian quatrain in a distinctively Iranian context. From the early twelfth century we find expressions of Sufism in other forms of Persian verse: the ode and the long didactic composition in rhyming couplets. The first master of both was Sana'i, a court poet of Ghazna in Afghanistan, who died in 1131. Like Hujwiri, he attacks the local fake dervishes there, and in particular the sexual misconduct of the women mystics. His work reveals him to be a pronounced misogynist, whose love lyrics are often directed to boys, as is normal in classical Islamic poetry. Here western writers have worried about the distinction (which, as has been argued above, is imaginary) between 'the sacred' and 'the profane'. The introduction of these terms has caused much confusion, especially since they have been used, when referring to love, to mistranslate the words *haqiqi*, 'real', and *majazi*, 'metaphorical'. From the Sufi standpoint the beauty which is visible in this world is a metaphor for the real Beauty of God. This view of things goes back to Plato, as does the 'metaphorical' love of boys, which a modern western critic would see as only too rooted in the 'real world'.

Sana'i's odes contain not only the praise of wealthy patrons and straightforward exhortations to piety, but also the language of libertinism: he extols wine-drinking, handsome cupbearers and also, in contrast to his attack on their terrestrial self-manifestation in Ghazna, the dervishes who go against the religious law, the *qalandars*. The *qalandars* are used to represent the higher flights of ecstasy and truth, as opposed to ordinary religiosity:

> Cupbearer give wine since wine alone shatters abstaining
> So that I may lose awhile this specious world renouncing . . .
> For a time the religion of Zarathushtra and the custom of the
> *qalandar*
> Must be made the provisions for the spirit which takes the road[7]

Sana'i also composed an extended narrative and didactic poem, called *The Journey of God's Servants* (*Sayr al-'ibad*), which has often been compared to Dante's *Divine Comedy*. In it the narrator acquires a guide, an old man who is evidently the Active Intelligence of the Greek philosophical tradition, that is to say the tenth and lowest of the immaterial manifestations of Reason which, the philosophers believe, emanate from God. Together the poet and the guide journey through the material world and then the heavens, before reaching the Universal Soul of the neo-Platonists. The highest emanation, the First or Universal Intelligence or Reason, is hidden by veils, which cover different classes of dervishes. Eventually the poet finds a superior rank of these, and in it a dominating light, which represents his patron, a local judge, whom Sana'i asks for money at the end.

Sana'i is best known, however, for a longer didactic poem, the *Enclosed Garden of Reality* (*Hadiqat al-haqiqa*). In this he begins with an exposition of God's Uniqueness, before tackling the subject of asceticism, and then the teachings of the Greek philosophical tradition: the human body is a city with the heart as its king. Reason is the king's minister, supported by Anger (the chief of the garrison) and Desire (the tax gatherer), who rule over the limbs (the artisans). Again, the Active Intelligence appears as an old man, who gives the poet spiritual guidance: he must join the Sufis. The rest of the poem is largely taken up with the praise of the Sultan of Ghazna.

BROTHERHOOD AND THEORY (*c.* 1130–*c.* 1240)

Two major themes will soon engage our attention: the rise of the Sufi brotherhoods (often wrongly seen as the equivalent of Christian monastic orders); and the systematization of Sufi theory (largely the work of one leading thinker). These themes, however, belong mainly to the early thirteenth century, since, as will be shown below, the mid-twelfth-century Sufis who are supposed to have founded the earliest brotherhoods did not really do so, while Sufism's chief systematizer of doctrine, Ibn 'Arabi (1165–1240), wrote his most important books after the turn of the century, when he moved to the Muslim East from his native Spain. Spain has hitherto been neglected in our survey, but now requires special consideration, as the scene of political and philosophical innovations which are particularly important for Sufism's later development.

Spain

Since its conquest by the Muslims in the early eighth century the political and dynastic history of Spain had been separate from that of the other areas under Muslim rule, with the exception of North Africa, with which it was closely connected. Of the early history of Sufism in Spain, there is really no important evidence before the twelfth century. There were pious ascetics, and there was one notorious figure, called Ibn Masarra of Cordova, who died in 931. He had some disciples, but his books have not survived, and all that can be said with confidence is that he aroused much hostility on account of his opinions. Extremely dubious attempts have been made to reconstruct Ibn Masarra's teachings and alleged influence on later thinkers. What is known about Islamic Spain up to the early twelfth century is that there was immense intolerance on the level of ideas: even the works of the sober Muhammad Ghazali were burnt.

In the mid-twelfth century, however, the emergence of a new school of mystics in Spain had dramatic political consequences. One Ibn Barrajan of Seville was apparently recognized by his followers as the rightful leader (*imam*) of the Muslim community. He was arrested and died in prison in 1141. His follower Ibn al-'Arif, who was also imprisoned, and also died mysteriously in 1141, wrote a short treatise on the stages of the Sufi Path, in which he shows considerable daring. For although the enumeration of the stages is conventional enough, Ibn al-'Arif dismisses each one as vulgar: the elite must concentrate on God himself. In 1142 another mystic of this school, called Ibn Qasi, started a revolt in southern Portugal (then also under Muslim rule). Using his disciples as an army, he was able to establish himself as ruler of a small kingdom, before being assassinated in 1151. A treatise by him survives, in which he speaks of a man who is placed after Muhammad as the 'one who stands upright at the highest'. This man is also the leader of the Muslims: a position which Ibn Qasi claimed for himself, as is evident from the coins which he had struck.

Apart from these eventful political developments, twelfth-century Spain and North Africa saw an important continuation of the Greek philosophical tradition. Within this tradition there was one noteworthy attempt to incorporate Sufi teachings. This was made by Ibn Tufayl (d. 1185), who wrote a remarkable story about a child who grows up on a desert island. The child, by careful reflection, evolves a philosophical system identical with that of the neo-Platonists of the Muslim world. By means of fasting and concentration he reaches the ultimate level of 'passing away'. In this he has a vision of the universe, which corresponds to the description given by the philosophers. Then another ascetic joins him on the island, and discovers that his philosophical system is identical with the inner truth of all the revealed religions.

Together they leave the island for human society, but find that ordinary mortals do not appreciate higher realities, and require the outward vestiges of religion instead. So they return to the island to live the spiritual life reserved for the elite.[8]

A striking picture of Sufi activity in Spain during the late twelfth century has been left by the great Sufi theorist Ibn 'Arabi, whose teachings will be considered later in this section, since they belong mainly to the period between his departure for the Muslim East in 1202 and his death in 1240. The Spanish mystics whom he describes were often lower-class urban artisans, such as potters and smiths, and also included in their ranks workers in even humbler occupations, such as henna-sievers and tanners.[9] Some of the ascetics respected by Ibn 'Arabi were illiterate, and some were women. It was unusual, he said, for a man to be both a jurist and an ascetic. However, this remark may reflect Ibn 'Arabi's ambiguous attitude to the Muslim jurists in general. He was not inclined to see them as world renouncers, but speaks with evident high regard of several who were also mystics. Even when he gives first-hand accounts of the Spanish Sufis whom he had known, his stories are highly coloured with the intervention of the supernatural (dishes mysteriously refilled with honey, etc.), and must be treated with caution.

We must now leave Spain for Iraq, the centre of Sufism's development in the middle of the twelfth century. In the eastern Islamic world the empire of the Saljuq Turks was by this time in decline. Already, at the end of the eleventh century, the Crusaders had appeared on their western frontiers, taking Jerusalem and other important cities. During the early twelfth century the Saljuqs had dissipated their energies by fighting one another. Now, in Iraq, the 'Abbasid caliphate was able to re-establish its temporal authority, against a background of widespread brigandage. To the east new invaders were moving through Central Asia into north-eastern Iran.

'Abd al-Qadir and Abu 'l-Najib: two figures who did not found brotherhoods

In Baghdad itself one encounters two figures who have been wrongly hailed as the founders of international brotherhoods, which in fact were created later. One of these, 'Abd al-Qadir (d. 1165), who came from the northern Iranian province of Gilan, is venerated as the founder of the Qadiri fraternity, which is now found as far afield as North Africa and Indonesia. However, Jacqueline Chabbi has pointed out that in the oldest sources he seems to be just a jurist and a preacher, with a certain reputation for asceticism. On the other hand, his discourses are full of Sufi teaching: they are in effect sermons, but they expound the mysticism of the Hanbalite school of law, which, as we have seen before, avoids abstract theorizing. 'Abd al-Qadir frequently refers to the Sufi hierarchy of grades. He says that the 'states' belong to God's friends, while the 'stations' belong to the higher rank of the 'substitutes' (*abdal*). Members of 'Abd al-Qadir's school were often accused of having anthropomorphic tendencies, and he himself is not exempt from these: he presents an image of God as a king, sitting on a throne, and heavily armed with arrows and spears, with which he bombards a helpless man.

The other alleged founder of a brotherhood at this time, Abu 'l-Najib of Suhraward in north-western Iran (d. 1167), was a pupil of the ecstatic Ahmad Ghazali and also an academic lawyer. He did in fact have an influence on the Suhrawardi brotherhood, but this was really founded after his death by his nephew, and has been (and is still) particularly important in what is now Pakistan. Abu 'l-Najib's influence, however, would seem to have come mainly through a book of his, which is unique in that in it Sufism is surveyed only from the standpoint of rules of conduct. This book is remarkable for its section on dispensations (*rukhas*, relaxations of strict rules). These dispensations allow one to have an income, visit rulers and eat delicious food. It is interesting that, although the Suhrawardi brotherhood became noted for its emphasis on severity, some of its members were also conspicuous for their self-enrichment, collaboration with temporal rulers and enjoyment of worldly pleasures.

The emergence of brotherhoods

Soon such Sufi brotherhoods actually did begin to come into being. During this period the 'Abbasid caliphate in Baghdad, after its previous recapture of temporal power over Iraq, reasserted itself on an international level. This was largely the work of one caliph, Nasir, who ruled from 1180 to 1225. His reign saw first of all the end of the great empire of the Saljuq Turks, and later the first disastrous invasions of the Mongols. It also saw the recapture of Jerusalem from the Crusaders by the famous ruler Saladin (1169–93), who had earlier put an end to the extremist Shiite domination of Egypt. Nasir's long reign also coincided with a massive Muslim push in the north of the Indian subcontinent, which now fell completely under Islamic rule. A number of minor dynasties surrounded the caliph, who apart from his temporal rule over Iraq was also the spiritual leader of Islam.

Nasir's religious activities included the persecution of the Hellenized philosophers, whose books were publicly burnt. He does not seem, however, to have been involved in the martyrdom of Islam's most colourful philosopher, Yahya Suhrawardi (whose surname indicates that he came from the same town in north-western Iran as the family after which the Suhrawardi brotherhood is named). This thinker was put to death, for reasons which remain obscure, in Syria in 1192. His work constitutes another attempt to integrate Sufism within neo-Platonism, of a kind which we have already seen in Spain at the same time. Suhrawardi, however, inaugurated a new school, that of 'Oriental Illumination' (*ishraq*). He saw himself as reviving the higher wisdom of the ancient Greek and Iranian sages, and thus carrying out the project which had been conceived by Avicenna. This higher wisdom, he claimed, had also been possessed by the early Sufis. He presents the usual neo-Platonist view of the universe as a series of emanations from God, but clothes it in Gnostic language: God, as the Light of Lights, gives rise to ranks of angelic and human lights, and the latter are entangled in the darkness of matter. Suhrawardi speaks of Sufism as offering the means of escape, but he sees this escape as essentially directed by the Active Intelligence, identified with Gabriel.[10]

One participant in the attack on Greek philosophy was the caliph Nasir's main religious adviser, 'Umar Suhrawardi (d. 1234), the nephew of Abu 'l-Najib (they should not be confused with the philosopher Yahya Suhrawardi). Here we have a leader of the greatest importance in the history of Sufism. For by his activity as a teacher, and by his rigorous insistence on expanding his uncle's rules of conduct to cover every possible detail of Sufi behaviour, 'Umar Suhrawardi effectively founded an international brotherhood, and was one of the very first to do so. To understand the significance of this it is necessary to examine the Sufi institution of the *tariqa*, or brotherhood, and the mistranslation of this term as 'order'.

A *tariqa*, in the new sense which the word acquired from the thirteenth century (as opposed to the general meaning of 'the Sufi Path'), may be defined as a brotherhood of Sufis who have a common pedigree of spiritual masters, and in which elders initiate disciples and grant them formal permission to continue a common school of thought and practice. This brotherhood sometimes does and sometimes does not have an organization. An international administrative structure has usually proved impossible to achieve, but there is organized activity at a local level.

Now this is very different from a Christian monastic order. Islam, in theory, at least, has no monasticism, nor does it have the institution of a church, which is indispensable for the government of the Christian monastic orders. The latter are necessarily constituted as fixed organizations within an ecclesiastical framework. There are, however, certain parallels in the historical development of Christianity and Islam here. In Christianity, up to the end of the eleventh century the Latin expression *ordo monasticus* had meant the monastic life in general.[11] From then on the word *ordo* was used to designate any one of a number of monastic 'orders' in the modern sense. This was because it was from this time that these institutions appeared in western Christianity (in eastern Christianity they never did). Their rise was due to changes associated with Pope Gregory VII (1073–85), which were intended to unite Christianity around the papacy. In some ways Gregory and Nasir are alike: both tried to give their office immense powers (in this they both had limited success), and to install themselves above temporal rulers. Was the rise of the Sufi brotherhoods influenced by, or conceived in conscious imitation of the Christian monastic orders? This isn't something that the Muslims could admit, at least not in the sources available to us. In any case, on the Christian side the documents show organizations with fixed constitutions. Although modern specialists have spoken of the 'organizing of orders' in early thirteenth-century Islam, there is no evidence of such organization. To be sure, in major cities one finds the office of 'elder of elders', the senior Sufi leader appointed by the local ruler. Nasir gave the position in Baghdad to 'Umar Suhrawardi. But it had existed in Baghdad long before, retained in one family since the second half of the eleventh century.

Moreover, 'Umar Suhrawardi's manual of behaviour, which formed the basis of his brotherhood's teaching, is not linked to a legal constitution, although it is imbued with the spirit of Islamic law and is firmly directed against libertine dervishes. It is an expansion of his uncle's rules for novices into an all-embracing collection of instructions, covering behaviour in the 'lodge', travelling, listening to poetry, the Sufis' forty-day retreat, the details of ablutions, fasting, vigils, conduct towards one's elder and fellow Sufis, the 'stations' and the 'states'. The manual initiates the practice for which the Suhrawardis were best known, that of perpetually reciting the formula 'There is no god but God', until the 'remembrance of the tongue' becomes a 'remembrance of the heart'. Then the heart is emptied of everything, and God manifests himself within it. In the thirteenth century, in the Middle East and what is now Pakistan, this constant 'remembrance' was a noteworthy feature of affiliation to the Suhrawardi brotherhood, in particular among women, who engaged in it while performing tasks such as grinding flour.[12] One difference between 'Umar Suhrawardi's manual and earlier ones is that it is not just a collection of different people's opinions, but an integrated programme orientated towards real practice: it is the expression of a *tariqa*, a method, literally a 'path' to God.

The emergence of the brotherhoods in reality meant the emergence of 'elders' with specific programmes of instruction, linked to a founder who is believed to have instituted their method. 'Umar Suhrawardi had disciples and successors who reflected his insistence on severity and used his rules as guidelines. We know that at the beginning of the thirteenth century a founder of a brotherhood like him would formally designate people as 'deputies' (*khulafa'*). But there is no evidence that these 'deputies' were intended to operate together in any kind of organization. In the event, the degree of mutual co-operation would depend on them, and they might simply go their own ways. As time went on a few very well-organized brotherhoods came into existence, and at the beginning of the sixteenth century, as we shall see, one fraternity had enough control of its resources to overthrow existing rulers and establish a mighty empire. This, however, was to be the exception, not the rule.

Brotherhood 'chains'

One important aspect of a brotherhood is its 'chain' (*silsila*), that is to say its pedigree of masters going back to Muhammad. So essential a feature is this that to a large extent the brotherhood *is* the 'chain': a living expression of continuity down the generations. Modern western scholars reject the authenticity of the parts of these 'chains' which refer to the beginnings of Islam, and twelfth- and thirteenth-century Muslim jurists have also attacked them as unhistorical. The Sufis needed to have these guarantees of authority, partly because in Islam knowledge has to be transmitted from sound teachers, and partly because the Traditions, the sayings attributed to Muhammad with pedigrees of transmitters, constitute the foundations of Muslim doctrine and practice. Consequently the appearance of Sufi 'chains' mirrors the development of lists of Tradition collectors.

First of all, from the tenth century onwards, lists of Sufi masters had gone back only to the Followers (*tabi'un*), the generation of Muslims who came after that of Muhammad's Companions, and who were seen as possessing a form of collective authority. It was only after these Followers that individuals were mentioned by name. In sources of the twelfth century and later, however, one finds that the lists are made to extend back to Muhammad himself, through one of his first successors. Since the pedigrees of the Traditions had evolved in this way, and given the rise of the veneration of Muhammad in the twelfth and thirteenth centuries, this is not surprising. Sometimes the 'chain' goes through 'Ali, the first Leader of the Shiites; sometimes through one of Muhammad's other successors, either Abu Bakr or 'Umar, who are respected by the Sunni majority as the first two caliphs. That Sufis who belong to mainstream Islam should have the first Shiite Leader as their link to Muhammad might be thought remarkable, but this also needs to be seen in the twelfth- and thirteenth-century context: along with the increased veneration of Muhammad came greater reverence among Sunnis for the Leaders of his family. The caliph Nasir himself went to great pains to institutionalize respect for the Shiites' early heroes and to integrate this into Sunni Islam.

The subject of the Sufi 'chains' has been finely analysed by Richard Gramlich. He points out that in the past there was much confusion in Sufism concerning the exact nature of the transmission of authority: it was often not clear whether a disciple had just studied with a master; whether he had obtained a certificate (*ijaza*) giving permission to continue one or more lines of teaching or aspects of practice; or whether he had been given the Sufi patched frock (*khirqa*) by the master (and if so, whether this was given as a form of blessing, which might be bestowed by a hundred masters on one Sufi, or as a way of designating a successor to carry on teaching more disciples). It is noteworthy that Gramlich, with his extraordinarily impressive knowledge of Sufism in Iran, should say that nowadays both confusion over the 'chain' and (contrary to what is often asserted) its personal significance for the individual have disappeared among Iranian Sufis: investiture with the frock is no longer usual, and it is belonging to the brotherhood that counts, not the pedigree of masters taken in isolation. Thus it is not the disciple's 'chain', but rather that of the brotherhood's leader which is all-important, as validating the authenticity of the membership's collective teaching and practice (most notably in instruction concerning the 'remembrance of God', which was previously seen as a jealously guarded and inherited prerogative of individual elders).[13]

Within the 'chain' of a given brotherhood a particularly strong and effective personality may well produce a sub-brotherhood. His forcefulness may provide a new series of teachings, or a revival of old ones. Alternatively, it may be his organizational activity which gives the parent brotherhood a significantly increased membership in one area of the Muslim world. We, in the hope of achieving greater clarity, shall continue to use the term 'sub-brotherhood', but the Sufis themselves use the same word as for 'brotherhood': *tariqa* (path). For the sub-brotherhood is a 'path' within another 'path', and most commonly this will be reflected in a double-barrelled label embodying the names of the two founders. But the sub-brotherhood may later achieve such great importance that the name of the original brotherhood is lost.

Although in the present survey we shall speak of brotherhoods and sub-brotherhoods, and of local branches of both of these, it should be borne in mind that this is the perspective of a western student who has to divide the materials up and then try to arrange them in a systematic manner. The viewpoint of the Sufi is very different: there is the one Path (*tariqa*) to God, Sufism itself, and there are different individual 'paths', which all belong to this greater Path. Sometimes these individual 'paths' are major ones, and sometimes they are minor subdivisions. In later centuries it is common for a Muslim to belong to two or more 'paths' at the same time, and engage in practices which are forbidden in one (such as listening to the flute) but permitted in another. What seems self-contradictory to the westerner is, seen from a Sufi angle, entirely natural: to travel on different 'paths' to the same destination. One must avoid the error committed by nineteenth-century French scholars based in Algeria, who imagined that the Sufi 'paths' were all perfectly drilled armies or political parties, led by Masonic conspirators in a deliberate campaign of obstruction of European progress.

The relative absence of organization within Muslim associations and of sharply defined boundaries between them is evident in another activity of the caliph Nasir's, in which 'Umar Suhrawardi, as his chief adviser, was involved: the reform of the 'youngmanliness' tradition. Previously this had been characterized by unruly urban bands, composed of 'rogues' or brigands. They had had some influence upon Sufism, as they exalted the ideal of altruism; and some influence was exercised by Sufism upon them, as the bands acquired 'elders' in the Sufi manner. Nasir decided that he alone would be the chief of the 'youngmanliness' tradition, and that he would initiate the kings and judges of the Islamic world as his subordinates. 'Umar Suhrawardi duly obliged by integrating the rituals of 'youngmanliness' (initiation by investiture with trousers, and drinking from a cup) within Sufism. We shall find the tradition later, continuing in the Sufi brotherhoods, with unmistakable evidence of its Iranian, non-Islamic origins.

The Persian poet 'Attar

The changes brought about by Nasir are reflected in the works of the most famous Persian Sufi poet of this period, 'Attar (the name means that he was a pharmacist) of Nishapur in north-eastern Iran, who apparently perished in 1221 in the massacres committed by the Mongol followers of the notorious Chinggis (Genghis) Khan. 'Attar's long didactic and narrative poems are usually dominated by the figure of the Spirit, which is seen as God's caliph, his deputy on earth. The most famous work of 'Attar, however, *The Language of the Birds* (*Mantiq al-tayr*), concerns a search for a king, made by a number of birds. The book has an elaborate structure. Eleven species of birds are presented as discussing the journey ahead. They keep reappearing in the debate as symbols of types of men: the nightingale is the passionate lover, the duck the pious ascetic, and so on. The eleventh, the sparrow, represents Jacob, blinded with grief for his lost son Joseph. When the thirty birds (in Persian *si murgh*) who survive the journey come for the great confrontation with their king, the fabulous bird called the *simurgh*, they are unable to distinguish themselves from him. They are also compared to Joseph's ten guilty brothers. In an epilogue 'Attar tells a story about a king who condemns his boy friend to death: the ten slaves who are ordered to execute him are persuaded not to, and tell the king that he is dead. In the end the king and boy are reunited.

'Attar's *Book of Affliction* (*Musibat-nama*) also has a complicated structure. In it a pilgrim runs away from his elder and asks Gabriel (who represents the Spirit) for help. Since he has presumptuously sought assistance from the very summit of creation he has to descend through the universe before reascending to find the Spirit again. He learns that the parts of the universe are attributes of the Spirit, which is derived from the light of Muhammad.

Another work by 'Attar, the *Book of the Divine* (*Ilahi-nama*), begins by invoking the Spirit as God's caliph. It has six sons: the lower soul, the devil, the intellect, knowledge, poverty and the realization of God's Uniqueness. In the body of the work a caliph instructs his own six sons. These sons fall into three pairs, which correspond to the triad of the lower soul, the intellect and the heart (which is transformed into the Spirit); the three pairs also correspond to the neo-Platonist triad of Soul, Reason and the One; and also to the hierarchy of ascetics, philosophers and Sufis. Thus the lower soul is linked to the devil (in the instruction of the first pair of sons) and the intellect to knowledge (in the instruction of the second pair). Above these stands the dialectical process in which the mystic negates and passes away from his own existence (recognizing that true poverty is understanding that one is poor in lacking true being in comparison with God), and then (in a negation of this negation) has his heart transformed into the Spirit, which is absorbed into the light of God, whose Uniqueness is thus affirmed. This tripartite structure has been anticipated by Sana'i, as we have seen above, in the form of asceticism, philosophy and Sufism, in his *Enclosed Garden of Reality*. It corresponds to part of a Greek philosophical work (not older than the first century BCE), which was available in Arabic translation by the early eleventh century, and in which three stages of progress are outlined: in the first are allegories of the lower passions; in the second unsuccessful philosophers; in the third the blessed elite who find true knowledge.[14] So we see the indebtedness of 'Attar to the Greek philosophical tradition, on which he nonetheless makes violent attacks: the ambiguity of the Sufis' position is reflected in that of the philosophers themselves, with their exaltation of a stage beyond ordinary reason.

'Attar was also an important lyric poet, who in one of his shorter compositions expressed the current tendency in the direction of monism, the doctrine that there is only one entity in the whole of existence. It is important to realize that hardly any Sufi writers actually profess this doctrine itself (those who do, the occasional prince and minor poet, do not seem to have understood their teachers). But in the thirteenth century Sufism moved to a position which was perilously close to monism, so that we can legitimately call it 'monistic'. So 'Attar writes:

> Whatever is other than you is mirage and appearance
> Since there neither a little nor a lot has come
> Here incarnation is unbelief and so is unitive fusion (*ittihad*)
> Since this is a unity but come in repetition . . .
> How should otherness show itself when everything which exists
> Is identical with another one come into appearance?[15]

Kubra and his disciple Daya

It seems that the Mongol massacres of 1221 also claimed as a victim Kubra of Khwarazm in what is now Soviet Central Asia, the founder of a brotherhood to which he gave his name. The Kubrawiyya, who spread to Iran and India, are, like their founder, noteworthy for an emphasis on visions and coloured lights. Here Kubra, as is clear from his writings, had a distinctive method, which he imparted to many disciples. His ideas obviously go back to the Gnosticism of late antiquity, although, as we shall see below, there is also evidence of Indian influences. He insists that one can know only that which is like unto oneself. The believer is a light, which comes from God's light. One can pass away in God's attributes, which exist in different 'locations' (or levels, *mahadir*, like the Gnostic *topoi*), and then in his Essence. To do so one must purify one's created nature, which appears as a black cloud, reddened by the devil. 'Our method (*tariq*)', says Kubra, 'is the method of alchemy.' It is to extract the luminous part of one's being from beneath the mountains of the physical body. You may visualize yourself as rising from the depths of a well, and find yourself seeing deserts and cities. Eventually, you see the colour green, as representing the life of the heart. A green light constitutes the atmosphere of the heaven of God's Lordship. This theme of a vision of emerald green has its source in the famous Hermetic tradition of late antique Egypt, in which Gnostic teachings were attributed to the god Hermes Trismegistus, notably in a work called *The Emerald Tablet*.

Eventually, according to Kubra, the mystic encounters his other self: one's heavenly 'witness' (*shahid*), the 'elder of the invisible world', who appears in a luminous form. (Once, says Kubra, he fell in love with a girl, and did not eat for days. He breathed flames, and more flames came to meet them from the sky. Finally he realized that his heavenly 'witness' was in the place where the flames met.) When you encounter this witness he will not leave you: indeed you are this witness, with whom you have become one. The jewel of light has been extracted. Here we see a close correspondence with the Hermetic *Emerald Tablet*, in which the narrator's 'perfect nature' appears to him as an old man in his own image.

One of Kubra's disciples, Daya of Rayy (now a suburb of Tehran), who died in 1256, was able to escape from the invading Mongols and take refuge in Turkey. There he encountered 'Umar Suhrawardi, who advised him to dedicate a book about Sufism to a temporal ruler, a king. This was a course of action which would previously have seemed improper for a Sufi, but was now, they felt, justifiable because of the danger to Islam posed by the Mongols. The book, *The Path of God's Servants* (*Mirsad al-'ibad*), presents an odd combination of Sufi and monarchist elements. Most of it is cast in the form of a description of the transition from the original act of Creation to the eventual resurrection of the dead, in the Semitic tradition of Judaism, Christianity and Islam, with its emphasis on a history with a beginning, a middle and an end. But the last part of the book deals with the various classes of society and their duties in a manner which goes back through the royal

Iranian tradition to the Indo-European past. Thus Sufism is used to call on men to fit into a society dominated by temporal rulers, in which everyone has an ordered place. The pursuit of agriculture is fixed in a threefold hierarchy of farmers, village headmen and peasants, who are told to rely on God for next year's crop instead of storing up a surplus of this year's, and to engage in constant 'remembrance' while they work. The world is compared to a Sufi lodge: God corresponds to the Sufi elder; Muhammad to his steward; and the inhabitants of the world to the Sufis in the lodge, who are divided into labourers with individual duties on the one hand, and those who are totally engaged in worship and acts of devotion on the other. So most men fall into the category of those who work, whether kings or merchants, in order to serve the other category, those whose time is entirely taken up by the religious life.

The Arab poet Ibn al-Farid

The monistic tendencies which have already been noted as characteristic of this period, and which appear in the poetry of 'Attar, also find expression in the verses of the most famous of all Arab Sufi poets, Ibn al-Farid of Cairo (d. 1235). As his name indicates, Ibn al-Farid was the son of a leading legal administrator, but he lived a hermit's life. In his long, didactic *Poem of the Way* (*Nazm al-suluk*), he affirms, like 'Attar, the self-manifestation of one Essence in the universe. The mystic adores himself: he realizes that the Divine Beloved has existed in all the beauties of legend.

> That was none other than She showing Herself in appearances
> And they thought it was another than She while She displayed
>   herself therein
> She showed Herself in veils and concealed Herself in appearances
> According to the tints of changing colour every time She came out

As is also common in this period, Ibn al-Farid gives increased exaltation to the supernatural figure of Muhammad, with which he identifies himself, notably in a verse seen as scandalous:

> My spirit is spirit to all the spirits and all you see
> Beautiful in the universe is from the emanation of my clay

Like other thirteenth-century poets, Ibn al-Farid accepts the worship of God in religions other than Islam:

And if the Mazdeans worshipped fire and it was not extinguished
As is said in the reports in a thousand years
They did not aim at another than Me even if their aim
Was else than I and if they did not manifest a binding intention

However, it seems that the mystic's ultimate achievements can be attained only via Muhammad, through whom the poet speaks to affirm the Prophet's unity with God:

And from His Light the niche of my essence lit up
Upon me and through me my evening shone as my dawn
And I was made to see my being here and I was He
And I saw that He was I and the light was my splendour[16]

Ibn al-Farid's celebrated Wine-song (*Khamriyya*) finds him expressing a standard theme of Sufi poetry, the ecstasy which recalls the primordial drinking bout with God as the cupbearer:

We drank in remembrance of the Beloved a wine
With which we became drunk before the vine was created

In contrast to 'Attar, he extols unitive fusion (*ittihad*):

And my spirit fell in love with that wine so that they mingled in
Unitive fusion and not as a body permeated by another
So there is a soul (*nafs*) and no wine when Adam is my father
And wine but no soul when its vine is my mother[17]

The meaning here is perhaps that when the mystic's terrestrial existence as a son of Adam is considered his carnal soul is there, but when he rejoins his primordial state it vanishes.

Ibn 'Arabi

Sufism's greatest systematizer, Ibn 'Arabi, fully developed the monistic tendencies of this period. Already mentioned for his descriptions of the mystics of Spain where he was brought up, Ibn 'Arabi was born in 1165 to an influential family which claimed noble Arab ancestors, and he obtained a formal education in Seville. He spent some time alone, in cemeteries, and studied with a number of Sufis. He tells us that he had many visions and supernatural encounters during visits to North Africa. In 1202 he went to the Muslim East. He says that in Mecca a vision showed him that he was the ultimate Seal of God's Friends in the period inaugurated by Muhammad. Here he began the longest of his many works, the massive *Meccan Revelations* (*al-Futuhat al-Makkiyya*), which provides an account of his new system. Later, he moved to Cairo, where his teachings encountered much hostility and his life was threatened. In both Turkey and Syria, however, he was to find royal protectors, and he settled in Damascus, where he died in 1240.

Ibn 'Arabi's system (which has been well analysed by A. E. Affifi) is really a combination of classical Sufism with neo-Platonism and Islamic theology. Such a synthesis was certainly overdue. Sufis had long attacked the neo-Platonist philosophers while taking over many of their ideas, and had often written books upholding mainline apologetic theology while also expressing mystical opinions at variance with it. Some Hellenized philosophers had tried to incorporate Sufi teachings in their own thought, but it was really time for the Sufis to try to produce a coherent mixture of their own. Moreover, mainline theologians, after a long history of making peremptory remarks without a philosophical foundation, were now realizing the need to acquire one. But it was obvious that a serious amalgamation of all three of these elements would have to be radically different from what had gone before.

Ibn 'Arabi declared that there is only one ultimate Reality in the whole of existence. This is certainly monistic, but not the same thing as pure monism, which maintains that there is only one entity. So we should call his theory by its own title: 'the unity of existence' (*wahdat al-wujud*). The one ultimate Reality is sometimes seen as 'the Truth' (*haqq*, the Real, one of God's names), the Essence of all things; sometimes as 'creation' (*khalq*, created things), the manifestation of the Essence. The Truth is the One, the Lord. Creation represents the many, the slaves. So paradoxes arise: the Truth simultaneously is creation and is not. In helping God to reveal himself, and in knowing him, the mystic in fact creates him. The One appears in images in mirrors, as colours in substances, and as food permeating bodies. Thus the various objects in the universe are God, but he is not limited to being identical with any one of them taken in isolation. Nor is he identical with the universe taken as the sum total of its constituent parts: the doctrine of Ibn 'Arabi is not pantheism (the belief that all is God and God is all), and does not incline towards pantheism in such a way as to deserve to be called pantheistic. The term is grossly over used, and often applied too loosely to be helpful.

The ultimate and highest Reality in Ibn 'Arabi's system is the Divine Essence, revealed through a number of God's names. These names are manifested as his attributes in this visible world. The mystic cannot reach the supreme level of Oneness (*ahadiyya*), which belongs to the Essence. He can attain only the level of Uniqueness (*wahidiyya*), which belongs to the names. God reveals himself to the mystic by being present to him through a given name in its absolute form, as opposed to its terrestrial manifestation. So the One is known through self-revelation (*tajalli*, theophany or irradiation), which must not be confused with the incarnation of a spirit in a body. Moreover, there can be no question of unitive fusion (*ittihad*), since, as Ibn 'Arabi's followers observe, that would require two essences to join together, and there is really only one Essence, that of God.

Ibn 'Arabi also has an important theory about the figure of Muhammad. This figure plays a part akin to that of the Logos in Christianity, as the most privileged instrument of God's self-manifestation. The First or Universal Intelligence of the Greek philosophers is identified with Muhammad's inner reality (*haqiqa*), with the Spirit, and with much else besides. For the Muhammadan Reality is also the 'Perfect Man' (*al-insan al-kamil*), the mystic who is perfected not in an ethical sense but as encompassing all of God's attributes. Such a man unites God with the world, not as a bridge but as an interface (*barzakh*), the imperceptible border between a shadow and the light. It is for the sake of such a Perfect Man that the universe has come into being. So the Perfect Man alone preserves the existence of the universe.

Now this theory is combined with a detailed development of the Sufi doctrine of friendship with God (*walaya*), which has been well studied by Michel Chodkiewicz. The friends of God who come after a given prophet, says Ibn 'Arabi, are inferior to that prophet. But the prophets themselves are also friends of God, and this aspect of theirs is superior to their external, specifically prophetic functions. Ibn 'Arabi went much too far for the taste of some Muslim jurists, who attacked him violently for this idea. He says that on the one hand there is a *general* cycle of God's friends, which is brought to an end by Jesus, as the Seal of that general cycle, who – being the last of God's friends as Muhammad was the last prophet – will return for the end of the world. On the other hand there is a *particular* cycle of God's friends, which belongs to the period of history inaugurated by Muhammad.

Ibn 'Arabi, replying to the challenge and questionnaire issued by Tirmidhi four centuries earlier, claims that he himself is the Seal of this particular cycle. From a certain point of view, he says, this Seal is inferior to Muhammad, as subject to Muhammad's revealed law; but from another point of view the same Seal is superior to Muhammad, since Muhammad's prophetic activity is strictly limited in time and can find its inner fulfilment only through the Seal's continuing spiritual involvement. There will be friends of God after Ibn 'Arabi, but they will be subordinated to his function as Seal, as will be even Jesus himself, when he returns, since then he will have to obey Muhammad's law.

Such, in its briefest outline, is Ibn 'Arabi's system. He is undoubtedly one of the greatest thinkers in the history of ideas, with a talent that ranks him alongside Spinoza and Hegel, whom he to some extent resembles. But his thought contains great dangers, and not only in its exaltation of the mystic as the Perfect Man, which has encouraged many others to claim for themselves an importance open to question. His presentation of the human condition as the manifestation of contrasting names of God – such as the Compelling (*al-Jabbar*) on the one hand, and the Pardoning (*al-Ghaffar*) on the other – excludes all possible freedom, just as it leads to a passive resignation in the face of injustice. His connection with the rulers of his time seems to represent a tendency to collaborate, and this has had grave consequences in the later history of Islamic thought, which has been dominated and often overwhelmed by his doctrines.

3 ELDERS AND EMPIRES (*c.* 1240–*c.* 1700)

RULERS, COLLABORATORS AND REVOLUTIONARIES (*c.* 1240–*c.* 1500)

One period in Sufism's history almost defines itself, the one which stretches from the death of Ibn 'Arabi to the division of the Islamic world between three great empires in the early sixteenth century. It seems best to consider this period in successive stages: the domination of Chinggis Khan's successors; the years which lead up to the death of a new great Central Asian conqueror; and the aftermath of the new conqueror's victories.

Mongols, Jews, Christians and Iranians (c. 1240–*c.* 1320)

The decades which followed Ibn 'Arabi's death were marked by increased Mongol power. From the early 1250s the Mongols pressed westwards from north-eastern Iran, and in 1258 sacked Baghdad itself, putting an end to the 'Abbasid caliphate. Henceforth only a pale shadow of the caliphate continued under the protection of the rulers of Egypt.

The Mongols were prevented from conquering Syria, but had suzerainty over Turkey. One part of their vast empire was the old combined domain of Iran and Iraq. Until 1294 this was subject to the ultimate authority of the Mongol emperors in China, but in 1295 the conversion of the viceroy in Iran to Islam meant that this branch was now independent. Previously the Mongols had adhered to the old Central Asian religious tradition of shamanism, though some became Buddhists or Christians. Meanwhile other Mongols, known as the Golden Horde, had conquered Russia. They too became Muslims. The Mongols were not interested, however, in conquering India, which now experienced its first real period of extended Islamic rule and culture, under the sultans of Delhi.

At the same time Egypt and Syria came under the control of the

Mamluk dynasty, whose name means that they were slaves (as were the Muslim rulers in India): according to a peculiarly Islamic practice, slaves would be the leading officers in the army, and were consequently able to gain supreme power. As is indicated by this level of success, 'slavery' in medieval Islam did not have the connotation of collective forced labour that it has today, but was the condition of people whose lives were not exceptionally uncomfortable and who could rise to positions of wealth and influence.

In the west, the Muslims had to abandon most of Spain (apart from the small kingdom of Granada) and retreat to North Africa. These political events brought about considerable contacts between adherents of different religions.

Sufism's influence on Judaism and Christianity

Previously the lack of significant mystical teachings in Judaism had led some Jewish authors to adopt Sufi doctrines virtually unchanged. In the eleventh century, in Spain, the Jewish writer Bahya ibn Paqudah wrote a book in Arabic entitled *The Book of Guidance to the Duties of Hearts* (*Kitab al-hidaya ila fara'id al-qulub*), which is mainly a repetition of Sufi instructions, and similar works were composed by Jews in Egypt in the thirteenth and fourteenth centuries. But the rise of the main Jewish mystical tradition, the Kabbalah, in southern France around 1200 seems to be a purely independent phenomenon. Besides, the Kabbalah is not concerned, as Sufism is, with losing oneself in God, but with an esoteric comprehension of the universe. Abraham Abulafia (d. after 1292), who left his native Spain to travel in Syria and Palestine, appears to have adopted Sufi meditational techniques which themselves had come from India (bodily postures and control of the breath), but is careful to subordinate 'passing away', which he views with disdain, to the discipline of concentration upon the letters of the alphabet, which is most characteristically 'kabbalistic'. Similarly, a pupil of his, who wrote in 1294, speaks of the Muslim mystics as a low and vulgar group who, by 'remembrance' of God's name, attain only 'effacement' (*mahw*, a synonym of *fana'*, 'passing away'). Above them is the path of the philosophers, and above them is that of the letter-symbolists, the Kabbalists.[1] Here we must observe that the Muslims had a long history of attaching esoteric significance to the letters of the alphabet, but it is really only in the late fourteenth century that the subject acquires a special importance in Sufism, so that (as will be seen below) a Muslim writer will place the 'people of the letters' above the philosophers and ordinary Sufis in a hierarchy of seekers after truth.

With regard to the influence of Sufism on Christianity, claims have been made for a Sufi impact upon the Catalan theologian and philosopher Ramón Lull (1232–1316). He himself says that he wrote his *Book of the Lover and the Beloved* (*Libre d'amic e amat*) in the manner of the Sufis. But the similarities are in effect confined to the form of expression. Lull's comparison between the Trinity and the Love, Lover and Beloved triad had already been made by both Augustine and Daylami, and the idea that this triad constitutes a unity was a commonplace in both Sufism and the Greek philosophical tradition in Islam – the philosophers equated it with the neo-Platonist doctrine of the identity of the act of knowing, the knower and the object of knowledge. Lull's combination of these themes is natural enough. In his other works, his use of the new term 'dignities' (*dignitates*) to designate the modes of God's self-manifestation would appear to come from the Sufi employment, begun by Ibn 'Arabi, of the term *hadarat,* 'presences'. But Lull does not seem to have understood or continued the Sufi uses of this expression. His indebtedness, it has recently been argued by Dominique Urvoy, is to the theologians and philosophers of Islam, not to the mystics.[2] This is generally the case with Islamic influences upon western Christian thinkers, who preferred to borrow from the dogmatic theologians and the representatives of Greek thought, rather than from the Sufis.

In the fields of organization, practice and popular beliefs it is difficult to find concrete evidence of Sufi influence. René Brunel, whose superb work on libertine dervishes in North Africa will be summarized in the chapter on modern Sufism, took the view that there was a great mixing of ideas of western Christianity and Islam in the twelfth and thirteenth centuries, in which the figure of the wandering mystic would have been central. But his own evidence showed that such wanderers had flourished in Christianity before continuing in Islam. The relationship between these disreputable travellers and the respectable religious fraternities is much the same in medieval Christianity and Islam: a combination of hostility and mutual association. But that could represent parallel development – a similar picture is found in Chinese monasticism at the same time.

It is certain that eastern Christianity, on the other hand, borrowed extensively from Sufism, and this is not surprising, since it had provided the original inspiration. Now Muslims were giving doctrines to the Christians: the last important Syriac writer, Barhebraeus of Malatya in eastern Turkey (d. 1286), slavishly repeats Islamic discussions of the legality of listening to poetry recited by youths, but does so by rewording them to apply to the ethics of listening to Christian hymns sung by choirboys.[3] Modern specialists in the study of eastern Christianity are agreed that the original Christian 'remembrance of God', which, as we have seen, was taken over by Sufism, was now influenced by it. Here again, we have details of bodily postures and breath control, which must have come via Sufism from India, and are part of a later development, attested from the late thirteenth century onwards.[4] Moreover, it seems possible that the phenomenon of the 'elder' – which is represented by such words as the Greek *geron* before Islam – may after influencing Sufism have been influenced by it before reappearing, beneath the term *starets*, in Russian Christianity, as the type of spiritual director best known through Dostoevsky's depiction of Zosima in *The Brothers Karamazov*. The importance of this phenomenon in Russia resides largely in its independence from an ecclesiastical framework, and its consequent appeal to society at large: here, as in the emphasis on absolute obedience to the elder, one suspects a reinforcement from Sufism.

Rumi, the greatest Sufi poet

The most highly regarded of all Sufi poets is Rumi (d. 1273). The name means that he lived in Turkey, where his family (originally from northern Afghanistan) had taken refuge from the Mongols. Rumi became the dominating element in the spiritual life of Konya, then Turkey's most important city, and was closely associated with its ruler, who was a protégé of the Mongols and also in sympathy with their Muslim opponents. In the records of Rumi's discourses to his entourage we find the Sufi leader discussing political problems with this ruler and expressing his own hostility towards the Mongols. However, he says that it is lawful to accept property from them.

In Rumi's correspondence there are numerous letters of introduction in which he asks influential personages to help his disciples. His role is presumably that of 'God's friend', which he puts forward in his discourses: if men befriend him, they befriend God too. The world has been created for God's friend, and other mortals have the functions of carpenters and weavers, who make a tent in which he contemplates God. Here Rumi is echoing not only the teachings of his father (himself a leading Sufi), but also those of Daya, noted in the last chapter.

Rumi says that there is a great man who is the caliph of his time, and who is like the Universal Intelligence of the philosophers. Of particular interest is a conversation between Rumi and a Christian, who says that some of the disciples of Sadr al-Din of Konya (d. 1274; Ibn 'Arabi's main pupil) drank wine with him and declared that Jesus was God. Rumi is naturally shocked. In Ibn 'Arabi's system Jesus (like everyone else) is God, but God is not Jesus in the sense of being Jesus to the exclusion of anyone or anything else.

Rumi wrote one massive didactic work, the *Poem in Rhyming Couplets* (*Mathnawi*). In the past this was seen as a disordered collection of stories and themes chosen at random. The present writer has pointed out elsewhere that on the contrary the poem has a plan, extremely similar to that noted above in the analysis of 'Attar's *Book of the Divine*. Rumi's work is also divided into six sections or books, which fall naturally into three groups of two. The first book is principally concerned with the subject of the lower soul; the second book continues with this, while bringing in the figure of the devil, and concentrates on the themes of deception and evil. The Sufi elder, we are told, stands above the devil's power. Later it is explained that the lower soul is really identical with the devil. The third and fourth books are joined together by their common content: Reason and Knowledge. Reason is personified by Moses, and opposed by Imagination in the form of Pharaoh. The figure of the devil is replaced by that of the angel. The fifth and sixth books are united by the idea that man must first deny his own existence in order to affirm that of God. 'Passing away' is linked to the heart, the Spirit and light. But, in contrast to 'Attar's work, the position of the Spirit as God's 'caliph', his deputy, is partly taken over by the Sufi elder, and in particular by one of Rumi's close friends, who (after the effective ending of the Baghdad caliphate in 1258) is addressed as God's caliph in the present age.

Rumi's lyric poetry is also permeated by his love for leading fellow Sufis, notably the wild and ecstatic Shams al-Din of Tabriz in north-western Iran (d. 1247?) Thus Rumi often puts Shams al-Din's name at the end of his poems, indicating that one can reach God only by rising to the level of an ideal Sufi master, who is identified with the Universal Intelligence: Reason itself.

> At daybreak a moon appeared in the sky
> Came down from the sky and gazed at me
> As the falcon that snatches a bird when hunting
> That moon snatched me and started running over the sky
> When I looked into myself I did not see myself
> Because in that moon my body through grace became as spirit
> When I travelled in spirit I saw nothing but the moon
> So that the secret of the pre-eternal theophany was all revealed
> The nine spheres of heaven all went down into that moon

The ship of my being was all hidden in that ocean
That ocean surged in a wave and Reason rose again
And cast out a cry So it happened and so it became
That ocean foamed and in every fleck of that foam
A picture of someone came and a body of someone was made
Every foam-fleck of body that received a sign from that ocean
At once melted and in that ocean became spirit
Without the ruling power of Shams al-Din of Tabriz
One cannot see the moon or become the ocean[5]

Rumi is also important as the supposed founder of the brotherhood of the Whirling Dervishes (called the Mawlawis, after his title *mawlana*, 'our master'), which was apparently brought into existence by his son. Why do these Sufis engage in their distinctive whirling dance? It has often been imagined that the original intention was to reproduce the movements of the heavens. Rumi himself, however, says that this is just the interpretation offered by the Hellenized philosophers.[6] Elsewhere he puts the question and answers it:

Why do I have to dance in the glow of His sun?
So that when the speck of dust dances He may remember me[7]

For him the Sufi rises above all the concentric spheres, intelligences and souls of neo-Platonism to view God himself from the standpoint of the Universal Intelligence. Although from one perspective this seems to be achieved through the 'mediation' of the ideal master, in fact by rising to the ideal master's level the mystic acquires unmediated access to God, unlike what is found in the Greek philosophical tradition.

The 'youngmanliness' tradition of Iran

One text in particular will demonstrate the Iranian, and indeed Indo-European origin of the 'youngmanliness' (*futuwwa*) tradition. It is by a gold-beater, called Najm al-Din, of Tabriz (d. 1312), and belongs to a set type of treatise, that of the 'book of youngmanliness' (*futuwwat-nama*), which gives ethical and initiatory instructions. This tradition is noteworthy above all for its rituals of initiation, and this text provides details which, as its author observes, had never been divulged before.

He says that the members of the tradition belong to three classes, arranged in an ascending order: (3) 'of the saying', linked to Adam; (2) 'of the sword', linked to 'Ali, the son-in-law of Muhammad; (1) 'of the drinking', linked to Muhammad himself. In the ritual of drinking from the 'cup of youngmanliness' three bindings for the loins are placed round the cup, corresponding to the three classes: cotton, leather and wool respectively, It is evident that there is a hierarchy of three grades, with three kinds of activity: (3) at the bottom, the saying of 'Yes' in the primordial Covenant between God and the sons of Adam, and also (here the text refers to Adam as the founder of agriculture and weaving) agriculture and the making of trousers – which symbolize chastity (as covering the genitals) – out of cotton; (2) at the intermediate level, the activity of the warrior, of whom 'Ali is the ideal type, and for whom leather, we are told, is particularly suitable; (1) at the top, the drinking from the cup, here associated with Muhammad, in a gesture of obedience to a leader credited with knowledge – here wool represents Sufism, and the drinking itself is a well-known symbol for mystical experience.

This threefold arrangement is anticipated in the literature of Mazdaism, Iran's main pre-Islamic religion, in a text in which we are told of three classes – agriculturalists, warriors and priests – and the triple pattern of duties proper to each of these: the agriculturalists till the soil, fight off thieves and worship; the warriors act as agriculturalists in producing arms, fight and worship; the priests act as agriculturalists in preparing the sacrifice, fight as warriors against the Lie, and worship.[8] Thus the continuity from Iran's pre-Islamic past to the Islamic 'youngmanliness' tradition can hardly be doubted. We have here a striking confirmation of the validity of Georges Dumézil's view that Indo-European ideology centred on an articulation of three concepts: fertility, with its agricultural and sexual aspects; strength, notably in war; and sovereignty, with its aspects of religion and knowledge. This triad appears among the ancient Scythians (who belonged to the Iranian family of peoples), in their legend of objects falling from the sky: agricultural equipment, an axe (or an arrow and a lance) and a cup for pouring libations to the gods. It is found also in the old Iranian ritual in which the new king has to eat a fig cake, chew terebinth (living off which was part of the military training of Persian boys) and drink from a cup.[9] Its best-known occurrence is in Plato's *Republic*, where the pattern Desire–Anger–Reason is put in parallel with the parts of the state. We have already seen this last structure, transmitted from the Greek philosophical tradition, in Sana'i's *Enclosed Garden of Reality*. It must not be confused with the neo-Platonist triad of the One, Reason and the Soul, which in Sufi poetry is put in parallel with that of the mystics, the philosophers and the ascetics (also encountered in Sana'i's *Enclosed Garden*, as observed above).

Sufism and philosophy

Meanwhile, Spain had continued to produce men who tried to combine philosophy with Sufism. The leader of these was Ibn Sab'in of Murcia (d. *c.* 1270), who, in a remarkable example of interaction between Christianity and Islam, composed replies to philosophical questions sent by the Emperor Frederick II of Hohenstaufen. Here again we see that the Christians were interested in the Greek philosophical tradition rather than in Sufism itself. Ibn Sab'in was forced to leave one Muslim country after another to avoid persecution, which, it may be noted again, was directed against philosophers rather than Sufis. He was attacked by later writers either for teaching the doctrine of 'unitive fusion' (*ittihad*) with God, or for teaching monism itself. His main successor in Syria, the Spanish prince Ibn Hud (d. 1297) read the work of the Jewish philosopher Maimonides (d. 1204) with Jewish pupils.[10]

These Sufi philosophers were a principal target of someone who is today highly regarded and a great influence on Muslim writers: the lawyer Ibn Taymiyya of Damascus (d. 1328). It is now widely imagined that this jurist was a violent opponent of Sufism itself: this was not the case, and he did in fact belong to a Sufi brotherhood. He was against only certain aspects of Sufism, as was common among lawyers: the monistic trend of the early thirteenth century; and the rise, at the same time, in the veneration of individual mystics, involving visits to their tombs. As regards the latter tendency, it has been observed that Ibn Taymiyya, although condemning the customs of the lower classes, addressed his criticisms to the rulers of his time. The rulers seem to have been happy to work with new trends in Sufism, and did not like Ibn Taymiyya's violent expression of his opinions: he was persecuted and imprisoned.

Collaboration with princes (c. 1320–*c.* 1405)

A questionable complicity between Sufis and temporal rulers is characteristic of this period. The vicissitudes of these princes should be briefly mentioned. Mongol sovereignty in Iran collapsed after 1335 and was succeeded by a number of local dynasties. In India, after the supremacy of Delhi in the first half of the fourteenth century, in the second half its power declined considerably. In Turkey a new empire was appearing, that of the 'Ottoman' Turks, so called after their first leader, 'Uthman (d. *c.* 1324). This empire spread to the Balkans. Meanwhile, in Central Asia, another great conqueror had been born: Timur the Lame. He rose to power in the 1360s. By the 1390s he was able to beat the Mongol masters of Russia, the Golden Horde, and to sack Delhi. Before his death in 1405 he also managed to defeat the Ottoman Turks at Ankara.

'Ala' al-Dawla Simnani: a collaborator

The collaboration of Sufis with rulers is reflected in the life of 'Ala' al-Dawla Simnani (the title means Height of the State, while the surname means that he came from a town in north-eastern Iran). Born in 1261, into a family of leading administrators, he entered the service of a Mongol ruler at the age of fifteen. In 1284 he had a mystical experience in the middle of a battle. An inner light showed him the next world and its contents as previously described to him by scholars. After two more years in his master's service he abandoned it for a life of piety, separating from his wife and son and giving his land and wealth to the Sufis. He did not, however, break off his relations with princes and court officials, but remained in contact with them until his death in 1336. In his writings he maintained that one must obey a Muslim ruler and not revolt against him, even if he is a tyrant. In the same way that God does not leave the earth without a ruler to order men's lives, so too he does not leave it without a 'friend', who gives outward and inward guidance for this world and the next.

Modern writers have debated at length whether Simnani did or did not have tendencies of a pro-Shiite character. This is a somewhat pointless question, since scholars agree that he was explicitly opposed to Shiism, and also that there are signs of Shiite influence upon him. Such influence is evident when he asserts that 'Ali (the first Leader of the Shiites) has pride of place among God's friends, and was a secret companion of all the prophets who appeared before Muhammad. Given that in the Sufism of this period the personality of the mystic received greater emphasis, and given the inclination within the Sunni majority to show much more respect for the Shiites' early Leaders, it is not surprising that Sunni Sufis of the time should see these Leaders as having an important mystical role.

Simnani had contacts with Buddhist ascetics in the entourage of his Mongol master, and some knowledge of Buddhism itself. One wonders how much importance should be attached to this. His accounts of his relations with the Buddhists show the habit, usual among Sufis in India at this time, of using anecdotes to show that the degree of spiritual development of the Sufi master was superior to that of his non-Muslim counterpart. On the other hand, Simnani's meditational practices may demonstrate a direct Chinese influence, from Taoism, on bodily posture and expulsion of breath.[11] It is more probable, however, that they represent an impact from India, inherited from his Sufi predecessors, and perhaps renewed by further contacts. As regards Buddhism itself, Simnani attacks it for teaching the doctrines of reincarnation and unitive fusion (*ittihad*). Similarly, in spite of an early enthusiasm for Ibn 'Arabi's monistic theories, Simnani was to reject them, and also what he saw as the illusion of ecstasy, in favour of what he thought was the highest stage: man's enslavement (*'ubudiyya*) to God.

As a member of the Kubrawi brotherhood, Simnani was particularly preoccupied by visions of coloured lights, and he is the most important systematizer of this aspect of Sufi experience. According to him these lights, seven in number (grey, blue, red, white, yellow, black and green), correspond not only to 'subtle organs' (*lata'if*) inside the mystic, and to the parts of the universe, but also to the various 'prophets of your own being' and the various types of man (primitive, pre-Muslim, Muslim, true believer, friend of God, prophet and Messenger), so that one has to rise through an internal hierarchy to the level of Muhammad within oneself. Now this systematic sevenfold arrangement of colours, 'subtle organs' and parts of the universe is paralleled in Hindu Tantrism (in the degree of structuring, though not in the actual detail).[12] Other sevenfold patterns of colours are found in the works of Kubra himself and his pupil Daya. It seems that here again Simnani is the heir to an influence which was originally Indian, and to which he may have introduced more Indian inspiration.

There are very few sources before this period for the study of Sufism in the Indian subcontinent. Earlier modern writers painted a rosy picture of thirteenth-century Hindu and Muslim mystics mingling their doctrines into a common synthesis. This picture has been destroyed by the penetrating analysis of Simon Digby, who has shown that the 'evidence' is merely hagiographical, and that genuine syncretism was to come only much later. The hoary myth of massive Sufi-inspired conversion to Islam in India has also been shown to be based on late and legendary materials.

The Suhrawardi brotherhood in Multan

In the fourteenth century, however, we have one informative text concerning the branch of the Suhrawardi brotherhood in Multan, in what is now Pakistan. This is the *Legal Judgements of the Sufis* (*Fatawa 'l-sufiyya*), written about 1350 by one Fadl Allah Majawi. The author is determined to clarify regulations by reference to the practice of his teachers. He says that visitors came to the lodge in Multan from many lands, and sometimes numbered a thousand at a time, apart from the permanent inhabitants of the lodge and the workers therein.[13] The lodge, we are told, has roofs, a courtyard, cells and terraces. All its parts have doors opening on to the courtyard, so that everyone can follow the leader of worship. It is like a mosque, being built for prayer and worship, and open to local residents and travellers. But it offers additional possibilities for the service of God and other advantages: the perpetual recitation of the Koran from beginning to end; the distribution of food; continuous 'remembrance of God'; and the granting of an allowance to the Sufi's family and dependants.[14]

Majawi enables one to reply to the question, 'What actually happened in a Sufi lodge?' Books were read, either in an academic setting, with a tutor instructing the students in the correct transmission of the text to posterity, or in a devotional framework, with the Sufi elder weeping profusely as he listened to literary evocations of the love of God. Extra prayers would be said, corresponding to the occasions of the liturgical calendar, and prescribed by the brotherhood's local leaders; there was a special recitation of the Koran on Thursday nights, with public prayers and distribution of a sweet (*halwa'*); once a year food and drink would be distributed as well; feast days with public prayers were limited to ten a year. On Thursday nights some disciples would also keep a vigil, performing the prayers of the rosary in great quantities. A Sufi might recite the whole of the Koran on his own, in his cell. Every year a fast of six months would be observed, in seclusion. Special food of good quality was served to those undertaking the discipline for twenty days beforehand, to give them strength. These disciples were also given clothes or the money to buy them, as well as a separate cash incentive. The Sufis would also assemble to listen to poetry, and would become agitated by it. Their leader would call out to them, and they would calm down. The leader himself would not participate in the dancing or forms of ecstatic or automatic motion that accompanied the recitation of poems, but would supervise affairs from a distance.[15]

One visitor to Multan was the celebrated North African traveller Ibn Battuta (d. *c.* 1370), who has left an account of Sufi activities there. He portrays the leader of the Multan branch of the Suhrawardi brotherhood, Rukn al-Din (d. 1335), as enjoying very close relations with the Sultan of Delhi. Rukn al-Din's brother was killed in battle taking the sultan's place, whereupon the latter gave the family a hundred villages. When Rukn al-Din died the sultan intervened in the quarrel over the succession to the leadership in Multan (which was in practice hereditary) and supported his grandson. His grandson shocked the North African visitor by riding in a litter when honoured by the sultan, who eventually executed him for amassing riches.[16]

Other sources for the study of the Suhrawardi brotherhood in Multan are the records of conversations between masters and disciples of the rival Chishti fraternity in north-western India. The fraternity is named after a village called Chisht, in eastern Iran, where its earliest masters are said to have lived. Its members did not have the academic character of the Suhrawardis, and accused the Suhrawardis of excessive formality, self-enrichment and snobbishness. One feels, however, that the two brotherhoods had more in common than they were prepared to admit: both were pillars of temporal authority, and both also functioned with the help of libertine elements around the leaders.

Nizam al-Din of Bada'un and the relation between elder and disciple

The conversations of the Chishti leader Nizam al-Din of Bada'un (d. 1325) give plenty of information about the relationship between the elder and the disciple. Nizam al-Din recalls that his own teacher, Farid al-Din of Pakpattan (d. 1265), had told him that the elder is the disciple's 'bride-dresser' (*mashata*); then he had invested him with special clothes. On another occasion he had given Nizam al-Din a staff: this, along with a prayer-mat, clothes and shoes, formed part of the elder's insignia, transmission of which indicated that the recipient was to take the master's place after his death. Nizam al-Din used a hair which had fallen from Farid al-Din's moustache as a charm. When he is told that, according to one opinion, the pilgrimage to Mecca is performed only by someone who has no elder to guide him, Nizam al-Din relates that personally he found visiting his teacher's tomb an adequate substitute for the pilgrimage. Once, when a visitor had raised his voice in an argument with Farid al-Din, Nizam al-Din physically intervened.[17]

On the subject of prostration before the elder, which was challenged as contrary to Islamic law, Nizam al-Din says that he is following the example of his predecessors in not forbidding it. A visitor who has come from the Middle East is shocked to see one of Nizam al-Din's disciples placing his head on the ground before him. The master explains that the ancient practice of prostration before kings and teachers had been stopped by Muhammad, but is still permissible. The Indian character of the practice seems evident enough. Nizam al-Din says that he personally would like to stop it, but Farid al-Din had told him a story about an elder's making a disciple kiss the ground beneath his horse. A similar problem is whether disciples should interrupt their supplementary prayers (that is, those said in addition to the obligatory acts of formal worship) when the elder appears, in order to obtain the spiritual reward for kissing his foot. Nizam al-Din thinks that the practice of interrupting one's prayers for this purpose should be rejected, but avoids condemning it outright.[18]

Steadfastness in allegiance to one's elder, declares Nizam al-Din, brings forgiveness for past sins. He tells a story about a disciple who, when about to be executed, refused to face in the direction of Mecca, as Islamic law demands, but insisted instead on facing in the direction of his master's grave. When Nizam al-Din was distressed he would call out: 'Elder! elder! (*shaykh! shaykh!*)' He says that love for one's Sufi instructor is better than any amount of formal worship. The pupil must make his teacher his governor. When the teacher forgives, God forgives. But the elder must not be worldly, or he will be unable to restrain his disciple from love of the world. Nor should he expect gifts from his disciple, or be in any way dependent upon him.[19]

This picture of the relationship between the elder and the disciple is corroborated by other Indian sources of the period. Majawi, the Suhrawardi author, tells us that Rukn al-Din once said to him,

> The elder has tied a rope to the disciple's foot, and holds the other end in his hand, so that the disciple may go where is necessary; but, when he is attracted to a place of deadly danger, the elder can stop him, pull the rope and bring him back.[20]

It would be wrong, however, to imagine that the elder monopolized the task of instructing the disciple in Sufism. Majawi, in addition to his elder, had an academic tutor (*ustad*), who taught him not only law but also Sufi regulations, and would read the text of 'Umar Suhrawardi's manual of Sufism with him.[21] In fact, Nizam al-Din indicates, a Sufi master of this period might well have so many disciples that he would be unable to remember who they were. Nor would his transmission of authority to a disciple necessarily be a matter for himself to decide alone, as Nizam al-Din makes clear: some elders would consult a colleague before investing someone with a patched frock, and would refuse to go through with this investiture if there was an objection.[22]

Qalandars

In the conversations of Nizam al-Din's successor, Nasir al-Din of Delhi (d. 1356), mention was often made of the libertine dervishes called *qalandars*. His disciple Hamid Qalandar, who wrote down the conversations, seems to have oscillated between Sufism and the independence indicated by his surname. Eventually Nasir al-Din was attacked by a *qalandar* with a knife and sustained several wounds. Such violence was typical. He tells a story about a *qalandar* who visited Farid al-Din, spilt some cannabis (consumption of which was typical among these dervishes) on the master's prayer-mat and threatened to hit a Sufi who objected. On one occasion Nasir al-Din, putting some *qalandars* up for the night, remarked that dervishes had become few in number; in the time of his predecessor they came in groups of twenty or thirty, but in those days prices had been low, money plentiful and hospitality easy.[23]

Listening to poetry

Nizam al-Din tells us that once a poet brought a long panegyrical poem to his own predecessor. The latter then asked the poet what he wanted. The poet said that he had an old mother to support. The Sufi master told him to bring an offering, which was duly given in the form of a sum of money, and was distributed among the Sufis present. The poet then obtained a post in the service of the Sultan of Delhi's son.[24]

Nizam al-Din has much to say about listening to poetry, and sets out an important doctrine of what he calls 'relating' (*tahmil*). He declares that every time he listens to poetry he 'relates' the descriptions of human beauty to his own elder's qualities and nature. Similarly, one must 'relate' every line of verse that one hears to God's attributes. At first poetry is 'attacking', that is to say it makes a violent onrush: someone hears a voice or a line and is brought into movement. Then the line is 'related' to God, one's elder, or some spiritual concept. The joy obtained in listening to poetry comes in three parts: first, lights come down from the world of divine sovereignty (*malakut*) to the spirit; then 'states' come down from the world of divine compulsion (*jabarut* – here in an intermediary position, not, as often, above the world of sovereignty) to the heart; finally, effects such as weeping, movement and agitation come from this visible world to the parts of the body.[25]

The conversations of Nizam al-Din's successor give important indications of the early shamanistic role of listening to poetry (the evidence suggests influence from Central Asia). We are told that this is the cure for all pains, and notably those of love. One legend tells how the dismembered body of a prince was reconstituted by organized listening to poetry and music. We are told a story of how an early thirteenth-century king decided to end a drought by telling the Sufi dervishes to hold an organized session of such 'listening' (*sama'*) to bring rain: inevitably, a leading mystic produces the desired effect. These three elements of magical medicine, reconstituting a dismembered body and rain making are all highly characteristic of Central Asian shamanism. Nasir al-Din also says that previously 'listening' was much more common, since prices were lower, and recalls the large-scale 'listening' parties of the time of his predecessor.[26] It should be explained that in this period it was normal for a wealthy individual to invite Sufis to his house for such parties, an important component of which would be the dinner. Naturally, it was common for such occasions to be attacked as manifestations of gluttony providing entertainment more suitable for the tavern.

The Persian poet Hafiz of Shiraz

As we move on to the second half of the fourteenth century, one figure requires attention, since he is often regarded as the finest of all Persian poets: Hafiz of Shiraz (d. 1389 or 1390). There has been much disagreement over the question of whether his poetry is Sufi or not. As observed above, there is a tendency to produce false problems here, with the unfortunate introduction of the opposition 'sacred–profane'. There is also the introduction of the misleading idea of 'orthodoxy'.

Recently one talented historian, Angelika Hartmann, has produced new evidence to refuel the debate: a Persian paraphrase of 'Umar Suhrawardi's attack on Greek philosophy and libertinism, composed in Shiraz by one of Hafiz's contemporaries, known as a bigoted and fanatical influence on the local rulers. From this she has argued that Hafiz's poetry, with its libertine language, would not have been seen as mystical by his contemporaries, at least not by the 'orthodox'.[27] This is an untenable line of argument. We have early evidence that Hafiz used to attend the meetings of a Sufi master, and was seen by an Indian Sufi visitor as an *Uwaysi*, that is to say a mystic who obtains guidance from physically absent or dead teachers.[28] Moreover, the Suhrawardi brotherhood, in spite of the severity affected by its leaders, had always tolerated poets and the symbolism of wine and handsome boys. Certainly, some of Hafiz's compositions are straightforward pieces of court poetry, and celebrate temporal joys in a way which cannot have been intended as symbolic. But in others Hafiz is merely continuing a well-established Sufi tradition, and himself makes his intentions explicit:

> The vats are all boiling and shouting in drunkenness
> And that wine which is in there is reality [*haqiqat*, spiritual truth]
> not metaphor [*majaz*, earthly image][29]

One problem is whether, in addition to the straightforward celebrations of the pleasures of court life, and the use of libertine language to convey the heights of Sufi ecstasy, there is also a third level. Gilbert Lazard has argued that there is: not only do the conventional symbols refer to well-known objects such as the Divine Beloved and spiritual 'states', but behind these can be seen a variety of noble feelings, such as sincere friendship and inner freedom. This looks like an anachronistic injection from modern rationalism, with its vision of eternal truths undefiled by religion. Lazard's argument is founded largely on Hafiz's habit of putting the praise of a temporal patron into the endings of short odes which have some Sufi symbolism. Though this is a new technique, it is perhaps a natural development: Rumi, at the end of poems in which the language of human love is used to express the love of God, had put the praise of leading fellow Sufis. Although the presence of the temporal patron makes him a third beloved in the poems, alongside a handsome boy cupbearer and God, the praise of a benefactor obviously indicates mercenary motives, rather than a third level of noble ideas. If what is symbolized itself becomes a symbol, it is only to reflect the original image.

> Last night I happened to drink a cup or two near dawn
> And from the cupbearer's lips wine spilt on to my palate
> In drunkenness again with the beloved of my youth
> I wanted a reconciliation but divorce had come
> In the stations of the Path wherever I travelled
> Separation had arisen between ogling and safety
> Cupbearer keep giving the cup for in the journey of the Way
> Whoever has not become like a lover has sunk into hypocrisy
> Interpreter of dreams give good news for last night the sun
> In thankfulness for its morning sleep became my companion
> At that hour when Hafiz wrote these scattered lines
> The bird of his thought had fallen into the snare of longing
> If Nusrat al-Din Shah Yahya had not generously done
> The work of the kingdom and the religion it would have fallen out
> of order and harmony[30]

Amuli: marrying Sufism and Shiism

The author of the greatest importance for the combination of Sufism with Shiism was Amuli, named after his home town in northern Iran. Born in 1320, Amuli served a local prince until he was murdered in 1349, and then devoted himself to a religious life. He had extraordinary visions, in which he saw the names of Muhammad and his family in the sky. He used these visions to support his arguments in his literary output, which he continued until 1385, when he disappears from view (the date of his death is unknown).

His writings had one sole aim: to demonstrate that whoever professed Sufism professed Shiism, and vice versa. He himself admitted that hitherto the adherents of the two doctrines had engaged in unparalleled mutual vilification: the Sufis had been the firmest supporters of the mainline Sunni positions. But Amuli argued that Ibn 'Arabi, in his systematization of Sufi teaching in the previous century, had insisted on the importance of the Perfect Man as the interface (*barzakh*) between God and creatures. Shiism had shown who the ultimate Perfect Men were: the Twelve Leaders of Muhammad's family. Referring to his own visions, Amuli declared that the Seal of the universal cycle of God's friendship could not be Jesus, as Ibn 'Arabi had asserted, but could only be 'Ali, as the First Leader. Similarly, the Seal of the 'particular' cycle of God's friends, the cycle inaugurated by Muhammad's prophetic activity, could not be an individual outside his family, such as Ibn 'Arabi (as he had claimed), but had to be the Twelfth Leader, with his final messianic role.

This argument of Amuli's has been violently attacked by recent writers in the West (such as Michel Chodkiewicz and Hamid Algar), who have also taken exception to the view of Henry Corbin that here Shiism was merely reappropriating what had been its own property in the beginning. Such debates are futile. Obviously, from the point of view of Ibn 'Arabi's own system (which he expounded with insulting remarks about the Shiites), this is a betrayal of his original intentions. However, from the standpoint of the external inquirer the Shiite doctrine of the Leader is not particularly different from that of the Perfect Man, and one might reasonably suspect that the latter had arisen under some influence from the former, or from some common pre-Islamic source first represented in Shiism.

The Hurufi movement

Similar problems surround the origins, in the late fourteenth century, of the peculiar Hurufi movement, so called because of its concentration on the letters (*huruf*) of the alphabet. Mystical letter-symbolism had always existed in Islam, notably in Shiism, and the techniques of Hurufism are sometimes identical with those used in the Gnosticism of late antiquity and the Jewish tradition of the Kabbalah. The mystics select a word or name as the object of analysis and speculation. The word or name is divided into its letters, and the numerical values of these are added up. Another method is just to count the number of letters. One can also combine the totals produced by these methods. Alternatively, the name of each individual letter is written down, thus producing more letters; repeated letters are eliminated; and the rest, each counted as equalling one, are added up. A total will be found to correspond to some aspect of man or the universe.

The Hurufi movement was founded by Fadl Allah of Astarabad in north-western Iran. He was put to death in 1394, at the order of a son of the conqueror Timur, with whom he had taken refuge. (This tendency to look for protection from princes and then fall foul of them was to prove characteristic of sympathizers of his school.) The movement was in effect originally intended as a new religion, in which Fadl Allah was identified with God. He was familiar with the start of John's Gospel ('In the beginning was the Word . . .') and taught that God was revealed through his speech. The Arabic language of Muhammad had given an incomplete revelation, since its alphabet possessed only twenty-eight letters; but Fadl Allah was able to perfect it, since he wrote in Persian, which had thirty-two. In practice what had been meant as a new religion was to end up as just a set of doctrines, surviving mainly in Sufism as practised in Turkey.

The poet Nesimi

Nesimi, a follower of Fadl Allah, is one of the most important poets of the Turkic languages. He was also executed, at Aleppo in Syria, probably in 1405. In his poems Nesimi repeatedly declares the identity of man, and himself, with God, in a way which cannot be excused on the usual grounds that God is speaking through a mystic who has passed away. Admittedly, the theory is still one of theophany, of God's self-manifestation, not one of incarnation, but Nesimi's repeated and explicit evocations of the privileged status of man as being none other than the Truth (here evidently God) amply reflect the danger which he was putting himself into.

> Your eye is sedition and your face is the sun and the moon
> It seems you are the sedition in the turning of the moon
> Your face is the Truth This is news from the Truth
> He who says it is the Truth but his name is Man[31]

Moreover, Nesimi claims identification with God not just for man in general, but for himself in particular.

Since I am surviving from pre-eternity to post-eternity
I am the created and the Creator of *Be and it was* (cf. Koran 2: 117, etc.)
Since I am the Cupbearer of the banquet of unity
I am the signs and horizons of souls[32]

Reaction to radical changes in Sufism

Meanwhile, in North Africa and Spain (where political power was now divided among local dynasties), the Muslim West was seeing the expression of a reaction against daring Sufi theorizing. One Ibn 'Abbad, who was born at Ronda in Spain, but spent his adult life in Morocco, where he died in 1390, is an extreme example of this reactionary tendency. He was a preacher who presented himself as a Sufi. He left letters in which, as well as his repetitious and monotonous moralizing, he expresses his hostility to new ideas. He says that when, while reading a book, one encounters disagreement between Muslim thinkers, one should simply move on to another chapter, maintaining a deferential attitude towards religious scholars. He thinks that the pilgrimage to Mecca is more likely to be acceptable to God if one is from the more educated classes. What is most striking in these letters is the lack of progress made by Ibn 'Abbad's chief correspondent, who complains that he is not notably moved when chanting the Koran, and would like very much to cry but cannot; and also that he spends his time reading a great variety of books, but not in a concentrated manner.

Another example of reaction to radical changes in Sufi thought is provided by the great historian and sociologist Ibn Khaldun (d. 1406). Born at Tunis, he served several princes in the Muslim West before leaving for Egypt, where he was a judge, a teacher of law and also an administrator at the main Sufi lodge. In his autobiography he praises the policy of previous rulers and dignitaries, who had founded such lodges, along with colleges, and endowed them with rich properties for the maintenance of ascetics and students, leaving the possibility that surplus revenue might be available for the founders' poorer descendants.

These intentions of the founders of pious institutions are made clearer in Ibn Khaldun's celebrated 'Introduction' (*Muqaddima*) to his *Universal History* (*Kitab al-'ibar*). The founders had been afraid that their descendants would have their property confiscated by the arbitrary use of royal power, and consequently arranged for them to participate in the endowments (sometimes as administrators). Ibn Khaldun also has a lot to say about Sufism itself in his Introduction. Like Ibn 'Abbad, he shows himself to be a supporter of the old, sober piety of Muhammad Ghazali. He dislikes more recent Sufis, whom he accuses of teaching the doctrines of incarnation and absolute monism. Here, he says, their teachings are identical with those of the Shiites. Even earlier Sufis, however, had been influenced by (just as they had exercised an influence upon) the extremist Shiites, notably in the Sufi doctrine of the Pole (*qutb*), according to which there is one chief mystic in the world at any one time. This, says Ibn Khaldun, was apparently taken from the extremist Shiite view of the Leader, as was the Sufi theory of the rest of the hierarchy of God's friends. Shiite influence is seen in the Sufi construction of pedigrees of masters who invest their disciples with the special frock (*khirqa*), since such pedigrees sometimes go back to 'Ali, the first Shiite Leader. Ibn Khaldun attacks recent Sufis for confusing the problems of philosophy with those of their own discipline. He also criticizes them for wasting their lives on producing new and ever-unfulfilled predictions of the coming of the messianic ruler, the Mahdi. He says that no would-be ruler can win power unless there is group solidarity (*'asabiyya*) to support him.

The nature of Ibn Khaldun's own Sufi beliefs is not clear. There is manuscript evidence that in the text of the Introduction he deleted an earlier expression of belief in an original unity of man with the rest of the universe. A short treatise on Sufism is attributed to him, but its authenticity has been challenged, as yet inconclusively. Its author is replying to the question of whether Sufism can be learnt from books alone, or requires the teaching of an elder. He replies that an elder is not absolutely necessary for the practice of simple piety, but is usually necessary for the acquisition of higher virtues, and is indispensable for the pursuit of ecstasy. The question had originated among the Sufis of Spain, where it occasioned much debate: this shows how different things were in India, where the strict insistence on the need for an elder was universal.

Subversion and erudition (c. 1405–c. 1500)

The fifteenth century contains sharply contrasting elements in Sufism: on the one hand there is revolutionary political activity; and on the other there is a period of literary virtuosity and erudition. There are both messianic expectations, linked to Shiism, and unoriginal, academic commentaries upon (and imitations of) what has gone before. Accordingly the historical background is very difficult to study, since Sufism itself is deeply imbedded within it, and the secrecy which surrounds Sufi doctrines complicates the task still further: politics and mysticism combine to draw the veil. Although there is plenty of literary evidence, it is not easy to evaluate, and modern scholars have yet to reach conclusions about the underlying patterns.

After the death of Timur the Lame in 1405 his family ruled over most of what is now Iran, Afghanistan and Soviet Central Asia, though they could not hope to govern all the areas of his victories. The period was characterized by great splendour in the visual arts. In Egypt and Syria slaves continued to rise to become rulers, while in Iraq and north-western Iran Turkish tribal leaders engaged in internecine warfare, and one such leader eventually conquered almost the whole of Iran. In Turkey and the Balkans the Ottoman Empire, which Timur had almost destroyed, had to spend the first half of the century pulling itself together, and also had to cope with a Sufi revolt. Once re-established, the Ottomans obtained their greatest triumph, the capture of Constantinople in 1453, and thereby ended the Byzantine Empire. The old Christian capital was now to be the centre of Islam's temporal power, with the name of Istanbul. In India there were a number of independent Muslim dynasties, corresponding to a variety of regional and ethnic factors. In North Africa there was also a lack of strong centralized rule. In Spain the last remnant of Muslim sovereignty came to an end in 1492.

'Ali Turka's hierarchy of thinkers

The political background of Shiite revolutionary activity is particularly important when considering Sufism after Timur. One figure in particular stands out: 'Ali Turka of Isfahan, who died at the Timurid capital of Herat in 1427. It seems that he may have been connected with an assassination attempt in that year on the son and main successor of Timur, made by a member of the Hurufi movement.

At any rate, Turka was deeply involved in the political history of his time, and did borrow Hurufi ideas. These appear in his fascinating depiction of the hierarchy of the various classes of religious thinkers. At the bottom he puts the jurists and collectors of sayings attributed to Muhammad. Above these he places the theologians and the ordinary adherents of the Greek philosophical tradition, and above them the members of the school of 'Oriental Illumination', the philosophico-mystical movement founded by Yahya Suhrawardi in the late twelfth century. Above these he puts the Sufis themselves: in effect the followers of Ibn 'Arabi, with their emphasis on the role of the Perfect Man. In the next position we find the Hurufis: the masters of the science of letters (*huruf*), who concentrate on speech, as being for them the most important source of God's self-manifestation. Above these, at the very summit of his hierarchy, Turka puts the family of Muhammad.

This reveals his strong pro-Shiite sympathies, as well as a graduated respect for a variety of schools of thought. The difficulty here is that Turka, like other writers of the period, is unable to attempt the task of a grand synthesis of them all, and consequently has to maintain contradictory positions as he moves from one to another: instead of a new system in which inconsistencies are removed, there is just a vertical arrangement of different theories. Turka's hierarchy may be compared with the one, already noted, that was developed in a late thirteenth-century Jewish text: Sufis at the bottom, philosophers in the middle, letter-mystics at the top.

Jili

At this time Ibn 'Arabi's ideas were being popularized by many people, of whom the best known is Jili of Baghdad (d. *c.* 1428). We have little information about Jili's life: it is known that he spent some time in South Arabia and visited India. He is most interesting for his accounts of his own visions, into which Ibn 'Arabi's system is integrated. Thus he explains that the Perfect Man is the Prophet Muhammad, who reappears in every age. Jili says that he once met him in the form of his own elder. This is because Muhammad has the power to assume every form. Jili relates that he also met the Spirit, who explained that he was the Muhammadan Reality (*al-haqiqa al-Muhammadiyya*), symbolized by the legendary beautiful women of early Arabic poetry. The author also relates how he visited the various heavens, and the prophets therein, and describes the seven earths, which are arranged in layers: our own possesses a blessed northern region, inhabited by the 'men of the unseen' (*rijal al-ghayb*), while immediately beneath us is the earth inhabited by the monotheists in the race of genies (*jinn*). Most of the latter envy the Sufis, and sometimes lead them astray. Jili also asserts that he visited hell, the torments of which he does not believe to be eternal. On the contrary, hell contains some excellent people – put there in order to have God revealed to them – such as Plato, whom Jili saw irradiating light from a position of great distinction.

Badr al-Din, Ottoman chief jurist

Meanwhile, a colourful and dramatic episode was taking place in the Ottoman Empire. In the confusion following the conquests of Timur the Lame, one Ottoman prince, Musa, assumed control of the European part of the empire and declared himself independent in 1411. He appointed as the chief jurist of his dominions the Sufi Badr al-Din of Simavna (near Edirne in the European part of modern Turkey). Badr al-Din had extraordinary political opinions, both regarding property, which he held should be owned in a communistic manner, and regarding the Christian subjects of the empire, who he said should be put on an equal level with the Muslims. These doctrines were based on the views of Ibn 'Arabi, who had indeed shown an openness to other religions in theory, while advocating severity towards Christians in practice. The idea of the common ownership of property has been seen as a natural extension of Ibn 'Arabi's doctrine of the 'unity of existence', although one doubts whether he would have approved of it. In any case, although Badr al-Din's teachings won popular support, they antagonized other jurists and the Turkish notables of the Balkans, who engineered the fall and death of his royal patron in 1413. The new ruler of the united empire, Muhammad I (1413–20), dismissed him, but his supporters rebelled. They found plenty of sympathizers among the poor, Muslim and Christian alike, whose poverty had been rendered more extreme by war, and also among the Turkomans, the nomadic Muslim Turks, who tended to favour radical ideas. The revolt was put down, and Badr al-Din was hanged (probably in 1420), but his followers continued their subversive activities in Shiite Sufism, as will be seen below.

Two Sufi biographies

If we return now to the empire of the Timurids, we find valuable information about Sufism in the small town of Bam in south-eastern Iran. A Sufi master called Shams al-Din (d. *c.* 1432) and his son and successor Tahir al-Din (d. 1456) were to be the subjects of revealing biographies, composed by their immediate disciples. These biographies have been brilliantly analysed by Jean Aubin, who paints a disturbing picture. The Sufi leaders were extremely rich, with plenty of servants and fine horses. They would pay for enormous feasts on the main occasions of the liturgical calendar, as well as for all the local weddings. Their wealth brought them into conflict with the governors and agents of the temporal authorities, who tended to meet with violent deaths, sometimes evidently at the hands of the Sufi leaders' disciples, although the biographers usually attribute such fates to the masters' supernatural intervention. Compared to the relatively sympathetic character of Shams al-Din, the portrait of his son drawn by his biographer shows a sinister development, at least in the mentality of the disciples. The master is presented as using his miraculous powers in particularly unpleasant ways: first, as a child, to kill a younger brother for saying something to their father; later, to murder a girl because he prefers to marry her younger sister; and finally, to execute a boy whose poor mother (who operated a mill belonging to Tahir al-Din) did not have the heart to bring him to be beaten. These Sufi elders were Shiites and themselves proudly claimed descent from the early Leaders of Muhammad's family, but they were on good terms with the Timurid princes (as opposed to their underlings) and were certainly no revolutionaries.

Muhammad Nurbakhsh

One Shiite Sufi who was a revolutionary was Muhammad Nurbakhsh, born at Qa'in in north-eastern Iran in 1393. A member of the Kubrawi brotherhood, he was designated as the messianic Mahdi (the ideal ruler) by his teacher, who made his pupil declare himself to be the leader (*imam*) of the Muslim community, and provided him with the title 'Nurbakhsh' (giver of light). The aim was to attack the tyranny of the ruling Timurid dynasty, which reacted by killing Nurbakhsh's teacher. The claimant himself had an eventful life, being repeatedly arrested, released and exiled. At one point he was obliged to renounce his claims, but his writings show that he continued to believe that a further attempt would be successful. He died in 1465. His works naturally refer to the visions characteristic of the Kubrawi school, which now have the purpose of confirming his mission. Nurbakhsh's teacher had visions demonstrating to him that his own master was now manifested in the person of Nurbakhsh; another adherent believed he saw Jesus come down from the sky as a light and enter the claimant. Nurbakhsh also argued in defence of his claims that he had disciples from Turkey to Kashmir. It was in Kashmir that his movement was later to survive.

The synthesis of Shiism and Sufism

A revolutionary mixture of Shiism and Sufism found its ultimate military and political triumph at the beginning of the sixteenth century. It was achieved by a family of hereditary Sufi masters called the Safavids, after the original founder of their brotherhood, Safi 'l-Din of Ardabil in north-western Iran (d. 1334). He was neither a Shiite nor a social revolutionary, but a man of respectability, wealth and power. It appears that in the fifteenth century some of his successors, like many other Sufis of the period, adopted a radical form of Shiism. A distinguished modern specialist in this field, H. R. Roemer, has counselled caution with regard to accepting this version of affairs, but we have a fair amount of evidence from various sources (Italian visitors, and Ottoman

Turkish as well as Iranian historians, both Shiite and Sunni) which indicates that this is what did happen.

One leading member of the brotherhood, called Junayd, was killed in battle after a life full of political and military adventures. He married the sister of a chief of the nomadic Muslim Turks (the Turkomans), called Uzun Hasan (d. 1478), who was later to establish his rule over most of Iran. Junayd himself had a lot of supporters, who, as Roemer observes, gave a new meaning to the word 'Sufi'. It now meant not just a committed devotee of the mystic Path, but a fighter in the holy war. Moreover, in the Turkoman support henceforth enjoyed by the Safavids we find a phenomenon still widespread in the Muslim world: away from the urban students of Sufi exercises there exists, outside the towns, a tribal loyalty to families of hereditary Sufi masters. It is in the intensity of such loyalty that one is to see the reason for the large following obtained by Junayd's son Haydar, who was also killed in battle, in 1488. As leader of the Safavids' brotherhood he militarized it still further and even brought in a uniform. After his death the Turkoman tribesmen disappeared from the scene of political events, until, eleven years later, his own son was to mobilize them again (see below).

The combination of Sufism with Shiism naturally brought with it considerable theoretical problems. Earlier, at the start of the thirteenth century, Ibn 'Arabi had evolved a synthesis of Sufism, theology and philosophy. But after him the difficulty of mixing these three disciplines remained, since at the same time there was an independent philosophical development of theology, while the continuation of the school of 'Oriental Illumination' meant that the philosophical tradition itself had a new and more mystical wing. Besides, Ibn 'Arabi had been adapting mainline Sunni theology, whereas in Shiite theology there was a separate, rationalizing school of thought. Some Muslim thinkers would simply indulge in inconsistency, writing books in different disciplines and contradicting themselves, in a manner which seems ludicrous to the modern western student. Systematization of a kind was obtained by arranging the various disciplines in a hierarchy of levels, as Turka did in the early fifteenth century.

In the late fifteenth century, however, the task of combining Shiite theology with Sufism and the philosophy of 'Oriental Illumination' was undertaken by one Ibn Abi Jumhur, from al-Ahsa' in Bahrein. He was born about 1433 and visited Iraq and Iran. He was still writing in 1499: the date of his death is unknown. In his work the twelve Leaders of the early Shiites are given a primordial and cosmic role in God's original self-manifestation. It is from them that proceed the intelligences and souls of the philosophers, which govern the celestial spheres. The cosmic Leaders manifest themselves through heavenly spirits and angels, who guide their terrestrial, bodily counterparts: the Leaders as men on earth. In the hidden Twelfth Leader, the one of our own time, all twelve come together, just as in the twelve are manifested all the religions of mankind: so he is the Pole (*qutb*, the Axis) of the Sufis, around whom the spiritual life of the world revolves, and the Perfect Man. He is the Paraclete announced by Jesus and the self-fulfilment of Muhammad. Ibn Abi Jumhur's synthesis does not seem to have achieved much popularity, perhaps because it is just too mechanical: to combine the various elements properly with true philosophical rigour a radically new perspective was needed, and this was to come only in seventeenth-century Iran.

Jami

The revolutionary Shiite Sufis were attacking an empire whose Timurid rulers often enjoyed Sufi support. We have already seen what was happening in the small provincial town of Bam, where Sufi leaders were on good terms with Timurid princes, though not with local administrators. But what of the Sufis at the court of Herat itself? Here one finds the ultimate depths of decadence: literary activity took the form of slavish imitation of past models, along with the multiplication of trivial artifices. The best-known representative of this period is the Sufi poet Jami, who was born in the town of Jam in north-eastern Iran in 1414 and died at Herat in 1492. His praise of his royal patrons contains revealing thoughts on tyranny. Why are the prayers of its apparent victims not answered? Because, says Jami, they are really tyrants themselves.[33] The tyranny of the king is like the welcome blow of the Beloved, but the tyranny of others is unbearable.[34] Here Jami seems close to the Sufi lords of Bam.

Jami was a member of the Naqshbandi brotherhood, founded by Baha' al-Din Naqshband of Bukhara (d. 1389). This is characterized by its emphasis on a silent 'remembrance of God' as opposed to the usual practice of repeating a formula aloud. In Sufi theory Jami belonged to Ibn 'Arabi's school, and set out its positions in reply to a request from the Ottoman Sultan Muhammad II (1451–81), simply presenting them as superior to those of the theologians and philosophers. But his long didactic poems belong sometimes to Sufism and sometimes to the Greek philosophical tradition: his leanings in the direction of the latter are typical of poets in the entourage of kings.

Trimingham's reconstruction

We should not leave the fifteenth century without considering the influential socio-historical reconstruction put forward for this period by J. S. Trimingham. He claims that at this time the Sufi *tariqa* (brotherhood) was transformed into the *ta'ifa*, the so-called 'order' as found today. Trimingham himself admits that the Sufi use of these terms does not support his argument. He says that the tendency for leadership within a brotherhood to become hereditary is one aspect of the alleged transformation. But such hereditary leadership is already found in the thirteenth century (for example, in Multan). Trimingham thinks that a huge rise in the importance of the Sufi elder began in North Africa in the fifteenth century. As we shall see, in our discussion of sixteenth- and seventeenth-century Morocco, this famous idea of a 'Maraboutic Crisis' is just an illusion. He imagines that the complete integration of a so-called 'saint-cult' with the brotherhood is characteristic of the change which he reconstructs. But the veneration of leading Sufis at their tombs is already closely bound up with the brotherhoods in the thirteenth century, as are other elements put by Trimingham in the fifteenth – transmission of an allegiance and a popular following. Nothing remains to support his theory.

THE AGE OF THE THREE GREAT EMPIRES (*c.* 1500–*c.* 1700)

The sixteenth and seventeenth centuries, taken together, represent a special period in the history of Sufism. Islam was effectively dominated by three empires in their heyday and the beginning of their decline: the empire of the Ottoman Turks, the Safavid Empire in Iran and the Timurid or Mogul Empire in the Indian subcontinent.

In 1517 the Ottomans conquered Egypt and Syria. From 1520 to 1566, during the reign of Sulayman the Magnificent, they reached the peak of their achievements, ruling from Hungary to Arabia and from Algeria to Iraq. After this the Ottoman Empire gradually decayed, and lost Hungary and some of its other European provinces in 1699. In Iran a member of the Safavid family and Sufi brotherhood, Isma'il, the son of Haydar, took over at the start of the sixteenth century and imposed Shiism upon the population. In 1694 the last real Safavid ruler, Husayn, acceded to the throne, and brought about the collapse of his empire through religious persecution: it effectively fell to the Afghans in the 1720s. The Timurids, who had been ruling in what is now western Afghanistan and Soviet Central Asia, were forced to move south, and conquered India, where, from the 1520s, they established what is usually called the Mogul Empire (from the Persian *mughal*, meaning Mongols, as they claimed to be descended from Chinggis Khan). Their last great ruler, Awrangzib (1658–1707), also resorted to religious persecution (against the Hindus), and thereby brought about lasting decline. Meanwhile, from the start of the sixteenth century, new Muslim polities were installed in Central Asia (that of the Uzbeks); in Morocco (that of the Sa‘dis, extended to West Africa); and in parts of what is now Indonesia (with the establishing of the power of the Acheh kingdom in North Sumatra and the fall of the Hindus in East Java).

This period presents new problems, for two main reasons. First, appreciation of cultural developments now presupposes extensive knowledge of what has gone before, and it is not easy to distinguish between lack of originality on the one hand and sophistication of allusion to the past on the other. Secondly, changes in Sufism are closely bound up with political ramifications peculiar to each of the major empires. Consequently, instead of looking at the Muslim world for short spans of time, we shall examine the three empires separately, across the period as a whole.

The Ottoman Empire

The Ottoman Empire, surveyed at the peak of its glory in the first half of the sixteenth century, offered a remarkable example of administrative expertise imposed upon every aspect of life. Beneath the sultan stood a ruling class, composed of soldiers, civil servants and religious educators and lawyers. Beneath this was a subject class, consisting of the various religious communities: Muslim, Jewish, Eastern Orthodox and Armenian Christian. The problem is: how did Sufism fit into all this?

Important work on the Sufi brotherhoods in the Ottoman Empire has been done by H. J. Kissling, largely in the 1950s. He made some general observations, which are still widely accepted, and also engaged in detailed pioneering studies. The latter do not really support the former, as he himself admitted, and his sociological concepts and presuppositions seem old-fashioned and untenable today. Kissling viewed the Sufi brotherhoods as ‘men's societies’ (in fact we have evidence of women visiting Sufi lodges and participating in Sufi activities there). He was also concerned with the false question of ‘orthodoxy’, and saw all Sufi brotherhoods as ‘unorthodox’ and ‘pantheistic’. He thought that Sufism, as opposed to an ‘orthodox Islam’, represented the primitive, lower religion of the common people.

But some of Kissling's own research suggested a different picture.

He discovered that the Khalwati brotherhood, apparently founded in the fifteenth century, and so called because of its concentration on the Sufi practice of a solitary retreat (*khalwa*) of forty days, was linked to the very summit of the state. Muhammad II had greatly offended the Sufis by wholesale confiscation of religious endowments. Modern writers have suspected the Khalwatis of murdering him in order to facilitate the accession of his son Bayazid II (1481–1512), who was a fervent supporter of their brotherhood. Now they enjoyed many advantages, and in the reign of Sulayman the Magnificent they also had followers in the most important government posts. Royal patronage also meant the subsidized founding of lodges, sometimes attached to new mosques (in a way which makes contemporary Soviet sociological descriptions of Sufism as 'out-of-mosque religion' unconvincing).

In contrast to the extremely respectable Khalwati brotherhood, that of the Bektashis seems as disreputable as might be imagined. Allegedly founded around 1300 by a man called Bektash from north-eastern Iran, its practices in the twentieth century have been extraordinarily shocking to mainline Muslim opinion, and have included the consumption of alcohol and dancing with unveiled women, along with evident Christian elements (such as the confession of sins), Shiite teachings (such as near-deification of 'Ali) and shamanistic survivals from the Turks' Central Asian past (such as the tabooing of the hare). It is not clear, however, whether all this was characteristic of the Bektashis in the sixteenth and seventeenth centuries.

Suraiya Faroqhi, in her magnificent work on the documents in the Turkish archives, has established that there is a strong correlation between the geographical distribution of Bektashi lodges and that of denunciations of Safavid Shiite propagandists. However, these denunciations do not mention the Bektashi brotherhood as such. In this due to the brotherhood's concealing its Shiite teachings? One problem is that Faroqhi uses the word 'heterodox' to cover Sufi, Shiite and shamanistic activities. She is inclined to agree with the view that the brotherhood developed its dubious tendencies gradually. It has been suggested that the Bektashis were corrupted by the Turkoman tribes which the Ottoman government wanted them to reform. The Bektashis also had an official responsibility, given to them at the end of the sixteenth century, for the celebrated Janissary soldiers (so called from the Turkish *Yeni Çeri*, 'New Troop'), who were recruited from Christian boys and made to accept Islam. The Bektashis were formally attached to this corps through its ninety-ninth batallion, of which their chief elder was the commanding officer.

That there was plenty of institutionalized mystical libertinism in the sixteenth century has been well established. There is documentary evidence of the playing of forbidden musical instruments by dervishes, often for the benefit of large numbers of Janissaries.[35] There is also evidence of widespread consumption of wine and drugs by dervishes.[36] By the seventeenth century the Bektashis were the most disreputable of the recognized brotherhoods, accused of sexual misconduct and linked to unbelief and licentious behaviour on the part of the Janissaries (although these were now no longer recruited by levies from the Christian population). As such they were the principal object of attack from an anti-Sufi faction among the jurists.

The reign of Selim I (1512–20) had already seen some clashes between jurists and Sufis: this was natural, not only because of the threat now posed to the Ottomans by the Shiite, Sufi-led Safavids, but also because the dervishes often represented the interests of the Muslim families who had conquered eastern Europe, and were now at odds with the sultans themselves. Later in the sixteenth century remarkably few jurists appear to have been active Sufis. Faroqhi has shown that, out of the first 100 jurists mentioned by an early seventeenth-century source in a chapter devoted to the reign of Murad III (1574–95), only five are listed as members of Sufi brotherhoods, and only two had Sufi elders for fathers.[37] Moreover, it seems that most jurists came from families who specialized in this profession, and that this had always been the case (contrary to an old-fashioned view that it was an aspect of later decline). Faroqhi concludes that the two institutions appear to have stayed quite separate. The leaders of the brotherhoods, however, had to be confirmed in their positions by the chief jurist of the empire.

In the seventeenth century one faction among the scholar-jurists made a determined attack on the Sufi brotherhoods. Early in the reign of Muhammad IV (1648–87) the leader of this faction persuaded the government to suppress the dervish fraternities. There was immediate chaos: in eastern Turkey there was widespread rebellion, and the empire was almost destroyed by famine, mounting prices and the complete failure of its navy to cope with a threat from Venice. The sultan was obliged to give the post of grand vizier (chief minister) to the great administrator Muhammad Köprülü (d. 1661), whose energetic measures, including the use of the Janissaries to accomplish the suppression of the anti-Sufi faction, saved the day. He was succeeded in his position by relatives: at the end of the century we find one of these combining the function of grand vizier with membership of the brotherhood of the Whirling Dervishes, who in spite of their famous dance were seen as more academic and respectable than many of their rivals.

Sufi lodges

We can obtain some idea of life in the Sufi lodges and its relation to the empire as a whole from Faroqhi's work on the accounts which record their income and expenditure. The books of one medium-sized lodge in Konya, with twenty-four employees, covering the years 1566–1600, show how both revenue and wages consisted of money and grain. The income came from the local peasantry, according to the foundation's original endowment. (It had been set up by Ibn 'Arabi's chief disciple, Sadr al-Din of Konya, whose allegedly pro-Christian followers we encountered above.) An elder had administrators beneath him for the purpose of making the system work. Revenue paid for their salaries, and also paid employees who led the worship in the institution's mosque and gave the summons to the faithful. Six people were paid to engage in pious recitation. Others were employed to run the kitchen and look after the library and the founder's tomb. Apart from wages, expenditure was mainly upon food and maintenance. A lot of money was spent on meat and making bread. In this area 14 per cent of the dues produced by agriculture would go to pious foundations of this kind.[38]

More detailed information is available in sixteenth- and seventeenth-century documents relating to the lodge of Seyitgazi in north-western Turkey. This building has impressed art historians with its well-endowed facilities for preparing food and meetings and providing accommodation. It had a gardener, two millers, a butcher and a music master, in addition to the usual cooks. The lodge lent money at interest – a practice normally considered to be against Islamic law, though in the Ottoman period a reinterpretation allowed this to be done by religious foundations. In the late sixteenth century about 17 per cent of local householders might be in debt to the lodge, paying interest at around 13 per cent. It obtained income from the rents of shops, and from the fines imposed on criminals and owners of stray animals. In addition to the revenue from the original endowment, the government granted the lodge market dues from 1525 onwards. The principal source of income, however, was the grain produced by the local peasants. Horses and cattle would be donated by visitors to the tomb of the legendary Muslim warrior who had given his name to the lodge and its town. The estates of Sufis who died in the lodge also belonged to it: they were considered to have worldly goods in their lifetime, but not to have heirs in their families.

The Sufis who lived in the lodge were not paid salaries (as opposed to employees, such as the teachers in the college attached to the lodge, and the men who looked after the mosque and the tomb), but were given allowances in food and clothing. The amount of meat eaten was low, but cheese, cream and honey would be offered to visitors (who averaged eight a day). It is important to note that there are huge gaps in our knowledge: for example, we do not know at what point the lodge was taken over by the Bektashi brotherhood.[39]

The fortunes of the lodge of Seyitgazi declined considerably with the economic difficulties of the Ottoman Empire in the seventeenth century. These economic difficulties might perhaps be connected with the role of the craft guilds, which are in any case of interest to the student of Sufism. In the fourteenth century the empire had inherited the Irano-Islamic tradition of 'youngmanliness', and this was particularly strong in Turkey, with the military duties of war against the infidel. The Ottomans, however, could not really tolerate so dangerous an institution in their bureaucratic state, and from the fourteenth century onwards it was fragmented and channelled into the craft guilds. Thus Sufism and the ideal of 'youngmanliness' were used to subordinate the apprentices to their masters. The threefold pattern (saying–sword–drinking) encountered in early fourteenth-century Iran reappears in the sixteenth-century Ottoman Empire – but now we are told that the 'men of the sword' have the most difficult task.[40] This conforms to the greater importance of the military at this time. By the seventeenth century the ancient threefold arrangement of desire, strength and their controller is explicitly related to the work of the apprentice subject to his master's commands.[41]

Recently some economic historians have taken the view that the conservatism of the Ottoman guilds and their failure to match European developments from the second half of the sixteenth century might have constituted a reason for the empire's decline. We may also speculate that this ideology within the guilds might have helped the empire as it managed to hold itself together during its decline for such an extraordinarily long time.

The Timurid Empire in India

It is advisable to use the term 'Timurid' for the dynasty which conquered and ruled India from the early sixteenth century onwards. Normally the designation 'Mogul' (or 'Mughal') is applied. But what is important is to see the continuity and development from the Timurids of fifteenth-century Herat to those of sixteenth-century India, not only in the splendour of their painting and architecture, but in their espousal of Sufism and the extreme devotion of some Sufis to them.

The Timurid emperors in India, while having an absolute claim on all revenue produced by their territory, distributed it to a small ruling class (princes, nobles and officials), sometimes in salaries but usually in assignments of land. The emperor in person, on the advice of the chief scholar-jurist, made grants to people considered deserving or in need, mainly men of religion (jurists and Sufis). These grants represented a comparatively small share of the total revenue: about 5 per cent in 1578.[42] They would usually be continued in the family of the recipient when he died, but it is important to remember that all assignments of land were provisional and subject to the conditions imposed by the sovereign.

Knowledge of this economic background is essential to an understanding of the religious quarrels of sixteenth- and seventeenth-century India. Central to these is a tendency to use Sufism to argue that different religions have much in common or conceal a single higher truth. This tendency had already appeared in the ideas of the fifteenth-century Hindi poet Kabir: Hindu and Sufi traditions are combined in a rejection of external religion for the sake of pure devotion to God. A similar rejection of Muslim and Hindu outer forms is found in the teachings of Guru Nanak (d. 1539), seen by the Sikhs as the first founder of their religion. What will concern us, however, is the spectacular universalism of the Emperor Akbar (1556–1605).

The Emperor Akbar

Akbar grew up against an Indo-European background of court life. The members of the court were divided into three categories, carefully distinguished: the military, the religious and scholarly, and the category of pleasure (painters, musicians etc.) This last category is included by Dumézil in the lowest of his three concepts or 'functions', that of fertility, in its agricultural and erotic aspects. Akbar showed himself unable to make progress in formal studies, and remained illiterate. As emperor he demonstrated a remarkable interest in religions other than Islam, and instituted a 'house of worship', to which men of all religious traditions came to put their views.

He invited Jesuit missionaries to visit him. Some of the letters which they sent after arriving at his court have survived. At first the Jesuits were impressed by his apparent desire to become a Christian, but later they were disheartened by his being under the influence of opium, cannabis and alcohol during religious discussions. One letter, not available to earlier historians, presents Akbar as a trickster, not Christian, Hindu or Muslim.[43] Akbar managed to impose himself on the jurists of the empire as the ultimate referee in the case of their disagreement. Eventually he founded a brotherhood of his own, with himself as its elder, dedicated to the ideal of 'divine affirmation of God's Uniqueness' (*tawhid-i ilahi*). This was seen as a new religion, although Akbar obviously realized that he could not simply abolish Islam as the official religion of his empire. Needless to say, he greatly antagonized the Muslim jurists by his policy of peaceful coexistence between different faiths and concessions towards their adherents. Notably, he revived old Iranian, pre-Islamic feast days; and, since he disliked the use of the Islamic era and lunar calendar, he brought in a new era starting with the year of his own accession, together with a solar calendar, using the old Persian names for the months. Members of his brotherhood were told by him not to eat meat.

Abu 'l-Fadl

In order to understand Akbar it is necessary to look at the Sufi views of his biographer and close associate, Abu 'l-Fadl (1551–1602). Abu 'l-Fadl presents himself as Akbar's disciple: he saw the sovereign as the Perfect Man, and the elder not only of his brotherhood but of all his subjects. However, it would be more appropriate to see Abu 'l-Fadl as Akbar's instructor in Sufism. Largely through his father, he had obtained a knowledge of the later development of Islamic philosophy's 'Oriental Illumination' school in Iran. This tradition was strongly marked by its royalist elements and emphasis on Iran's pre-Islamic past. Thus Abu 'l-Fadl sees royalty as a light which comes to kings directly from God. He wrote a history of Akbar and his ancestors, which has been admirably analysed by Marshall Hodgson.[44] In it, as Hodgson observes, one finds two separate strands: the Greek philosophical tradition and the Sufism of Ibn 'Arabi. This is what we have already found in the case of Jami at the Timurid court of Herat in the fifteenth century. As in Jami's work, there is no attempt to produce a synthesis of the two traditions. Like the Sufis who looked directly to the Timurid princes of the fifteenth century, Abu 'l-Fadl concentrates on the king himself, and does not concern himself with lesser figures.

Abu 'l-Fadl's personal opinions were obviously a long way from mainline Islam. He evidently regarded the belief that mankind began with Adam 7000 years before as fit only for vulgar and ignorant fools. The world was either eternal (the philosophers' position, condemned in

Islam) or extremely ancient, as indicated by Chinese and Indian records. He felt that the Jesuit missionaries were getting the better of the argument in their disputations with Muslim scholars. The Jesuits' letters present him as their most sympathetic ally, even accepting that Jesus was God's Son (a position bitterly rejected by Islam) and defending Christian scripture. Eventually, however, the Jesuits realized that, like Akbar, he was not genuinely interested in being fully instructed in Christian teachings.

Ahmad Sirhindi

Ahmad Sirhindi (1564–1624), born in the city of Sirhind in northern India, was an extremely original and controversial Indian Sufi figure. He has been the subject of much debate among modern Muslims, and many misleading views have been put forward concerning him. These have been comprehensively rebutted in the revolutionary work of Yohanan Friedmann.

In his early years, before becoming a Sufi, Sirhindi wrote a savage attack on Shiism, declaring that the Shiites were unbelievers, who should be killed. Later, after turning to Sufism, he was to become much less hostile to Shiite views, and eventually conceded a special role to ʻAli and the rest of the Twelve Leaders in the hierarchy of God's friends. In his early life he also worked as an assistant to Abu 'l-Fadl, although he was always vehemently opposed to the Greek philosophical tradition and religions other than Islam. In 1599 or 1600 he joined the Naqshbandi brotherhood, which he extolled as superior to other brotherhoods in its rejection of dancing and listening to music. His originality lies largely in his doctrines (expressed in letters) concerning the thousandth anniversary of Islam. One thousand lunar years had now elapsed since the start of Muhammad's prophetic activity, and, Sirhindi claimed, this meant that dramatic changes would soon occur. He taught that above the 'Muhammadan Reality' (in Persian, *haqiqat-i Muhammadi*), which previous Sufis had seen as the highest of all realities beneath God, there was a 'Koranic Reality', and above that the 'Reality of the Kaʻba' (the cube-shaped shrine at Mecca). A thousand years after Muhammad's death, the Muhammadan Reality had to rise up to the place of the Reality of the Kaʻba, and acquire the new name of the Ahmadan Reality (*haqiqat-i Ahmadi*). We must observe that Ahmad was both an alternative name of the Prophet Muhammad and the name of Sirhindi himself. Sirhindi declared that Islam now required a 'Renewer' (*mujaddid*). He also declared that he was a disciple of God without any mediation. In the final stage of the Sufi journey, he said, the mystic descends from his experience with God into the world and exercises a function akin to that of the prophets. Although such a friend of God cannot be the equal of a prophet in general, he may surpass him in some aspect (as, for example, may a martyr).

With this last doctrine Sirhindi places himself in the camp of Ibn 'Arabi, although the two thinkers are often contrasted. It is frequently imagined that Sirhindi replaced Ibn 'Arabi's system with his own. Thus it is thought that Ibn 'Arabi's teaching of the 'unity of existence' (*wahdat al-wujud*) was to give way to Sirhindi's teaching of the 'unity of contemplation' (or witnessing, testimony, *wahdat al-shuhud*).

The issue is much more complicated. Sirhindi sometimes accepts Ibn 'Arabi's doctrines and sometimes rejects them. It would appear that Sirhindi, like many modern writers, wrongly believed that Ibn 'Arabi and his followers, in professing a belief in the 'unity of existence', meant that there was only one entity in existence (the position of pure monism). As Sirhindi puts it, they would see nothing but the sun, and deny the existence of the stars. Sirhindi considers them to be blinded by ecstasy, and consequently to be excused. There is a higher stage, that of the 'unity of contemplation', which means seeing God's Oneness (*yaki*) and looking at nothing else, but knowing that other things do exist (like seeing only the sun, while knowing that the stars exist). The highest stage would be like seeing both the sun and the stars.

Sirhindi, while holding extremely dubious views himself, was very stern towards others. As is common among Muslim scholars, he condemned women who sacrificed animals on the tombs of leading Sufis. He said that Hindus should be humiliated and that the killing of a Jew was always profitable to Islam. He obtained material support for his own lodge from the dignitaries of the empire, and would write letters asking for official posts to be given to his friends. For a time he was imprisoned, because of his audacious claims, by the Emperor Jahangir (1605–27), and then released, but there is little evidence to suggest, as is sometimes believed, that the emperor was eventually converted to his views. In his own time he was criticized both from a conventional Sufi standpoint, for his arrogance, and from an extremist one, for maintaining that prophethood was generally superior to 'friendship with God'. Later in the seventeenth century his doctrines were often condemned, and in 1679 the chief jurist of the empire formally prohibited the diffusion of some of them. But his followers survived, and in the twentieth century he is seen as the champion of mainline Islam.

Prince Dara Shukuh

A very different picture is afforded by the Sufi prince Dara Shukuh (1615–59), who was heir apparent to the Timurid throne. A member of the Qadiri brotherhood and a follower of Ibn 'Arabi's school, he took a keen interest in Hindu mystics, and himself translated the Upanishads into Persian. He believed that all religions taught an identical higher truth.

These tendencies were used against him in a war of succession with his brothers, which he lost. His religious opinions were then used to secure his condemnation to death. They are most clearly set out in his short treatise, *The Place Where the Two Seas Meet* (*Majma' al-bahrayn*). The two seas are Sufism and the religion of the 'unitarians of India' (*muwahhidan-i Hind*). Dara Shukuh's work is largely devoted to enumerating the parts of the universe. Here, since the Hindus on the one hand and the Muslims (as the heirs to the Greeks and ancient Iran) on the other share a common Indo-European legacy, there are naturally many points of resemblance.

In specifically religious matters Dara Shukuh is on less firm ground. He presents Hindu mystics as teaching that God is the Spirit of the world just as the world is his body. Dara Shukuh should have known that although some Sufis had composed verses to this effect such poetic exaggeration ought not to be taken as a literal expression of Sufism's teachings concerning God's self-manifestation in the universe. He also tries to find Islamic materials to justify the belief that there will be an infinite recurrence of historical cycles, with an exact reduplication of people and events. There is a saying attributed to Muhammad which supports this view, but Dara Shukuh must have realized that it was hardly typical of Sufi doctrine. Elsewhere, in his exposition of Ibn 'Arabi's theory of the 'unity of existence', Dara Shukuh seems to make the same mistake as Sirhindi, believing that it means that God is the only entity. However, instead of rejecting this idea or trying to transcend it, Dara Shukuh gives it his whole-hearted approval.[45]

Emperor Awrangzib

Dara Shukuh's brother, Awrangzib, who was responsible for his execution and now ruled as emperor, had markedly anti-Hindu policies and viewed the killing of Shiites as commendable. He was a man of great piety, who spent much time in religious reading and prayer, and stopped music and dancing at his court. He was praised as a Sufi elder, and would visit leading Sufis, while insisting on respect for their tombs. His policies cannot be linked to the influence of Sirhindi, some of whose opinions he had officially condemned. In general, his religiosity would appear to have been of a highly conventional kind, as opposed to that of Akbar and Dara Shukuh. His zeal for oppressing and humiliating the Hindus is often considered to have been a major cause of the chaos in which he left the empire at his death in 1707, although some modern Muslims deny this charge, which they see as an invention of British colonialism.

The Safavid Empire in Iran

The Safavid Empire in Iran was a most extraordinary state. It was founded by a Sufi leader, who needed a Sufi brotherhood beneath him to accomplish this remarkable feat. As time went on the Sufi character of the empire would be reduced and finally abolished. As in other Muslim states, the ruler's subjects either paid taxes or received them as military commanders and men of religion. What is striking is that at the beginning of the Safavid Empire the military commanders held their positions as the ruler's Sufi disciples.

Isma'il

The Safavid brotherhood in north-western Iran had changed in the fifteenth century, with the adoption of Shiite views and militaristic aims, and enjoyed the support of the Turkoman nomads. One leader, and then his son and successor, had been killed in battle. Now the grandson, Isma'il, was to exact a terrible revenge.

Born in 1487, he became the leader of the brotherhood at the age of seven and began his astonishing military career at the age of twelve. Contact with the tribesmen in eastern Turkey had been kept through the intermediary of 'deputies' (*khulafa'*), and they now rallied to him. Together, they conquered Iran, and Isma'il formally and brutally imposed Twelver Shiism as the official faith there. He ferociously suppressed all other Sufi brotherhoods which refused to accept Shiism. Thus the organization which had been founded in southern Iran by Kazaruni in the eleventh century was simply wiped out, with the massacre of 4000 people. It lived on outside Iran, because it had become a major international network, which offered banking facilities for merchants. Other brotherhoods were either crushed as effective forces, or left Iran, or professed Shiism. The Safavid movement was threatening to conquer the Ottoman Empire, since it possessed widespread tribal support in eastern Turkey and attracted followers by its generous distribution of booty. But the Ottomans defeated Isma'il in battle in 1514, and he was never the same again. He spent his time in the traditional royal pastimes of drinking and hunting until his death in 1524.

Leading historians still maintain that Isma'il thought he was God incarnate, and call his rule a theocracy. The word 'theocracy' is one that it is always best to avoid. It is often used to mean rule by specialists in religious affairs, while literally it means rule by a god. There is evidence that some of the Safavids' nomadic followers believed their leaders to be divine. Modern scholars have asserted that Isma'il's poems constitute claims to be an incarnation of God. If we examine the verses quoted to support this view, however, we find that there is no indication of 'incarnation', but on the contrary the usual Sufi tradition of God's self-manifestation, coupled with the Shiite theme of the mystic's becoming a Leader just beneath God. The poet identifies himself with a number of entities (legendary kings, a ring, a pearl) in a manner familiar to the reader of verses composed by Rumi in the thirteenth century. It is in this context that Isma'il says:

> The secret of 'I am the Truth (*haqq*)' is hidden in this heart of mine
> For I am the absolute Truth and what I say is the truth

Here the use of the word *haqq* in its literal meaning of 'verbally uttered truth' weakens the charge of self-deification, which in any case is countered by the same poem's assertion that the author is the least of slaves. In a similar composition Isma'il declares:

> I am the eye of God I am the eye of God the eye of God
> Come now and see the Truth O blind man who have lost your way
> I am that absolute doer of whom they tell
> I am the commander of the sun and moon
> My existence is the House of God know for sure
> Prostration to me is incumbent upon you in the evening and at daybreak[46]

Now the order to the blind man weakens the suggestion that the word for 'eye' (*'ayn*) should be taken in the sense of 'quintessence'. Similarly, the poet's self-identification with the House of God – the shrine of the Ka'ba at Mecca, in the direction of which Muslims prostrate themselves in the dawn and evening worship – leads one to question the use of the verse as evidence that Isma'il insisted on being worshipped as a god through prostration. We have seen prostration before the Sufi elder in India. It is certainly against Islamic law, since prostration is reserved for the worship of God, but it does not follow that Isma'il claimed to be divine.

Isma'il did nonetheless leave the Safavid Empire an uncomfortable revolutionary legacy. He had led his nomadic followers to believe that the messianic return of the Mahdi, the 'divinely guided one' was about to happen, whether in his own person or not. These tribesmen were now an important military elite, distinguished by their red turbans, which gave them the nickname Qizilbash (redhead). They continued to represent a radical and volatile threat to the dynasty which they had put in power, and which now tried to neutralize them. In the course of the sixteenth century the Qizilbash soldiers were transformed into special guards beneath the ruler. 'Abbas I (1587–1629) managed to reorganize the army in such a way as to produce a drastic reduction of their influence. He massacred those members of the Safavid brotherhood who represented its oldest traditions, and ensured that others would be given menial jobs. Accordingly, in the seventeenth century the Safavid Sufis became prison officers, porters and cleaners.

The philosopher Sadra

At this time there was a rich flowering of the Greek philosophical tradition in Iran. Moreover, the philosophers, under their usual royal patronage, were involved in the translation of Sanskrit works. We now encounter a thinker of great stature, Sadra of Shiraz (d. 1640), who ranks as the most impressive unifier of the ideas that were familiar to the Muslim world. As a philosopher, he tackled anew the problem of reconciling the 'wisdom of Oriental Illumination', Shiite theology and the Sufism of Ibn 'Arabi. A somewhat mechanical combination had been put forward in the fifteenth century, but it was evident that a real synthesis would demand a dramatic change of perspective. This Sadra provided, thereby making himself the founder of Islamic existentialism.

He began by declaring that existence precedes essence. God first generates what is called 'the self-unfolding existence' (*al-wujud al-munbasit*): the first self-manifestation of God to himself and the shadow of God in all things. Then he says 'Be!' and in doing so emits his Breath. This Breath is the highest intelligible substance. It generates prime matter as its shadow. So existence for Sadra corresponds to light in the 'philosophy of Oriental Illumination': there is a hierarchy without sharp dividing lines.

In this perspective provided by Sadra the universe can find its fulfilment, according to the dynamic thrust of a new and original doctrine: that of 'substantive movement' (*haraka jawhariyya*), which means that a perpetual movement affects the very substance of things, in the upward progression from prime matter to Ibn 'Arabi's Perfect Man. The whole universe is simultaneously in a position of being what it is and becoming something else, in conformity with Sadra's principle of the 'ambiguity' (*tashkik*) of existence. It is according to this principle that he, like many Shiite theologians, can declare that man is free, since freedom and determinism are the same. Such things are known to a man by intuitive experience, which can never be disproved by correct philosophical arguments. Observations of this kind have led to disagreement about whether Sadra should be seen primarily as a mystical thinker. In one major study of Sadra Fazlur Rahman tried to argue that on the contrary he should be seen as a profoundly rational figure. Subsequently, however, Rahman changed his position, maintaining that Sadra is torn between rationalism and Ibn 'Arabi's mysticism, unable to achieve a real reconciliation of the two.[47] It is noteworthy that Sadra made open attacks on libertine dervishes, lamenting their influence, not only on the masses, but on craftsmen in particular.

Clashes with jurists and libertine dervishes

In 'Abbas II (1642–66) the Sufis found a ruler who gave them extremely generous financial support. After his death they were tolerated for a time, in spite of attacks coming from jurists, which may be compared with the attacks made by Ottoman lawyers in the same period. A French traveller explained this hostility as due to the neglect of social duties produced by Sufism (the same line taken by Sadra against the libertine dervishes). He gives an account of an incident which he witnessed in the Iranian capital, Isfahan, when a preacher declared in public that the Sufis should be killed: after the sermon five or six Sufis in the audience beat him up, claiming that an advocate of violence could hardly object.[48]

In Iran the libertine dervishes were generally called Haydaris, after an Iranian seen as the first founder of their loosely knit associations, Haydar (d. 1291). Another French traveller of this time shows how they had great influence preaching to merchants and artisans in the bazaars.[49] They would be dressed only in sheepskins and goatskins. In contrast to them we find the Sufis themselves, who now, given the degeneration of the Safavid brotherhood, were usually in what was called the Ni'matullahi 'path', after its founder, Ni'mat Allah (d. 1431). This, like the Haydaris, had accepted Shiism. Its spiritual leaders were now in India. During this period the Haydaris and the Ni'matullahis were assigned to different wards of Iranian cities. They were in effect opposing factions, whose mutual hostility seems to have perpetuated older rivalries between different parts of these cities. At fixed times of the year they would engage in ritual battles, which frequently produced serious casualties. Fights of this kind, like the English village tug of war, appear to belong to an archaic heritage.

At the end of the seventeenth century the jurists were victorious in their campaign against the Sufis. This was largely the achievement of one man, Majlisi (d. 1699). He was the son of a famous scholar who had been both a jurist and a Sufi, and he himself pursued a variety of studies when young, taking an interest in philosophy and mysticism. Later, however, he abandoned these fields and devoted himself to collecting the sayings attributed to the Shiites' early Leaders. He declared that his father had not really been a Sufi at all, but had pretended to be one in order to draw the Sufis out of their errors. This peculiar manifestation of filial piety has been greeted with scepticism by modern Iranian scholars.

Majlisi became the chief jurist of the empire and, with the accession of the devout Sultan Husayn (1694–1722), obtained enormous personal power. He was able to have the Sufis expelled from the capital. Majlisi insisted on full obedience to kings and declared that, if they are tyrannical, one must hide one's true opinions. He praised his royal masters in the most fulsome terms and received considerable financial support from them. His hostility was not confined to Sufis, but was also directed towards philosophers, Christians, Jews, Mazdeans and Sunni Muslims. His intolerant zeal led him to persecute all of these, and insist that non-Shiites be made to convert. In the Sunni populations of the outlying parts of the empire he provoked a reaction that was to bring the Safavid state down. Such was the bizarre fate of a dynasty which had come to power through Sufism only to reject it in the end.

Outside the empires

A survey of Sufism in the sixteenth and seventeenth centuries would be misleading if it did not also look at Sufis outside the three great empires. The areas examined here will be the kingdom of Bijapur in south-western India, Morocco and Chinese Turkestan.

The kingdom of Bijapur

From 1490 to 1686 an independent dynasty, that of the ‘Adil-Shahi sultanate, ruled over a state in south-western India with Bijapur as its capital. This state was Shiite until 1583, when it changed to mainstream Sunni Islam. Under Shiite rule conditions were not favourable for Sufism, but afterwards a number of Sufis came and settled. These have been the subject of an important study by Richard Eaton, which is marred by over-use of nineteenth-century hagiographies and a complete acceptance of Trimingham's socio-historical reconstruction of fifteenth-century developments, transposed to this period of Bijapur's history.

Eaton's work is valuable when it allows the earliest materials, notably the recorded conversations of the Sufi teachers, to speak for themselves. One notes with interest the anti-Shiite sentiments of the leading Sufi Shah Sibghat Allah (d. 1606; the title ‘shah’ is now common among Indian Sufi masters), who even sent his followers to attack the annual Shiite procession of mourning for ‘Ali's son Husayn. The resulting violence brought about the Sufi elder's house arrest on the orders of the sultan, who wisely gave him a generous allowance for a pilgrimage to Mecca. Sibghat Allah had already been a good friend of the sultan's treasurer, and wrote letters of recommendation for people who wanted government posts.

This activity was particularly characteristic of another Sufi elder, Hashim ‘Alawi (d. 1646), who, we are told by one of his deputies, would receive a large number of job hunters every day. Sometimes this was just a case of people who wanted employment as servants working for nobles. He acquired 5500 followers. Hashim had interesting remarks to make about the scholar-jurists of Islam. One of these had criticized the Sufi practice of the oath of allegiance (*bay‘a*) between elder and disciple. Hashim answered by saying that jurisprudence was useful for little except the details of personal hygiene. On another occasion, however, he observed that the specialist in formal knowledge and the Sufi are complementary to one another, like the farmer and the oil presser.

One Sufi leader of sixteenth-century Bijapur, Burhan al-Din Janam (d. 1597), a member of the Chishti brotherhood, which we have already encountered in fourteenth-century India, is noteworthy for his violent hostility to Hindu ascetics, who, he says, perform their worship merely through ostentation and in order to deceive the public into giving them alms. The obtaining of money, however, is formally justified by one of Sibghat Allah's deputies, who, when his own disciples criticized his acceptance of a grant from the sultan, replied that the money could now reach the people instead of just going into the treasury. He himself used to be carried around in a litter like a noble.

Morocco

The history of Morocco from the fifteenth to the seventeenth century is marked by great political instability. There were Christian invasions and repeated collapses of central authority. From 1510 to 1630 a dynasty which claimed descent from Muhammad, the Sa'dis, held power. They persecuted some Sufis and allied themselves with others. From 1603 there was disintegration and division of power, until 1668, when another line of rulers, also claiming descent from Muhammad, and known as the 'Alawis, managed to install itself. Modern writers have put much stress on the supposed importance of this 'rise of Muhammad's descendants', but one leading specialist, Jacques Berque, has pointed out that it is hardly new, since such descent was claimed by much earlier dynasties. We may observe that the tendency of men of religion, whether Sufis or not, to claim descent from Muhammad while rising in the social scale was already widespread in the Muslim world.

This period of Moroccan history has commonly been called that of the Maraboutic Crisis, from the French word *marabout*, which French colonial sociologists used to designate a leading Muslim mystic. The word represents the Arabic *murabit*, which in North Africa has meant not only a man of religion but also a man of war. For the word *ribat* (from the same root), which means a hospice, and is one of the terms used in particular to designate a Sufi lodge, also means a fortified outpost in the war against unbelievers. The trouble, as Berque has shown, is that French colonial historians employed the adjective *maraboutique* to invent a vast ocean of mysticism, whereas the evidence for this period often indicates purely formal, academic, religious activity. Besides, there is nothing to suggest a sudden new flowering of Sufi power at this time. We may remark that 'crisis' is not a very good word to use to cover a couple of centuries. In short, the concept of Maraboutic Crisis is an illusion.

There are, nevertheless, fascinating episodes in Moroccan history in which Sufism plays a part. Such is the case of Abu Mahalli (d. 1613), often thought to be a marabout. In fact he is a student of many different disciplines, and much concerned with the political troubles of his time. He writes a scurrilous attack on one leading Sufi with whom he has been closely connected, accusing him of misconduct with married women. But for Abu Mahalli the Sufi impostor is only one type among many of those who falsely rise above other men, such as academics or rulers. Abu Mahalli's works show him tormented by the problem of his own personal intervention in politics. Eventually, he starts a revolt and becomes a king in the city of Marrakesh, but reigns only for a year before being killed in battle.

In the chaos between 1603 and 1668 much power was exercised by the lodge of Dila' in central Morocco. Its masters were not really marabouts in the French colonial sense, but academics and warrior-politicians. They served as mediators between Islamic civilization as a whole and the rustic tribesmen of the Atlas mountains. They would dispense hospitality according to class: vegetables for the poorest, chicken for those in the middle and mutton for the elite. The evidence shows that they specialized in law, grammar or poetry: if one of them was singled out to be called a *murabit*, it meant that he was different from the rest in his exceptional unworldliness.

Modern western publications call all these people 'saints', as they do the academic Sufi 'Abd al-Qadir, of the city of Fez, who died in 1680. We have a long biography of him, written by his son. The father is presented as living not off the gifts of students and princes, but through his profession as a copier of manuscripts. He is a true exponent of the path of 'blame', not in the sense of behaving scandalously in order to attract the blame of others, but rather in an ironic inner detachment from the respectable society of which he is a part. One may observe that even when a biography of this kind is written, as in this case, within five years of the subject's death, it is still really a string of edifying conventional touches.

Chinese (or East) Turkestan

In what is now part of north-west China (Xinjiang), Muslim princes who claimed descent from Chinggis Khan were still ruling in the sixteenth century. They now represented urban Muslim civilization against the surrounding nomads. The nomads were weakened for a time, and so Islam flourished. They were obliged to pay tribute, and so there was plenty of wealth to finance the construction of mosques and colleges, and to subsidize Sufis. Consequently some Sufis came from what is now Soviet Central Asia and established good relations with the local princes. In particular, one Muhammad Sharif (d. 1555) actually founded a brotherhood which embodied the celebrated Uwaysi tradition, the practice of seeking guidance from the spirit of an elder who is either physically absent or dead. To turn this into a brotherhood of living people in day-to-day contact with one another might well seem contradictory, but during the rapid expansion of Islam in sixteenth-century East Turkestan it made some sense. There was no particularly distinguished local Islamic past to which people could relate, apart from some long-dead royal martyrs. These were now conveniently integrated into an imaginary history of the Uwaysi brotherhood, compiled by a certain Ahmad Uzgani (date of death unknown). He claimed that the spirits of the previous leaders of the brotherhood had told their life stories to him. The lives were sometimes those of legendary Islamic figures whose graves had been 'discovered' – by Muhammad Sharif, it would appear – in some cases on the site of pre-Islamic shrines. Of particular interest are the lives of four obviously imaginary women mystics, who correspond to the figures of Mary the mother of Jesus on the one hand, and of the legendary converted courtesans of Christian antiquity on the other, and thereby validate our analysis of reflections of these figures in earlier Muslim hagiography.

The first woman is called Servant (in Central Asia this was believed to be the meaning of the name Mary). Her mother is called Mary. Like Mary the mother of Jesus in Islamic tradition, she is born to parents who have long awaited a child, is frightened by meeting a man and is cleared of an accusation of fornication. The second woman is called Pious. Her father forces her to marry, but she prays for deliverance and her husband dies. She makes a withered tree bear fruit (as God does for the mother of Jesus in Islamic tradition). A third woman is called Hazel-nut. She is a fine singer. Her father is a libertine dervish, who forces her to become a prostitute. After twenty years she repents. Her miraculous burial is related by a dervish (just as the miraculous burial of Mary of Egypt is related by a monk). A fourth woman is called Knowing. A singer, she is given to a tyrannical king, and prays for deliverance. The king dies. She repents of her profession, and marries an elderly and impotent mystic. While the first two biographies are reflections of Jesus' mother, and the third corresponds to the Christian legends of the penitent courtesans, the fourth combines both of the contrasting figures that we have seen above: the asexual wife and the singer-entertainer who repents.[50]

The fortunes of the nascent Uwaysi brotherhood in East Turkestan were short-lived. They disappeared as the local Naqshbandi Sufis took power in the region from their Mongol patrons. In 1570 a family of Naqshbandi leaders, known as the Khojas ('masters'), began to rule from the city of Yarkand, obtaining sovereignty thanks to tribal support. Their descendants continued to reign until the Chinese conquest in 1758, and were to rise in revolt again in the nineteenth and twentieth centuries.

4 INTO THE MODERN WORLD

THE EIGHTEENTH CENTURY

Eighteenth-century Islam has not been studied much, and its specifically religious aspects have hardly been investigated at all. This is presumably because this period has traditionally been seen as one of decline, too late for the admirer of classical Islamic culture, and too early for the champion of modernity. The lack of research obliges us to take an approach which differs from that pursued in the preceding chapters. First we shall look at the general background. Then we shall look at three leading Sufis: one from the beginning of the century, in the Arab world; one from the middle, in India; and one from the end, in Iran.

The background

The fortunes of Islam in the eighteenth century are marked by failure. The Ottoman Empire experienced both defeat and victory when fighting the Austrians, but lost the Crimea to Russia in 1774. In Iran the Safavid Empire collapsed in 1722, because of its policies of anti-Sufi and anti-Sunni persecution. Chaos and disaster followed repeatedly in the course of the century, with massacres and extreme depopulation of the cities. In India there was a resurgence of Hindu power, and then the new ruler of Iran, Nadir Shah (1736–47), sacked Delhi in 1739, effectively signalling the end of Timurid dominion. In the second half of the century the British took over on a large scale, notably following the notorious and catastrophic 'plundering of Bengal'.

It is not surprising, then, that this period has been viewed as dominated by decline. Many modern scholars have thought that whereas Europe had the Enlightenment, Islam went into regression. Against this view, some recent writers have argued that the Ottoman

Empire did not go into absolute decline, or regress in relation to its own past, but declined only in some areas where it was in competition with European progress. In trade the merchants were able to hold their own, whereas the craftsmen (for reasons which have been suggested above) went under, unable to keep up with European advances. Moreover, there was an important rise in the power of provincial urban notables, which prefigured the modern emergence of independent states such as Egypt and Syria, and could be seen as a positive development. As regards Iran, there was a significant improvement in the thought of the Shiite jurists, then largely concentrated in Iraq: they rejected the habit of simply looking for the answers to legal problems in existing compendia, and turned instead to individual initiative in deciding questions by the use of reason. Thus the jurists of Shiite Iran gave themselves power, responsibility and experience, to be exercised to dramatic effect in our own time. Islam in India produced a major thinker, Shah Wali Allah of Delhi (1703–62), who will be discussed below as a Sufi, but who is also of immense importance to contemporary South Asian Muslims for his incisive ideas in the fields of law, politics and sociology.

How did Sufism fit into all this? Given the present state of research it is impossible to say. The Muslim scholars, the *'ulama'*, whether particularly specialized in Sufism or not, could be found among the wealthiest inhabitants of the towns. They would supplement their incomes by holding Sufi meetings in private houses. Enormous allowances were paid to the leaders of the Sufi brotherhoods out of pious endowments. Whereas the rector of the Azhar, the main academic institution of Egypt, was paid 19,870 *paras* a year, and a poor worker might receive only fifteen a day, the head of the Bakri brotherhood would get 260,000, and another important Sufi leader in Cairo 148,635. Such an income could be doubled by holding another official post at the same time. Yet more revenue could be obtained by being an administrator of pious foundations, and then could be invested in land, houses and shops.[1]

A threat to this cosy existence now came from the Arabian peninsula: the reformer Muhammad ibn 'Abd al-Wahhab (1703–87) engaged in a vigorous rejection of Sufism itself, and the extreme veneration of Muhammad which accompanied it. He allied himself with the Sa'udi family which now rules in Arabia, and which launched a violent assault on the tombs of leading Muslims of the past. The Wahhabi movement which bears his name is today an important counterweight to Sufism.

A valuable picture of the dervishes of the Ottoman Empire has been left by Ignatius Mouragea d'Ohsson, in the fourth volume of his *Tableau général de l'empire ottoman*, published in 1791. One noteworthy aspect is the isolated character of the Naqshbandi brotherhood, which d'Ohsson sees as a mere religious association, as opposed to the other brotherhoods, which he calls 'orders'. This brotherhood includes members of all classes of society, who just take part in extra prayers and recitation of the Koran, gathering together for this purpose in every urban neighbourhood of the empire. Other brotherhoods have more colourful practices: for example, the Rifa'is – so called after their supposed founder who died in 1182, and known in the West as the Howling Dervishes because of their loud 'remembrance of God' – attract attention by putting heated iron instruments in their mouths. The Whirling Dervishes continue, according to d'Ohsson, to retain the special affection of the powerful. In their assemblies they pray not only for the ruling dynasty, but for the grand vizier, the military and civil administrators, and the scholar-jurists. The Bektashis alone perform their exercises behind closed doors. (However dangerous their activities may have been, Faroqhi has shown that they retained good relations with the government throughout the eighteenth century.) Married dervishes have private homes outside the lodges, but are obliged to spend the night in the lodge once or twice a week. Many dervishes, says d'Ohsson, are thoroughly immoral and habitually drunk: in this class we find of course the members of openly libertine groups.

'Abd al-Ghani al-Nabulusi (1641–1731)

Nabulusi's surname means that his home town was Naplus in Palestine. He was a prolific writer and a member of both the Qadiri and the Naqshbandi brotherhoods (membership of different brotherhoods was common at this time). He is important for his detailed descriptions of his travels, though his interests lay not so much in contemporary affairs as in recounting his own religious experiences and the legends of the past. Indeed, he is a thoroughly backward-looking figure. Many of his writings are defensive: in justification of the Whirling Dervishes, of the dancing and music of the Sufis in general, of their use of tobacco, of 'gazing at beardless boys' and so on. Not surprisingly, given his enthusiasm for defending practices often condemned, he was himself a controversial character, venerated by some, but accused of impiety by others – he was even physically attacked in a riot. When he died, at Damascus in 1731, the bazaars of the city closed for the day of his funeral. His literary activity belongs mainly to the seventeenth century with its background of conflict between Sufis and lawyers.

When we look at Nabulusi's commentary on the Wine-song of Ibn al-Farid we find, as is usual in late Sufi commentaries, an extensive application of the system of Ibn 'Arabi, dominated by the idea of the Perfect Man. At first sight one might imagine that this was a commentary out of the fifteenth century, like the ones composed by Jami, in which earlier poetic talent is submerged in a flood of theorizing. But reading on one discovers that what have been called the 'brotherhood mentality' and the extreme veneration of the personal guide, already familiar from much earlier than the fifteenth century, have now invaded the higher theoretical literature, and taken their place beside abstract metaphysical speculation. Thus when Ibn al-Farid writes

> And if they had sprinkled some of that wine on the dust of a dead
> man's tomb
> His spirit would have returned to him and his body would have
> come back to life

Nabulusi (who has previously explained that the wine is that of divine love) assures us that many of God's friends have brought the dead back to life, through *karama*, the miraculous grace of the 'friends', this being part of Jesus' spiritual legacy. In earlier Sufism it would have been normal to restrict the miraculous powers of the Sufis to a much less impressive range.

Referring to Ibn al-Farid's verse

> And if the wine had given its colour to the palm of a man holding it
> in a glass
> Then he would not have gone astray in the night since he had a
> star in his hand

Nabulusi remarks that this refers to the disciple's putting his hand into that of the perfect elder when taking the oath of initiation. The hand clasp represents God's purchase of the disciple's soul.

When the poet says

> And if an enchanter had traced the letters of the wine's name on
> The forehead of one possessed the sign would have cured him

Nabulusi sees the enchanter as the Sufi teacher, initiating the disciple with the special frock (*khirqa*). Ibn al-Farid continues:

> And if its name had been inscribed upon the banner of the army
> That inscription would have made drunk all those beneath the flag

The commentator explains that the banner is the Sufi 'path' (*tariqa*, brotherhood) indicated by a founder for its members.

When the poem says

> Good health to the people of the Christian monastery How drunk they became with it
> Though they did not drink of it but intended to do so

Nabulusi explains that these are specific friends of God who have taken their inheritance from the spiritual station of Jesus, but are in the religion of Muhammad. They have not yet reached the final goal.

Nabulusi, with his excellent knowledge of Ibn 'Arabi's system, is in a position to insist, in its defence, that it is not an expression of pantheism: it does not teach that God is identical with created things. The theory of the 'unity of existence' teaches that a man's existence is also that of God. But the sharing of that same existence does not mean that a man's ultimate identity is the same as God's or that God's is the same as a man's. Each is distinct from the other. A man, although he obtains existence from God's Essence, does so only in a conditioned manner, with an inferior status appropriate to himself.

Shah Wali Allah of Delhi (1703–62)

Wali Allah of Delhi is not only an extremely impressive thinker, but also, when he is not being Indian, a thoroughly Islamic one. Other leading thinkers of the Muslim world have tended either to stand within the Greek philosophical tradition or at least to keep very close to it. But Wali Allah has a resolutely anti-philosophical position, firmly inside the religious sciences of Islam. He has been the subject of many modern studies. Here we shall look at his thought as analysed in the admirable recent monograph of J. M. S. Baljon.

Wali Allah was in no doubt as to his immense importance. He was initiated into the Qadiri, Chishti and Naqshbandi 'paths', but informs us that God told him that he was being entrusted with a special mission which put him far above their members. He dreamt that he was given Muhammad's pen, and had a vision in which the Prophet gave him the initiatory hand clasp of the Sufi brotherhoods. Consequently, Wali Allah saw himself not just as the usual 'pole' or chief of God's friends, and not just as the usual 'renewer' of Islam believed to come in every century, but as someone entrusted with a new articulation of Islamic law – rather in the manner of an extremist Shiite Leader, in spite of his personal disapproval of Shiism.

Wali Allah believed that God inspired him through specially privileged parts of the universe. One of these, the 'world of the image' (*'alam al-mithal*) has a place in the thought of many Muslim mystics and philosophers, but in Wali Allah's case seems to have been particularly significant. It acts as an interface between this visible world of ours and the world of spirits above it, and it also serves as the imagination of the Universal Soul. Thus God's intentions are transmitted through angels, colours and refined substances in the 'world of the image' before making their way into the visions of mystics. The most important place in the 'world of the image' is the 'enclosure of sacrosanctity' (*hazirat al-quds*), in which God manifests himself to the spirits of perfect people, who themselves merge into one divine man (*insan ilahi*). This enclosure also serves as a medium for operations conducted by an elite in a complex hierarchy of angels, as prophets and reformers are guided on their way. Moreover, the 'enclosure of sacrosanctity' represents God's 'most supreme theophany', that is to say God's greatest act of self-manifestation. This is not so much an event as an entity, the shadow of God, what Ibn 'Arabi called the Muhammadan Reality. Wali Allah lays particular stress upon a little-known idea of Ibn 'Arabi's, according to which God's acts of self-manifestation correspond to a special part of a man's heart, called the 'gem of bewilderment', because the divine rays which hit it are reflected into the mystic and consequently bewilder him.

It appears that Wali Allah, like Dara Shukuh in India a century before, believed in a succession of 'cycles', in which, after the world is brought to an end, it is created again. He himself quotes the legend of the phoenix's rebirth from its ashes to illustrate this idea, which he seems to have taken from Indian sources. However, he does not follow Dara Shukuh in misunderstanding Ibn 'Arabi's general theory of the 'unity of existence'.

Wali Allah speaks of Ibn 'Arabi with great respect, and argues that Ibn 'Arabi's opinions can be reconciled with those of Sirhindi on the 'unity of contemplation'. Thus Wali Allah maintains that the expressions 'unity of existence' and 'unity of contemplation' designate different stages of mystical experience and alternative views of the universe. In the mystical stage of the 'unity of existence' man is entirely absorbed in God as the ultimate Reality. In the higher stage of the 'unity of contemplation' he realizes that God and man are united but retain their own individualities. As a view of the universe, the theory of the 'unity of existence' teaches that the world has one substance, just as wax models are all made of wax. The theory of the 'unity of contemplation' teaches that the world is a multiplicity of reflections coming from the names of a single God. Wali Allah concludes that Ibn 'Arabi had preserved the ultimate difference between God and created things, but had been misrepresented by his successors. As for Sirhindi's occasional criticisms of Ibn 'Arabi, these rest upon misunderstandings.

Although conscious of his own intellectual superiority over Sirhindi, Wali Allah still saw him as his predecessor, and indeed belonged to his 'Renewerist' sub-brotherhood of the Naqshbandi 'path'. The influence of Sirhindi seems to be most apparent in Wali Allah's theory of the 'subtle organs' within man. There is a lower series of five of these, consisting of the lower soul, the heart, the intellect, the spirit and the 'secret'; and a higher series of five more, consisting of the 'concealed' (*khafi*), the 'light of sacrosanctity', the 'gem of bewilderment', the 'most concealed' and the 'greatest I-ness'. Wali Allah says that his father taught meditation techniques attributed to Sirhindi, and drew circles representing some of these 'subtle organs' in connection with such techniques. It does indeed appear that Sirhindi's successors taught that these 'subtle organs' were localized in man's body and head in the same places, or near to the same places, as are given by Hindu writers, in their discussions of the *cakras* (the word *cakra* can mean both one of the various 'centres' in the body and one of the various circular diagrams used for meditation). Eventually, explains Wali Allah, at the highest level of the 'greatest I-ness', the mystic can see the whole universe within himself.

The 'subtle organs' correspond to stages in Wali Allah's theory of history. Just as there is political degeneration after Muhammad's death, so too there is spiritual progress, as the 'subtle organs' successively come into play and eventually find their highest self-realization in Wali Allah himself. This theory of history is linked to an original theory of sociology, based on the distinctive concept of 'finding help [from the environment]' (*irtifaq'* 'utilization'): Islamic society represents the culmination of man's progressive utilization of nature and society as he rises from primitive culture through urbanization to the city-state and the empire. So Wali Allah is a social critic who censures contemporary rulers for extravagance and high taxation.

Nur 'Ali-Shah of Isfahan (d. 1800)

In the late eighteenth century there was a revival of Sufism in Iran, with the coming of one of the leaders of the Ni'matullahi brotherhood from India, where many of its members had been based. This leader, called Ma'sum 'Ali-Shah (d. 1798), soon acquired an important following, but both he and several of his disciples were cruelly persecuted and eventually killed. These misfortunes were due largely to a leading jurist, Muhammad Baqir Bihbihani (d. 1803), who gave Shiite lawyers the opportunity to exercise the independent initiative which they use so powerfully today, and his eldest son, who was probably responsible for poisoning the new Sufi leader's most famous pupil, Nur 'Ali-Shah.

This atmosphere of persecution permeates Nur 'Ali-Shah's didactic poetry, which has been the subject of a thoughtful study by Michel de Miras. Of particular interest is Nur 'Ali-Shah's treatment of the theme of the Sufi elder, who is even shown as receiving prophetic revelation (*wahy*), in direct contradiction to the standard Muslim doctrine that this ended with Muhammad. The poet teaches that such a master practises the discipline of 'passing away' in his own elder as well as in God. The combination of Shiism with Sufism in Nur 'Ali-Shah's work results in his presenting 'Ali, the First Leader of the Shiites, as the Holy Spirit who guides Gabriel. The Holy Spirit is also identical with the secret of God (*sirr Allah*). In a way the First Leader is also identified with the hidden Twelfth Leader, who is in turn identified with the living head of the hierarchy of God's friends.

In a short symbolic story by Nur 'Ali-Shah, we find him observing a ragged elder who is being stoned by children in the street. At first Nur 'Ali-Shah does not dare introduce himself, but eventually he discovers the elder in the desert and asks how he can be guided on a journey in his own interior world. He is taught a special name, given a tablet, and told to visit a series of cities, uttering the name in order to enter each city and looking at the tablet to leave it. The disciple encounters many ignorant and evil people in these cities, until eventually he comes to the city of the heart. Here he comes to a throne of light, with four people holding on to it, and 361 in a circle round about. A handsome elder seated on the throne induces a state of unconsciousness in Nur 'Ali-Shah, who has nine heavens revealed to him. He travels in them for years, and then experiences four visions, in which he sees worlds that it would take a lifetime to describe. Then he goes on to four mystical 'states': in the first he sees his own beginning and end; in the second he sees that the world is a man of whom he is the spirit; in the third he sees that he has a spirit without a body, and something named, but without a name; the fourth is indescribable. He wakes up, and the elder on the throne sends him back on a mission to ordinary mortals, who torment him and try to kill him.[2]

THE NINETEENTH CENTURY

The nineteenth century presents obvious problems for the student of Islam and Sufism. The history of this period is usually seen as being that of European colonialism and Islamic attempts at 'reform'. Present-day interpretations often reflect prejudice and a naive belief in infallible laws of social change. There is plenty of documentary evidence, but scholars are only just beginning to study it in a serious manner. Here we shall look briefly at the historical background before considering Sufism in three areas in which good studies have been made (North Africa, Egypt and Turkey), and concluding with some very limited observations about Sufism in the rest of the Muslim world.

The historical background

Two events in the late eighteenth century were to serve as a prelude to the history of Islam in the nineteenth: the French Revolution of 1789 and Napoleon's occupation of Egypt in 1798. The dynamism of European change and the vulnerability of Muslim countries to attack were now abundantly clear. Later, the French were to take over in Algeria from 1830 and in Tunisia from 1881. The Ottoman Empire's attempts at modernization were not very successful: it lost Greece after the war of independence (1821–30); and then Egypt became autonomous, before falling under British rule from 1882. In Iran an unpopular dynasty, that of the Qajars, lost territory to Russia, which also made important gains at the expense of other Muslim rulers in Central Asia. In India the British took over completely. It was really only in Africa that the Muslims had some success, with a dynamic and expansionist spirit: military leaders (notably the famous Mahdi of the Sudan) set up new states before their followers fell beneath the inexorable advance of superior European firepower.

These events posed considerable questions for the Muslims. If the holy war against the unbeliever failed, how should one view those Muslims who found themselves under non-Muslim rule? Should modern western ideas and institutions now be adopted? The replies given by nineteenth-century Islamic thinkers have been the subject of differing judgements by later scholars. In recent years the modernizing and westernizing 'reformists' of the nineteenth century have been increasingly seen as superficial, both in their thinking and their profession of Islam, while other figures have been found to be more deeply Islamic and rooted in the past than had previously been realized.

North Africa

North Africa was to witness the rise of new brotherhoods in this period, and strikingly different responses to colonial intervention from Sufi leaders. An idea of the changing times can be obtained by examining the autobiography of one very old-fashioned Sufi master before turning to other, more active organizers.

The Darqawi brotherhood, named after its founder, Ahmad al-Darqawi (1760–1823), is now sometimes linked with the label *neo-Sufism*. But it seems highly traditional in its practices, notably in the ancient discipline of attracting 'blame' by colourful behaviour, such as carrying buckets of excrement around in public. One member of this brotherhood, Ahmad Ibn 'Ajiba (*c.* 1747–1809), has left an autobiography which gives fascinating insights into daily life and an intimate account of the author's interaction with his environment, in sharp contrast to the much-vaunted and misleading apologia composed by Muhammad Ghazali seven hundred years before.

Born near Tetouan in northern Morocco, Ibn 'Ajiba was brought up in a village, and as a child would divide his time between going to school and looking after his family's sheep on the mountainside. Then he left the village for studies in the town of Tetouan and the city of Fez, and covered the whole range of the religious sciences. At the age of thirty he began to feel a desire to abandon these for the mystical life. In particular, like many North African Sufis of this time, he concentrated on the Prophet Muhammad in his devotions, and frequently saw him in dreams. But he married and obtained various teaching posts in Tetouan, holding a very respectable position in society for many years. Then, in 1793, he met the founder of the Darqawi brotherhood and one of his assistants, whose disciple he now became. He had previously been fairly well off – with a garden and two orangeries (which belonged to a pious foundation set up by one of his ancestors), a cow, a salt pit and a large library. Now he sold his non-Sufi books and borrowed money to pay for his new master's wedding and build a house for him. In compensation, he says, God gave him three houses, one of which he demolished at his master's command. After being told to engage in more expenditure on good works, he wore a shabby robe and then the patched frock of the Sufis. His master told him to give away everything, except what was needed to feed his family for a day or two; to beg in public; to clean the market, bearing the refuse on his shoulders; and to become a water carrier, giving drinking-water to people in the street.

The pursuit of 'blame' was to bring some trouble with the authorities: Ibn 'Ajiba's brother was accused by a husband of secretly initiating his wife. All the Darqawis of Tetouan were imprisoned, and charged with 'innovation' (*bid'a*) in wearing the patched frock. They were released after giving an undertaking (not kept, it seems) to end their practices. Ibn 'Ajiba left Tetouan for the countryside, and acquired hundreds of disciples. He ended up with four wives, but lost some children in an outbreak of plague – Ibn 'Ajiba attacked the authorities for ordering the evacuation of the towns in an attempt to curb the disease, and declared that its spread had to be left to the decision of God.

A rather different fraternity was founded by one Ahmad al-Tijani, who was born in 1737 at 'Ain Madi in southern Algeria. This has been well studied by Jamil Abun-Nasr. Tijani, after joining various brotherhoods and travelling extensively, announced that the Prophet Muhammad had appeared to him in daylight and prescribed special prayers for the new organization which he was now to lead. Since he got on very badly with the Turkish rulers of Algeria, he left for Morocco, where he died in 1815. In Morocco he enjoyed the protection and patronage of the sultan, but was otherwise unpopular. However, Tijani and his followers were rich, and were able to expand their brotherhood elsewhere. One follower composed a biography of his master, which was heavily plagiarized from a biography of an earlier North African Sufi. This did not prevent Tijani from declaring that Muhammad had appeared to him again in daylight, saying that he himself had composed the book.

Tijani claimed to be the Seal of God's Friends in the historical cycle inaugurated by Muhammad. He declared that the spiritual overflowings (*fuyud*) which came from Muhammad were distributed through him over the whole span of the history of the world. He himself was immune from sin. Because he was taught directly by Muhammad, he abandoned his membership of brotherhoods other than his own, and required his followers to do likewise. He ordered them not to visit living 'friends of God' or the tombs of dead ones. Tijani explained that his followers were bound to sin all the time, but could rely on his own guarantee of salvation. This included anyone who saw him and did not become his enemy. He claimed that Muhammad had told him not to cut himself off from the world, and so lived in luxury, wearing expensive clothes, eating choice food and advising his followers to stay rich. Tijani declared that one prayer taught him by Muhammad resulted in Muhammad's physical presence. This prayer contains an appalling misuse of Arabic: the word *asqam* is used in the obvious belief that it means 'most straight', when in fact it means 'most defective'.

Tijani's successors distinguished themselves by a spectacular enthusiasm for collaboration with French colonialism. Here they clashed with the celebrated hero of Algerian Muslim resistance to the French conquest, the Amir 'Abd al-Qadir (1807–83), whose activities were identified with the Qadiri brotherhood. Tijani's elder son was killed in a rebellion against Turkish rule in 1827. The founder's younger son, however, was able to survive an armed attack on himself and his supporters by 'Abd al-Qadir in 1838. He then agreed to accept French rule. Many Algerian Muslims emigrated to avoid this. Those who remained were led by the Tijanis into a long public display of obsequiousness towards the new masters.

A sharply contrasting response to European colonialism was made by the Sanusi brotherhood in Libya. This has been the subject of a study by a famous British anthropologist, Sir Edwin Evans-Pritchard, first published in 1949. Evans-Pritchard's book is mainly historical. If we compare it with the recent work of Berque on the lodge of Dila' in seventeenth-century Morocco we find much the same picture: that of an organization of academics and warrior-politicians, purveying Islamic civilization to tribesmen.

The founder, Muhammad al-Sanusi, known as the Grand Sanusi, was born near Mostaganem in northern Algeria about 1787. After long studies he established his brotherhood near Mecca fifty years later. He encountered much hostility, and consequently moved to Libya. There he built his headquarters at an oasis, constructing a mosque and a college, with accommodation for teachers, students and guests. His library covered the whole range of the Islamic religious sciences. He was able to graft his organization on to the local tribal network of Bedouin before dying in 1859.

His elder son, Sayyid al-Mahdi (1844–1902) succeeded him. Under his leadership the brotherhood conducted missionary propaganda against French expansion in sub-Saharan Africa. By the end of his life the Sanusis were the victims of armed attacks by the French, in a prelude to twentieth-century persecution by the Italians. The Sanusis were to resist the Italians bravely, although eventually they co-operated with the British, just as in the nineteenth century they had collaborated with the Turks.

The founder of the Sanusi brotherhood in Libya met Arab tribes which had conquered the country; he also met dependent tribes, some of which claimed descent from great Sufis of the past and thus were seen as specially possessed of 'blessing' (*baraka*, life-increasing force). The Grand Sanusi belonged to a type of figure familiar to the Bedouin: the *murabit*. We have noted that this word means both a man of religion and a fighter in the holy war. Accordingly, here again, we find something different from the old-fashioned French colonial picture of the marabout as a wildly ecstatic magician, or the common image of a 'saint' engaged in heroic acts of piety. The Sanusi brotherhood was based on the tribes, not on urban centres: its lodges were distributed according to the tribes' sections, and operated in between these, being given lands by them and obtaining their assistance in the work of cultivation. These lands were pious endowments, possessed by the lodges themselves. In return the lodges operated not just as schools but also as commercial, military and legal centres. The Ottoman Empire gave the brotherhood a charter, exempting it from taxation and allowing it to collect taxes from its supporters. The Turkish authorities left the Sanusis to do the government's work for it as far as the Bedouin were concerned.

The doctrines of the Sanusis have been studied by Nicola Ziadeh. They offended Egyptian jurists by their insistence on taking independent initiative in legal matters. The Grand Sanusi accepted a classical pattern of mystical development, in which coloured lights correspond to an upward movement through hierarchies of worlds, 'states' and spiritual organs. But, like the founder of the Tijani brotherhood, he emphasized the importance of aiming at direct communication with Muhammad during one's waking hours, and not just in dreams. For this one prays to God, asking to be united with Muhammad. The Sanusis rejected the artificial production of ecstasy, music, dancing, singing and other colourful Sufi practices. They are often seen as *neo-Sufi reformists*. To be sure, they rejected luxury. But they always tolerated other Sufi brotherhoods and allowed the veneration of leading Sufis and their tombs.

Egypt

The political history of nineteenth-century Egypt is unusual and complicated. In 1801 the brief French occupation came to an end. An Ottoman commander, Muhammad-'Ali, won power in 1805. He soon confiscated the lands of the pious endowments, as part of a wider agricultural reform. After more Europeanizing changes to the economy he turned against his Ottoman overlords. After his death in 1849 his successors continued with strong westernizing tendencies, but produced financial disaster, foreign intervention and British occupation from 1882.

Fred de Jong has made a painstakingly detailed survey of the ways in which the Egyptian government used Sufi leaders as bureaucratic chiefs during the nineteenth century. It did so because its own administrative machinery was not adequate for the task of controlling the members of the brotherhoods. Accordingly, it selected for its purposes the Bakri brotherhood, so called after an aristocratic family which had transformed itself into the nucleus of a Sufi organization. The government then invested successive leaders in the family with extraordinary powers of supervision over other brotherhoods and religious institutions.

The leader of the Bakri fraternity had already obtained informal authority as an arbiter to whom members of some other brotherhoods appealed to resolve disputes. This authority was apparently won in the chaos following the French withdrawal in 1801. In 1812 the ruler of Egypt, Muhammad-'Ali, gave a new leader of the Bakri brotherhood wide official powers, not only over many other brotherhoods, but also over many Sufi lodges and tombs. This administrative innovation seems to have been linked to the land and tax reforms then being carried out. With the confiscation of the lands of the pious endowments the religious scholar-jurists of Egypt became more dependent upon the ruler, and, if they were also Sufis, as was often the case, upon his new Sufi superintendent. Thus from the middle of the century onwards a gap opened up: the Sufis became less academic, since they needed only the Bakri leader's patronage, and in reaction the academics became less inclined to Sufism.

From 1855 to 1880, with another new leader, called 'Ali al-Bakri, official power over the brotherhoods was consolidated further. This was done through recourse to a new principle, that of 'priority' (*qadam*), which meant the right, if a brotherhood could prove that it had settled in an area first, to hold on to that area for itself alone. This principle was needed to replace the right to collect taxes from a given area, which leading Sufis had often possessed, before its abolition in Muhammad-'Ali's reforms. Heads of brotherhoods were now dependent upon Bakri for legal recognition and the government stipends which went with it. This recognition was also essential for public processions, assemblies and distribution of food. Such public activity was particularly important during the celebrations which surrounded the Prophet's birthday. Then one ritual took place which was famous above all others: the leader of the Sa'di brotherhood rode a horse over a long line of his prostrate followers, without apparent injury to them. Apart from these anniversary celebrations and those held to commemorate great Sufis of the past, the brotherhoods also appeared in public for ceremonies marking the preparation and completion of the pilgrimage to Mecca. Here, in the 1870s, they took over from the craft guilds, as they did in social organization generally. Previously it was imagined that the decline of the guilds brought a decline of Sufism, as associated with them. But de Jong has argued that on the contrary the fall of the guilds produced an increase in the number of Sufi brotherhoods in the late nineteenth century.

From 1880 to 1892 a young and ineffectual leader, 'Abd al-Baqi al-Bakri, was in charge. In 1881, under pressure from the ruler of Egypt, Tawfiq (1879–92), he prohibited the brotherhoods' more colourful practices, such as the eating of live coals, snakes and glass. Music was also banned, as were distinctive and varied forms of 'remembrance' (*dhikr*), which was now limited to that of God alone. The brotherhoods reacted by dissociating themselves from the Bakri leadership, which in any case failed to enjoy the complete support of the government. Eventually 'Abd al-Baqi felt obliged to recognize new brotherhoods which had bypassed the barrier of 'priority' set up by old ones. This barrier collapsed, so that only official recognition itself now mattered, constituting the main check on the formation of splinter groups.

In 1892 'Abd al-Baqi died and his brother, Muhammad Tawfiq, became leader of the Bakri brotherhood. He immediately reasserted the authority of his family, and gained the government's support. His power was increased with the introduction of new regulations in 1895. From this time on there was an office of 'elder of the elders of the Sufi brotherhoods', with a clearly defined legal and constitutional basis.

Turkey

As we turn to the part of the Ottoman Empire which roughly corresponds to the present-day Republic of Turkey, we should briefly note the course of political history in the nineteenth century. This falls into three main periods. First, there is the reign of Mahmud II (1808–39), which is characterized by the concentration of power in the figure of the sultan himself, through the suppression of military, administrative, legal and religious counterweights to his authority. Then, from 1839 to 1876, there is the era of the 'Reorganizations' (*Tanzimat*), when new regulations tried to impose Europeanization, notably in education and civil liberties. Lastly, there is the reign of 'Abd al-Hamid (1876–1909), which is noteworthy for its absolutist and authoritarian use of Islam to justify the rejection of constitutional legality.

The first of these historical phases contains two spectacular episodes of governmental intervention, both in 1826: the massacre of the famous Janissary soldiers and the dissolution of the brotherhood to which they had traditionally been linked, that of the Bektashis. The Janissaries had been opposed to westernizing military reforms. But the reasons behind the action taken against the Bektashis are less obvious. The subject has been very well studied by Faroqhi and by John Robert Barnes. Officially, the reasons given were religious: the Bektashis were Shiite and libertine. A few were executed and others were sent to live in cities dominated by respectable scholar-jurists. Many lodges were demolished. The property of the brotherhood was confiscated. Although this was considerable, the practical difficulties involved in selling it meant that the gain to the treasury was not particularly great. The government's intervention seems to have been part of a wider strategy, similar to that employed in Egypt, aimed at imposing financial and bureaucratic control in the religious sphere.

The inventories of the Bektashis' possessions and the records of their sale provide valuable information about the brotherhood's activities before the government's action. Faroqhi has shown that the Bektashis were producing wine. One large lodge in south-western Turkey had a library of almost 150 volumes. Contrary to what has been supposed about the Bektashis, namely, that they represented an emphasis on 'popular' culture and literature, the list of the library's contents demonstrates that they were orientated towards high classical Persian and Turkish poetry. On the other hand, this predilection for poetry may be contrasted with the North African lodges' more academic interests in the Islamic religious sciences. The same large lodge was well equipped for the consumption of food and drink, but in a way which indicates comfort, not luxury, and corresponds to the central function of offering hospitality to visitors.

The process of confiscation and the government's later treatment of other brotherhoods have also been studied by Faroqhi and Barnes. Seizure of lands which constituted pious endowments was justified by the argument that they had previously belonged to the state and the

Bektashis had forfeited all claims by falling into unbelief. The government sold the lands to middle and small landowners, probably to strengthen them against the wealthiest ones.

In the following years, the state tightened its grip on the other brotherhoods and dervishes in general. It insisted that residents of the lodges should be replaced after their deaths only by men who respected Islamic law. The elders of individual lodges were obliged to give their followers permits, without which the wearing of a brotherhood's distinctive dress was prohibited. Elders were forbidden to exercise functions in more than one lodge. Dervishes were required to take part in the ritual worship. The government took over the collection of revenue from the lands of the lodges' pious endowments, and brought about a severe reduction in some Sufis' means of support. Clearly, the state was intent on making the dervishes as financially dependent upon itself as possible. It began to insist that government revenue should be granted to Sufis only when they replaced dead recipients. Moreover, the government cracked down on wandering dervishes in the capital. It registered them and recorded their movements. In general, the state was able to take advantage of the dervishes' need of funds, which in any case had often been very great already, where there had been no pious endowments for them. As Klaus Kreiser has observed, in Turkey the government preferred to use its own bureaucracy, whereas in Egypt it used the Sufis to do its administration.

The relationship between bureaucracy and Sufism takes a different form in the history of the Naqshbandi 'path'. The 'Renewerist' sub-brotherhood of this, which we have already encountered in India with the figures of Sirhindi and Wali Allah, had spread to the Ottoman Empire in the seventeenth and early eighteenth centuries before acquiring new leadership from one Khalid al-Shahrazuri (1776–1827), whose followers are called the Khalidis. This leader, like his predecessors, insisted on summoning rulers to follow Islamic law. Many nineteenth-century westernizing bureaucrats were 'Renewerist' Naqshbandis (though often the same people belonged to the Whirling Dervishes as well). A lot of them were killed in an anti-westernization revolt in 1807. However, Butrus Abu-Manneh has shown that Sultan Mahmud II, in spite of his Europeanizing aims, probably viewed the Khalidis with suspicion, and they were subjected to official persecution.

A picture of highly old-fashioned attitudes is given in the autobiography of one Khalidi bureaucrat, Ibrahim Khalil (1828–1907?), which has been efficiently summarized by Marie Luise Bremer. The son of a Janissary soldier, he rose high in the military administration. He decided that he had found the highest 'friend of God' in his time in a Khalidi elder of Erzincan in eastern Turkey, called Mustafa Fehmi (d. 1881). The political reforms of this period seemed to him to be anti-Islamic. His anti-Russian feelings and his belief in supernatural powers were so strong that by the time of the Russo-Japanese war of 1904–5 he considered that his own spiritual intervention was giving Japan victory. Just as his Sufi mentor disapproves of learning French, Ibrahim rejects European clothes. The use of Sufi connections to obtain positions in the bureaucracy does not worry him, however – although promotions, earnestly desired in prayers, are attributed to the supernatural rather than the temporal influence of the elders.

When Ibrahim first goes to school he falls in love with another boy, and when he enters the administration he becomes enamoured of a young colleague. His mother marries him off, and he joins the Whirling Dervishes. But later he meets his Khalidi master, and the 'metaphorical love' which he had felt before is now changed to 'real love', not, as one might imagine, for God, but for his new teacher. There will be a subsequent lapse into the metaphorical level, occasioned by a handsome youth; but while Ibrahim's fellow Naqshbandis generally disapprove, his spiritual director praises him. Here, as in other instances, one may doubt whether 'neo-Sufism' or 'Sufi reformism' is an appropriate label with which to designate the Khalidi movement: modern writers have been too quick to use these expressions, failing to recognize the continuity of traditions from the medieval past. Nor would there seem to be, as is often imagined, a 'reformist' rejection of a so-called 'cult of the saints'. Ibrahim recites Naqshbandi prayers over the head of John the Baptist in Damascus, in order to ward off the plague. His adherence to the Naqshbandi brotherhood does not prevent him, as a true Whirling Dervish, from listening to the flute. And his Khalidi elder welcomes and honours a wandering dervish who had once been a rich merchant, but has given up his wealth, and now arrogantly demands money and displays his cannabis. Here we see an interplay between Sufi elder and libertine dervish (*qalandar*) that is absolutely typical of records of fourteenth-century Indian conversations. Classic too is the rapid death of an administrator who incurs the wrath of a Qadiri elder by interfering with Ibrahim's diversion of government-owned wood to his lodge.

The rest of the Muslim world

As we move eastwards from Turkey we find plenty of variety, notably in the relations between Sufis and jurists. Again, one must beware of the common notion that nineteenth-century Islam was dominated by a widespread attack from 'Muslim reformists' upon a 'cult of the saints' in Sufism.

Iran

In Iran, attention must be given to the resurgence of Sufism in the reign of Muhammad Shah (1834–48), which has been magisterially analysed by Hamid Algar. This monarch had kept the company of dervishes when young, and came under the influence of one in particular, called Hajji Mirza Aqasi. This dervish, as the Shah's spiritual mentor, obtained effective control of the state during his reign, while appearing to be quite mad. Money was spent on beautifying Sufi tombs, and Sufis were given preferential treatment in the distribution of government posts. The jurists did not like this, though they were confident in their immense influence over the population. Aqasi conducted a running fight with them, but he and his fellow Sufis were obliged to live in fear, and soldiers who tried to intimidate the Sufis' enemies were soundly thrashed. This episode forms part of a long war between the Iranian monarchy and the jurists, which in the twentieth century was to end with the overthrow of the shah.

Central Asia

Iran, in 1863, served as a base for the Central Asian travels of the Hungarian orientalist Ármin Vámbéry, who disguised himself as a dervish and was thus able to acquire much first-hand information. He paints a disillusioning picture of the parts of Central Asia beginning to fall under Russian domination. This area was the laughing-stock of the Muslim world for its exaggerated bigotry. Sufism served as an excuse for vast numbers of impostors, who persuaded a gullible population to part with its money. In the towns of what is now the Soviet Republic of Uzbekistan a good third of the inhabitants were assiduously trying to obtain the honorific titles associated with advancement on the Sufi Path. Outside the towns one encounters the usual pattern of inherited devotion, among the tribes, to families of Sufi leaders. Thus Vámbéry found affiliation to Sufi brotherhoods to be far greater in this region than in Turkey and Iran. Moreover, he thought that they exercised such immense power that the scholar-jurists, while hating them as representing a rival influence, were obliged to belong to them in order to satisfy the population. But he did not believe that the brotherhoods were chasing after social or political goals in the manner of Masonic lodges. On the contrary their members appeared to be lazy and preoccupied largely by the consumption of opium and cannabis.

India

It is in India above all that modern writers have imagined that there was a massive onslaught from 'Islamic reformism' upon Sufism, with a 'fundamentalist' attack on a 'cult of the saints'. Originally it was thought that there had been an anti-Sufi movement, inspired by the Wahhabis of Arabia, under the leadership of Sayyid Ahmad of Bareilly in northern India (1786–1831). In fact he was a member of Sufi brotherhoods, and went on to see his own 'path' as that of Muhammad, rather in the manner of the founders of the Tijanis and Sanusis in North Africa. His military activity and attempt to lead a state of his own ended in his being killed.

The followers of Sayyid Ahmad maintained that it was perfectly permissible to mention the names of dead Sufi elders in prayers to God, provided that God was seen as the only possible benefactor. As for the popular use of picturesque offerings to Sufis of the past, to attack this was nothing new. The more studies that are done, the more Sufism is discerned among the 'reformists' themselves. Sufism is particularly evident in the revivalist centre at Deoband in northern India, as has been shown by Barbara Metcalf. Here the academics, who were also Sufis themselves, did not usually object to visiting the tombs of elders, although they condemned certain practices there. Their feelings were highly ambiguous when it came to listening to poetry, or asking a dead Sufi to intercede for oneself. They themselves tried to concentrate their attention in such a way as to have supernatural and telepathic influence on their disciples' behaviour. Indeed, the academic Sufis of Deoband taught the practice of conceiving a mental image of one's elder, and even 'passing away' within him. Some actually taught the use of amulets. Nor is Sufi influence among 'reformists' confined to Deoband. As Marc Gaborieau has observed, it is only from the time of the second world war that one encounters new forms of ideology and organization which owe nothing to the brotherhoods (but are inspired by European totalitarian political parties). The brotherhoods themselves, though supported by the British, were eventually to work for independence in the twentieth century.

Africa

If we now return to Africa, and look south of the Sahara, we find the spread of the brotherhood founded by the colourful Ahmad al-Tijani to the north. In West Africa, however, in contrast to its northern collaboration, this brotherhood came into violent conflict with French colonialism. It had one important military leader, 'Umar Tal (d. 1864), who was born in Futa Toro in the Senegal River valley and was to launch a remarkable holy war, imposing Muslim rule on areas of traditional African religion and establishing a state of his own. This brought him into clashes with the French, in spite of his early expression of friendly feelings towards them.

It is difficult to make judgements about 'Umar Tal, given the legendary character of the materials and the uncritical acceptance of late oral tradition by present-day writers in English. Modern British and American studies of Islam in West Africa are usually of questionable quality: the authors call Sufi elders 'clerics' or 'saints', in opposition to other figures, whom they label 'chiefs' or 'politicians', and thereby create much confusion. Useful criticisms have come from French specialists, notably concerning the tendency to see an enormous difference between the Tijanis and the Qadiris. This tendency seems to be due to the illusion of 'neo-Sufism', the supposed characteristics of which are evident in much earlier Islamic history.

THE TWENTIETH CENTURY

The study of twentieth-century Sufism is fraught with problems often encountered in the social sciences. Generally speaking, the main difficulty resides in the fact that the concepts most frequently used in sociology and anthropology stem from the political context of western Europe at the start of the century with its atmosphere of strained church–state relations and criticism of Roman Catholicism. Accordingly the opposition *clerical–lay* has been applied to Islam, where it has no place. Moreover, many social scientists have come to believe that their abstract concepts have a universal validity, so that, for example, the ideas of 'the sacred' and 'the profane' are seen as having an independent reality of their own, a view which the Islamic evidence does not substantiate.

Nonetheless, fieldwork conducted in the first half of the century was often very fine, showing long years of familiarity with the people studied and a good knowledge of their language and cultural inheritance. Unfortunately, from the 1950s onward such qualifications were renounced in favour of a new exaltation of methodology, which in Britain and North America is still dominant. In the 1980s, however, there has been an encouraging reaction against theory on the continent of Europe, and a new generation of social scientists there is now digging out the evidence in collaboration with specialists in literary and historical studies.

The results in the field of Islamic mysticism are embarrassing in the extreme for older western social scientists, who had portrayed Sufism as disappearing in the course of the twentieth century, submerged beneath the victorious progress of Islamic Protestantism, as was demanded by a general law of social development. Recent scholarship has revealed that on the contrary Sufism is not only surviving but in many areas flourishes.

The historical background

The history of the Muslim world in the twentieth century falls into two main phases: first, that of continuing European colonial rule; and second, that of ensuing decolonization and the mixture of political environments which have resulted. The century's development was foreshadowed by Japan's defeat of Russia in 1904–5, which showed that the East was not necessarily inferior to the West; and – before the recent prominence given to Islam itself – was dominated by two ideologies: nationalism and socialism.

To begin with, European supremacy increased. France established a protectorate in Morocco in 1912, and Italy took over in Libya from 1911. The destruction of the Ottoman Empire during the first world war brought, not the fulfilment of Arab nationalist hopes, but the extension of British and French 'protection' to the Fertile Crescent. Between the two world wars – nearly everywhere – independence was to remain a long-delayed future goal, while the autonomous states of Turkey and Iran were governed by westernizing champions of racial purity, and the Muslims of Russian-dominated Central Asia came under Soviet rule.

After the second world war there was a massive retreat by the western powers. However, some of the newly independent countries became so closely connected with the United States, notably in military matters, as to raise doubts about their real autonomy. Large oil revenues were to produce little genuine progress. Islam came to be used as a cover for a wide variety of political ideologies and systems, leading western observers to use the catch-all label of *fundamentalism*.

There has been much anti-Sufi propaganda, sometimes from the small Wahhabi sect, supported by the tribal rulers of Saudi Arabia, sometimes from organizations which have taken their inspiration from European totalitarianism. Here, in order to try to avoid premature judgements and over-generalization, we shall concentrate on areas of Sufi activity which have been studied in depth, and not endeavour to cover the whole of the Muslim world in the twentieth century. We shall devote particular attention to Africa, looking both north and south of the Sahara, and also make some amends for our previous neglect of South-east Asia, while considering the new problems posed by the position of Sufism in the Soviet Union.

Morocco

Islam in Morocco has been the subject of an enormous study by the great Edward Westermarck, published in 1926. He began by emphasizing the widespread belief in the prevalence of *baraka*, 'blessing', as a virtually all-pervasive force. All men have 'blessing', but to a greater or lesser extent; Westermarck thought that if a man has a lot of it, then he is a 'saint'.

But Westermarck's own analysis of the terms used shows that there can be no cut-off point at which this is the case. He says that the usual terms for a saint are *sayyid* (lord), *salih* (pious man) and *wali Allah* (friend of God). But he goes on to say that someone who is not actually regarded as a saint is called *sayyid* if he is descended from Muhammad. After finding that 'blessing', perceived as a bounty from God, is encountered in varying degrees in practically everything that is not ritually impure, he is led to reject the famous opinion of Émile Durkheim, still enormously influential, that there is an impassable gulf between the holy or sacred and the profane.[3] Durkheim and Westermarck were both confusing the idea of the sacrosanct, that which is completely cut off from everything else, with the idea of life-increasing force, which is often represented by words such as 'holy', and which in Islam is 'blessing' from God.

After Westermarck, excellent fieldwork was conducted by René Brunel. In 1955 he published the results of his long researches on the Haddawa, a colourful brotherhood whose founder, Sidi Haddi, although he died as late as 1805, is almost entirely a legendary figure. This brotherhood has the usual characteristics of groupings of wandering dervishes throughout Islamic history. It emphasizes the importance of celibacy: women and female animals have been banned (as in the celebrated Christian centre of Mount Athos) from the brotherhood's lodge, which serves as the rallying point for its wanderers in northern Morocco. Although celibacy is the ideal, practised by the real members, there are some married adherents as well.

In principle the brotherhood has recruited from all classes of society in its renunciation of the world, but in practice its associate members have been observed to be fishermen or artisans. Brunel noted that their numbers in the towns had declined, as they had moved away from the control of the government's agents in order to avoid being deloused. Previously they had enjoyed close relations with the soldiery. Both men and women are recruited, but the prevailing rejection of marriage is accompanied by the tendency to pederasty usually associated with wandering dervishes. Also typical is the consumption of cannabis, which is used in the 'remembrance' ceremonies of the lodge. Under the influence of cannabis the Haddawa utter prophecies and bitter comments on the human race. They spend the night wherever sleep overtakes them: their lodge has neither dormitories nor cells. The Haddawa are also noteworthy for their extreme devotion to cats. Here Islam itself has adopted, in a much modified form, the veneration of the cat in the ancient Near East. In the case of the Haddawa, however, this devotion has been accompanied by the ritual eating of cats, and Brunel's informants told him that originally the participants in the meal would mimic cats and wear cats' skins. Obviously a local pre-Islamic cult has been adapted to the requirements of Islam. The Haddawa (like the wandering dervishes of the Muslim East) have a peculiar slang of their own. In the past they have operated as spies in the service of various masters. Brunel did well to point out the similarities with wandering Christian monks, both before and after the appearance of Islam.

An extremely influential picture of Islam in Morocco, and the role of Sufism therein, has been given by Clifford Geertz in his well-known *Islam Observed*, first published in 1968. His views are based largely on the idea of the supposed 'Maraboutic Crisis' of the sixteenth and seventeenth centuries, which he perceived to be 'the greatest spiritual dislocation' of Morocco, and which, as we have seen above, is an illusion.[4] Moreover, his conception of a 'marabout' as the very opposite of a scholar (whom Geertz would call a 'scripturalist', as if other Muslims would fail to express a regard for scripture) has been discredited by the recent work of Berque on the seventeenth-century evidence. Berque makes nonsense of Geertz's assertion that the Moroccan scholarly tradition 'was always a confined and specialized thing, a matter of a few withdrawn pedants'.[5] On the contrary, the Moroccan scholars were highly effective purveyors of Islamic culture to tribesmen, to a degree which western academics would be unlikely (and probably unable) to emulate.

Considerable attention has also been given to a work by Ernest Gellner, *Saints of the Atlas*, published in 1969. This, in spite of its title, really refers to a kinship group called the Ihansalen, in the central High Atlas mountains. Gellner's study is a transposition of Evans-Pritchard's analysis of the role of the Sanusi brotherhood in Libya, noted above with reference to the nineteenth century: sections of tribes are observed to have, in between one another, the adjudicating presence of people with religious and legal functions. In this case they are the descendants of someone credited with the founding of a Sufi brotherhood. Gellner's description of them as 'saints' is indefensible. He himself admits that they maintain that only God can dispense 'blessing'. Gellner thinks that there is something called 'Koranic law' in the towns, as opposed to the Ihansalen's practical judicial interventions. In fact Islamic and customary law have always been mixed in Muslim cities, in deference to political necessity, while in the countryside illiterate peasants have had to act as Islamic judges for want of qualified personnel. Gellner tries to present the Ihansalen as entirely cut off from the Moroccan academic tradition. But there exists a seventeenth-century treaty, drawn up by two literate Ihansalen, allying them with the academics of Dila'.[6] When Gellner speaks of 'laicized saints', 'effective saints' and 'semi-saints' one's doubts increase. He takes the view that it would be pointless to ask these tribesmen questions like 'Are the signs of "blessing" signs rather than causes of God's choosing?' The idea of an 'effective saint', he says, is ambiguous, represented by the Berber word *agurram*. It appears that this term, like a form of the Arabic *murabit*, can mean both (a) some exceptionally blessed man and (b) a descendant thereof. It might be best translated 'noble'. Thus Gellner says that sometimes the saints are not saints, and that some non-saintly families would in some contexts be classed as *agurrams*, while in other contexts all the Ihansalen are so called.[7]

Vincent Crapanzano has made a useful study of the socially despised brotherhood of the Hamadsha and their practices in and around the city of Meknes in northern Morocco. The Hamadsha are named after their supposed founder, 'Ali ibn Hamdush (d. *c.* 1720?), who is reputed to have died childless, although there are alleged descendants who claim to have inherited his 'blessing'. Some of these alleged descendants fall into trances and slash their heads in the manner for which the Hamadsha are noted, but they themselves and their followers deny that this happens – such behaviour would be thought unsuitable for the founder's progeny. The lodges of the brotherhood in the old city have both full and associate members, and also professional musicians. The members come from the lower classes of the city, without being linked to any one occupation. Associate members are characterized by variable attendance, which corresponds to psychological disturbance and its alleviation by entering into trance and head slashing. The trances are produced, in the case of a given individual, by a special musical phrase. This tune is connected with a particular member of the *jinn* (the race of spirits parallel to mankind), and also with a particular colour. The shanty towns outside the city, which are exceptionally sordid and demoralized, also have teams of Hamadsha performers, who are more concerned with the *jinn* and illness than attachment to the founder's memory, and are also more violent. These shanty-town teams appeal to unskilled labourers with a peasant background.

Crapanzano gives a striking description of a Hamadsha performance. Both men and women dance to musical accompaniment, and go into trance. Then one effeminately dressed man, who is designated by an onlooker as a passive homosexual, enters the arena and dances on his own, beating his head with knives, so that the blood runs down his back. Women lick the blood and smear it on a baby. The dance calms down and the crowd disperses, while several women ask the head slasher for his blessing.

The Hamadsha's activities are explained by Crapanzano in terms of western psychiatry. To describe conditions which might be called hysterical or psychosomatic, they themselves use expressions indicating the intervention of the *jinn*, and notably a female spirit called 'Ayisha Qandisha, who is extremely libidinous. Now Westermarck argued that this spirit's surname represents the ancient Near Eastern figure of the *qedesha* or religious prostitute, while her husband, Hammu Qiya, would correspond to the Baal Hammon of the ancient Phoenician colony of Carthage. This would be a survival of the ancient cult of the goddess Astarte, brought from the Near East by Carthaginian colonization of the Moroccan coast (the geographical concentration of which corresponds to the use of 'Ayisha Qandisha's name). We may add that the elements of dancing, head slashing, effeminate dress and homosexuality are all characteristic of ancient Syrian goddess worship. Although Crapanzano suggests that the attributes of 'Ayisha Qandisha are paralleled throughout the mediterranean and sub-Saharan Africa, the articulation of the evidence is strongly in favour of historical continuity from the classical Near East.

Egypt

Much notice has been given to a book by Michael Gilsenan, entitled *Saint and Sufi in Modern Egypt: an Essay in the Sociology of Religion*, published in 1973, and based on fieldwork conducted in 1964–6. This has been subjected to a detailed critique by de Jong, who has extensive eyewitness experience of Sufism in Egypt and a remarkable knowledge of the relevant documents.

Gilsenan concentrated his attention on one sub-brotherhood of the Shadhilis, who are named after Abu 'l-Hasan Shadhili (d. 1258) and are particularly strong in Egypt and North Africa, where their emphasis on sobriety has earned them the label 'the Protestants of Islam'. This sub-brotherhood was founded by a civil servant called Salama Hasan al-Radi (1867–1939). Gilsenan estimated its strength at 12,000 to 16,000 members. De Jong quotes a newspaper article of 1971 which puts its membership at 100,000. He observes that the Egyptian authorities have used this sub-brotherhood as a show-case model, taking all western students to it. Its successful growth would appear to have been due to governmental assistance, rather than, as Gilsenan thought, its detailed regulations. Other brotherhoods have also expanded, while all are subject to official rules. Gilsenan took the view that Salama had originally aimed at setting up an elitist group during a period of calm and peace. De Jong has pointed out that this opinion was based on one reverential biography: Salama's early writings were directed at winning over the general public during a phase in which he clashed with the authorities.

Gilsenan's work is most interesting when describing Sufi practice. He says that at the meetings of Salama's sub-brotherhood the members form an inward-facing square. This he interprets as symbolic of separation from the outside world, whose inhabitants cannot violate the 'Order'. De Jong says that it is more common for the members to form a circle, or two sets of parallel rows, with officers standing at the fringes and guiding people in. Gilsenan gives a detailed description of the ritual itself. First there is a quiet recitation of the attestation that God is Unique, as the seated brothers rock back and forth. Then they rise to chant 'Allah', first with violent expressions of breath, and then in a low tone, as a hymn is sung by specialist singers. After this a soft-breathed repetition of 'Allah' becomes increasingly louder, while the chief singer chants a supplication to the 'friends of God'. Then other names of God are chanted, with speed increasing to repeated climaxes, at the same time as more hymns are sung. Finally, there is a seated recitation of parts of the Koran. (De Jong says that either Gilsenan's description is incomplete or the practice is at variance with the official rules.)

A fascinating account is given by Gilsenan, for comparative purposes, of a meeting held by a section of another sub-brotherhood, in Aswan. Gilsenan took this section to be 'a small Order founded by a local holy figure'. De Jong pointed out that it was part of a sub-brotherhood of the Shadhilis, founded by Ahmad ibn Idris (1760–1837), generally seen as a great 'reformer' of Sufism, and having 10,000 members in Egypt. This supposedly 'reformist' pedigree contrasts oddly with its members' colourful behaviour (which Gilsenan opposes to the sedate conduct of the sub-brotherhood founded by the 'reformer' Salama). Their lodge was on the edge of the worst slum area, and the eighteen men whom Gilsenan saw gather there were said to be unemployed. They formed two lines facing inwards and built up their 'remembrance of God' to deafening shouts, thrusting their bodies back and forth. One man hopped around in a daze, while another, to howls of 'Allah!', hurled himself against the walls. After one and a half hours of jumping up and down the men suddenly stopped, and did not seem in the least tired.

More recently, de Jong has noted the numerical strength of the brotherhoods in Egypt, with some six million adherents in 1982, representing more than a third of the male population. In 1976 and 1978 new regulations greatly increased the powers of the brotherhoods' Supreme Council, which has the right to supervise all Sufi activity, public or private, and has legislative, judicial and executive functions. Thus the large number of Sufis does not mean that the leaders of the brotherhoods are particularly powerful: in practice greater control has passed into the hands of the state, exceeding nineteenth-century developments.

Turkey

In 1925 the new Republic of Turkey officially closed all Sufi lodges, banned all Sufi titles and prohibited all activity on the part of the brotherhoods. In practice, some Sufi activity has continued up to the present time, in spite of being illegal, but this illegality has made research extremely difficult. In recent years Sufi meetings have been held in public, without intervention from the authorities. Members of the government and other politicians are known to have been closely connected with the Naqshbandi brotherhood.

Although not many studies have been made of Sufism in twentieth-century Turkey, there is one classic work, *The Bektashi Order of Dervishes*, by J. K. Birge. This incorporated observations made in Turkey and Albania from 1913 onwards, and was published in 1937. Recently more research has been done on the Bektashis, notably on the brotherhood's survival in Albania (where it was finally banned in 1967) and Yugoslavia. However, Birge's study is so rich in detailed descriptions and general conclusions that I shall confine myself to summarizing it alone.

Birge found that the Bektashis held a wide variety of beliefs, from atheism to solipsism, and that the less intellectual members thought that after death men's souls were reincarnated in animals. Some believed in a trinity of God, Muhammad and 'Ali (identified with one another), and incorporated the teachings of Shiism and Hurufism (the doctrine based on the letters of the alphabet, noted above in our survey of the fourteenth and fifteenth centuries). Moreover, they were famous for having a great secret, which Birge thought to have various aspects: theological, in the identification of God with man; political, in their Shiism; social, in their allowing unveiled women to share in their rites; and symbolic, in their use of wine.

The Bektashis were found by Birge to be divided into sympathizers, initiates, full dervishes, members of a celibate branch, elders and deputies, all beneath a supreme leader. They had Shiite prayers for special group worship, and an annual service of repentance and expiation of sins, which is obviously inherited from the eastern Christian practice of collective confession. They had taboos, evidently continued from the shamanistic religion of the Central Asian Turks, which required them to avoid the hare and show reverence to the threshold of a door.

What was most impressive was their initiation ceremony. This was performed in the hall of the lodge, at one end of which there was a throne, holding candles. Around the room there were sheepskins, on which the brothers sat. Before the ceremony a ram had been slaughtered. The candidate was brought to the elder, who warned him of the dangers of the Bektashi 'path' and told the candle officer to light the candles. This was then done, to the accompaniment of expressions of devotion to Muhammad's family. The candidate was then introduced to the ritual belt of the brotherhood and given the brothers' approval of his admission. He was instructed in the Bektashi profession of faith and had the brotherhood's distinctive twelve-panel headpiece put on his head. The elder tied three knots in the belt, symbolizing the rejection of lying, stealing and fornication, and bound it round the candidate's waist. He gave him the initiatory handshake, and the candidate was introduced to the various symbolic articles in the hall. A drink was then consumed, alcoholic according to one informant, non-alcoholic according to another, before a concluding prayer. It is not disputed that after this formal ceremony alcohol was consumed, and men and women danced together.

Birge, following the great Turkish scholar Fuad Köprülü, listed various elements of Bektashi practice as resembling Central Asian Turkic shamanism, in particular the involvement of women and the sacrifice of the ram before the initiation ceremony. He also saw parallels with Christian sacraments, notably in the ablutions which were performed before the actual initiation, in the use of wine, and in admission to the brotherhood's celibate branch. We may observe that the threefold tying of the belt corresponds to the Indo-European triad of religious knowledge, force and fertility, which would be seen as dishonoured by the sins mentioned: the putting on of the belt presumably comes from the Iranian 'youngmanliness' tradition, not from the Turks of Central Asia, since among the latter initiation is performed by *undoing* a belt.[8]

The Soviet Union

We have seen above how Vámbéry, in the nineteenth century, portrayed Sufism in what is today Soviet Central Asia: an excuse for an army of crooks to delude a gullible population, in an atmosphere of mindless bigotry. He discovered that the brotherhoods had an enormous membership, including many jurists, whose own profession had little influence. In 1908–9 another observer, a Tsarist inspector called K. K. Pahlen, found a similar picture of intellectual backwardness and Sufi power. He thought that in an assembly of seventy jurists between ten and twenty at least were Sufi leaders.[9] Such evidence contradicts the recently expressed opinion that Islam in the USSR has become Sufi-dominated in a reaction to Soviet rule. This was the view of Alexandre Bennigsen, the main specialist in this field in western Europe, who provided the perspectives for several other scholars. He thought that there was an 'official' and an 'unofficial' or 'alternative' Islam, the latter being Sufism.

Bennigsen took this idea from Lucian Klimovich, the principal Soviet anti-Islamic propagandist of the Stalin and Krushchev eras. Other researchers have certainly acted unwisely in transposing it to the rest of the Muslim world. For one thing, it is very difficult to acquire information about Sufism in the USSR. Besides, Bennigsen himself thought that Sufism under Soviet rule was very different from Sufism elsewhere. Moreover, when one speaks of 'official Islam' in the USSR one is also speaking of a special case: the temporal authorities have given official registration to a small number of Muslim jurists (some of whom have been Sufis), while the Sufi brotherhoods have been illegal. Predictably, Soviet writers have depicted registered religious leaders as respectable and acceptable, and unregistered ones as mystical and superstitious. To make things more confusing, Bennigsen, when using Soviet writings, repeatedly spoke of 'clerics'. This produces chaos, since it is impossible to judge how many of these supposed 'clerics' are jurists, Sufis, or both.

Bennigsen, together with S. Enders Wimbush, wrote one book devoted entirely to Sufism in the USSR, *Mystics and Commissars*, published in 1985. This was based on the work of Soviet sociologists who, like sociologists elsewhere, expressed strong reservations about the value of questionnaires while depending heavily upon them. One wonders what significance can be attached to the replies elicited by the direct questioning of Soviet Muslims, given the eastern Islamic peoples' long tradition of lying to officials. It is also necessary to bear in mind that in the northern Caucasus, where much of the Soviet fieldwork has been done, there exists a very intense anti-Russian feeling, largely due to the brutal persecution (later denounced by Soviet writers) inflicted upon the population. Here the sociologists have found that a very high proportion of the Chechens are Sufis. But one must allow for the usual phenomenon of inherited allegiance to a family of Sufi masters, which is very different from the pursuit of the Sufi Path itself.

For their study of Soviet Central Asia, Bennigsen and Wimbush made extensive use of a survey of Islam in Karakalpakistan, by Zhumanazar Bazarbaev, published in 1973. In this they found that 11.4 per cent of the adult population were 'convinced believers'. Then they projected this on to the rest of the region, in order to produce an estimate of the strength of Sufism, but were uncertain whether to judge the Sufi proportion of the 'convinced believers' to be nearer one-half or one-sixth. Moreover, they maintained that the age distribution of Sufis was difficult to ascertain. Bazarbaev noted the predominance of retired people, but Bennigsen and Wimbush claimed that Sufism attracted the young. As in the rest of their work, Bennigsen and Wimbush follow the principle that since Soviet writers would usually represent religion as dying out, any admission to the contrary should be accepted. But Bazarbaev's figures showed that out of 234 'convinced believers' none were under forty-two, and 199 were over fifty-four.[10] This corresponds to other Soviet evidence: a survey in Tashkent found that most lower-class people aged fifty-five and over were believers, and that unbelievers or people indifferent to religion returned to it at the age of fifty-five.[11] The same is true for mainstream Christianity in the USSR: children acquire religion from baby-sitting grandmothers, before giving it up or concealing it (presumably to avoid the administrative sanctions, notably expulsion from higher education, which have been directed principally against young believers) and becoming openly religious again in late middle age. One feels that, given such conditions, little can be learnt.

South-east Asia

There are about 150 million Muslims in the area which stretches from Thailand to the Philippines and includes Malaysia and Indonesia. Islam came to this area from the thirteenth century onwards. A rich Indian culture had already been firmly established there. The sources for the study of the early Islamization of the region are late and hagiographical: inevitably, some modern writers have concluded that the Sufis were responsible for widespread conversions to Islam, but one is bound to recall the discrediting of similar 'evidence' for the Sufi conversion of Indians. In the nineteenth century Dutch and British colonial domination came to what is now Indonesia and Malaysia (after a long history of commercial relations).

The course taken by Sufism in South-east Asia remains unclear. There is one famous writer, Hamza Fansuri of Barus in North Sumatra (fl. 1600), but his work looks just like a straightforward exposition of Ibn 'Arabi's doctrine. Various brotherhoods installed themselves, and of particular interest is the coming of the Khalidi branch of the Naqshbandis' 'Renewerist' sub-brotherhood in the nineteenth century. The Khalidis, with their strict legalistic orientation, have been seen as preparing the ground for 'modern' anti-Sufi activity in our own time. In the twentieth century the Tijanis came from North Africa, and achieved some success, even obtaining the approval of the Muslim jurists, in spite of increasing anti-Sufi propaganda. The anti-Sufi forces found, in South-east Asian Sufism in general, the usual targets, such as the veneration of leading mystics and the ambiguous role of handsome boys in dancing. Western writers have tended to imagine that such aspects must belong to the native milieu, whereas, as we have seen, they are anticipated in many classical Middle Eastern practices. Some specialists in the study of Islam in South-east Asia have acquired an extreme intellectual hostility towards their colleagues in Middle Eastern studies, and consequently have often failed to observe how Islam's relationship to its environment has been largely determined by earlier developments.

In fieldwork done after the second world war – when Indonesia and Malaysia emerged as independent states – the variation in approaches and results follows a familiar pattern. Geertz's book *The Religion of Java*, published in 1960, contained second-hand reports of Sufis as insignificant old men on the brink of extinction. The brotherhoods were presented as spent forces, submerged beneath the rising tide of 'modernism'. By contrast, an extremely nuanced picture is given in the admirable summary of recent research compiled by Denys Lombard and published in 1986. On the one hand, the spectacular practice of hurting the body with iron spikes has virtually died out. A few members of the Qadiri brotherhood in West Java have engaged in this practice in recent years. They are poor peasants, who gather in groups of at most eight, and begin with prayers, in which the elder asks for the help of the brotherhood's supposed founder, 'Abd al-Qadir. The elder may use some incense or coconut oil to 'soften' the points of the spikes. Then they sing the praises of the founder, to the accompaniment of drums. After this they take the spikes (about fifty centimetres long, fixed in large wooden cylinders) and stick them into their stomachs and chests. Recently this practice has degenerated into an officially organized entertainment for tourists. On the other hand, Sufism is flourishing in West Sumatra, where in 1974 the authorities estimated that over 113,000 people out of a population of almost three million Muslims belonged to a brotherhood. Huge crowds come to the annual celebrations at the tomb of Shaykh Burhan al-Din (d. 1699) at Ulakan. Seventy-eight specially constructed hostels correspond to the various villages whose inhabitants come to stay.

A more detailed evaluation of Sufi allegiance has been made after investigations at the Naqshbandi village of Babussalam in North Sumatra. This village was founded in 1883, by one 'Abd al-Wahhab, who took the surname al-Khalidi, which designates adherence to the Khalidi branch of the 'Renewerists', and died in 1925. He intended it to be self-sufficient and autonomous. It has 1300 inhabitants, mainly poor fishermen and workers on the old rubber plantations, all of whom have to join the brotherhood. Two special houses, for men and women respectively, are set aside for retreats, with fasting and praying in cells. But by 1976 the number of people choosing to take part in these retreats was dropping, and attendance at Sufi meetings had fallen from several dozen to seven or less, all middle-aged.

Yet another impression is given by the college of Rejoso in East Java, where one finds a flourishing development of Sufism in combination with academic studies. The director is said to have 150,000 disciples elsewhere, while on the spot hundreds of villagers, women outnumbering men, attend weekly meetings. The college is noted for its docile collaboration with the government. In 1975 its director became the president of the Indonesian association of Sufi brotherhoods, with responsibility for controlling those recognized as legitimate. He has been much criticized for his electoral campaigning on behalf of the ruling party.

Senegal

Finally, we return to West Africa, to review the large amount of recent work devoted to an offshoot of the Qadiris in Senegal, the members of which are called the Mourides (from the Arabic *murid*, the usual word for a Sufi disciple).

Donal B. Cruise O'Brien has written an extended study, published in 1971, of this brotherhood, which is independent of the other Qadiris and began in the late nineteenth century among the Wolof people of north-western Senegal. It is noted for the luxurious life-style of its leaders, who have spent their wealth on expensive American cars and French perfumes. The early life of its founder, Amadu Bamba (*c.* 1850–1927), coincides with the period of the French conquest of the region. According to O'Brien he was not an exceptionally striking personality. He promised salvation to his disciples, and insisted in particular on the importance of working in the service of one's elder. This has become the most significant feature of the Mourides, and has led rival brotherhoods to follow suit. The Mourides are well known for their skilled artisans, who are especially numerous in the villages which owe them allegiance. Some of their elders have been fond of alcohol, but here, as in North Africa, disciples have put forward the explanation that their 'blessing' transforms it into milk.

The devotion of the disciples has been sustained by promises of paradise. On one occasion, at the funeral of an employee of the brotherhood's main mosque, those who attended were told that all their past sins would be forgiven. But the reasons for devotion to an elder are not always clear. In one zone the local elder is often the village chief. Moreover, the Franco-Arabic word *marabout*, so confusing in North Africa where the French have used it to mean a leading mystic (while the Arabic *murabit* has meant a man of religion as well as a man of the holy war), is also employed in a very confusing way in Senegal: it is applied not only to the elder (*shaykh*), but also to a wide range of other people, such as all those who perform Muslim religious functions or are believed to possess a significant knowledge of Islam, and a vast number of healers, vagabonds and lunatics. One must note in particular a branch of the Mourides called the Bay Fall, the members of which do not worship or fast, but are famous for self-flagellation and (alcohol-induced) drunkenness. Their eccentric founder, Ibra Fall (*c.* 1858–1930), played an important part in the rise of the Mourides, and created its distinctive institution of the *dara*, the group of young men working to serve an elder.

The Mourides, O'Brien found, were bad cultivators, partly because of the Senegalese concentration on peanut farming as the mainstay of the economy. Since this brought quick cash returns for the elders, they promoted its rapid extension in an ecologically ruinous pursuit of wealth, which was spent on expensive clothes and food, and on the acquisition of beautiful young concubines. The Mourides had tried to adjust to urban life, and since 1945 had in fact made their main efforts to expand in the capital city of Dakar. Here they recruited a large proportion of the artisans. At the same time their leaders became more visibly involved in politics, since they were able to deliver huge quantities of votes to westernized politicians, as Senegal moved towards independence in 1960. They also had vast influence with the government as suppliers of amulets to political leaders and senior civil servants. O'Brien concluded that the Mouride movement was a response to French colonialism: the victims of imperialism were finding a solution to their predicament. Against this view, given the evidence presented, we might feel that the disciples were the victims of a simultaneous colonization by their elders.

In 1975 O'Brien published what looked like a disavowal of his earlier, disturbing picture, under the title *Saints and Politicians*. Now he said that what appeared to be a confidence trick was not. His eyewitness observations were sacrificed to make way for the anthropological dogma of 'reciprocity'. The disciples were not being deluded into working to make others rich. There was a 'functional' explanation: they were being given land of their own, and the elders were collecting a sort of estate agent's fee for their services. O'Brien's attempt at self-criticism seems to break down when he admits that 'in practice the Mouride welfare state acts perhaps less to serve the old, the sick, the hungry (although these can and do benefit from saintly handouts) than to line the pockets of the holy man's entourage.'[12]

Much research on the Mourides has been conducted by French sociologists, and their results have been summarized by Jean Copans, with interpretations of his own, in the 1970s and 1980s. Exhaustive investigations have proved that Mouride villagers do not work exceptionally hard. It would be absurd to speak of their having a 'Protestant work ethic'. Indeed, the Mouride peasant works no harder than his non-Mouride counterpart, and the level of his efforts is determined in the first place by climatic factors. Moreover, the relationship between the elder and his disciple is only one part of the villager's life: aspects such as the organization of work and mutual assistance among villagers are in fact independent of interference from the elder.

Another French contribution to Mouride studies, published in 1981, has been made by Christian Coulon, whose approach is unusual, being that of a political scientist. His work is valuable in the account that it gives of changes in Senegal in the 1970s: there has been an Islamic revival, with an insistence on an outward display of conventional piety, and a contribution made by 'reformists', often with an anti-Sufi ideology coming from Saudi Arabia. These 'reformists', characterized by their study of Arabic, have, ironically, been employed by the Sufi brotherhoods in their own schools. The Mouride leadership has found it advisable to distance itself from the government, whereas previously it collaborated with the ruling party in the most public fashion.

Coulon, along with Copans, has been much concerned to apply the idea of 'ideological state apparatuses', an expression much used in France in the 1970s, and taken from an article by the Marxist philosopher Louis Althusser, which represents the embryo of a projected theory.[13] In it Althusser argued that private institutions can function as 'ideological state apparatuses', the end result of which being to perpetuate given processes of economic production and exploitation. Copans and Coulon took the view that previously the Mourides had functioned as an apparatus of this kind, without actually transmitting the ideology of the French or Senegalese state, but that the Senegalese state would now develop its own institutions instead.

In contrast, Jean Schmitz, writing in 1983, has given the view of an anthropologist. The Mouride brotherhood had indeed worked as a tool of French colonialism, but Senegalese politics operate essentially as a reflection of kinship structures, which produce inherited friendship and hostility. Schmitz sees in Islam's revival in Senegal an indication of the state's weakness and inability to develop strong institutions of its own. The relationship between elder and disciple is not just one between two people, in a setting of economic production, but is part of complicated relationships of instruction and marriage. It is necessary to go beyond the simple and straightforward opposition between 'saint' and 'politician' or 'chief' and 'cleric' found in British and American studies, and see how members of kinship groups are 'aristocrats' in one place and 'marabouts' in another. Thus Schmitz points out that the Wolof expression which Coulon translated as *faire la politique* in fact means 'to follow a leader', and that in Senegal a disciple can abandon his elder, but only for another elder in the same family.

CONCLUSIONS

Up to this point a strictly historical, linear perspective has been taken. Now a few themes will be explored, without entirely abandoning that perspective, but with reference to the phenomenon of Sufism as a whole. The aim will be to place Sufism in the wider context of Islam itself, which, as was noted at the outset, is not just a religion, but a civilization, and has given rise to societies whose institutions are specifically Islamic.

We shall try to see how Sufism is connected to the social and political divisions of the Muslim world, and how it is related to music and the visual arts. Looking to the future, and the problem of whether any future Islamic society can dispense with Sufism, we shall tackle the subject of interreaction between the Sufis and the Muslim scholar-jurists. This topic is closely bound up with the question which is bound to trouble future Muslim politicians: to what extent may Sufism have acted as a reactionary force? In endeavouring to provide answers, particular attention will be given to the thirteenth century, as the period in which the Sufi brotherhoods arose and Sufi theory was systematized, and also the period in which, as is exemplified by the case of Rumi, leading Sufis became extremely powerful as the collaborators of temporal rulers, and saw themselves as the 'deputies of God' after the fall of the caliphs of Baghdad.

Sufism: a form of monasticism?

Before coming to these specific problems, however, one needs to ask how Sufism's general relationship to the world can be defined. The question must be asked, 'Is this monasticism?' The answer, probably, is both yes and no, since Islam both is and is not Christianity. Some reputable specialists use the words 'monastery' or 'convent' to designate a Sufi lodge, while others would reject them with horror. To be sure, a modern Bektashi lodge in the Balkans, if belonging to the brotherhood's celibate branch, is hardly distinguishable from a Christian monastery, but then the Bektashis represent an extremist Christianizing wing of Sufism, with a background of conversion from Christianity and implantation on Christian soil. Indeed, one might feel that the Bektashis' beliefs and practices put them outside both Sufism and Islam. It would be absurd to apply the word 'monastery' to contemporary Sufi meeting places when they consist of little more than assembly rooms and the elder's home.

But might one not see, in the history of Sufism, a development from a medieval equivalent of monasticism to a modern freemasonry? The thirteenth-century division, described by Daya of Rayy, between those inhabitants of the lodge who work and those who pray is all too reminiscent of the European abbeys. In the seventeenth century one French visitor to Iran declared that the dervishes were not monks: they took no vows, and could return from begging to a normal life.[1] In the nineteenth century Vámbéry took a similar view, observing that many dervishes would later set themselves up in trade.[2] But in the eighteenth century d'Ohsson found that this rarely happened. The relative absence of celibacy in Sufism is of course a distinguishing feature, as is the preponderance of Sufis who have not 'abandoned the world'. Some Sufi writers declared that the 'true monasticism' (as opposed to its Christian equivalent) was their ideal: the fourteenth-century treatise on Sufism attributed to Ibn Khaldun openly advocates monasticism, explaining that the Koran blamed the Christians for practising it because they did not have the necessary strength.[3] We may feel that the 'true monasticism' was intended by the line in Ibn al-Farid's Wine-song:

> Good health to the people of the Christian monastery How drunk they became with it
> Though they did not drink of it but intended to do so

The term 'world renouncing' has been much used, both correctly, to render an Islamic idea, and misleadingly, in wider theorizing. Certainly, van Ess is right to insist that *zuhd* (often translated as 'asceticism') means 'renunciation of the world': the explanations in classical Sufi texts leave no doubt about that. But Sufism presents itself as both incorporating and transcending *zuhd*: it is one of the 'stations' of the Path, but the dry and uninspiring 'world renouncers' are much mocked in Sufi poetry. One feels, if the pun may be excused, that here there is a *sophis*ticated example of dialectical thinking: the negation of the world is itself negated. An external observer has little chance of deciding whether a rich Sufi is engaging in an inner 'rejecting of the world' or some ironic pursuit of others' 'blame'. There must be grave doubts about the usefulness of applying expressions such as 'world affirming' or 'world rejecting' from the outside, as British and American sociologists commonly do. When the world is viewed differently from different positions in an elaborate system of religious belief, so that it is renounced on one level and admired or embraced on another, to give thinkers labels of this kind does not seem helpful.

Political power

Daya's description of the Sufi lodge, as containing workers on the one hand and worshippers on the other, comes in the context of his call, at the time of the Mongol invasions, for society to be divided in the same way. He is not the only Sufi of his time to be asking for this: Rumi's father was also advocating the subordination of mankind to the 'friends of God'. The Sufis were also opposing the introduction of a philosophical basis for theology. Against this, Ibn 'Arabi's system would prevail, with its incorporation of philosophy and theology into Sufism as the dominating member of the triad. The Sufis were also successful in convincing temporal rulers of the need to give them a leading social role. Now they, in place of the scholar-jurists, became the most respected leaders of the population, which would pay and work for them. When one looks at the way in which the Sufis took advantage of the Mongol invasions to gain influence for themselves, joining in the process of collaboration with the conquerors and preaching an organization of society in which others would labour conscientiously beneath the 'friends of God', one may be led to make comparisons with an exceptionally distasteful modern parallel: the attempt by certain members of the French Right to bring about a reactionary revolution in 1940, against the background of the Nazi conquest of their country. These Frenchmen, along with their exaltation of religion, were particularly fond of the figure of the traditional artisan, who took pride in his craftsmanship and would not dream of striking: they wanted workers to participate in paternalistic 'corporations' or guilds, which would establish a happy harmony between them and their employers.

The artisan

Now Sufism, as we have seen throughout our survey, has also shown a special enthusiasm for recruiting the artisan. This may be connected with the Indo-European heritage. It was noted above that the Islamic evidence supported Dumézil's view of the ideology shared by the various Indo-European peoples – they had a pattern of three leading concepts: religion, war and fertility. But recent research has pointed to the existence of an obscure fourth concept, the nature of which cannot be exactly defined, though it has been thought to contain the elements of danger and foreignness, and its position would certainly be beneath the other three. It appears likely that as the Indo-European peoples developed their social structures this fourth concept was transformed into the artisan class, beneath those of the priesthood, the warriors and the cultivators. Evidence from various early Indo-European societies shows that they were divided in this fourfold way. Perhaps, then, further study of the Indo-European heritage can provide the answer to the famous problem of accounting for the extremely lowly position of the artisan in archaic Greece: specialists in ancient history have often wondered why he was ranked so very low, compared to his place elsewhere in the world, and have put forward economic theories to try to explain this, though none of these theories have been found convincing. Pre-Islamic Iran also had the artisan in fourth place, and he is put beneath the ancient triad in Sana'i's poetry, as we have seen. But in Islam, if the artisan is subordinated, there is also every effort made to win him over, whether to the Sufis, to the Shiites or to the libertine dervishes. From the fourteenth century, in circumstances that are still unclear, the artisan is brought into craft guilds, the dominant ideology of which is the 'youngmanliness' tradition, strongly influenced by Sufism and now bound up with it.

How much can be known about this fourteenth-century transition? One cannot say exactly how the Ottoman Empire succeeded in channelling the institution of 'youngmanliness' into the guilds. But we have seen that in the craft guilds the artisan has Dumézil's triad re-created and internalized in his activity, in his apprenticeship to his master, as desire and angry force are brought beneath the command of wisely directing knowledge. From the thirteenth century onward, the evidence shows that, as Daya had urged, work is done to the accompaniment of the incessant repetition of God's names: the apprentice is taught to recite specially selected verses of the Koran and formulas of 'remembrance of God' appropriate for every action (stretching cloth out on the ground, picking it up, cutting it, rinsing it and so on).[4] Sufism, moreover, enables the artisan to rise above his lowly rank and progress in the spiritual hierarchy of God's friends. Thus it is in the products of the craftsman that one sees the visual beauties of Islam, as opposed to the work of the creative artist in western painting and sculpture.

Sufism and the arts

Inevitably, a certain type of modern literature insists on seeing a deep Sufi and mystical meaning in the whole of Islamic art and architecture. Such literature, however, usually appeals not so much to Sufi sources as to the Greek philosophical tradition in Islam, and predictably insists on respect for *Order* as the natural principle of all things. Thus Order is perceived as the expression of 'unity', the word used in this literature to translate *tawhid* (the attestation of God's Uniqueness). Consequently the reader is lectured on cosmic symbolism and correspondences with Hindu temples. Alchemy and astronomy (themselves disciplines which were part of the Hellenized philosophers' preserve) are combined with the neo-Platonist aspects of Ibn 'Arabi's synthesis.

Another type of modern literature introduces western sentiments into the study of miniature painting in the Muslim world. Some well-known specialists, in a joint publication, have argued that since the paintings usually illustrate poems, and the poems are often mystical in inspiration, then so too are the pictures. They give as an example an alleged depiction of 'mystics sitting in a garden', and a quotation from Thomas Traherne about feelings of oneness with nature.[5] But the text illustrated is not about mystics, but about poets, and Sufism is not really concerned with the subjective impressions of nature-mysticism, as far as its own literature tells us. If a miniature does explicitly present the Sufi practice of 'gazing at beardless boys' in order to perceive universal Beauty, the same specialists simply label it as 'a scene of parting'.[6] When Islamic miniatures portray aspects of Sufism, or illustrate poetry with some Sufi content, it is frequently to show mystics as distraught or agitated, most often when dancing with youths. The pictorial evidence provides the very opposite of the state of inner calm and integration of the mystic in the structure of the universe.

This testimony from miniature painting entirely agrees with the literary sources' description of the effects of music and poetry upon Sufis: the listeners are brought into automatic motion, weep, tear their clothes and collapse. As we have seen, the practice of 'listening' is viewed as particularly dangerous. The effects produced are those of disturbance, and it is necessary for the elder to intervene to re-establish peace. Initially, the sounds bring the Sufi into an agitated condition, and he is supposed to 'relate' what he hears to God's attributes or to aspects of his teacher. Musical theory as an academic discipline in Islam was yet another importation from the Greek philosophical tradition, and as such was regarded as alien by the Sufis themselves. The records of fourteenth-century conversations between

Sufi elders and their disciples show a naive ignorance of this discipline, as one would expect.[7] The philosophers' view of music as reflecting the rational harmony of the cosmos is fundamentally different from the Sufis' own view of correspondences between sounds, movements, lights and ecstatic 'states'.

Sufism and the scholar-jurists

On the question of Sufism's relationship with the Muslim scholar-jurists our survey and conclusions agree with those of a number of continental European social scientists, recently summarized by Gilles Veinstein: there is no uniform pattern of hostility between Sufism and the lawyers, nor indeed any discernible logic in the history of their contacts throughout the world. From the beginning there was suspicion of Sufism's possible infringements of Islamic law, but there were also respectable Sufis on good terms with the jurists.

In the first half of the thirteenth century, to be sure, Ibn 'Arabi and Rumi's wildly ecstatic teacher, Shams al-Din of Tabriz, made violent attacks on allegedly anti-mystical lawyers, but these lawyers seem to have been against Greek philosophical ideas and apparent expressions of monism rather than Sufism itself. For a thirteenth-century jurist to reject the Sufi Path entirely was evidently unusual. One chief architect of the expansion of Sufi power, 'Umar Suhrawardi, was using his own 'lodge' to house students to whom he taught jurisprudence. Afterwards it would be normal for a lawyer to belong to a brotherhood. The seventeenth century yielded outbreaks of fighting between the Sufis and some jurists in the Ottoman Empire and Iran, but it was only in Iran, with the presence of Shiism, that the break was to become definitive. In the eighteenth and nineteenth centuries critics who spoke out against Sufism in Egypt found themselves opposed by jurists who knew where their own financial interests lay. Twentieth-century Muslims have repeated the old variety of patterns: condemnation of Sufism; whole-hearted support for it; condemnation accompanied by collaboration; and nuanced acceptance of its more sober manifestations.

Islam without Sufism?

The question remains whether, in the future, Islam (as both religion and civilization) could exist without Sufism. The historical evidence suggests that it could not. For the religious core of Islam seems, from very early on, to have been a blend of Jewish law and Christian devotionalism, with a Gnostic element already present. If the Christian part were to be suppressed, what would remain would be a Judaism without Jews, a national religion without ethnic identity.

The seventeenth-century attempt to rid the Ottoman Empire of Sufism brought near-disaster, and only with the immediate reversal of this policy was the empire saved. In Iran, shortly afterwards, the success of the anti-Sufi jurists produced the complete collapse of society. In the twentieth century, it may be observed that the Turkish Republic's efforts to destroy Sufism went together with its rejection of Islam itself, and that in practice both Sufism and Islam have managed to reassert themselves in close combination. The abolition of Sufism in Saudi Arabia has strengthened the accusation that Saudi rule is not Islamic but tribal.

If one accepts that Sufism has represented an integral and essential part of Islam, then it is difficult to evaluate arguments that Sufism has acted as a politically or culturally reactionary force. (It is necessary to observe that although we have seen close parallels between the actions of Sufi leaders in the thirteenth century and those of right-wing Frenchmen in 1940, the former cannot be designated as 'reactionary' with as much confidence as the latter, who were openly reacting against modern industrial society and trying to take it back into the Middle Ages, by turning factory workers into artisans and peasants.) Certainly, the evidence portrays the ninth-century Sufi masters as loyal supporters of whatever rulers might hold power, however unjust. But it also shows that Sufi ideas could lead people into views which threatened the state. The position of Sufism with regard to the cultural renaissance in the late tenth century is ambiguous. Recently some historians have formed the opinion that this renaissance was shared by western Europe and the Byzantine Empire at the same time, but that, whereas the Europeans continued to make progress almost without interruption up to our own time, Islam suffered a set-back in the eleventh century from which it never really recovered.

How far was Sufism to blame? Daylami, the Sufi pupil of the austere Ibn Khafif, was closely connected with the revival of philosophy around 1000. Afterwards Sufism is indistinguishable from the Sunni backlash which ended Shiite domination and its fostering of the sciences. The triumph of Sufism in the thirteenth century undoubtedly looks like a defeat for the Greek spirit of inquiry, but then a similar victory for mysticism has been detected in western Christianity during the same period, and has been alleged to have long delayed the coming of the Renaissance.

In the fourteenth and fifteenth centuries Sufism was associated with

Shiite, messianic aspirations to overthrow the existing governments. Ibn Khaldun pointed out the need to obtain group solidarity (*'asabiyya*) in order to make an attempt at revolution successful. This the Safavids were to find in the tribes, thus showing a perpetual source of possible Sufi-inspired revolt. In the eighteenth and nineteenth centuries it is difficult to disentangle mysticism from 'Renewerist' (*Mujaddidi*) or supposedly 'reformist' currents. The twentieth century has often found Sufi leaders in alliance with colonialism and pro-American governments. But in order to decide whether Sufism must necessarily contribute to consolidating the position of the rich and powerful one is obliged to ask how Sufism actually works. That is a question of huge scope, put in a context of general ignorance, but it is difficult to avoid.

It is perhaps best to try to give an answer in the terms of one post-structuralist perspective, that of Gilles Deleuze and Félix Guattari.[8] Sufism works as a machine in the middle of an arrangement of other machines. Man is caught between sounds and images on the one hand and the imposing figures of God and his Prophet on the other. Around him function the machines of the state, of Islamic law, of armies and guilds, of the philosophers with their astronomy and medicine. But between God and the sensations of the outside world the Sufi chooses a friend who will direct him from the one to the other in measured alternation. Often the effect will be one of subjugation and submission, not only to the elder but also to the prince. Yet the very principle of attraction must also permit a liberating impetus towards a free flight into the undetermined pluralities of the unknown.

Beside God and his Prophet, then, there stands a third figure, the friend who completes the triad. This triad is also that of the Shiites: a dominant pattern in Islam, often more important in practice than the five pillars of attestation of belief, worship, almsgiving, fasting and pilgrimage. But how is one to recognize the friend of God? In the records of Rumi's conversations a questioner objects that there is no evidence by which God's friend can be distinguished. Rumi gets him to admit that he has faith in someone, and consequently has a self-contradictory position. We, however, may feel that the difficulty remains.[9]

How then shall we reply to the classic question 'What is Sufism?' Perhaps the answer of Ibn Khafif (noted above in our survey of tenth-century developments) is not inappropriate. He says that Sufism is not a science (which was true enough in his time, although it was later to become a systematized discipline among the other religious sciences of Islam), and not a practice (this is doubtless to be taken as meaning that although Sufism has a practical side it is also more than that). By contrast, he declares – in language apt enough in his own day, but which is difficult for the modern reader to understand – Sufism is an attribute, that is to say a quality or aspect of the Sufi. Through the medium of this attribute, says Ibn Khafif, the Sufi's essence displays itself: the innermost centre of his individual personality reveals itself and shines forth. Here Ibn Khafif uses the concept of self-manifestation (*tajalli*, theophany), which is usually employed to designate God's own action in making himself appear to the world.

One is led to turn back from the question of what Sufism is and look at the mystics themselves. And if our survey of Sufism has often provided a disillusioning picture, perhaps one should allow the Sufis the last word: they say that God's friends are mirrors in which others see their own faults reflected.

NOTES

Only the barest minimum of notes is provided here. They are usually references for quotations from Sufi poetry, details of social and economic history, pieces of evidence found only in manuscripts, summaries of technical academic discussions and remarks concerning schools of thought outside Sufism (most often in the Greek philosophical tradition in the Muslim world). For further information the reader can consult the relevant sections of the bibliography, which is arranged according to the order of subjects treated in the text.

INTRODUCTION

1 R. M. Rilke, *Briefe aus Muzot 1921 bis 1926* (Leipzig: Insel, 1937), p. 376.
2 P. Antes, *Zur Theologie der Schi'a* (Freiburg: Klaus Schwarz, 1971; S. A. Arjomand, *The Shadow of God and the Hidden Imam* (Chicago: Chicago University Press, 1984).
3 E. Benveniste, '*Profanus* et *profanare*', in *Hommages à Georges Dumézil* (Brussels: Latomus, 1960), pp. 46–53.

1 SUFISM'S BEGINNINGS

1 Cf. P. Crone, *Roman, provincial and Islamic law* (Cambridge: Cambridge University Press, 1987).
2 Isaac of Nineveh, *Mystic Treatises*, tr. A. J. Wensinck (Amsterdam: Koninlijke Akademie van Wetenschappen, 1923), pp. 246–7.
3 'Alī Ḥarrālī (d. 1240), quoted by P. Nwyia, *Ibn 'Aṭā' Allāh et la naissance de la confrérie šādilite* (Beirut: Dar el-Machreq, 1972), p. 62.
4 G. Scholem, *Origins of the Kabbalah* (Princeton, NJ: The Jewish Publication Society, 1987), p. 12.
5 M. Tardieu, 'Ṣābiens coraniques et "Ṣābiens de Ḥarrān"', *Journal asiatique* 274/1–2 (1986) 1–44.
6 C. Schedl, *Muhammad und Jesus* (Vienna: Herder, 1978), pp. 477–80.

7 L. Massignon, *Essai sur les origines du lexique technique de la mystique musulmane*, second edition (Paris: Vrin, 1954), p. 104.
8 A. J. Arberry, 'Bistamiana', *Bulletin of the School of Oriental and African Studies* 25/1 (1962) 28–37.
9 Massignon, *Essai sur les origines*, pp. 279–81.
10 M. Molé, *Les Mystiques musulmans* (Paris: Presses Universitaires de France, 1965), pp. 53–7.
11 L. Kolakowski, *Chrétiens sans Église* (Paris: Gallimard, 1969), pp. 582–609, and *Main Currents of Marxism* (Oxford: Oxford University Press, 1981), vol. 1, pp. 9–80.

2 FROM CONSTRUCTION TO SYSTEMATIZATION (*c*. 922–*c*. 1240)

1 E. Ashtor, *Histoire des prix et des salaires dans l'Orient médiéval* (Paris: SEVPEN, 1969), p. 37.
2 Cf. S. M. Afnan, *Avicenna: His Life and Works* (London: Allen & Unwin, 1958), pp. 187–97.
3 Cf. H. Corbin, *Avicenna and the Visionary Recital* (New York: Pantheon Books, 1960); and M. Fakhry, *A History of Islamic Philosophy*, second edition (London: Longman, 1983), pp. 132–3 and 157–60.
4 E. C. Sachau (tr.), *Alberuni's India* (London: Kegan Paul, 1910), vol. 1, pp. 33–88.
5 Cf. H. Laoust, *La Politique de Ġazālī* (Paris: Paul Geuthner, 1970).
6 Aḥmad Ghazālī, *Sawāniḥ*, ed. N. Pūrjawādī (Tehran: Bunyād-i Farhang-i Īrān, 1359/1980), p. 9.
7 Sanā'ī, *Dīwān*, ed. M. Riḍawī (Tehran: Kitābkhāna-yi Sanā'ī, 1355/1976), p. 26.
8 Ibn Ṭufayl, *The Journey of the Soul*, tr. R. Kocache (London: Octagon Press, 1982).
9 Cf. T. F. Glick, *Islamic and Christian Spain in the Early Middle Ages* (Princeton, NJ: Princeton University Press, 1979), pp. 151–2.
10 Cf. Yaḥyā Suhrawardī, *L'Archange empourpré*, tr. H. Corbin (Paris: Fayard, 1976); and Fakhry, *A History*, pp. 293–304.
11 Cf. D. Knowles, *The Monastic Order in England: a history of its development from the times of St Dunstan to the Fourth Lateran Council, 940–1216*, second edition (Cambridge: Cambridge University Press, 1963), pp. 28 and 194.
12 Ḥasan Dihlawī, *Fawā'id al-fu'ād*, ed. M. L. Malik (Lahore: M. Sirāj al-Dīn, 1386/1966), pp. 152–3.
13 R. Gramlich, *Die schiitischen Derwischorden Persiens*, vol. 2 (Wiesbaden: Franz Steiner, 1976), pp. 171–5.
14 R. Basset (ed. and tr.), *Le Tableau de Cébès: version arabe* (Algiers: Imprimerie Orientale, 1898).

15 ‘Aṭṭār, *Dīwān*, ed. T. Tafaḍḍulī (Tehran: Bungāh-i Tarjuma wa Nashr-i Kitāb, 1967), pp. 817–20.
16 Ibn al-Fāriḍ, *The Mystical Poems*, ed. A. J. Arberry (London: Emery Walker, 1952), pp. 80, 84 and 111–2.
17 Ibid., pp. 39–40.

3 ELDERS AND EMPIRES (*c.* 1240–*c.* 1700)

1 G. Scholem, *Major Trends in Jewish Mysticism* (Jerusalem: Schocken, 1941), pp. 121–52.
2 D. Urvoy, ‘Les Emprunts mystiques entre Islam et Christianisme et la véritable portée du *Libre d'Amic*’, *Estudios Lulíanos* 23 (1979) 37–44 and *Penser l'Islam* (Paris: Vrin, 1980); R. Bonner and C. Lohr, article ‘Raymond Lulle’, in M. Viller et al. (eds), *Dictionnaire de Spiritualité* (Paris: Beauchesne, 1932–).
3 Barhebraeus, *Book of the Dove*, tr. A. J. Wensinck (Leiden: E. J. Brill, 1919), pp. 118–33.
4 P. Adnes, article ‘Jésus (Prière à)’, in *Dictionnaire de Spiritualité*.
5 Rūmī, *Kulliyyāt-i Shams*, ed. B. Furūzānfar, vol. 2 (Tehran: Tehran University, 1958), pp. 65–6.
6 Rūmī, *The Mathnawī*, ed. R. A. Nicholson, vol. 3 (London: Luzac, 1929), p. 321 (Book Four, line 733).
7 Rūmī, *Kulliyyāt*, vol. 2, p. 51.
8 Cf. M. Molé, *Culte, mythe et cosmologie dans l'Iran ancien* (Paris: Presses Universitaires de France, 1963), pp. 453–4.
9 Herodotus IV 5–7; Quintus Curtius VII 8, 17–19; Plutarch, *Artaxerxes*, 3.2.
10 Cf. M. Chodkiewicz, *Le Sceau des saints* (Paris: Gallimard, 1986), pp. 105–6.
11 L. Massignon, *Opera Minora*, vol. 2 (Paris: Presses Universitaires de France, 1969), p. 563.
12 Cf. S. Gupta et al., *Hindu Tantrism* (Leiden: E. J. Brill, 1979), pp. 184–5.
13 Faḍl Allāh Mājawī, *Fatāwā 'l-ṣūfiyya*, MS Oxford, Bodleian Uri 321, fo. 22^{r}.
14 Ibid., fos 91^{v}–2^{r}.
15 Ibid., fos 11$^{r–v}$, 36^{v}, 62^{v}, 69^{r}, 91^{v}–2^{r}, 114^{v}–17^{v}, 180^{v}, 206^{v}, 212^{v}–13^{r} and 226^{r}.
16 H. A. R. Gibb (tr.), *The Travels of Ibn Baṭṭūṭa*, vol. 3 (Cambridge: Cambridge University Press, 1971), pp. 655 and 702–4.
17 Dihlawī, *Fawā'id*, pp. 44, 101, 106–7, 208, 271 and 315.
18 Ibid., pp. 269–70, 364 and 391.
19 Ibid., pp. 96, 99, 207–8, 319 and 363.
20 Mājawī, *Fatāwā*. fo. 20^{r}.
21 Ibid., fos 212^{v}–213^{r}.

22 Dihlawī, *Fawā'id*, pp. 228–9, 290–1 and 378.
23 Ḥamīd Qalandar, *Khayr al-majālis*, ed. K. A. Nizami (Aligarh: Muslim University, 1959), pp. 69, 129–32, 184–5 and 286.
24 Dihlawī, *Fawā'id*, pp. 218–19.
25 Ibid., pp. 166–7 and 196.
26 Qalandar, *Khayr*, pp. 43, 45 and 240.
27 A. Hartmann, 'Eine orthodoxe Polemik gegen Philosophen und Freidenker', *Der Islam* 56/2 (1979) 274–93.
28 J. Rypka, *History of Iranian Literature* (Dordrecht: D. Reidel, 1968), pp. 276–7.
29 Ḥāfiẓ, *Dīwān*, ed. P. N. Khānlarī, second edition, vol. 1 (Tehran: Intishārāt-i Khwārazmī, 1362/1983), p. 98.
30 Ibid., p. 428.
31 K. R. F. Burrill, *The Quatrains of Nesimî* (The Hague: Mouton, 1972), p. 136.
32 Ibid., p. 198.
33 Jāmī, *Khirad-nāma-yi Iskandarī*, ed. (with his *Tuḥfat al-aḥrār* and *Subḥat al-abrār*) H. A. Tarbiyat (Moscow: Nauka, 1984), p. 325.
34 Jāmī, *Haft awrang*, ed. M. Gīlānī (Tehran: Kitābfurūshī-yi Sa'dī, 1958), pp. 265–6.
35 S. Faroqhi, 'Seyyid Gazi revisited', *Turcica* 13 (1981) 96.
36 I. Beldiceanu-Steinherr, 'Le Règne de Selīm Ier', *Turcica* 6 (1975) 34–48.
37 S. Faroqhi, 'Social mobility among the Ottoman 'ulemâ in the late sixteenth century', *International Journal of Middle East Studies* 4/2 (1973) 204–18.
38 S. Faroqhi, '*Vakıf* administration in sixteenth-century Konya', *Journal of the Economic and Social History of the Orient* 17/2 (May 1974) 145–72.
39 Faroqhi, 'Seyyid Gazi', pp. 90–122.
40 F. Taeschner, *Zünfte und Brüderschaften im Islam* (Zürich: Artemis, 1979), p. 450.
41 H. Thorning, *Beiträge zur Kenntnis des islamischen Vereinswesens* (Berlin: Mayer & Muller, 1913), p. 232.
42 S. Moosvi, 'Suyūrghāl statistics in the *Ā'īn-i Akbarī*', *Indian Historical Review* 2/2 (January 1976) 286.
43 J. Correia-Afonso (ed.), *Letters from the Mughal Court* (Anand: Gujarat Sahitya Prakash, 1980), pp. 95–6.
44 M. G. S. Hodgson, *The Venture of Islam*, vol. 3 (Chicago, Ill.: University of Chicago Press, 1974), pp. 73–80.
45 Dārā Shukūh, *Muntakhabāt-i āthār*, ed. S. M. B. Jalālī-Nā'īnī (Tehran: Tābān 1335/1956), pp. 17–20.
46 Shāh Ismā'īl I, *Divan*, ed. T. Gandjei (Naples: Istituto Universitario Orientale, 1959), pp. 125 and 129.
47 F. Rahman, article 'Mullā Sadrā' in M. Eliade (ed.), *The Encyclopedia of Religion* (New York: Macmillan, 1987).
48 J. Chardin, *Voyages en Perse*, ed. C. Gaudon (Paris: Union Générale d'Éditions, 1965), pp. 242–5.

49 J. B. Tavernier, *Les Six Voyages*, vol. 1 (Paris, 1679), pp. 453–4.
50 Aḥmad Uzganī, *Tadhkira-yi Uwaysiyya*, MS Oxford, Bodleian Ind. Inst. Pers. 54, fos 320^{r}–9^{v}, 338^{r}–41^{v} and 344^{v}–5^{v}.

4 INTO THE MODERN WORLD

1 A. L. S. Marsot, 'The wealth of the ulama in late eighteenth-century Cairo', in T. Naff and R. Owen (eds), *Studies in Eighteenth Century Islamic History* (Carbondale, Ill.: Southern Illinois University Press, 1977), pp. 210–13.
2 Nūr 'Alī-Shāh Iṣfahānī, *Majmū'a-ī az āthār*, ed. J. Nūrbakhsh (Tehran: Khānaqāh-i Ni'matullāhī, 1350/1971), pp. 60–6.
3 E. Westermarck, *Ritual and Belief in Morocco*, vol. 1 (London: Macmillan, 1926), pp. 35–6 and 146–7.
4 C. Geertz, *Islam Observed* (Chicago, Ill.: University of Chicago Press, 1971), p. 8.
5 Ibid., pp. 70–1.
6 M. Morsy, *Les Ahansala* (Paris: Mouton, 1972), pp. 33–4.
7 E. A. Gellner, *Saints of the Atlas* (London: Weidenfeld & Nicolson, 1969), pp. 111, 130–1, 149–51, 157, 182, 209–10 and 216.
8 J.-P. Roux, *Les Traditions des nomades de la Turquie meridionale* (Paris: Adrien-Maisonneuve, 1970), p. 102.
9 K. K. Pahlen, *Mission to Turkestan* (London: Oxford University Press, 1964), p. 83.
10 Z. Bazarbaev, *Sekuliarizatsiia naseleniia sotsialisticheskoi Karakalpakii* (Nukus: Karakalpakstan, 1973), p. 53.
11 A Bennigsen and C. Lemercier-Quelquejay, *Islam in the Soviet Union* (London: Pall Mall Press, 1967), p. 182.
12 D. B. Cruise O'Brien, *Saints and Politicians* (Cambridge: Cambridge University Press, 1975), pp. 75–6.
13 L. Althusser, 'Ideology and Ideological State Apparatuses', in *Essays on Ideology* (London: Verso, 1984), pp. 1–60.

CONCLUSIONS

1 Chardin, *Voyages*, p. 239.
2 A. Vámbéry, *Sketches of Central Asia* (London: Wm H. Allen, 1868), p. 7.
3 Cf. P. Nwyia, *Ibn 'Abbād de Ronda* (Beirut: Imprimerie Catholique, 1961), pp. lii–liii.
4 M. Ṣarrāf (ed.), *Traités des compagnons-chevaliers* (Paris: Adrien-Maisonneuve, 1973), pp. 225–39.

5 L. Binyon et al., *Persian Miniature Painting* (London: Oxford University Press, 1933), p. 8.
6 Ibid., p. 96.
7 Dihlawī, *Fawā'id*, pp. 283–4.
8 G. Deleuze and F. Guattari, *A Thousand Plateaus* (London: Athlone Press, 1988).
9 Rūmī, *Fīhi mā fīhi*, ed. B. Furūzānfar (Tehran: Tehran University, 1330/1951), p. 189.

BIBLIOGRAPHY

The bibliography is closely linked to the text. For an excellent bibliography of Sufism in alphabetical order of author, see Annemarie Schimmel, *Mystical Dimensions of Islam* (Chapel Hill, NC: University of North Carolina Press, 1975), pp. 437–67. Here it is assumed that the reader's native tongue is English, but works in other European languages are also included; only rarely have I mentioned publications in oriental languages. Except for general books, works are given in the order in which they appear in each chapter.

INTRODUCTORY AND GENERAL

'Afifi, Abu 'l-'Alā', *al-Malāmatiyya wa 'l-ṣūfiyya wa ahl al-futuwwa* (Cairo: Dār Iḥyā' al-Kutub al-'Arabiyya, 1364/1945).

Caspar, R., 'Muslim mysticism: tendencies in modern research', in M. L. Swartz (ed. and tr.), *Studies in Islam* (New York: Oxford University Press, 1988), pp. 164–84.

Gramlich, R., *Die schiitischen Derwischorden Persiens* (Wiesbaden: Franz Steiner, 1965–81).

Meier, F., 'The mystic path', in B. Lewis (ed.), *The World of Islam* (London: Thames & Hudson, 1976), pp. 117–40.

Molé, M., *Les Mystiques musulmans* (Paris: Presses Universitaires de France, 1965).

Popovic, A., and Veinstein, G. (eds), *Les Ordres mystiques dans l'Islam* (Paris: Éditions de l'École des Hautes Études en Sciences Sociales, 1986).

Zarrinkub, A. H., 'Persian Sufism in historical perspective', *Iranian Studies* 3/3–4 (Summer–Autumn 1970), pp. 139–220.

1 SUFISM'S BEGINNINGS

Background and origins

Vööbus, A., *History of Asceticism in the Syrian Orient* (Louvain: Secrétariat du Corpus Scriptorum Christianorum Orientalium, 1958–60).

Brown, P., *The Cult of the Saints* (Chicago, Ill.: Chicago University Press, 1981).

Viller, M., et al. (eds), *Dictionnaire de Spiritualité* (Paris: Beauchesne, 1932–), articles 'Ébionites', 'Jésus (prière à)', 'Messaliens', 'Mnèmè Theou', 'Mort mystique', etc. One will note in particular the contributions of Antoine Guillaumont on eastern Christianity of Syriac expression.

Corbin, H., 'Manichéisme et religion de la beauté', *Cahiers du Sud* 55/1 (April–May 1963) 102–7.

Halm, H., *Die islamische Gnosis* (Zürich: Artemis, 1982).

Graham, W. A., *Divine Word and Prophetic Word in Early Islam* (Paris: Mouton, 1977).

Smith, M., *Rābi'a the Mystic and her fellow-saints in Islām* (Cambridge: Cambridge University Press, 1928).

Smith, M., *Studies in Early Mysticism in the Near and Middle East* (London; Sheldon Press, 1931).

Nwyia, P., *Exégèse coranique et langage mystique* (Beirut: Dar el-Machreq, 1970).

Ogén, G., 'Did the term "*ṣūfī*" exist before the Sufis?', *Acta Orientalia* 43 (1982) 33–48.

Merx, E. O. A., *Idee und Grundlinien einer allgemeinen Geschichte der Mystik* (Heidelberg: J. Horning, 1893).

Andrae, T., *In the Garden of Myrtles* (Albany, NY: State University of New York Press, 1987).

The writers and thinkers of the ninth and early tenth century

Ess, J. van, *Die Gedankenwelt von Ḥārit̠ al-Muḥāsibī* (Bonn: Bonn University, 1961).

Zaehner, R. C., *Hindu and Muslim Mysticism* (London: Athlone Press, 1960).

Böwering, G., *The Mystical Vision of Existence in Classical Islam* (Berlin: Walter de Gruyter, 1980).

al-Kharrāz, Aḥmad, *The Book of Truthfulness*, ed. and tr. A. J. Arberry (London: Oxford University Press, 1937).

Madelung, W., article 'al-Kharrāz', in H. A. R. Gibb et al. (eds), *The Encyclopaedia of Islam*, second edition (Leiden: E. J. Brill, 1960–).

Nwyia, *Exégèse coranique*, pp. 231–310.

Radtke, B., *Al-Ḥakīm at-Tirmid̠ī* (Freiburg: Klaus Schwarz, 1980).

Chodkiewicz, M., *Le Sceau des saints* (Paris: Gallimard, 1986).

Abdel-Kader, A. H., *The Life, Personality and Writings of al-Junayd* (London: Luzac, 1962).

Massignon, L., *The Passion of al-Ḥallāj* (Princeton, NJ: Princeton University Press, 1982).

Nwyia, P. (ed. and tr.), 'Ḥallāǧ: *Kitāb al-ṭawāsīn*', *Mélanges de l'Université Saint-Joseph* 47 (1972) 183–238.

2 FROM CONSTRUCTION TO SYSTEMATIZATION (*c*. 922–*c*. 1240)

Construction and speculation (c. 922–*c.* 1020)

Böwering, *The Mystical Vision*, pp. 7–34 and 75–99.

Daylamī, Abu 'l-Ḥasan, *Sīrat-i Abū 'Abd Allāh Ibn Khafīf al-Shīrāzī*, ed. A. Schimmel (Ankara: Türk Tarih Kurumu Basımevi, 1955).

al-Niffarī, Muḥammad, *The Mawáqif and Mukháṭabát*, ed. and tr. A. J. Arberry (London: Luzac, 1935).

Nwyia, *Exégèse coranique*, pp. 352–407.

Sarrāj, 'Abd Allāh, *Kitāb al-luma'*, ed. with English summary by R. A. Nicholson (Leiden: E. J. Brill, 1914).

Kalābādhī, Abū Bakr, *The Doctrine of the Sufis*, tr. A. J. Arberry (Cambridge: Cambridge University Press, 1935).

al-Makkī, Abū Ṭālib Muḥammad, *Qūt al-qulūb* (Cairo: A. al-Bābī, 1310/1893).

Daylamī, Abu 'l-Ḥasan, *Le Traité d'amour mystique*, tr. J.-C. Vadet (Geneva: Droz, 1980).

Sulamī, Muḥammad, *The Book of Sufi Chivalry*, tr. T. B. al-Jerrahi (London: East–West Publications 1983).

Reaction and poetic expression (c. 1020–*c.* 1130)

Maḥmūd ibn 'Uthmān, *Die Vita des Abū Isḥāq al-Kāzarūnī*, ed. F. Meier (Leipzig: F. A. Brockhaus, 1948).

Meier, F., *Abū Sa'īd-i Abu l-Ḫayr* (Leiden: E. J. Brill, 1976).

Hartmann, R., *Das Ṣûfîtum nach al-Ḳuschairî* (Glückstadt: J. J. Augustin, 1914).

Hujwīrī, 'Alī, *The Kashf al-maḥjúb*, tr. R. A. Nicholson (Leiden: E. J. Brill, 1911).

Anṣārī, 'Abd Allāh, *Kitāb-i ṣad maydān*, ed. S. de Beaurecueil, *Mélanges Islamologiques* 2 (1954) 1–90.

Anṣārī, 'Abd Allāh, *Manāzil al-sā'irīn*, ed. and tr. S. de Beaurecueil (Cairo: Institut Français d'Archéologie Orientale, 1962).

On Muhammad Ghazālī: Zaehner, *Hindu and Muslim Mysticism*, pp. 153–80.

Ghazālī, Aḥmad, *Gedanken über die Liebe*, tr. R. Gramlich (Wiesbaden: Franz Steiner, 1976).

Arberry, A. J. (tr.), *A Sufi Martyr: the Apologia of 'Ain al-Quḍāt al-Hamadhānī* (London: Allen & Unwin, 1969).

Bruijn, J. T. P. de, *Of Piety and Poetry: the interaction of religion and literature in the life and works of Ḥakīm Sanā'ī of Ghazna* (Leiden: E. J. Brill, 1983).

Brotherhood and theory (c. 1130–c. 1240)

On Ibn Qasī: Dreher, J., *Das Imamat des islamischen Mystikers Abūlqāsim Aḥmad b. al-Ḥusain b. Qasī* (Bonn: thesis, 1985).

Ibn al-'Arīf, Aḥmad, *Maḥāsin al-majālis*, tr. W. Elliott and A. K. Abdulla (Avebury: Avebury Publishing Company, 1980).

Ibn 'Arabī, Muḥyī al-Dīn, *Sufis of Andalusia*, tr. R. J. Austin (London: Allen & Unwin, 1971).

Chabbi, J., ''Abd al-Ḳādir al-Djīlānī, personnage historique', *Studia Islamica* 38 (1973) 75–106.

Gīlānī, 'Abd al-Qādir, *Futūḥ al-ghayb*, tr. A. Ahmad (New Delhi: Kitab Bhavan, 1979).

Suhrawardī, Abu 'l-Najīb, *A Sufi Rule for Novices*, tr. M. Milson (Cambridge, Mass.: Harvard University Press, 1975).

Hartmann, A., *an-Nāṣir li-Dīn Allāh* (Berlin: Walter de Gruyter, 1975).

Suhrawardī, 'Umar, *Die Gaben der Erkenntnisse*, tr. R. Gramlich (Wiesbaden: Franz Steiner, 1978).

For 'Aṭṭār: Ritter, H., *Das Meer der Seele* (Leiden, E. J. Brill, 1955), and Baldick, J., 'Persian Ṣūfī poetry up to the fifteenth century', in G. Morrison (ed.), *History of Persian Literature from the Beginning of the Islamic Period to the Present Day* (Leiden: E. J. Brill, 1981), pp. 120–5.

For the important Iranian mystic Rūzbihān Baqlī of Shiraz (d. 1209), whom it has not been possible to consider here: Corbin, H., *En Islam iranien; aspects spirituels et philosophiques* (Paris: Gallimard, 1971–2), vol. 3, pp. 9–146.

For Kubrā and Dāya: Corbin, H., *The Man of Light in Iranian Sufism* (Boulder: Colo.: Shambala, 1978).

Kubrā, Najm al-Dīn, *Die Fawā'iḥ al-ǧamāl wa fawātiḥ al-ǧalāl*, ed. (with a long introduction) F. Meier (Wiesbaden: Franz Steiner, 1957).

Rāzī, Najm al-Dīn, known as Dāya, *The Path of God's Bondsmen from Origin to Return*, tr. H. Algar (Delmar: Caravan books, 1982).

Ibn al-Fāriḍ, 'Umar, *The Poem of the Way*, tr. A. J. Arberry (London: Emery Walker, 1952).

Ibn al-Fāriḍ, 'Umar, *The Mystical Poems*, tr. A. J. Arberry (London: Emery Walker, 1956).

On Ibn 'Arabī: Affifi, A. E., *The Mystical Philosophy of Muhyid Dín-Ibnul 'Arabí* (Cambridge: Cambridge University Press, 1939), and Chodkiewicz, *Le Sceau des saints*.

3 ELDERS AND EMPIRES (*c.* 1240–*c.* 1700)

Rulers, collaborators and revolutionaries (c. 1240–c. 1500)

Mongols, Jews, Christians and Iranians (c. 1240–c. 1320)

On Rūmī: Baldick, 'Persian Sufi poetry', pp. 125–8.

Arberry, A. J. (tr.), *Discourses of Rumi* (London: John Murray, 1961).

Rūmī, Jālāl al-Dīn, *The Mathnawī*, ed. and tr. (with commentary) R. A. Nicholson (London: Luzac, 1925–40).

Arberry, A. J. (tr.), *Mystical Poems of Rumi*, first selection (Chicago, Ill.: Chicago University Press, 1968) and second selection (Boulder, Colo.: Westview Press, 1979).

For Najm al-Dīn of Tabriz and other authors of the 'youngmanliness' tradition: Ṣarrāf, M. (ed.), *Traités des compagnons-chevaliers* (Paris: Adrien-Maisonneuve, 1973), and Taeschner, F., *Zünfte und Brüderschaften im Islam* (Zürich: Artemis, 1979).

Collaboration with princes (c. 1320–c. 1405)

For Simnānī: Corbin, *En Islam iranien*, vol. 3, pp. 275–355, and Cordt, H., *Die sitzungen des 'Alā ad-daula as-Simnānī* (Zürich: Juris, 1977).

Digby, S., 'Qalandars and related groups', in Y. Friedmann (ed.), *Islam in India*, vol. 1 (Jerusalem: Magnes Press, 1984), pp. 60–108.

Gaborieau, M., 'Les Ordres mystiques dans le sous-continent indien', in Popovic and Veinstein, *Les Ordres mystiques*, pp. 105–34.

Nizami, K. A., *Some Aspects of Religion and Politics in India during the Thirteenth Century* (Delhi: Idarah-i Adabiyat-i Delli, 1974).

Habib, M., 'Chishti mystics' records of the sultanate period', *Medieval India Quarterly* 1/2 (1950) 1–43.

Lazard, G., 'Le Langage symbolique du *ghazal*', in A. Bausani et al., *Convegno internazionale sulla poesia di Ḥāfeẓ* (Rome: Accademia Nazionale dei Lincei, 1978), pp. 59–71.

For Ḥaydar Āmulī and Ḥurūfism: Corbin, *En Islam iranien*, vol. 3, pp. 149–213 and 251–8.

al-Rundī, Ibn 'Abbād, *Letters on the Sufi Path*, tr. J. Renard (New York: Paulist Press, 1986).

Ibn Khaldūn, 'Abd al-Raḥmān, *Le Voyage d'Occident et d'Orient*, tr. A. Cheddadi (Paris: Sindbad, 1980).

Ibn Khaldūn, 'Abd al-Raḥmān, *The Muqaddimah*, tr. F. Rosenthal (London: Routledge & Kegan Paul, 1958).

For the short treatise on Sufism attributed to Ibn Khaldūn: Nwyia, P., *Ibn 'Abbād de Ronda* (Beirut: Imprimerie Catholique, 1961), pp. l–liv.

Subversion and erudition (c. 1405–c. 1500)

For 'Alī Turka: Corbin, *En Islam iranien*, vol. 3, pp. 233–74.

For Jīlī: Nicholson, R. A., *Studies in Islamic Mysticism* (Cambridge: Cambridge University Press, 1921), pp. 77–148.

Gölpınarlı, A., *Simavna Kadısıoğlu Şeyh Bedreddin* (Istanbul: Eti Yayınevi, 1966).

Aubin, J., *Deux sayyids de Bam au XVe siècle* (Wiesbaden: Franz Steiner, 1956).

Molé, M., 'Les Kubrawiya entre sunnisme et shiisme au huitième et neuvième siècles de l'hégire', *Revue des Études Islamiques* 29/1 (1961) 61–142.

On the early Safavids: Roemer, H., 'The Safavid period', in P. Jackson (ed.), *The Cambridge History of Iran*, vol. 6 (Cambridge: Cambridge University Press, 1986), pp. 189–350.

For Ibn Abi Jumhūr: Corbin, *En Islam iranien*, vol. 1, pp. 48 and 61–4, and Madelung, W., 'Ibn Abî Ğumhûr al-Aḥsâ'î's synthesis of *kalâm*, philosophy and Sufism', *Actes du 8e Congrès de l'Union Européenne des Arabisants et Islamisants, Aix-en-Provence 1976*, pp. 147–56.

Jāmī, 'Abd al-Raḥmān, *The Precious Pearl*, tr. N. Heer (Albany, NY: State University of New York Press, 1979).

Trimingham, J. S., *The Sufi Orders in Islam* (Oxford: Oxford University Press, 1971). Has been severely criticized.

The age of the three great empires (c. 1500–*c.* 1700)

The Ottoman Empire

Kissling, H. J., 'The sociological and educational role of the dervish orders in the Ottoman empire', *Memoirs of the American Anthropological Association* 76 (1954) 23–35.

Kissling, H. J., 'Aus der Geschichte des Chalvetijje-Ordens', *Zeitschrift der Deutschen morgenländischen Gesellschaft* 103 (1953) 233–89.

Faroqhi, S., *Der Bektaschi-Orden in Anatolien* (Vienna: Institut für Orientalistik der Universität, 1981).

Faroqhi, S., *Peasants, Dervishes and Traders in the Ottoman Empire* (London: Variorum Reprints, 1986).

For the important Egyptian mystic 'Abd al-Wahhāb al-Sha'rānī (d. 1565), whom it has not been possible to consider here: Winter, M., *Society and Religion in Early Ottoman Egypt* (New Brunswick, NJ: Transaction Books, 1982), an admirable study, and Vacca, V. (tr.), *Il Libro dei Doni* (Naples: Istituto Orientale, 1972).

The Timurid Empire in India

'Allāmī, Abu 'l-Faḍl, *Akbar-nāma*, tr. H. Beveridge (Calcutta: Asiatic Society of Bengal, 1907–39).

'Allāmī, Abu l'-Faḍl, *Ā'īn-i Akbarī*, tr. H. Blochmann and H. Jarrett (Calcutta: Asiatic Society of Bengal, 1939–49).

Friedmann, Y., *Shaykh Aḥmad Sirhindī* (Montreal: McGill-Queen's University Press, 1971).

Dārā Shukūh, *Majma' al-baḥrayn*, ed. and tr. M. Mahfuz-ul-haq (Calcutta: The Asiatic Society, 1982).

The Safavid Empire in Iran

Roemer, 'The Safavid period'.

Minorsky, V., 'The poetry of Shāh Ismā'īl I', *Bulletin of the School of Oriental and African Studies* 10/4 (1942) 1006a–53a.

Aubin, J., 'La Politique religieuse des Ṣafavides', in R. Brunschvig et al., *Le Shi'isme imamite* (Paris: Presses Universitaires de France, 1970), pp. 235–44.

Rahman, F., *The Philosophy of Mullā Ṣadrā* (Albany, NY: State University of New York Press, 1975).
Hairi, A. H., article 'Madjlisī' in *The Encyclopaedia of Islam*, second edition.

Outside the empires
Eaton, R. M., *Sufis of Bijapur 1300–1700* (Princeton, NJ: Princeton University Press, 1978).
Berque, J., *Ulémas, fondateurs, insurgés du Maghreb* (Paris: Sindbad, 1982).
Ibragimov, S. K., et al. (eds), *Materialy po istorii kazakhskikh khanstv XV–XVIII vekov* (Alma-Ata: Nauka, 1969).

4 INTO THE MODERN WORLD

The eighteenth century

The background
Ohsson, I. Mouragea d', *Tableau général de l'empire ottoman*, vol. 4 (Paris: Imprimerie de Monsieur, 1791), pp. 616–86.

'Abd al-Ghanī al-Nābulusī
Ibn al-Fāriḍ, 'Umar, *L'Éloge du vin*, tr. (with Nābulusī's commentary) E. Dermenghem (Paris: Véga, 1931).
Molé, *Les Mystiques musulmans*, pp. 120–2.

Shāh Walī Allāḥ of Delhi
Baljon, J. M. S., *Religion and Thought of Shāh Walī Allāh Dihlawī* (Leiden: E. J. Brill, 1986).

Nūr 'Alī-Shāh of Isfahan
Miras, M. de, *La Méthode spirituelle d'un maitre du Soufisme iranien* (Paris: Editions du Sirac, 1973).

The nineteenth century

North Africa
Michon, J.-L. 'L'autobiographie (*Fahrasa*) du soufi marocain Ibn 'Ağība', *Arabica* 15 (1968) 225–69, and 16 (1969) 25–64, 113–54 and 225–68.
Michon, J.-L., *Le Soufi marocain Aḥmad Ibn 'Ajība et son Mi'rāj* (Paris: Vrin, 1973).
Abun-Nasr, J., *The Tijaniyya* (London: Oxford University Press, 1965).
Evans-Pritchard, E. E., *The Sanusi of Cyrenaica* (Oxford: Oxford University Press, 1949).
Ziadeh, N. A., *Sanūsīyah* (Leiden: Brill, 1958).

Egypt

Jong, F. de, *Ṭuruq and Ṭuruq-linked Institutions in Nineteenth Century Egypt* (Leiden: E. J. Brill, 1978).

Turkey

Faroqhi, *Der Bektaschi-Orden*, pp. 99–127.

Barnes, J. R., *An Introduction to Religious Foundations in the Ottoman Empire* (Leiden: E. J. Brill, 1987).

Kreiser, K., 'Notes sur le présent et le passé des ordres mystiques en Turquie', in Popovic and Veinstein, *Les Ordres mystiques*, pp. 49–61.

Bremer, M. L., *Die Memoiren des türkischen Derwischs Aşçi Dede İbrāhīm* (Walldorf-Hessen: H. Vorndran, 1959).

The rest of the Muslim world

Algar, H., *Religion and State in Iran 1785–1906* (Berkeley, Calif.: University of California Press, 1969).

Vámbéry, A., *Sketches of Central Asia* (London: Wm H. Allen, 1868).

Ḥājjī, Ismā'īl, *Taqwiyat al-īmān*, tr. Ali, M. S., *Journal of the Royal Asiatic Society* 13 (1852) 310–72.

Metcalf, B. D., *Islamic revival in British India* (Princeton, NJ: Princeton University Press, 1982).

Gaborieau, 'Les ordres mystiques'.

Triaud, J.-L., 'Le thème confrérique en Afrique de l'ouest', in Popovic and Veinstein, *Les Ordres mystiques*, pp. 271–82.

The twentieth century

Morocco

Brunel, R., *Le Monachisme errant dans l'Islam* (Paris: Institut des Hautes Études Marocaines, 1955).

Crapanzano, V., *The Ḥamadsha* (Berkeley, Calif.: University of California Press, 1973).

Egypt

Gilsenan, M., *Saint and Sufi in Modern Egypt: an Essay in the Sociology of Religion* (Oxford: Oxford University Press, 1973).

Jong, F. de, review of the above, in *Journal of Semitic Studies* 19/2 (Autumn 1974) 322–8.

Jong, F. de, 'Les Confréries mystiques musulmanes au Machreq arabe', in Popovic and Veinstein, *Les Ordres mystiques*, pp. 205–43.

Turkey

Birge, J. K., *The Bektashi Order of Dervishes* (London: Luzac, 1937).

Köprülü, M. F., *L'Influence du chamanisme turco-mongol sur les ordres mystiques musulmans* (Istanbul: Istanbul University, 1929).

The Soviet Union

Bennigsen, A., and Wimbush, S. E., *Mystics and Commissars* (London: C. Hurst, 1985).

South-east Asia

Al-Attas, S. M. N., *Some aspects of Ṣūfism as understood and practised among the Malays* (Singapore: Malaysian Sociological Research Institute, 1963).

Geertz, C., *The Religion of Java* (Glencoe: Free Press, 1960). Has been severely criticized.

Lombard, D., 'Les *Tarékat* en Insulinde', in Popovic and Veinstein, *Les Ordres mystiques*, pp. 139–63.

Vredenbregt, J., 'Dabus in West Java', *Bijdragen Koninklijk Instituut* 129 (1973) 302–20.

Senegal

O'Brien, D. B. Cruise, *The Mourides of Senegal* (Oxford: Oxford University Press, 1971).

Copans, J., *Les Marabouts de l'Arachide* (Paris: Le Sycomore, 1980).

Coulon, C., *Le Marabout et le prince* (Paris: Pédone, 1981).

Schmitz, J., 'Un politologue chez les marabouts', *Cahiers d'études africaines* 23/3 (1983) 329–51.

INDEX I

Brotherhoods, sub-brotherhoods, branches and offshoots

Bakris Named after an aristocratic family which transforms itself into the nucleus of a Sufi organization in Egypt **145**; their head receives 260,000 *paras* a year in the eighteenth century **133**; in the nineteenth century their leaders are given extraordinary powers of supervision over other brotherhoods and religious institutions **145–6**

Bay Fall A branch of the Mourides of Senegal, founded by Ibra Fall (*c.* 1858–1930); their members do not worship or fast, but are famous for self-flagellation and drunkenness **166**

Bektashis Allegedly founded in Turkey around 1300 by a man called Bektash from north-eastern Iran; characterized in the twentieth century by practices shocking to mainline Muslim opinion, such as the consumption of alcohol and dancing with unveiled women; given an official responsibility, at the end of the sixteenth century, for the Janissary soldiers **114**; by the seventeenth century the most disreputable of the recognized brotherhoods in the Ottoman Empire **115**; they take over a well-endowed lodge **117**; in the eighteenth century they perform their exercises behind closed doors, but retain good relations with the government **134**; are dissolved in 1826, and have their property confiscated; the inventories of their possessions show that they produce wine, are orientated towards classical poetry and live comfortably but not luxuriously **147**; the government accuses them of unbelief **147–8**; in 1967 banned in Albania **159**; found in the twentieth century to hold a wide variety of beliefs, notably Shiite and Hurufi; famous for having a great secret, an impressive initiation ceremony and practices which resemble Central Asian Turkic shamanism **160–1**; their modern lodges for celibates in the Balkans hardly distinguishable from Christian monasteries; represent an extremist Christianizing wing of Sufism **169–70**

Chishtis Named after a village called Chisht, in eastern Iran, where their earliest masters are said to have lived; not academic; flourishing in north-western India **97**; the recorded conversations of their leaders give much information about the relationship between elder and disciple, interaction with libertine dervishes and listening to poetry **97–100**; in the sixteenth century one of their members in south-western India manifests a violent hostility to Hindu ascetics **128**; another member is the thinker Wali Allah of Delhi **136**

Darqawis Named after their founder in North Africa, Ahmad al-Darqawi (1760–1823); sometimes linked with the label *neo-sufism,* but highly traditional; they attract 'blame' by colourful behaviour, such as carrying buckets of excrement around in public **141**; one member's autobiography shows him abandoning his wealth to become a beggar and water carrier **141–2**; the Darqawis of Tetouan in Morocco are imprisoned and charged with 'innovation' in wearing the patched frock **142**

Haddawa Founded by Sidi Haddi (d. 1805) in Morocco; a brotherhood of wandering dervishes, who emphasize celibacy; their associate members are fishermen or artisans **154**; their numbers in the towns have declined; previously close to the soldiery; they show a tendency to pederasty and the consumption of cannabis, preserve a pre-Islamic cult of the cat in an adapted form, possess a slang of their own, and have acted as spies **155**

Hamadsha Named after their supposed founder in Morocco, 'Ali ibn Hamdush (d. *c*. 1720?); come from the lower classes; associate members alleviate psychological disturbance by entering into trance and head slashing **156**; members are also found in the shanty towns; relate mental illness to the *jinn* (genies); their practices seem to represent influences from the ancient Near East **157**

Kazarunis Named after Kazaruni of southern Iran (d. 1035), who started an organization of disciples to serve the poor **59–60**; they engage in extra worship and recitation of the Koran; by the fourteenth century have spread to Turkey and China, and are seen as a 'path' or brotherhood **60**; at the beginning of the sixteenth century are wiped out in Iran, with the massacre of 4000 people; live on outside Iran, offering banking facilities for merchants **123**

Khalidis Founded by Khalid al-Shahrazuri (1776–1827), as a branch of the Mujaddidi ('Renewerist') sub-brotherhood of the Naqshbandi brotherhood, in the Ottoman Empire, where they are persecuted **148**; the autobiography of one nineteenth-century Khalidi bureaucrat shows that he and his 'elder' have anti-European and highly traditional attitudes, in spite of the 'reformist' label often given to the Khalidis **148–9**; come to South-east Asia in the nineteenth century **163**; by 1976 a village of theirs in North Sumatra shows a decline in Sufi activity **164**

Khalwatis Apparently founded in the fifteenth century, so called because of their concentration on the solitary retreat (*khalwa*) of forty days; linked to the summit of the Ottoman state in the late fifteenth and early sixteenth century; fervently supported by Bayazid II; have followers in the most important government posts under Sulayman the Magnificent; the founding of their lodges subsidized thanks to royal patronage **114**

Kubrawis Founded by Kubra (d. 1221) of Khwarazm in what is now Soviet Central Asia; spread to Iran and India; characterized by an emphasis on visions and coloured lights **79**; these coloured lights are arranged in sevenfold patterns which seem to reflect Indian influences **95**; in the fifteenth century their visions are used to confirm the mission of a messianic revolutionary **109**

Mawlawis So called after the title *mawlana* ('our master'), given to their supposed founder in Turkey, Rumi (d. 1273); apparently founded by his son; known as the Whirling Dervishes because of their distinctive dance **91**; at the end of the seventeenth century one member is grand vizier; are seen as academic and respectable **115–16**; in the Ottoman Empire in the eighteenth century retain the affection of the powerful and pray for administrators and jurists; are defended by the writer Nabulusi **134**; in the nineteenth century often include in their ranks administrators who are also Mujaddidis **148**; one such administrator listens to the flute **149**

Mourides An offshoot of the Qadiris in Senegal, so called from the Arabic *murid* ('disciple'); founded by Amadu Bamba (*c*. 1850–1927); noted for the luxurious life-style of their leaders and the skill of their artisans, and characterized by an insistence on working in the service of one's elder **165**; bad cultivators, but politically influential **166;** do not work exceptionally hard **166–7**; in the 1970s their leadership distances itself from the government after earlier collaboration and working as a tool of French colonialism **167**; *see also* Bay Fall

Mujaddidis 'Renewerists', so called after the title *Mujaddid* ('Renewer') of their founder in India, Ahmad Sirhindi (1564–1624); a sub-brotherhood of the Naqshbandis; one member is the thinker Wali Allah of Delhi **138**; they spread to the Ottoman Empire in the seventeenth and eighteenth centuries; include many nineteenth-century westernizing administrators, of whom a lot are killed in 1807 in a revolt **148**; *see also* Khalidis

Naqshbandis Founded by Baha' al-Din Naqshband (d. 1389) of Bukhara in what is now Soviet Central Asia; characterized by their emphasis on a silent 'remembrance of God', as opposed to the usual practice of repeating a formula aloud **111**; extolled by Sirhindi as superior to other brotherhoods because of their distinctive rejection of dancing and music **120**; in 1570 a family of Naqshbandi leaders take power from their Mongol patrons in Chinese Turkestan **131**; are isolated from other brotherhoods in the eighteenth century, but include members of all classes, who gather for extra prayers; one member is the writer Nabulusi **134**; another member is Wali Allah of Delhi **136**; in contemporary Turkey, closely connected with members of the government and other politicians **159**; *see also* Mujaddidis *and* Khalidis

Ni'matullahis Founded in Iran by Ni'mat Allah (d. 1431); they accept Shiism after the Safavid conquest; constitute the main Iranian brotherhood after the decline of the Safavid Sufis; in the seventeenth century their leaders are living in India; are assigned to specific wards of Iranian cities, where they clash with libertine dervishes **126–7**; start a revival in Iran in the late eighteenth century, but are cruelly persecuted **139**

Qadiris Named after their supposed founder, 'Abd al-Qadir of Gilan (d. 1165), a jurist and preacher of Baghdad; now spread from North Africa to Indonesia **71–2**; include in their ranks the heir apparent to the Timurid throne in India **122**; also the writer Nabulusi **134**; and the thinker Wali Allah of Delhi **136**; are identified with the activities of the hero of Algerian resistance to the French, the Amir 'Abd al-Qadir **143**; in nineteenth-century Turkey they illicitly obtain government-owned wood **149**; in West Africa are not vastly different from the Tijanis **152**; in recent years a few of their members in West Java have engaged in the practice of hurting the body with iron spikes **164**; *see also* Mourides

Renewerists *see* Mujaddidis

Rifa'is Named after their supposed founder, who died in 1182, and known in the West as the Howling Dervishes because of their loud 'remembrance of God'; in the Ottoman Empire in the eighteenth century put heated iron instruments in their mouths **134**

Sa'dis (So called after Sa'd al-Din al-Jibawi (d. 1335), concentrated in Syria, later spread to Egypt) best known for the spectacular ritual in which their leader rides a horse over a long line of his prostrate followers, without apparent injury to them, in nineteenth-century Egypt **146**

Safavids Named after their founder, Safi 'l-Din of Ardabil in north-western Iran (d. 1334); led by a family of hereditary masters; in the fifteenth century adopt a radical form of Shiism **109**; obtain the tribal loyalty of nomadic Turks and become militarized **110**; at the start of the sixteenth century conquer Iran, and possess widespread tribal support in eastern Turkey **123**; their leaders, ruling as emperors in Iran, have difficulty with their tribal supporters; those members of the brotherhood who represent its oldest traditions are massacred; in the seventeenth century become prison officers, porters and cleaners **125**; replaced by the Ni'matullahis **126–7**; demonstrate that tribal support is a perpetual source of possible revolt **176**

Sanusis Founded by Muhammad al-Sanusi (1787–1859) near Mecca, but moved by him to Libya, where it engages in academic activities during the nineteenth century **143**; there then follows armed conflict with the French and the Italians (as opposed to collaboration with the Turks and the British) **143–4**; are based on the Libyan tribes and operate in between their sections, providing commercial and legal services; aim at direct communication with Muhammad; reject music and luxury **144**

Shadhilis So called after Abu 'l-Hasan Shadhili (d. 1258); particularly strong in Egypt and North Africa, where their emphasis on sobriety earns them the label 'the Protestants of Islam'; in the twentieth century one sub-brotherhood in Egypt is the subject of very different observations **158**; a section of another sub-brotherhood performs its 'remembrance of God' to the accompaniment of very violent physical activity, in spite of a supposedly 'reformist' pedigree **158–9**

Suhrawardis Wrongly thought to have been founded by Abu 'l-Najib (d. 1167) of Suhraward in north-eastern Iran, an academic lawyer in Baghdad; in fact founded by his nephew, 'Umar Suhrawardi (d. 1234), chief religious adviser to the caliph Nasir (1180–1225); particularly important in what is now Pakistan; known for their severity, although some of their members are conspicuous for self-enrichment, collaboration with temporal rulers and enjoyment of worldly pleasures; noteworthy for 'remembrance', with the formula 'There is no god but God', especially among working women **71–5**; their branch in Multan has an academic character and close relations with the Sultan of Delhi **95–7**; this branch's elders have a firm control over their disciples, and complementary employment of academic tutors **98**; tolerate poetry and the symbolism of wine and handsome boys **100**

Tijanis Founded by Ahmad al-Tijani (1737–1815) in Algeria; they enjoy the patronage of the Sultan of Morocco and expand elsewhere; abandon membership of other brotherhoods and visiting 'friends of God' **142**; are rich **142–3**; collaborate with French colonialism in North Africa and clash with the resistance to it **143**; but in West Africa come into violent conflict with the French and are not vastly different from the Qadiris **151–2**; in the twentieth century obtain the approval of jurists on arrival in South-east Asia **163**

Uwaysis Mystics who are presented as being instructed by the spirits of physically absent or dead masters; so called after a contemporary of Muhammad named Uways, who is said to have communicated with him by telepathy **28**; the poet Hafiz is seen as an Uwaysi **100**; a brotherhood embodying the Uwaysi tradition is founded by Muhammad Sharif (d. 1555) in Chinese Turkestan **130**; at this time an imaginary history of the brotherhood is compiled by Ahmad Uzgani, who claims that the spirits of previous leaders have told their life stories to him; the brotherhood founded in Chinese Turkestan disappears as the Naqshbandis take power and rule there from 1570 onwards **131**

Whirling Dervishes *see* Mawlawis

INDEX II

Names of persons mentioned

'Abbas I (Safavid ruler) 125
'Abbas II (Safavid ruler) 126
'Abd al-Hamid (Ottoman sultan) 147
'Abd al-Qadir (Algerian amir) 143
'Abd al-Qadir of Fez 130
'Abd al-Qadir of Gilan **71–2**, 164
Abraham 38
Abu Bakr (caliph) 76
Abu 'l-Fadl 119–20
Abu Hashim of Iraq 30
Abulafia, Abraham 87
Abu Mahalli 129–30
Abu 'l-Najib of Suhraward 71–3
Abu Nu'aym of Isfahan 58
Abu Sa'id of Mayhana 60–1
Abu Yazid **35–7**, 46, 47, 49, 53, 55, 62, 64
Adam 7, 19, 25, 82, 91–2, 119
Ahmad of Bareilly, Sayyid 151
Ahmad ibn Idris 159
Ahmad ibn Muhammad ibn Salim 52
Ahura Mazda 23
Akbar (Timurid emperor) **118–20**, 123
'Alawi, Hashim 128
'Ali (first Leader of the Shiites) 76, 91–2, 94, 102, 105, 114, 120, 128, 139, 160
'Ali ibn Hamdush 156
Amadu Bamba 165
Amuli 101–2
Angelus Silesius 45
Ansari 64–5
Aqasi, Hajji Mirza 150
Astarte 157
'Attar **78–9**, 81–2, 90
Augustine 88
Avicenna **61–2**, 73
Awrangzib (Timurid emperor) 113, **122–3**
'Ayisha Qandisha 157
'Ayn al-Qudat 67

Baal Hammon 157
Badr al-Din of Simavna 107–8
Baha' al-Din Naqshband 111
Bahya ibn Paqudah 87
al-Bakri, 'Abd al-Baqi 146
al-Bakri, 'Ali 145
al-Bakri, Muhammad Tawfiq 146
Barhebraeus 88
Bayazid II (Ottoman sultan) 114
Bektash 114
Bihbihani, Muhammad Baqir 139
Biruni 61–2
Buddha 24
Burhan al-Din Janam 128
Burhan al-Din, Shaykh, of Ulakan 164

Chinggis (Genghis) Khan 78, 86, 113, 130

Dante 68
Dara Shukuh (Timurid prince) **122**, 123, 137
al-Darqawi, Ahmad 141
Daya of Rayy **80–1**, 89, 95, 170–1
Daylami 53, **57**,66, 88, 175
devil 40, 43, 67, 78, 80, 90
Dhu 'l-Nun **35**, 40, 49
Diogenes 21
Dostoevsky, Fyodor Mikhailovich 89
Durkheim, Émile 154

Eckhart, Johannes 45

Fadl Allah of Astarabad 103
Farid al-Din of Pakpattan 97–9
Fehmi, Mustafa 149
Fitzgerald, Edward 60
Frederick II of Hohenstaufen 93

Gabriel (angel) 14, 73, 78, 139

Ghazali, Ahmad **65–7**, 68, 72
Ghazali, Muhammad 10, **65–7**, 70, 105, 141
Gregory VII 74
Guru Nanak 118

Haddi, Sidi 154
Hafiz of Shiraz 100–1
Hallaj **46–9**, 50–1, 53, 54, 64
Hammu Qiya 157
Hamza Fansuri 163
Haydar (Iranian seen as founder of Haydaris) 126
Haydar (Safavid leader) 110, 112
Hegel, Georg Wilhelm Friedrich 45, 85
Hermes Trismegistus 80
Hujwiri 60, **63–4**, 68
Husayn (son of 'Ali) 128
Husayn, Sultan (Safavid ruler) 112, 127

Ibn 'Abbad of Ronda 104
Ibn Abi Jumhur 110–11
Ibn 'Ajiba, Ahmad 141–2
Ibn 'Arabi 10, 69, 71, **82–5**, 86, 88, 89–90, 95, 102, 106, 107, 108, 110, 111, 116, 119, 121–2, 125–6, 135–6, 137–8, 163, 171, 173, 174
Ibn al-'Arif 70
Ibn Barrajan 70
Ibn Battuta 96–7
Ibn al-Farid **81–2**, 135–6, 170
Ibn Hud (Spanish prince) 93
Ibn Khafif **52–3**, 55, 57, 59, 175, 176–7
Ibn Khaldun **104–5**, 170
Ibn Masarra 69
Ibn Qasi 70
Ibn Sab'in 93
Ibn Taymiyya 93
Ibn Tufayl 70–1
Ibra Fall 166
Ibrahim Khalil 148–9
Isaac of Nineveh **17–18**, 40
Isma'il (Safavid ruler) 112, **123–5**

Jacob 78
Ja'far (Shiite Leader) 30
Jahangir (Timurid emperor) 121
Jami **111**, 119, 135
Jesus 2, 9, 17, 18–19, 24–5, 48, 49, 54, 55, 84–5, 89–90, 102, 109, 111, 120, 131, 135–6
Jili 107
John the Baptist, Saint 149
Joseph (son of Jacob) 78
Joseph, Saint 29
Junayd (Safavid leader) 110
Junayd of Baghdad **44–6**, 49, 52, 55, 64

Kabir 118
Kalabadhi 55–6
Kazaruni **58–60**, 123
Khalid al-Shahrazuri 148
al-Khalidi, 'Abd al-Wahhab 164
Kharraz **40–2**, 49
Khayyam, 'Umar 60
Köprülü, Muhammad 115
Kubra **79–80**, 95

Lull, Ramón 88

al-Mahdi, Sayyid (Sanusi leader) 143
Mahdi of the Sudan 140
Mahmud II (Ottoman sultan) 146–8
Maimonides 93
Majawi, Fadl Allah **95–6**, 98
Majlisi 127
Makki, Abu Talib **56**, 57, 65
Mani 22
Marx, Karl 45
Mary (mother of Jesus) 25, 29, 131
Mary of Antioch 29
Mary of Egypt, Saint 29. 131
Mary Magdalen, Saint 29
Ma'sum 'Ali-Shah 139
Moses 38, 90
Muhammad, the Prophet 1, 4, 5, 7, 9, **14–15**, 22, **24–8**, 33, 38–9, 41, 42–3, 45, 57, 60, 75–6, 78, 81, 82, 84–5, 91–2, 94–5, 97, 102, 103, 106, 107, 111, 120, 122, 129, 133, 136, 138, 139, 141–4, 146, 151, 154, 160, 176
Muhammad I (Ottoman sultan) 108
Muhammad II (Ottoman sultan) 111, 114
Muhammad IV (Ottoman sultan) 115
Muhammad ibn 'Abd al-Wahhab 133
Muhammad-'Ali (ruler of Egypt) 144–5
Muhammad ibn Salim 52
Muhammad Shah (ruler of Iran) 150
Muhammad Sharif 130–1
Muhasibi **33–5**, 49, 64
Murad II (Ottoman sultan) 115
Musa (Ottoman prince) 107–8

al-Nabulusi, 'Abd al-Ghani 134–6
Nadir Shah (ruler of Iran) 132
Najm al-Din of Tabriz 91–2
Napoleon 140
Nasir (caliph) **72–4**, 76–8

Nasir al-Din of Delhi 98–100
Nesimi 103–4
Niffari 53–4
Ni'mat Allah 127
Nizam al-Din of Bada'un 97–100
Nur 'Ali-Shah 139–40
Nurbakhsh, Muhammad 109
Nusrat al-Din Shah Yahya 101

d'Ohsson, Ignatius Mouragea 134, 170

Paul, Saint 19
Pelagia of Jerusalem, Saint 29
Pharaoh 90
Philo Judaeus 19
Plato 20, 68, 92, 107
Plotinus 20

Qalandar, Hamid 98–9
Qushayri 62–3

Rabi'a of Basra 29–30
Rabi'a of Syria 29–30
Rilke, Rainer Maria 4
Rukn al-Din of Multan **96–7**, 98
Rumi **89–91**, 101, 124, 171, 174, 176

Sadra of Shiraz 125–6
Sadr al-Din of Konya 89–90, 116
Safi 'l-Din of Ardabil 109
Saladin (ruler of Egypt and Syria) 72
Salama Hasan al-Radi 158–9
Salman the Persian 28
Sana'i **68–9**, 79, 92, 172
al-Sanusi, Muhammad **143–4**, 151
Sarraj 55
Selim I (Ottoman sultan) 115
Shadhili, Abu 'l-Hasan 158
Shams al-Din of Bam 108–9
Shams al-Din of Tabriz 90–1, 174
Sibghat Allah, Shah 128
Simnani, 'Ala' al-Dawla 94–5
Sindi 35–7
Sirhindi, Ahmad **120–1**, 122–3, 137–8, 148
Spinoza, Baruch 85
Suhrawardi, 'Umar **73–5**, 77, 80, 98, 100, 174
Suhrawardi, Yahya **73**, 106
Sulami **57–8**, 62
Sulayman the Magnificent (Ottoman sultan) 112, 114

Tahir al-Din of Bam 108–9
Tawfiq (ruler of Egypt) 146
Theophilus of Antioch 29
al-Tijani, Ahmad **142–3**, 144, 151
Timur the Lame 93–4, 103, 106–7
Tirmidhi **42–4**, 49, 50, 84
Traherne, Thomas 173
Turka, 'Ali **106–7**, 110
Tustari **37–40**, 46–7, 49, 52, 56–7, 64

'Umar (caliph) 14, 76
'Umar Tal 151–2
'Uthman (caliph) 24
'Uthman (first leader of the 'Ottoman' Turks) 93
Uways 28
Uzgani, Ahmad 131
Uzun Hasan (Turkoman ruler) 110

Venus 6

Wali Allah, Shah, of Delhi 133, **136–8**, 148

Zarathushtra 23, 68
Zosima 89

INDEX III

Technical terms

A Terms in foreign languages

(Arabic except where stated)

abdal (substitutes) 39, 72
agurram (Berber for 'noble') 156
ahadiyya (Oneness) 83
ahl al-hadith (People of the Tradition) 32
ahl tayhuhiyya wa hayruriyya ('people of wanderinghood and perplexitude') 41
ahwal (states) 3, 35, 65
'alam al-mithal (world of the image) 137
amr ('affair' or 'command') 25
'aql (reason, intelligence, intellect) 43–4
'arif (gnostic, knower) 61
'asabiyya (group solidarity) 105, 176
awliya' Allah (friends of God) 25
awtad ('pegs') 39
'ayn ('quintessence' or 'eye') 38, 124; (Quintessence [of God]) 41
'ayyar ('rogue', 'brigand', or an adherent of the 'youngmanliness' tradition) 66

baqa' (survival) 3, 38, 40–2
baraka (blessing) 144, 154
barzakh (interface) **84**, 102
bay'a (oath of allegiance) 128
bid'a (innovation) 142

dara (a form of the Arabic *dar* (house), used in Senegal to mean a group of young men working to serve an elder) 166
darwish (Persian for 'poor man') 19
dayr (Christian monastery) 59
dhikr (remembrance) 3, 146; *dhikr Allah* (remembrance of God) **17**, 25

fana' (passing away) 3, 37, 40–2, **45–6**, 87
faqir (poor man) 19
futuwwa ('youngmanliness') 9, 23, **91–2**
fuyud (spiritual overflowings) 142

giruh (Persian for 'group') 64

hadarat ('presences') 88
hadith (Tradition or 'report', literally 'news') 26–8; *hadith qudsi* ('sacrosanct Tradition') 27
halal (lawful) 8
haqa'iq (realities) 36
haqiqa (in Persian *haqiqat*, reality) 84, 100; *al-haqiqa al-Muhammadiyya* (in Persian *haqiqat-i Muhammadi*, Muhammadan Reality) 107, 120; *haqiqat-i Ahmadi* (Persian for 'Ahmadan Reality') 120
haqiqi (real) 68
al-haqq (the Truth) 48, 83, 124
haqq al-yaqin (truth of certainty) 38
haraka jawhariyya (substantive movement) 126
hazirat al-quds (enclosure of sacrosanctity) 137
hikmat al-ishraq (wisdom of Oriental Illumination) 4
hubb (restrained love, affection) 57
hujja (proof) 39
hulul (incarnation) 55
huruf (letters of the alphabet) **102–3**, 106–7

ijaza (certificate) 76
'ilm al-yaqin (knowledge of certainty) 38
imam (in the sense of 'leader of the

Muslim community') 70
Imam ('Leader', in the Shiite sense of an infallible cosmic figure) 30, 67, 109
insan ilahi (divine man) 137
al-insan al-kamil ('Perfect Man') 84
'ishq (passionate love) 57
ishraq (Oriental Illumination) 61, 73
islam (submission) 1
ittihad (unitive fusion) 57, 79, 82, 84, 93, 95

jabarut (world of divine compulsion) 99

karama (the miraculous grace of God's friends) 135
khafi ('concealed') 138
khalifa (caliph, deputy) 60
khalq (creation, created things) 83
khalwa (solitary retreat) 114
khanaqah (Persian for 'lodge' or 'hospice') 59
khatm al-awliya' (Seal of the Friends) 43
khirqa (patched frock) 76, 105, 136
khulafa' (caliphs, deputies) 14, 75, 123

lata'if (subtle organs) 95

mahadir (locations, levels) 80
Mahdi (ideal or messianic ruler, the 'divinely guided one') 105, 109, 125, 140
mahw (effacement) 87
majaz (metaphor) 100
majazi (metaphorical) 68
malakut (world of divine sovereignty) 99
malama (blame) **17**, 57–8
malamatiyya (people of blame) 57–8
manzil (stage) 65
maqam ('station') 65
maqamat ('stations') 3, 34, 35
marabout (French, from the Arabic *murabit*: a word used by French colonial writers in North Africa to designate a leading Muslim mystic; used in Senegal to designate a wide range of people with religious functions or knowledge) **129–30**, 144, 155, **165**, 168
ma 'rifa (direct knowledge, gnosis) 35, 38
mu 'ayana (visual beholding) 38
mujaddid (Renewer) 120
mukashafa (unveiling) 38
murabit (man of religion, man of the holy war) **129–30**, 144, 156, 165
muradun ('masters who are desired by God') 56
murid (disciple) 165
muridun ('disciples who desire God') 56
mushahada (contemplative witnessing) 38
muwahhidan-i Hind (Persian for 'the unitarians of India') 122

nafs (lower soul, self) 17, 25, 34, 38, 54
nafs al-ruh (lower soul of the spirit) 39
nafs al-tab' (lower soul of nature) 39
nazar ila 'l-murd (gazing at beardless boys) 20
nur al-yaqin (light of certainty) 38
nussak (devotees) 29

qadam ('priority') 145
qalandar (a type of libertine dervish) 66, 68, 98–9, 149
qalb (heart) 25
qiddis (Christian saint) 16
qutb (pole) **105**, 111

rahbaniyya (monasticism) **25**, 34
ribat (lodge, hospice, fortified outpost in the holy war) **59**, 129
rida' (acceptance, satisfaction) 62
rijal al-ghayb (men of the unseen) 107
riya' (the sycophantic and hypocritical show of religiosity) 34
rububiyya (Lordship) 52
ruh (spirit, higher soul) 17; (Spirit [of God]) 25
rukhas (dispensations, relaxations of strict rules) 72

salih (pious man) 154
sama' (listening to poetry or music) 35, 52–3, **99–100**
sayyid (lord) 154
shahid (witness [to the reality of love or to universal Beauty]) 80
shath (ecstatic utterance) 35
shaykh (elder) 63, 165
siddiqun (truthful ones) 39
sidq (truthfulness) 40–1
silsila (chain) 75–6
sirr (secret) 38; *sirr Allah* (secret of God) 139
sufi 3, 15, 19, 28, **30–2**, 61, 110

tahmil ('relating') 99
ta'ifa (brotherhood) 112

tajalli (theophany, [God's] appearing or self-displaying) 44, 84, 177
tamkin (fixity) 63
tariq (method or 'path') 64, 80
tariqa (in Persian *tariqat*, brotherhood, method, 'path') **59–60**, 64, **73–7**, 112; (in the sense of 'the Sufi Path itself') 17, **59**, 77
tasawwuf (Sufism, wearing wool, belonging to the faith and doctrine of the people called the Sufis, trying to become a Sufi) 3
tashayyu' (Shiism, belonging to the Shiite Party) 4
tashkik (ambiguity) 126
tawakkul (trust in God) 40
tawba (repentance) 40
tawhid (the attestation, affirmation, realization or experiencing of God's Uniqueness) 173; *tawhid-i ilahi* (Persian for 'divine affirmation of God's Uniqueness') 119
'ubudiyya (enslavement) 95
ustadh (academic tutor) 98

wahdat al-shuhud (unity of contemplation) 121
wahdat al-wujud (unity of existence) 83, 121
wahidiyya (Uniqueness) 84
wahy (prophetic revelation) 139
wali Allah (friend of God) **16**, 154
waqfa ('staying') 53–4
waqt (moment) 63
al-wujud al-munbasit ('the self-unfolding existence') 125
wusul (arrival) 61

yaki (Persian for 'Oneness') 121
yaqin (certainty) 38

zuhd (renunciation of the world) 40, **170–1**
zuhhad (world renouncers) 29

B English equivalents

acceptance (*rida'*, satisfaction) 40, 55, 56, **62**, 63
ambiguity (*tashkik*) 126
arriving (*wusul*) 2, 61

beholding, visual (*mu'ayana*) 38
blame (*malama*) **17**, 21, 29, 57–8, 66, 141–2, 171; people of blame (*malamatiyya*) 57–8
blessing (*baraka*) 8, 76, 144, 154, 156
brotherhood (*tariqa*) 59–60, 64, 67, 69, **71–7**, 91, 93, 95–7, 100, 112, 113–17, 119, 122, 123, 125, 128, 133–9, 141–51, 154, 156, 158–61, 163–5, 167, 169–70, 174

caliph (*khalifa*, deputy) 72–3, 77, 78, 89–90
caliphs (*khulafa'*, 'deputies') 14, 31, 76, 169
'causes' (*asbab*, visible means of support) 40
certainty (*yaqin*) **38**, 55, 56; light of certainty (*nur al-yaqin*) 38; knowledge of certainty (*'ilm al-yaqin*) 38; quintessence of certainty (*'ayn al-yaqin*) 38; truth of certainty (*haqq al-yaqin*) 38
certificate (*ijaza*) 76
chain (*silsila*) 59, **75–6**
'concealed' (*khafi*) 138; 'most concealed' (*akhfa'*) 138
conjunction (*ittisal*) 2
creation (*khalq*, created things) 83

dancing (*raqs*) 64, 91, 96, 114, 120, 134, 144, 157, 163, 173
deceit (*khud'a*) 36–7
deputies (*khulafa'*) 75, 123, 128, 160, 169
deputy (*khalifa*) 60, 78, 90
dervish (Persian *darwish*) **19**, 170
devotees (*nussak*) 29
disciple (*murid*) 28, 35, 52, 59–60, 65, 70, 73, 75–6, 79–80, 89, 96, **97–8**, 108, 120, 123, 128, 135, 139, 141–2, 151, 165–8, 174
'disciples who desire God' (*muridun*) 56
dispensations (*rukhas*, relaxations of strict rules) 72
divinity (*lahut*) 53
'drinking, of the' (*shurbi*) **91–2**, 117

effacement (*mahw*) 87
elder (*shaykh*) 8, 63, 64, 67, 73–7, 89, 90, 96, **97–8**, 99, 105, 107, 112, 114, 115, 116, 119, 122, 125, 128, 135, 139–40, 148, 149, 151–2, 160, 164–8, 170, 173–4, 176
elder of elders (*shaykh al-shuyukh*) 74
'elder of the elders of the Sufi brotherhoods' (*shaykh mashayikh al-turuq al-sufiyya*) 146
elder of the invisible world (*shaykh al-ghayb*) 80
enclosure of sacrosanctity (*hazirat al-quds*) 137
endings (*nihayat*) 65
enraptured (*majdhub*) 43
enslavement (*'ubudiyya*) 95
Essence (*dhat* [of God]) 80, 81, 83–4, 136
'existence, the self-unfolding' (*al-wujud al-munbasit*) 125

fakir (*faqir*) 19
finding (*wajd*) 41
fixity (*tamkin*) 63
forgetfulness (*nisyan*) 42
friend (*wali*, in Persian *dust*) 44, 48, 95, 176; friend of God (*wali Allah*) 8, **16**, 43, 89, 121, 149, 176; friend of the right of God (*wali haqq Allah*) 43
friends (*awliya'*) 39, 41, 43, 135, 154; friends of God (*awliya' Allah*) 2, 6, 25, 33, 34, 39, 41, 42–3, 44, 49, 57, 72, 84–5, 105, 135–6, 137, 139, 142, 158, 171–2, 177
friendship (*walaya* [with God]) **16**, 39, 41, 42–3, 84–5, 102, 121
frock, patched (*khirqa*) 15, 34, 76, 98, 105, 136, 142
fusion, unitive (*ittihad*) 2, 57, 79, 82, 84, 93, 95

gazing at beardless boys (*nazar ila 'l-murd*) **20**, 134, 173
gem of bewilderment (*hajar al-baht*) 137–8
gnostic (*'arif*, knower) 61
group (in Persian *giruh*) 64
group solidarity (*'asabiyya*) 105, 176
guide (*murshid*) 8
guided, rightly (*muhtadi*) 43

heart (*qalb*, in Persian *dil*) 25, 39, 41, 44, 69, 78–9, 80, 90, 99, 138, 139
hospice *see* lodge
humanity (*nasut*) 53

Illumination, Oriental (*ishraq*) 61, 73, 106, 110, 119; wisdom of Oriental Illumination (*hikmat al-ishraq*) 4, 73, 125
incarnation (*hulul*) 55, 79, 84, 103, 105, 124
I-ness, greatest (*al-ananiyya al-kubra*) 138
innovation (*bid'a*) 42, 142
intellect (*'aql*) 39, **43–4**, 78, 138
Intelligence, Active (*al-'aql al-fa''al*) 69, 73
Intelligence (or Reason), Universal (*al-'aql al-kulli*) 43, 69, 84, 89–91
intelligences (*'uqul*) 43, 61, 91
intention (*niyya*) 34
interface (*barzakh*) **84**, 102, 137

joining (*wasl*) 2

knowledge, direct (*ma'rifa*, gnosis) 35, 38–42, 44, 52, 53, 63, 65

lawful (*halal*) 8; 'the lawful and the pure' (*al-halal al-safi*) 40
leader (*imam*, in the sense of 'leader of the Muslim community') 70, 109
Leader (*Imam*, in the Shiite sense of an infallible cosmic figure) 30, 67, 76, 94, 102, 105, 111, 124, 137, 139
Leaders (*Imams*) 4–5, 26, 33, 76, 94, 102, 110–11, 120, 127
letters of the alphabet (*huruf*) 87, **102–3**, 106–7
light (*nur* [God's]) 38–9, 79, 80, 82
light of Muhammad (*nur Muhammad*) 38, 47, 78
light of sacrosanctity (*nur al-quds*) 138
listening (*sama'*, to poetry or music) 35, 52–3, 55, 64, 74, 88, 96, **99–100**, 120, 151, 173
locations (*mahadir*, levels) 80
lodge (*ribat*, *zawiya*, in Persian *khanaqah*) 59, 63, 66, 74, 81, **96**, 104, 113–14, **116–17**, 121, 129, 130, 134, 143–4, 145, 147–9, 154–6, 159–60, 169–71, 174
'looking, permitted' (*nazar mubah*) 57
lord (*sayyid*) 154
Lordship (*rububiyya*) 52, 80
love, metaphorical (in Persian *'ishq-i majazi*) 68, 149
love, passionate (*'ishq*) 57

love, real (in Persian *'ishq-i haqiqi*) 68, 149
love, restrained (*hubb*, affection) 57

man, divine (*insan ilahi*) 137
Man, Perfect (*al-insan al-kamil*) **84–5**, 102, 107, 111, 119, 126, 135
'masters who are desired by God' (*muradun*) 56
men of the unseen (*rijal al-ghayb*) 107
metaphor (*majaz*, earthly image) 100
metaphorical (*majazi*) 8, 68
method (*tariq*, in Persian also *tariqat*, 'path') 64, 75, 80
miraculous grace (*karama*) 135
moment (*waqt*) 61, 63
moments (*awqat*) 61
monastery, Christian (*dayr*) 59, 136, 170
monasticism (*rahbaniyya*) **25**, 28, 34, 74, 170
monasticism, true (*al-rahbaniyya al-haqiqiyya*) 54, 170

nearness (*qurb*) 41, 53, 56
noble (*sharif*, in Berber *agurram*) 8, 156

oath of allegiance (*bay'a*) 128, 135
'one who stands upright at the highest' (*al-mustawi al-a'la*) 70
Oneness (*ahadiyya*, in Persian *yaki*) 83, 121
overflowings, spiritual (*fuyud*) 142

'passing away' (*fana'*) 3, 10, 37, 39, 40–2, 44–6, 49, 52, 55, 56, 57, 60, 63, 65, 67, 70, 87, 90, 139, 151
'path' (*tariqa*, method or brotherhood) 60, 75, 77, 136, 138, 148, 151, 160; the Sufi Path itself 3, 17–18, 21, 35, 40, 42, 43, 44, 46, 49, 52, 54, 56, **59**, 61, 62, 63, 65, 67, 70, 77, 101, 110, 150, 162, 170, 174
'pegs' (*awtad*) 39
pious man (*salih*) 154
pole (*qutb*) **105**, 111, 137
presences (*hadarat*) 88
priority (*qadam*) 145–6
Proof (*hujja*) 39

quintessence (*'ayn*) 38, 124; Quintessence [of God] 41

real (*haqiqi*) 8, 68
realities (*haqa'iq*) 36
reality (*haqiqa*, in Persian *haqiqat*) 100; the one ultimate Reality 83, 138; reality of Muhammad, Muhammadan Reality (*al-haqiqa al-Muhammadiyya*) **84**, 107, 120, 137; Koranic reality (*haqiqat-i Qur'ani*) 120; reality of the Ka'ba (*haqiqat-i Ka'ba*) 120; Ahmadan reality (*haqiqat-i Ahmadi*) 120
reason (*'aql*) 21, **43–4**, 66, 69, 78–9. 90–1, 92
'relating' (*tahmil*) **99**, 173
remembrance (*dhikr*) 3, 75, 81, 146, 155; remembrance of God (*dhikr Allah*) 3, **16–17**, 25, 34–5, 38, 63, 76, 89, 96, 111, 134, 146, 159, 172; remembrance of the tongue (*dhikr al-lisan*) 74; remembrance of the heart (*dhikr al-qalb*) 74
renewer (*mujaddid*) 120, 137
repentance (*tawba*) 3, 17, 40, 44, 55, 56, 160
retreat, solitary (*khalwa*) 74, 114, 164
revelation, prophetic (*wahy*) 139
rogue (or 'brigand', *'ayyar*) 66, 77

sacrosanctity (*quds* or *taqaddus*) 8
saint, Christian (*qiddis*) 16
'saying, of the' (*qawli*) **91–2**, 117
Seal of the Friends (*khatm al-awliya'*) 43, 82, 84–5, 102, 142
Seal of the Prophets (*khatam al-nabiyyin*) 25, 43
secret (*sirr*) 38–9, 52, 90, 138, 160; secret of God (*sirr Allah*) 52, 139
self (*nafs*) 17, 36, 67; *see also* soul, lower
show of religiosity (*riya'*) 34
sobriety (*sahw*) 46, 64, 158
soul, higher *see* spirit
soul, lower or carnal (*nafs*) 17, 25, 34, 38–9, 40–1, 42–4, 49, 52, 54, 55, 57, 64, 78, 82, 90, 138; *see also* self; lower soul of the spirit (*nafs al-ruh*) 39; lower soul of nature (*nafs al-tab'*) 39
Soul, Universal (*al-nafs al-kulliyya*) 21, 69, 78, 92, 137
spirit (*ruh*, in Persian *jan*) 17, 25, 39, 41, 55, 66, 68, 81–2, 90–1, 99, 135, 137–8, 139–40; the Spirit [of God] **25**, 44, 48, 66, 78–9, 84, 90, 107, 122, 139
stability (*thabat*) 44
stage (*manzil*) 65, 70
'state' (*hal*) 40, 52, 62, 63
'states' (*ahwal*) 3, 35, 39, 40, 46, 52, 55, 56, 60, 63, 65, 72, 74, 99, 101, 144, 174

'station' (*maqam*) 40–1, 56, 57, 62, 65, 67
'stations' (*maqamat*) 3, 34, 35, 39, 40–2, 46, 49, 52, 55, 56, 60, 62, 63, 72, 74, 101, 170
'staying' (*waqfa*) 53
stupefaction (*dahsh*) 42
substantive movement (*haraka jawhariyya*) 126
substitutes (*abdal*) 39, 42, 72
subtle organs (*lata'if*) 95, 138
Sufism (*tasawwuf*) **3**, 53
survival (*baqa'*) 3, 38, 40–2, **44–6**, 49, 56, 63, 65
'sword, of the' (*sayfi*) **91–2**, 117

theophany (*tajalli*, God's appearing or self-displaying) 38, 44, 84, 90, 103, 177; God's most supreme theophany (*al-tajalli al-a'zam*) 137
togetherness (*jam'*) 2
Tradition (or 'report', *hadith*, literally 'news') 5, **26–8**, 39, 42, 48, **75–6**; sacrosanct Tradition (*hadith qudsi*) 27; People of the Tradition (*ahl al-hadith*) 32
trust in God (*tawakkul*) 3, 17, 40, 55, 56
Truth, the (*al-Haqq*, the Real) 48, 83, 103, 124
truthful ones (*siddiqun*) 39
truthfulness (*sidq*) 40–1
tutor, academic (*ustadh*) 96, 98

Uniqueness (*wahidiyya*) 38–9, 44, 49, 53, 69, 79, 83; the affirmation, attesting, realization or experiencing of God's Uniqueness (*tawhid*) 2, 36, 38–9, 48, 57, 58, 65, 78, 158, 173; 'divine affirmation of God's Uniqueness' (in Persian *tawhid-i ilahi*) 119
'Unitarians of India, the' (in Persian *muwahhidan-i Hind*) 122
unity of contemplation (*wahdat al-shuhud*) **121**, 137–8
unity of existence (*wahdat al-wujud*) 83, 108, 121–2, 136–8
unveiling (*mukashafa*) 38
utterance, ecstatic (*shath*) 35

'wanderinghood and perplexitude, people of' (*ahl tayhuhiyya wa hayruriyya*) 41
witness (*shahid*, to the reality of love or to universal Beauty) **57**, 80
witnessing, contemplative (*mushahada*) 38
wool, wearer of (*sufi*) 31
wool, wearers of (*mutasawwifa*) 34, 49
world of divine compulsion (*jabarut*) 99
world of divine sovereignty (*malakut*) 99
world of the image ('*alam al-mithal*) 137
world renouncers (*zuhhad*) 29, 71, 170
world, renunciation of the (*zuhd*) 40, 55, 56, 68, 154, **170–1**

'youngmanliness' (*futuwwa*) 9, 23, 58, 66, **77**, **91–2**, 117, 161, 172